权威·前沿·原创

皮书系列为
"十二五""十三五""十四五"时期国家重点出版物出版专项规划项目

药品流通蓝皮书

BLUE BOOK OF PHARMACEUTICAL DISTRIBUTION INDUSTRY

中国药品流通行业发展报告（2022）

ANNUAL REPORT ON CHINA'S PHARMACEUTICAL DISTRIBUTION INDUSTRY (2022)

中国医药商业协会
主　　编／石晟怡　温再兴
执行主编／付明仲　朱恒鹏　唐民皓

社会科学文献出版社
SOCIAL SCIENCES ACADEMIC PRESS (CHINA)

图书在版编目(CIP)数据

中国药品流通行业发展报告.2022/石晟怡,温再兴主编;付明仲,朱恒鹏,唐民皓执行主编.—北京:社会科学文献出版社,2022.8
（药品流通蓝皮书）
ISBN 978-7-5228-0442-2

Ⅰ.①中… Ⅱ.①石… ②温… ③付… ④朱… ⑤唐… Ⅲ.①药品-商品流通-经济发展-研究报告-中国-2022 Ⅳ.①F724.73

中国版本图书馆 CIP 数据核字（2022）第 126033 号

药品流通蓝皮书
中国药品流通行业发展报告（2022）

主　　编 / 石晟怡　温再兴
执行主编 / 付明仲　朱恒鹏　唐民皓

出 版 人 / 王利民
组稿编辑 / 邓泳红
责任编辑 / 宋　静
责任印制 / 王京美

出　　版 / 社会科学文献出版社・皮书出版分社（010）59367127
　　　　　　地址：北京市北三环中路甲 29 号院华龙大厦　邮编：100029
　　　　　　网址：www.ssap.com.cn
发　　行 / 社会科学文献出版社（010）59367028
印　　装 / 天津千鹤文化传播有限公司

规　　格 / 开　本：787mm×1092mm　1/16
　　　　　　印　张：24.75　字　数：370 千字
版　　次 / 2022 年 8 月第 1 版　2022 年 8 月第 1 次印刷
书　　号 / ISBN 978-7-5228-0442-2
定　　价 / 198.00 元

读者服务电话：4008918866

版权所有 翻印必究

药品流通蓝皮书编委会

主　　编　石晟怡　温再兴

执行主编　付明仲　朱恒鹏　唐民皓

顾　　问　姜增伟　张大卫　石　岠　谢寿光　张文周
　　　　　冯国安　张　伟　章　明

编　　委　（按姓氏音序排列）
　　　　　边建苹　边　明　才　华　曹伟荣　曹　智
　　　　　陈昌雄　陈光焰　陈　昊　陈　晖　陈家麟
　　　　　陈燕平　程俊佩　楚晨曦　邓健辉　丁晨昌
　　　　　窦啟玲　高庆辉　高　蓉　高　毅　关　一
　　　　　郭安峰　韩　旭　韩　晔　何　勤　何怡铭
　　　　　胡　伟　胡志瑛　黄　彬　黄旭江　黄艺凤
　　　　　纪珍强　贾　蓓　贾洪斌　蒋丽华　姜春力
　　　　　解奕炯　柯云峰　匡　勇　雷永泉　李　丹
　　　　　李光甫　李文明　李　杨　李永忠　李云龙
　　　　　梁玉堂　刘存英　刘景萍　刘诗勇　刘　伟
　　　　　刘为敏　刘　勇　刘兆年　鲁　颖　陆文超
　　　　　陆　怡　陆银娣　罗　彬　罗晓洁　罗　歆
　　　　　吕　梁　马大鹏　马光磊　钮立卫　彭转密

	屈　兰	任武贤	阮鸿献	沈世英	宋　青
	孙兆宏	陶剑虹	田　刚	田国涛	汪　坤
	王　东	王海琨	王　锦	王　晶	王　磊
	王廷伟	王英为	王　玉	王煜炜	王占宏
	文德镛	邬建军	吴　杰	吴壹健	吴　云
	吴志龙	武嘉林	谢元勋	谢子龙	徐　飞
	徐国祥	徐起鼎	徐向平	徐晓东	徐宜富
	许双军	杨　栎	杨拴成	姚晓菲	叶　真
	尹世强	应徐颉	英　军	于　锐	余　军
	俞康信	袁　泉	张　鸿	张明澍	张思建
	张　扬	张　圆	赵桂英	赵庆辉	赵小川
	赵新华	郑　浩	郑　梁	周　斌	周春林
	周弘炜	周建军	周　岚	周　莹	朱朝阳
	朱建云	朱卫东	邹晓亮		
编辑组	王　蛟	孟　鑫	翟江如	康　蕊	柳　恒
	周云霞	周立琴	薛　美	马靖颖	

主要编撰者简介

石晟怡 中国医药商业协会会长,药理学硕士,医药产业政策与产业经济博士,主任药师。主持和参与多项国家级医药产业研究课题,负责组织中央医药企业改革、结构布局调整研究和发展战略研究工作。曾牵头负责中央医药储备及医药物资应急供应管理,组织完成2008年汶川地震、禽流感等重大灾情疫情国家医药物资应急保障工作及新冠肺炎疫情全球医药物资和疫苗的保供工作。曾任中国医药集团副总经理、中国国际医药卫生有限公司董事长、国药医疗健康产业有限公司董事长。

温再兴 中国医药商业协会特聘专家。1982年2月毕业于厦门大学中文系,之后在外贸部人事教育劳动司工作。1998~2008年任外贸部、商务部办公厅副主任,全国整顿和规范市场经济秩序领导小组暨国家保护知识产权工作组办公室副秘书长(副司级)。2008年7月至2014年1月,任商务部市场秩序司副司长、巡视员(正司级),负责药品流通行业管理工作。自2014年2月起,在一些医药行业协会担任专家,参与行业发展研究。曾被聘为清华大学老科协医疗健康研究中心特聘教授、对外经济贸易大学客座教授。担任"药品流通蓝皮书"和"制药工业蓝皮书"主编。

付明仲 中国医药商业协会名誉会长、专家委员会主任、"药品流通蓝皮书"执行主编。哈尔滨工业大学管理工程系企业管理专业工学硕士,高级经济师。在制药工业企业工作22年、药品流通企业工作18年,在中国医药商业协会工作多年。曾经参与运作两家上市公司。"药品流通蓝皮书"创始人之一，连续九年主持编撰"药品流通蓝皮书"。参与药品流通行业"十二五""十三五"发展规划及《关于"十四五"时期促进药品流通行业高质量发展的指导意见》编制工作。主持和参与商务部、卫健委、医保局、药监局等相关部委多项药品流通行业课题研究，牵头组织制定《零售药店经营特殊疾病药品服务规范》等标准，推动行业标准化、规范化发展。

朱恒鹏 教授、研究员、博士生导师。中国社会科学院经济研究所党委副书记、副所长，中国社会科学院公共政策研究中心主任，中国社会科学院大学经济学院副院长，财政部、人社部、医保局等多部门医改咨询专家。主要研究方向为公共经济学与公共政策、财政与国家治理等。近年来，主要关注公立医院改革、医疗与养老保障制度、医疗服务模式创新、药品流通和定价体制等。具有8年国企改革研究经验，进行16年医疗卫生体制改革跟踪研究，带队调研全国21个省市数百个地区，形成政策设计、分析、评估报告逾百万字。承担国务院、中央深改办等机构委托课题，以及人社部、财政部、国家卫计委、工信部、国家医保局等部门委托课题，国家社科基金课题，中国社科院重大课题等多项课题。在《经济研究》《经济学动态》《中国财政》《中国医疗保险》《世界经济》《国际经济评论》等期刊发表多篇学术论文。

唐民皓 上海市食品药品安全研究会会长，毕业于哈尔滨医科大学，医学硕士。曾任上海市食品药品监督管理局副局长、上海市人民政府法制办经济法规处处长、中国卫生法学会副会长。现兼任上海市人民政府立法咨询专家，上海市食品药品监督管理局法律顾问；国家药监局《药品管理法》、《疫苗管理法》和《医疗器械监督管理条例》宣讲团成员；中国药科大学国际医药商学院兼职教授、兼职研究生导师，沈阳药科大学药品监管科学研究院专家委员会委员，中国医药商业协会特聘专家，上海创奇健康发展研究院监事，中国国际经济贸易仲裁委员会仲裁员。主要研究领域为行政法、药品监管法律和政策、药品行政管理，曾参与国家和地方经济与医药领域数百项法规/规章和政策性文件制定工作。2007~2015年，担任"中国食品药品蓝皮书"主编；2015~2021年，担任"药品流通蓝皮书"执行主编。

序 一

药品流通行业是国家医药卫生事业和健康产业的重要组成部分，是关系人民健康和生命安全的重要行业。近年来，我国药品流通行业稳步发展，销售规模逐步增长，行业集中度持续提升，转型升级步伐加快，现代药品流通体系基本建成，为满足人民健康需要和实施健康中国战略做出了积极贡献。

在当前我国加快构建"双循环"新发展格局、加快建设全国统一大市场、实现高质量发展的背景下，为实现商务部《关于"十四五"时期促进药品流通行业高质量发展的指导意见》提出的各项发展目标及重点任务，药品流通行业需看清新形势、把握新机遇、激发新动能、迎接新挑战，持续增强创新能力，进一步优化行业结构，强化科技赋能，向数字化、智能化、集约化、国际化方向迈进，在服务医疗卫生事业发展、满足人民健康美好生活需要中发挥更重要的作用。

中国医药商业协会与社会科学文献出版社合作出版的"药品流通蓝皮书"，综合展现了行业现状和未来发展趋势，深入剖析了行业热点问题，全面解读了药品流通行业的发展政策。自2014年以来已连续出版9年，社会反响热烈，成为各界了解药品流通行业发展情况的重要参考用书。

在各方指导和大力帮助下，经过中国医药商业协会编撰人员的辛勤劳动，《中国药品流通行业发展报告（2022）》即将出版，希望本书能够成为相关部门、机构、企业人员学习、研究和工作上的有力帮手。

商务部原副部长
2022 年 5 月 19 日

序 二

药品流通蓝皮书《中国药品流通行业发展报告》系由中国医药商业协会组织国内外业界专家、学者及优秀企业合力编撰，并由社会科学文献出版社出版发行。本皮书每年一册，已出版9年，连续跨越中国药品流通行业"十三五"及"十四五"发展时期，见证了行业发展每一个阶段的成就及历程，已成为全面发布行业信息的知名品牌报告，具有权威性、系统性、全面性、前瞻性和实用性等特点。中国医药商业协会也以研创出版蓝皮书为抓手，服务于行业发展，成为国内具有重要影响力的行业智库之一。

2022年是"十四五"发展规划推进的关键一年，也是医疗卫生体制改革持续深入、"健康中国"战略加快实施之年，以互联网、大数据、云计算、人工智能和区块链等为特征的数字技术革命，正在彻底改变人类生产和生活，数字药品流通已成为行业发展主旋律，药品流通行业处重要转折期。近年来，药品带量采购制度化常态化、医保谈判药品"双通道"管理、药品网络销售政策逐步放开等一系列政策出台实施，均对行业产生深刻的影响。药品流通行业积极应对政策推动、科技革命和产业重构的历史性演变，探索发展路径，创新经营模式，拓展服务功能。

《中国药品流通行业发展报告（2022）》基于行业发展现状，以"高质量药品流通"为主题，对药品流通行业相关政策、各业态各领域发展特点、企业技术及经营模式的创新探索等进行探讨，并包含批发和零售企业百强排序、各品类区域销售统计、企业数量统计等相关信息，内容翔实、数据准确，是研究和指导药品流通行业发展、推进医疗卫生体制改革与健康中国建

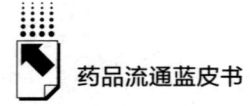

设的重要智库报告的聚合，是行业发展不可或缺的年度工具书。作为皮书品牌创始人，特此隆重推荐。

中国出版协会副理事长
中国社会学会秘书长
皮书品牌创始人

2022 年 5 月 10 日

摘　要

2021年是实施国家"十四五"发展规划的开局之年。自疫情发生以来，药品流通行业及时有力地保障了防疫物资供应。药品带量采购常态化、医保支付方式改革、医保谈判药品"双通道"等一系列医改政策出台并推进，加之信息技术和数字技术的蓬勃发展，加速了药品流通行业变革步伐。一些全国性、区域性药品流通企业加快重组并购步伐，药品流通企业大力推进数字化、智能化应用，创新经营服务模式，努力构建药品流通发展新格局。

2022年是实施"十四五"发展规划的重要一年。按照商务部发布的《关于"十四五"时期促进药品流通行业高质量发展的指导意见》，药品流通行业将步入高质量发展的重要阶段。本报告认为：面对新形势、新要求，行业需加快构建创新引领、科技赋能、覆盖城乡、布局均衡、协同发展、安全便利的现代药品流通体系；通过并购、重组、加盟等方式吸纳中小企业及单体药店，推动行业集中度和零售连锁率进一步提高，增强药品供应安全保障能力；以数字化、智能化、集约化、国际化为发展方向，推动线上线下融合，赋能上下游协同发展；提供多样化的服务，满足人民的健康需求；向数字化医药健康服务商转变；恪守合规经营底线，推进行业高质量发展。

关键词： 药品流通　高质量发展　创新引领　科技赋能　医药健康服务商

目　录

Ⅰ　总报告

B.1 2021年药品流通行业运行统计分析报告
　　…………………………商务部市场运行和消费促进司 / 001
B.2 药品流通行业十年演进与趋势展望
　　………………………………中国医药商业协会课题组 / 014

Ⅱ　政策篇

B.3 新发展阶段下药品智慧监管信息化规划研究
　　……………………………………………陈　锋　刘　洋 / 030
B.4 药品流通行业"十四五"时期高质量发展的方向及发展路径探寻
　　………………………………………………………温再兴 / 037
B.5 药品集采对公立医院药品供给的影响研究……朱恒鹏　康　蕊 / 044
B.6 "十四五"时期我国药品监管的政策走向分析…………唐民皓 / 054
B.7 创新药品基本医保与商保共付机制研究
　　——以惠民保为例
　　…………………中国医药商业协会商业保险与药品流通分会、
　　　　　　　　　　　　　天津大学联合研究课题组 / 065

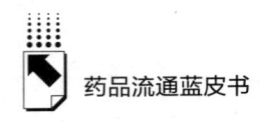

B.8 创新药流通模式的现状与发展对策建议
………… 中国医药商业协会创新药物流通分会　中国药科大学
国际医药商学院　国家药品监督管理局药品监管创新
与评价重点实验室联合课题组 / 078

Ⅲ 分销篇

B.9　2021年医药流通行业上市公司运行情况分析 ………… 李文明 / 089
B.10　县域药品流通发展的现状与对策建议 ………………… 关　晖 / 103
B.11　中国血液制品市场现状与展望 …… 庞广礼　朱孟沼　吕　波 / 112
B.12　医保精准扶贫视角下的高值药品费用分担机制研究
……………… 中国医药商业协会商业保险与药品流通分会
暨南大学联合研究课题组 / 125
B.13　构建"国药药零通"健康生态一体化服务平台
………………………………… 国药控股分销中心有限公司 / 135
B.14　县域紧密型医共体药品流通管理的模式探索
——以云南"滇医宝"为例 ……… 云南省医药有限公司 / 142

Ⅳ 中国药店篇

B.15　2021年中国药品零售市场发展报告……… 中国医药商业协会 / 150
B.16　2021年中国经营特殊疾病药品社会药房发展报告
………………………………………………… 中国医药商业协会 / 172
B.17　中国处方药零售发展的现状与趋势分析
………………………………………………… 波士顿咨询公司 / 185
B.18　"以患者为中心"的慢病药物治疗管理模式探索和实践
…………………………………… 大参林医药集团股份有限公司 / 198
B.19　完善乡村药品配送和药学服务"最后一公里"建设
………………………………………………………… 阮鸿献 / 207

Ⅴ 医药供应链篇

B.20 2021年中国医药供应链物流发展分析报告

　　………………………… 中国医药商业协会医药供应链分会 / 214

B.21 药品物流高质量发展与监管政策探索

　　………………… "药品现代物流发展与监管研究"课题组 / 229

B.22 赛诺菲与南京医药数字供应链集成项目的创新与探索

　　………………… 马云涛　廖丽雯　杨　程　王聆红　柯妮卡 / 238

B.23 医药冷链物流的供应链运作模式探索

　　………………………………………… 浙江英特物流有限公司 / 248

B.24 雪域之巅打通西藏药品流通"最后一公里" ………… 史云龙 / 256

Ⅵ "互联网+药品流通"篇

B.25 2021年中国药品流通企业数字化转型情况调查分析

　　………………… 中国医药商业协会生态健康与数智化分会 / 261

B.26 智能化助力药品流通服务升级

　　………………… 中国医药商业协会生态健康与数智化分会 / 275

B.27 通过自研B2C中台系统解决连锁药房开展电商业务的发展瓶颈

　　………………………………… 上海医药嘉定大药房连锁有限公司 / 281

Ⅶ 区域篇

B.28 2021年广东省及粤港澳大湾区药品流通业发展分析报告

　　………… 深圳市医药商业协会　华景咨询（深圳）有限公司 / 290

B.29 2021年成渝双城经济圈药品流通行业发展分析报告

　　………………… 四川省医药商业协会　重庆市医药行业协会 / 303

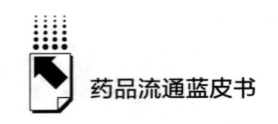

Ⅷ 国际篇

B.30 国际医药流通市场动向分析报告 ……………………… 程俊佩 / 315

B.31 全球药品市场和疫情对分销供应影响的分析和展望
…………………………………………………………………… 邵文斌 / 327

Ⅸ 附 录

B.32 2021年药品流通行业相关数据 ………………………………… / 338

Abstract ……………………………………………………………………… / 348
Contents ……………………………………………………………………… / 350

皮书数据库阅读**使用指南**

总 报 告

General Reports

B.1
2021年药品流通行业运行统计分析报告

商务部市场运行和消费促进司

摘　要： 2021年全国药品流通行业销售规模稳步增长，增速逐渐恢复至2020年新冠肺炎疫情前的水平，零售市场增速放缓，行业创新发展步伐加快，医药电商日渐成熟。2022年是实施"十四五"规划的重要之年，行业规模将保持平稳增长，行业集中度将进一步提升。

关键词： 药品流通市场　药品批发企业　零售市场　医药物流　医药电商

一　发展概况

2021年是实施国家"十四五"发展规划的开局之年，也是深化"健康中国"战略的关键之年。商务部发布《关于"十四五"时期促进药品流通行业高质量发展的指导意见》，对我国药品流通行业"十四五"期间高质量

药品流通蓝皮书

发展提出明确要求。在此背景下，药品流通行业加快数字化转型，医药供应链协同发展，经营服务模式不断创新，努力构建药品流通发展新格局，推动行业高质量发展。在疫情防控常态化形势下，药品流通行业牢记使命，肩负供应保障重任。

（一）整体规模

2021年，全国药品流通市场销售规模稳步增长，增速逐渐恢复至2020年新冠肺炎疫情前水平。统计显示，全国七大类医药商品销售总额26064亿元①，扣除不可比因素同比增长8.5%，增速加快6.1个百分点（见图1）。其中，药品零售市场销售额5449亿元，扣除不可比因素同比增长7.4%，增速放慢2.7个百分点。

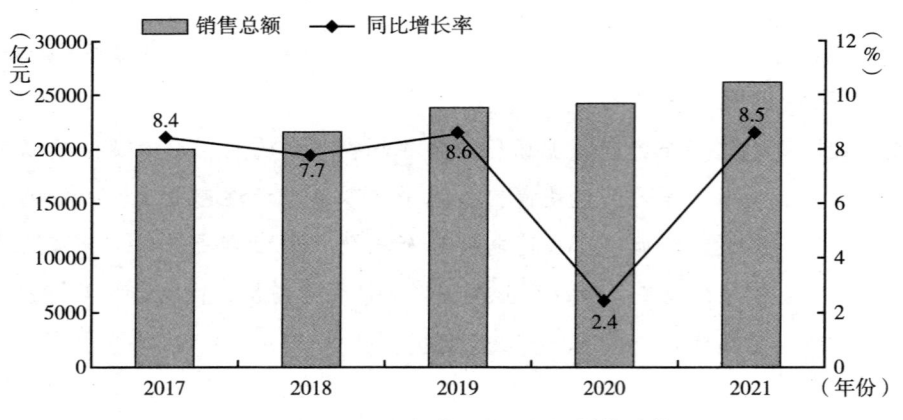

图1 2017~2021年药品流通行业销售趋势

截至2021年底，全国共有"药品经营许可证"持证企业60.97万家，其中，批发企业1.34万家；零售连锁总部6596家，下辖门店33.74万家，零售单体药店25.23万家②。

---

① 销售总额为含税值。本文未注明来源的数据均来自商务部药品流通管理系统。
② 数据来源于国家药品监督管理局。

（二）行业效益

2021年，全国药品流通直报企业主营业务收入19823亿元，扣除不可比因素同比增长9.3%，增速加快6.5个百分点，约占全国药品流通市场销售规模的85.9%；利润总额453亿元，扣除不可比因素同比增长4.4%，增速降低1.0个百分点；平均毛利率7.4%，同比下降1.2个百分点；平均费用率6.7%，同比下降0.1个百分点；平均利润率1.7%，同比下降0.1个百分点；净利润率1.6%，同比下降0.1个百分点。

（三）销售品类与渠道

按销售品类分类，西药类销售居主导地位，销售额占七大类医药商品销售总额的71.1%，其次，中成药类占14.4%，中药材类占2.2%，以上三类占比合计为87.7%；医疗器材类占7.8%，化学试剂类占0.7%，玻璃仪器类占比不足0.1%，其他类占3.8%（见图2）。

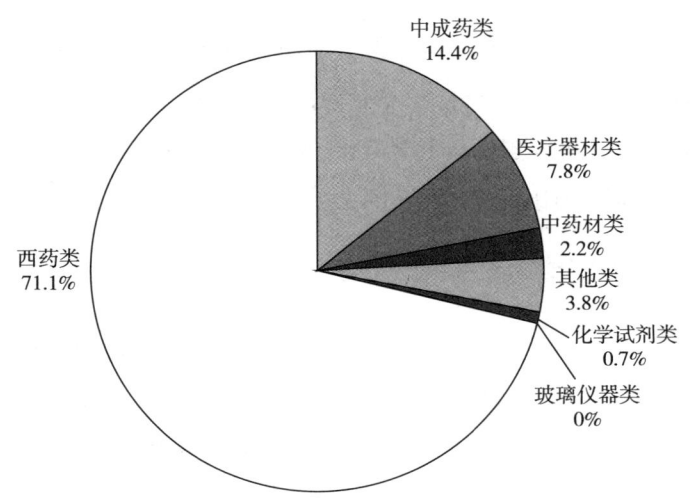

图2　2021年全行业销售品类结构

按销售渠道分类，2021年对生产企业销售额126亿元，占销售总额的0.5%，与上年基本持平；对批发企业销售额7130亿元，占销售总额的

27.3%，同比下降 1.2 个百分点；对终端销售额 18767 亿元，占销售总额的 72.0%，同比上升 1.3 个百分点；直接出口销售额 41 亿元，占销售总额的 0.2%，同比下降 0.1 个百分点（见图 3）。

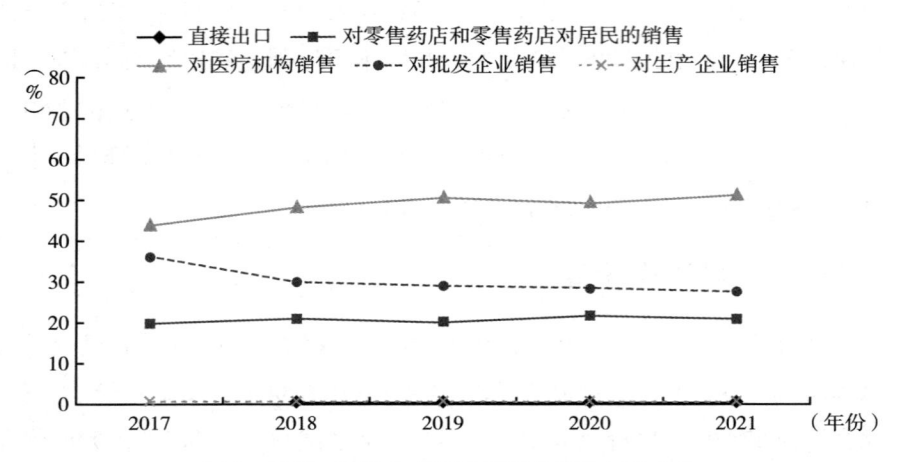

图 3　2017~2021 年药品流通行业销售渠道占比

在对终端销售中，对医疗机构销售额 13296 亿元，占终端销售额的 70.9%，同比上升 1.5 个百分点，对医疗机构的销售开始从 2020 年疫情的影响中逐渐恢复；对零售药店和零售药店对居民销售额 5471 亿元，占终端销售额的 29.1%，同比下降 1.5 个百分点。

（四）销售区域分布

2021 年，全国六大区域销售额占全国销售总额的比重分别为：华东 36.2%、中南 27.1%、华北 15.0%、西南 13.3%、东北 4.3%、西北 4.1%。其中，华东、中南、华北三大区域销售额占到全国销售总额的 78.3%，与上年基本持平。

长江经济带地区销售总额占全国销售总额的比重为 49.6%，同比上升 0.4 个百分点。三大经济区销售额占全国销售总额的比重分别为：京津冀经济区 12.6%，同比下降 0.2 个百分点；长江三角洲经济区 26.6%，同比上升

0.1个百分点；珠江三角洲经济区10.4%，同比下降0.2个百分点。

2021年销售额居前10位的省（区、市）依次为广东、北京、上海、江苏、浙江、山东、河南、安徽、四川、湖北。同2020年相比，各省（区、市）排序保持稳定；上述省（区、市）销售额占全国销售总额的65.2%，同比下降0.1个百分点。

（五）所有制结构

在全国药品流通直报企业中，国有及国有控股企业主营业务收入12174亿元，占直报企业主营业务总收入的61.4%；实现利润270亿元，占直报企业利润总额的59.5%。股份制企业主营业务收入6512亿元，占直报企业主营业务总收入的32.9%；实现利润156亿元，占直报企业利润总额的34.4%。此外，外商及港澳台投资企业主营业务收入占直报企业主营业务总收入的3.6%，实现利润占直报企业利润总额的4.4%；私营企业主营业务收入占直报企业主营业务总收入的1.4%，实现利润占直报企业利润总额的0.5%（见图4、图5）。

（六）医药物流配送

据不完全统计，2021年全国医药物流直报企业（412家）配送货值（无税销售额）18393亿元（具有独立法人资质的物流企业配送货值占69.6%），共拥有1253个物流中心，仓库面积1261万平方米，其中，常温库占38.4%，阴凉库占59.8%，冷库容积为93.9万立方米；拥有专业运输车辆16454辆，其中，冷藏车占17.8%，特殊药品专用车占1.1%。自运配送范围在省级及以下的企业数量占81.4%，配送范围覆盖全国的企业数量占3.1%。委托配送范围在各级行政区域较为均衡，承担全国、跨区域、跨省、省内、市内及乡镇范围配送的企业数占比在12%~21%。在物流自动化及信息化技术方面，84.3%的企业具有仓库管理系统，79.4%的企业具有电子标签拣选系统，64.6%的企业具有射频识别设备。

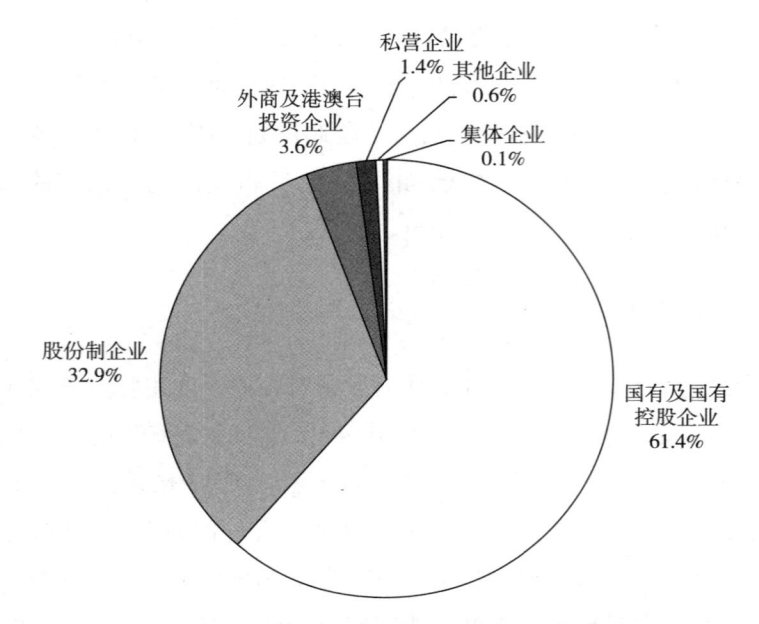

图4 2021年药品流通企业主营业务收入所有制结构

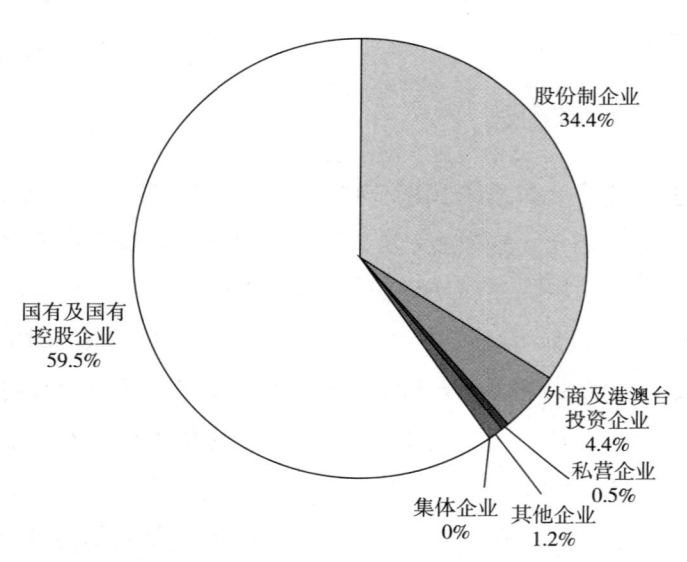

图5 2021年药品流通企业利润总额所有制结构

（七）医药电商

据不完全统计，2021 年医药电商直报企业[①]销售总额达 2162 亿元（含第三方交易服务平台交易额），占同期全国医药市场总规模的 8.3%。其中，第三方交易服务平台交易额 849 亿元，占医药电商销售总额的 39.3%；B2B（企业对企业）业务销售额 1221 亿元，占医药电商销售总额的 56.4%；B2C（企业对顾客）业务销售额 92 亿元，占医药电商销售总额的 4.3%。订单总数 21276 万笔，其中，第三方交易服务平台订单数 4437 万笔，订单转化率 97.0%；B2B 订单数 7246 万笔，订单转化率 98.3%；B2C 订单数 9593 万笔，订单转化率 95.9%。第三方交易服务平台网站活跃用户量 52 万；B2B 网站活跃用户量 99 万；B2C 网站活跃用户量 6581 万，平均客单价 164 元，平均客品数约 5 个。B2B 日出库完成率 99.0%，B2C 日出库完成率 98.4%。B2B 电商业务费用率 7.5%，B2C 电商业务费用率 17.1%，均高于行业平均费用率。B2B 与 B2C 销售结构差异较为明显，B2B 业务主要集中在西药类，其次是中成药类（见图 6）；而 B2C 业务主要集中在西药类、医疗器材类，其次是中成药类、其他类[②]（见图 7）。

（八）上市企业

2021 年，药品流通行业 28 家上市公司实现主营业务收入的总和为 15956 亿元（其中分销业务 12491 亿元，占比 78.3%，零售业务 1453.3 亿元，占比 9.1%），同比增长 12.4%，与 2020 年相比增速回升。28 家上市公司实现主营业务收入占直报企业主营业务总收入的 80.5%，增速比直报企业平均增速高 3.1 个百分点。以分销为主的上市公司平均毛利率为 10.9%，比上年下降 0.8 个百分点；三项费用率之和为 7.6%，比上年下降 0.5 个百分点；平均净利率为 2.6%。以零售为主的上市公司平均毛利率为 35.9%，

[①] 第三方交易服务平台企业 5 家，仅有 B2B 业务的企业为 115 家，仅有 B2C 业务的企业为 86 家，兼有 B2B 和 B2C 业务的企业为 18 家。

[②] 其他类中包含保健品类、化妆品及个人护理用品、计划生育及成人用品等。

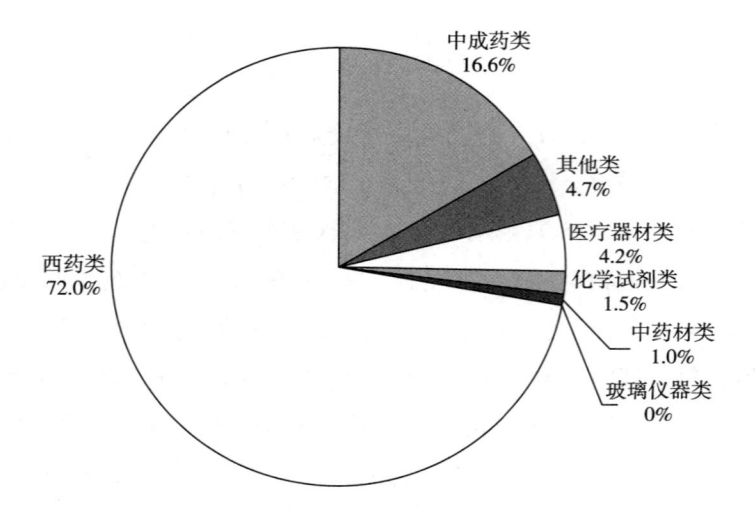

图6 2021年药品流通直报企业B2B业务销售结构

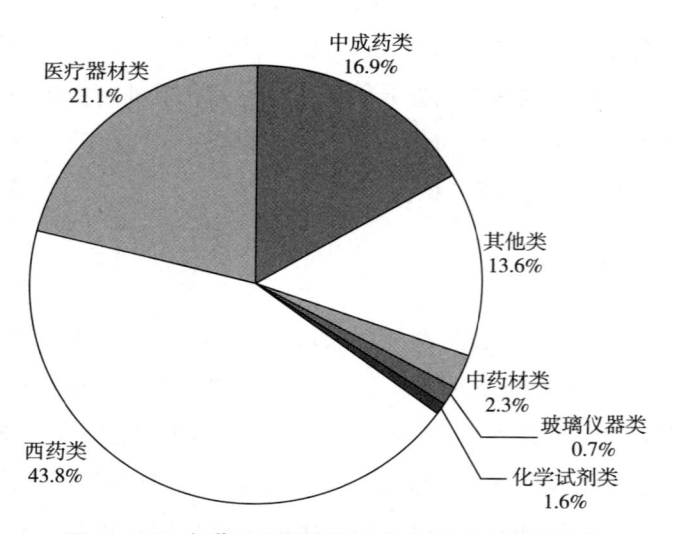

图7 2021年药品流通直报企业B2C业务销售结构

比上年增长0.8个百分点；三项费用之和为29.2%，比上年增长2.2个百分点；平均净利率为5.3%。

2021年终最后一个交易日市值总计4724亿元，平均市值为169亿元，低于2020年末的平均市值。市值200亿元以上的企业为9家，分别是华东医药、上海医药、国药控股、益丰药房、大参林、九州通、国药股份、一心堂和老百姓。2021年，28家药品流通行业上市公司披露的与药品流通业务相关的对外投资并购活动共有136起，涉及金额47.6亿元[①]。

（九）社会经济贡献

2021年，全国药品流通行业年度销售总额相当于第三产业增加值的4.3%，同比下降0.1个百分点。其中，药品零售总额占社会消费品零售总额的1.2%，与上年持平；相当于第三产业增加值的0.9%，与上年持平[②]。

2021年，全国药品流通直报企业纳税额（所得税）为104亿元，扣除不可比因素同比增长5.6%；全行业从业人数约为638万人，扣除不可比因素同比增长2.2%。

自新冠肺炎疫情发生以来，全国药品流通行业及时有力地保障防疫物资供应。截至2022年5月13日，药品流通行业共承担国内33.6亿剂次新冠病毒疫苗的配送。

二 运行特点

（一）行业销售企稳回升

从销售增速看，大型药品批发企业销售增速逐渐向疫情前水平回归。2021年，前100位药品批发企业主营业务收入同比增长9.1%，增速上升6.6个百分点。其中，4家全国龙头企业主营业务收入同比增长11.8%，增速上升5.8个百分点；前10位同比增长11.2%，增速上升2.8个百分点；前20位同比增长9.8%，增速上升4.5个百分点；前50位同比增长9.4%，增速上升6.0个百分点。前100位药品批发企业排名第一的中国医药集团有

---

① 数据来源于东方财富choice数据。
② 数据来源于国家统计局。

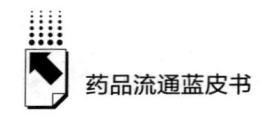

限公司主营业务收入为5390亿元，是第一家主营业务收入超过5000亿元的大型数字化、综合性药品流通企业；第2~4位的上海医药集团、华润医药商业集团、九州通医药集团主营业务收入均超过千亿元。

从市场占有率看，药品批发企业集中度有所提高。2021年，药品批发企业主营业务收入前100位占同期全国医药市场总规模的74.5%，同比提高0.8个百分点；占同期全国药品批发市场总规模的94.1%，距离"十四五"末期行业发展的目标98%还差3.9个百分点。其中，4家全国龙头企业主营业务收入占同期全国医药市场总规模的44.2%，同比提高1.6个百分点；前10位占56.8%，同比提高1.6个百分点；前20位占64.6%，同比提高1.1个百分点；前50位占70.9%，同比提高0.9个百分点。

2021年，药品零售市场销售总额为5449亿元，扣除不可比因素同比增长7.4%，增速放慢2.7个百分点。截至2021年末，零售连锁率为57.2%，比上年增长0.7个百分点。销售额前100位的药品零售企业销售总额1912亿元，扣除不可比因素占全国零售市场总额的35.6%，同比上升0.3个百分点。其中，前10位销售总额1147亿元，占全国零售市场总额的21.1%，与上年持平；前20位销售总额1392亿元，扣除不可比因素占全国零售市场总额的25.5%，同比上升0.2个百分点；前50位销售总额1729亿元，扣除不可比因素占全国零售市场总额的31.7%，同比上升0.3个百分点。

（二）创新发展步伐加快

零售药店作为公共卫生体系的重要组成部分，2021年受新冠肺炎疫情影响，在配合完成艰巨繁重防控任务的同时，行业发展实现新的突破。头部零售企业通过自建、加盟及并购等多种方式保障规模的持续增长，实现销售规模、盈利水平与品牌影响力等方面的多重提升。行业积极融入数字化、智能化，提升专业药学服务能力，开展健康监测、器械康复、医疗延伸、慢病管理、特药疾病跟踪等特色服务，发挥初级医疗保健作用；不断开展O2O、B2C等线上业务，拓展销售渠道，寻找新的利润增长点。面对零售企业的激烈竞争，部分药店努力探索多元化经营。

随着药品集中采购常态化、互联网诊疗、医药电商业务发展，以及后疫情时代影响，医药物流服务需求快速增加并呈多样化、订单碎片化、配送末端化等特征，医药物流的地位在医药供应链各环节中进一步凸显。与此同时，医药物流企业更加注重以精益化的管理方式、标准化的作业流程、智能化的信息技术和物流技术推动物流服务提质增效。2021年医药物流区域一体化建设取得进展，县乡村三级配送网络逐步完善；全国及区域药品流通企业联合第三方涉药物流企业，加强构建多层次的医药物流配送体系，完善"最后一公里"药品流通网络，在信息一体化、物流技术和装备自动化、智能化提升方面开展诸多实践，提高医药物流效率。如广州医药股份有限公司新上线使用货到人设备的白云智慧物流中心，奠定了一体化、集约化发展的良好基础；国药控股广东物流有限公司通过AI智能技术赋能医药物流中心的旧库改造，实现了降本增效。

（三）医药电商日渐成熟

随着"互联网+医药"的深度融合，医药产业链各环节纷纷进行线上线下整体布局谋篇。消费者线上购药习惯的养成，加之互联网医疗不断发展、线上购药实时医保结算陆续试点、网售处方药政策逐步放开，促使医药电商交易规模持续增长，尤其是O2O市场销售迎来市场机遇。2021年，华润医药商业集团有限公司B2B线上平台交易额为285亿元，同比增长14%；京东健康总收入为307亿元，同比增长58.3%。

药品零售连锁企业借助自营及第三方平台，依靠互联网平台流量优势拓展线上业务。大型药品批发企业依托数字化工具赋能线上业务。为满足消费者多样化的购药需求，医药互联网企业不断创新线上服务模式，进一步延伸药事服务，在用户体验、场景服务、供应链整合方面逐渐形成差异化发展。如上海医药大健康云商股份有限公司通过与医院HIS系统对接，获取处方信息，经"益药·电子处方"平台处理后，由云药房审方并配送药品到患者，实现患者药品供应的多样化选择，并开展慢病患者健康管理；九州通医药集团股份有限公司利用互联网和数字化工具打造的F-B-B-C平台，建立了互相

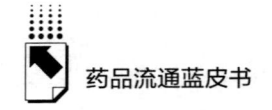

协调、优势互补的B2B/B2C/O2O的全场景服务体系，赋能B端用户和C端客户。

三 趋势展望

（一）药品批发企业持续优化网点布局和提升服务能力

药品批发企业将进一步推进"区域一体化和多仓联动为核心"的绿色物流建设，加快融入以多种业态集聚形成的城市社区服务商圈，全面实现端到端的药品配送与服务。县、乡、村三级药品配送网络加快构建，推动药品供应与服务下沉乡村。同时，创建以数字化为支撑的医药营销服务模式，加快流通要素、结构、流程、服务迭代升级，增强对医疗机构的院内服务能力和对供应商的市场服务能力，提升药品供应链上下游协同和流通效率。市场营销、仓储物流、客户服务等环节的数字化应用，推进精准营销、精心服务和精细管理。预计2022年行业销售规模将保持平稳增长，将涌现一批销售额达1000亿元至5000亿元的大型数字化、综合性药品批发企业，药品批发前百位企业主营业务收入占同期全国药品批发市场总规模的比重有望达到95%左右。

（二）零售药店向数字化、专业化、多元化方向发展

面向患者及消费者需求的个性化、渠道的多样化以及大健康服务的升级发展，零售药店业态创新提速，互联网、大数据、云平台等科技手段助企拓宽业务范围和服务群体，延伸服务内容，服务大健康多元化发展趋势明显。依托零售药店特药药房（DTP）、慢病药房药学服务标准，专业药房模式快速发展，为顾客提供智能化、精准化、标准化的专业服务。同时，利用智能化医疗设备创新集顾客购药体验与健康管理为一体的新零售模式，探索药妆店、药诊店、健康小站与智慧药房等特色发展模式。

（三）数智化赋能医药供应链物流体系降本增效、协同发展

医药互联网业务的快速发展，分销和零售的整合规划、C 端配送服务增加，对传统的医药物流配送模式提出新挑战。医药供应链将持续提升物流全程信息化管控能力和医药供应链智能化、透明化、网络化、专业化运营水平，完善医药供应链物流标准，加强医药物流一体化和医药供应链精细化管理，推动仓、配体系的优化变革。同时，与供应链上下游探索以技术、模式驱动融合的数字化供应链新模式，通过商流、物流、信息流及发票流等数据的共享，提高协同效率。在疫情防控常态化背景下，疫苗、核酸检测试剂等配送及冷链物流需求将是医药物流业务发展新的竞争点和增长点。

（四）医药电商强化药品全渠道全场景服务能力

随着线上问诊购药业务的不断发展和线上医保支付渠道的打通、医院处方外流逐步放开，实体药店将不断深化线上布局，通过线上商城、入驻第三方医药电商平台和 O2O 服务平台扩大服务半径；互联网企业也会持续加深与实体药店的合作或布局线下实体药店，为患者提供更优质的服务体验。医药 B2B 企业通过微服务化，向 C 端消费者服务延伸；大型药品流通企业联合医药工业、商业保险两大行业，积极构建"互联网+医+药+险"生态链模式。药品流通行业通过线上线下融合，不断提升全渠道、全场景服务能力。医药电商在业务扩张中需重点关注逐渐显现的问题，如合规经营管理、垄断经营风险、药品质量安全保障、处方来源真实保证、消费者个人健康信息保护等，应提出解决方案，确保规范发展、安全运行。

B.2 药品流通行业十年演进与趋势展望*

中国医药商业协会课题组**

摘　要： 本文从药品流通行业的基本结构、发展格局、竞争态势、增长模式和发展路径等多个维度深入介绍了药品流通行业十年发展状况，并通过"十四五"时期商业环境的分析，对行业发展趋势进行展望。"十四五"时期，药品流通行业迈入高质量发展的新阶段，预计行业销售将持续平稳增长，运行质量效益将进一步提升，大型数字化和综合性药品流通企业，专业化和多元化药品零售连锁企业，智能化、特色化和平台化药品供应链服务企业的发展将进一步加速。

关键词： 药品流通　供应链服务　数字化转型

党的十八大以来，药品流通行业站在新的历史起点上，以习近平新时代中国特色社会主义思想为指导，在商务部、国家医保局、国家药监局等部门领导下，以人民健康为中心，全面实施"十二五""十三五"行业发展规划，并以坚实的步伐迈进"十四五"时期，聚焦新目标，开启新征程。

这十年是我国基本建成现代药品流通体系、全面推进健康中国建设，具有里程碑意义的十年；也是药品流通行业创新发展进入高潮，规模化、集约化、专业化、现代化、国际化取得重大进步，实现历史性跨越的十年。

---

* 除特殊说明外，本文数据均来自商务部药品流通管理系统统计数据。
** 中国医药商业协会专家组。执笔人：曹伟荣，中国医药商业协会特聘专家，中国医药商业协会创新促进分会原执行会长。

一 药品流通行业十年发展主要成就

（一）行业销售增长连创新高，行业规模跃居世界前列

十年来，药品流通行业牢牢把握我国全面建成小康社会、全面建设健康中国的历史性契机，不忘初心，砥砺奋进，实现跨越式发展。随着国家对卫生健康总体费用持续投入的提高，居民用药水平不断提升，行业规模从2012年的11174亿元增长到2021年的26064亿元，跃居世界前列，行业集中度大幅提升，批发企业主营收入前100位占全国医药市场总规模的比重从2012年的64.0%增长到2021年的74.5%，零售连锁率从2011年的34.3%上升到2021年的57.2%（见图1）。全行业涌现1家年销售额超5000亿元、3家年销售额超1000亿元、15家年销售额100亿~1000亿元级规模的全国性、区域性龙头企业和28家上市公司，成为药品流通行业和健康中国建设的中坚力量。

图1 2011~2021年全国药品流通行业销售变化趋势

十年来，中国的药品市场先后超越意大利、法国、德国以及日本，成为全球第二大市场。中国的医药企业国药集团、上药集团和广药集团先后跻身

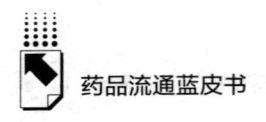

世界500强①。

2021年，行业直报企业实现利润总额从2011年的152亿元上升到453亿元，增长近2倍；但平均利润率从2011年的2.2%下降到1.7%，经营微利化趋势越来越突出。

十年来，全国药品流通区域市场发展不均衡、不平衡的状况有所改善。华东、华北地区在全国市场销售总额中的占比已分别从42.0%和19.3%下降到36.2%和15.0%；西南、西北地区在全国市场销售总额中的占比则分别从11.6%和3.0%上升到13.3%和4.1%，东北地区略有下降（见图2）。从省份来看，在全国脱贫攻坚战的推动下，尤其在医保及大病统筹水平大幅提升的基础上，西部欠发达地区的青海、甘肃、宁夏、内蒙古四省区的药品销售总额已从2011年的142亿元上升到2021年的449亿元，增长了2倍多。

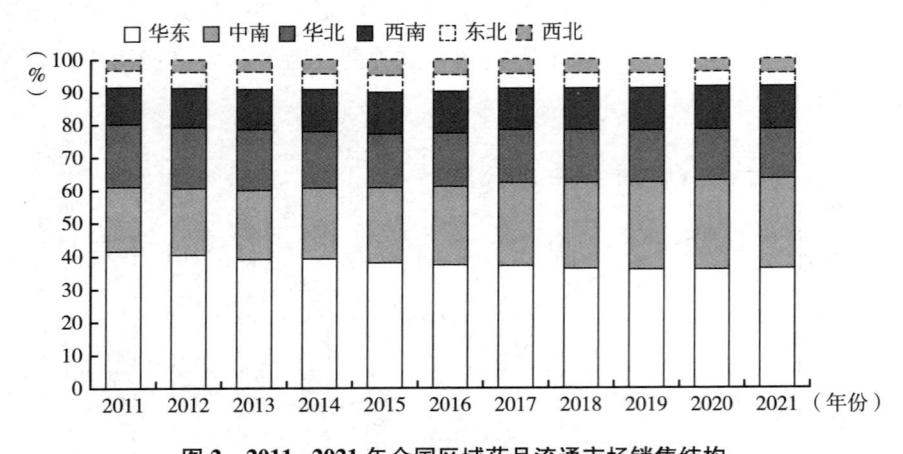

图2　2011~2021年全国区域药品流通市场销售结构

（二）基本建成现代药品流通新体系，抗击新冠肺炎疫情经受新考验

十年来，我国基本建成布局合理、功能完备、技术先进、统一开放、竞

---

① 指近十年进入世界500强的我国三个医药集团，华润集团进入时间较早而且产业多元化无可比性，故未列入。

争有序、畅通高效、安全便利的现代药品供应保障体系。

药品批发领域已经建成"以全国性、区域性企业为主体，地县级企业为延伸，专业性企业为辅助"的现代药品批发体系，批发网络从区域覆盖扩大到覆盖全国除个别特殊地区以外的所有地县市。一批网络覆盖广、市场优势强、集约化和信息化程度高、销售规模大的大中型企业在提升全国药品供应保障水平、满足人民健康需求上发挥着核心作用。

医药物流领域基本建成"以省会城市为枢纽、主要地级城市为延伸、辐射周边城乡"的省地两级现代医药物流配送体系。2021年，行业直报企业物流中心数量从2015年的958个增加到1253个，仓储面积从2015年的900万平方米增加到1261万平方米，配送货值从2015年的11150亿元增加到18393亿元；配送范围辐射至全国所有县域和部分乡镇，并已形成行业自营物流与社会物流互为补充、共同发展的格局。如国药物流公司在全国有物流网点超过600个，其中全国枢纽5个，省级物流中心38个，地级物流中心400个左右，覆盖全国32个省级行政区（澳、台尚未覆盖），为50万上游供应商和下游客户提供服务；九州通医药集团已在全国设立31个省级物流中心和110座区域物流中心，并已开发直通干线及星状支线，形成4000余条配送线路，实现多段联运、配送广覆盖；普洛斯、京东、顺丰、中国邮政等成为医药物流体系的重要补充，发挥着第三方物流的社会资源配置作用。

药品零售领域初步建成"以全国性、区域性、省市和地县四级药品零售连锁企业为主体，单体药店为配套，新零售为补充"的现代药品零售体系，零售网络覆盖全国城市社区和农村集镇。截至2021年底，全国药品零售连锁企业从2011年的2310家发展到6596家；连锁门店从2011年的13.7万家发展到33.74万家，增长146.3%；销售总额前5位药品零售企业门店总数为40780家，拥有千家门店的企业从2011年的9家发展到12家。

互联网药品流通领域正在形成"以云平台为载体、医药电商为核心、实体店为配套、线上线下联动"的药品流通新形态，以及"网订店取、网订店送"等新型服务模式。直报企业医药电商交易总额从2015年的476亿元上升到2021年的2162亿元，占全国药品市场交易规模的比重从2015年

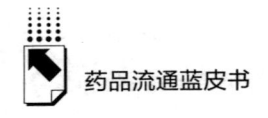

的2.9%上升到8.3%。

在抗击新冠肺炎疫情中，药品流通行业经受了历史性大考。疫情发生后，全行业主动出击、使命必达，迅速启动应急供应保障机制，争分夺秒打通紧缺医药防疫物资的供应链，紧贴抗疫一线，坚决做到"有需必供、急用急供、待用备供"，及时有效地满足国内医药防疫物资供应需求，并为全球抗疫做出积极贡献。如国药集团组织力量在最短时间内研发上市国产新冠疫苗，向国内外供应超过30亿剂，同时向国外130多个国家供应了检测试剂、防疫物资等，保障了130多万海外华人及中企员工的防疫物资供应。

在常态化药品供应保障与服务中，全国大中型城市普遍建立了0.5小时、2小时、4小时等药品快速供应机制和零售药店24小时服务机制，建立了一大批专业药店、药诊店和网上药店等药品供应服务网点，进一步完善了满足全国城乡医疗机构及社会需求的药品供应保障体系与服务网络，以及涵盖民用、军需、科研等多方位用途的药品、医疗物资储备和应急供应体系。

（三）资源整合重塑行业新格局，行业集中加速百强集约增长

十年来，药品流通要素资源的并购整合在优化行业结构、提高行业集中度、做大做强企业上发挥着关键作用。自2002年上药控股实施"三年华东、八年航母"战略、国药控股整合全国区域网络进而引领全行业掀起并购热潮以来，药品流通行业先后走过"资源竞争、区域布局、地市联网"三个阶段，目前已进入"区域联合"阶段。

据统计，药品流通行业各上市公司近九年共发生对外投资和并购活动1023起，总投入达902亿元以上[①]。并购整合成效显著，造就了一批市场集中化、资源一体化、管理垂直化、运营现代化的全国性、区域性龙头企业，健全了"全国、区域、省市和地县"四级流通网络，促进了现代药品流通体系的建设，提高了行业集中度，便于行业规范集约发展，使药品流通保障体系更加完善。药品批发前二十强的集中度已从2012年的49.3%提高到2021

---

① 上市公司投资和并购数据根据商务部2013~2021年行业运行分析报告数据汇总。

的64.6%。其中，中国医药集团、上海医药集团、华润医药商业和九州通医药集团四家企业并购整合力度最大、范围最广、影响最深，由此奠定了全国性龙头企业地位。

药品批发前四强通过资本市场融资快速推进全国网络扩张；药品零售业的一心堂、益丰、老百姓、大参林、健之佳、漱玉平民六家企业先后在A股上市，通过资本市场助力推进并购整合，迅速成为门店均超千家的全国性、区域性药品零售龙头企业。此外，还有十多家企业正在新三板挂牌准备上市。

并购整合推动行业百强企业实现了集约增长，快速做大做强。2021年，药品批发百强企业销售总额在全国药品销售总额中占比为74.5%，二十强企业占64.6%，四强企业占44.2%，百强和二十强占比分别比2012年增加10.5个和15.3个百分点。其中，中国医药集团销售总额超过5000亿元，上海医药集团、华润医药商业集团销售总额均超过1500亿元，九州通医药集团销售总额超过1000亿元，分别增长3~4倍。药品零售百强企业销售总额在全国药品零售总额中占比为35.6%（见图3），二十强企业占25.5%，分别比2012年增加1.3个和2.6个百分点。其中，国大药房、大参林、老百姓、益丰、一心堂五大全国性零售连锁企业门店数量均超5000家，销售规模达130亿~240亿元。

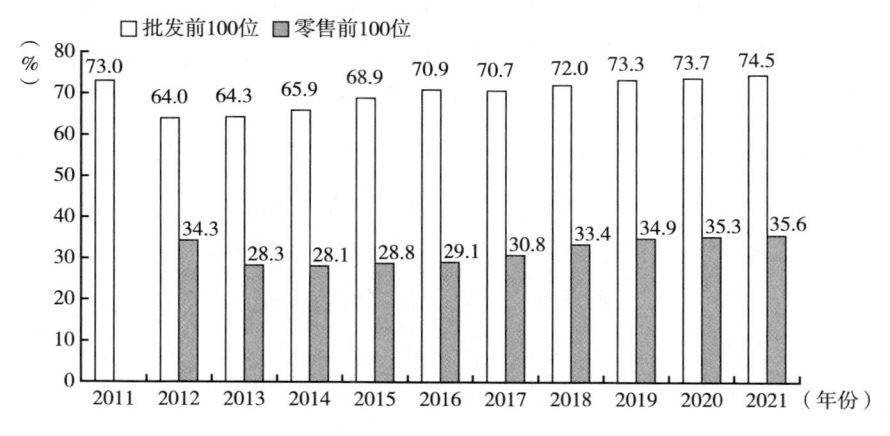

图3　2011~2021年药品批发、零售百强企业集中度趋势

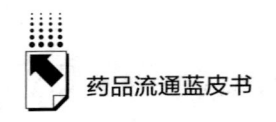

十年来，药品流通行业通过并购整合的方式使行业集中度快速提升，呈现以下四大特点。

一是并购整合的重点从"十二五"时期以建设区域网络为主，发展为"十三五"时期以建设地市级网络为主，全国性和区域性企业对地市级网络的并购进入白热化，大部分省份地市级前五位企业均由全国性和区域性企业控参股，健全并强化了"全国、区域、省市和地县"四级网络垂直管理结构。

二是并购整合的热点从初期单纯的抢占市场份额为主的资源竞争转变为以提升行业地位争当行业引领为主的战略竞争，全国性企业与区域性企业或区域性企业之间的"联姻"凸显并购整合进入更高层次的趋势，深刻改变着全国及区域市场的竞争格局。

三是并购整合的主力从国内大中型药品流通企业发展为国际药品流通龙头企业，积极加入中国药品流通优质资源的竞争。

四是中小企业抱团联盟形成竞争新势力，在统一采购、分区域销售、终端支持、服务配送和资金统筹上形成合力，提升了差异化竞争能力。

（四）现代物流建设达到新高度，供应链服务构筑新平台

自2002年北京医药股份有限公司建设全国首个现代医药物流中心起，我国现代医药物流体系的建设从早期的"学习仿造"、中期的"布点扩容"快速向近期的"联网升级"转变。十年来，全国及区域性药品流通企业不断加快医药物流迭代升级，逐步从信息化、自动化、标准化向数字化、智慧化、精准化发展。各企业现代医药物流中心普遍拥有订单管理系统（OMS）、数码拣选系统（DPS）、射频识别系统（RFID）、仓库管理系统与仓库控制系统（WMS、WCS）、运输管理系统（TMS）、温湿度监控系统（THCS）、客户关系管理系统（CRM）、货主管理系统和电子数据交换系统（EDI）等，部分企业还开发建设基于数字化、AI算法、区块链、5G技术的智慧医药物流配送系统，构筑由智慧化平台（自主分析决策和供应链深度协同）、数字化运营（全链路智能排产和运行规则智能设置）、智能化作业（自动或机器人识别、存放、包装、分拣、运输）组成的智慧物流。

十年来，药品流通企业突破传统商业模式束缚，加快从传统医药营销商向医药供应链服务商转变。一批药品批发骨干企业率先建设供应链服务新平台，与医疗机构合作实施了1000多个以药械SPD为代表的医院供应链服务项目，在全国公立医院的渗透率约为10%，其中国药控股、华润医药商业、上药控股、瑞康医药是行业开展供应链服务最早、项目数量最多的企业。此外，云南医药建立了"滇医宝"供应链协同平台，亳州海王广州建立了医共体物资供应链服务平台，均有效地提升了供应链服务价值。全国药品批发四强企业等九家单位组建的"健康中国—智慧医药创新联盟"首创独立开放的第三方平台服务模式，推进医院"智慧供应链、智慧药事服务、智慧诊疗"三大共享平台建设，发挥SPD、处方审方及流转、慢病管理等功能，有效解决了供应链服务合规性、公平性问题，受到卫健委和医疗机构的积极支持。

（五）药品零售构建健康服务新生态，"互联网+"成为发展新引擎

十年来，药品零售企业加快从传统药品零售商向大健康综合服务商转变，持续构建"专业药店、药诊店、互联网药店和传统药店"四种模式协同发展的健康服务新生态，涌现了一大批能够提供特慢病服务、药事服务、康养服务的零售药店。

以DTP药店、慢病药店、药诊店为代表的专业药店在提升零售专业服务能力上发挥着重要作用。如国药控股的"SPS+智慧型专业药房"开展的慢病管理服务、上药控股和华润医药商业的DTP药店在专科用药合作推广和一站式服务上都取得较大成效。药诊店模式在全国发展较快，同仁堂、九芝堂等各地中药"老字号"大力弘扬传统特色，纷纷在药店设立中医馆或门诊部，形成"名店+名医+好药"的品牌效应。

近年来，"互联网+"推动着企业数字化转型升级。较典型的有上药的"云健康"模式、国药控股的"国药在线"模式、华润医药商业的"润药商城"模式、百洋集团的"易复诊"模式等。

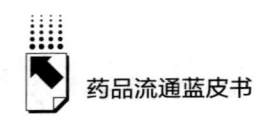

（六）对外开放达到新水平，国际合作实现新突破

十年来，药品流通行业对外开放力度进一步加大，积极参与药品供应链国际分工，拓展区域及全球价值链，增强国际化发展实力。

为学习国际药品流通先进经验，2017年11月，上海医药以36.92亿元跨境并购美国康德乐马来西亚公司100%股份，并一举获得国内30家DTP药房，成为全行业最大的战略重组项目，奠定了全国同业中第二的地位。2018年12月，国大药房以定向增发40%股份的方式对价27.667亿元引进全球最大医药保健企业沃博联公司（由美国沃尔格林和欧洲联合博姿合并而成），成为国内药品零售领域最大的战略重组与中外合资项目。

上药科园依托北京天竺综保区的政策环境优势，拓展与跨国药企合作，成为我国药品最大进口商，在全国多个口岸开展进口操作，享受"先提货后报关""一次通关抽检、多次保税出库"的政策。国药控股、上海医药、华润医药商业等在各口岸积极开展药品进口业务，设置保税仓，提供通关、报检、保税仓储等配套服务。

为服务国家共建"一带一路"倡议，北京同仁堂积极拓展海外市场，子公司已覆盖21个国家及地区，开设境外零售终端超过80个；上海医药合资兴建的苏丹制药公司已实现第四代抗疟药本土化生产；重庆医药通过"渝新欧"国际铁路班列实现重庆口岸药品规模化进口；福建省医药集团启动建设平潭（海峡）对台中药材交易中心及跨境电子交易平台项目，将成为中药材输出的重要基地。

（七）行业基础建设取得新进展，服务能力实现新提升

十年来，药品流通行业在商务部门的指导下，充分发挥各级行业商协会联系政府部门和企业的桥梁纽带作用，坚持把信用建设、标准建设、统计信息和人才培养作为夯实行业发展的重要基础，进一步提升行业综合服务能力。

在信用建设上，中国医药商业协会制定《药品流通行业信用体系建设

行动方案》，开展了企业诚信建设专项活动，有 15 家单位成为行业信用品牌创建示范单位。

在标准建设上，中国医药商业协会制定和颁发药品批发、药品零售、医药物流、企业管理等方面的行业标准 9 项，协会参与制定国家标准 2 项、委颁标准 1 项，在部分医药物流企业和专业药房中试行团体标准 4 项，引领全行业提高经营服务质量和标准化水平。

在统计工作上，为全面了解行业及企业运营情况，准确反映行业发展规模、效益、地区分布情况，协会根据行业发展的新需求，不断调整优化统计指标体系，扩大统计覆盖面，业态统计由批发、零售两大业态增加到批发、零售、物流、电商四大业态，实现全业态统计，统计直报企业数量增至 1288 家。同时，每年组织统计人员培训，提高数据报送质量和效率；强化统计数据分析与应用，挖掘数据信息内在价值，供企业及相关部门共享。

在人才队伍建设上，中国医药商业协会和地方协会大力合作开展专业型、复合型人才培养工作，先后开办中高级职业经理人、执业药师、质量管理、物流管理、运营管理与统计、资本并购、药物治疗管理（CMTM）、人力资源管理及上岗、学历等培训班，累计培训数十万人；同时，举办五届全国药品流通行业岗位技能竞赛，数千名行业选手参赛，进一步提高了从业人员的社会责任感和专业技能。全行业拥有执业药师数量从 22 万人发展到 63 万人，增长 1.86 倍。

十年来，药品流通行业的发展取得了重要成就，但与全面推进健康中国建设的要求、人民群众日益增长的健康需求相比仍存在一些突出的困难和问题。

一是行业集中度和经营服务能力需进一步提升。全国药品流通行业集中度虽已显著提高但总体还是较低，行业结构"多、小、散"现象依然突出，1 万多家中小批发企业每家年均销售额不到 5000 万元，其中相当部分企业规模更小。一些企业配送方式和设备落后，信息化管理水平较低，流通效率不高。药品零售系统集中度更低，单体药店比重偏高。企业同质化竞争严重，销售增长与服务方式缺乏大的突破。

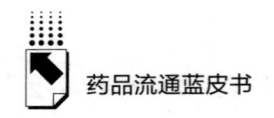

二是城乡药品"最后一公里"配送瓶颈突出。县域以下基层网络布局较薄弱而且不够规范，对农村及边远地区的配送存在客户及订单零散、单件货值低、配送距离长等问题，企业物流网络不能共用，导致配送成本高或负利润，药品及时保障供应难以达到；对城市基层医疗机构的配送尤其是冷链药品配送存在运输车辆入城受限与停车难、卸货空间狭小等，导致配送成本高及难度增加。

三是药品批发企业应收账款问题严重。应收货款总额上升、账期延长，导致资金流周转困难。据初步调研，2020年药品批发企业应收账款平均周转天数为153天，若含承兑汇票则期限更长，企业经营承受着高负债率和资金成本的重负，制约着企业及行业整体发展。

四是专业性及复合型高端人才紧缺。全国注册于零售药店的执业药师人数与药店数量比不足1.0，达不到每家药店至少配备1名执业药师的要求，需求缺口较大。同时，较多执业药师专业水平难以适应处方审方和专业药事服务的要求。供应链及大健康服务急需的专业性及复合型高端人才储备及培养不足，制约着行业与企业高质量发展步伐。

五是部分地方保护限制仍然存在。药品流通企业跨区域并购重组、参与药品招投标配送往往受到地方保护的限制，一些地区人为设置不合理准入（评定）条件；一些省份虽允许企业在本省市内多仓运营，但总部企业开展跨省份多仓协同配送却常因地方政策约束无法推进。一些地区规定连锁集团企业跨省经营必须分省份设立配送中心，而不能实行集团内部跨区域配送，给企业带来较大负担。

二 "十四五"药品流通行业发展的商业环境

"十四五"时期是全面实施健康中国战略、医药卫生体制改革向更深层次推进的重要阶段，也是药品流通行业从速度规模型转向质量效益型，数字化、集约化、专业化、现代化实现新发展的关键阶段，商业环境面临更加复杂而深刻的新变化。

（一）药品流通行业发展进入重要转折期

"十四五"时期，"三医联动"改革向纵深推进，行业发展进入重要转折期。"药械耗"集采进一步扩面，"双通道"政策落地，DRG/DIP 三年行动计划实施，医院药占比和耗材占比降至 26% 和 20% 左右[①]。药品流通行业亟待优化结构、创新模式，加快从速度规模型数量增长向质量效益型集约增长转变。

（二）健康中国建设、乡村振兴成为行业高质量发展强大动力

据预测，2030 年我国大健康产业规模将超过 16 万亿元，发展空间巨大；全面推进乡村振兴，医疗服务和药品供应保障与服务体系下沉，构成药品流通行业发展强劲动力。

同时，我国拥有全球最大规模的中等收入群体，将有力推动药品流通市场形成需求牵引供给、供给与需求更高水平动态平衡，加快行业高质量发展进程。

（三）经济社会高水平发展奠定行业高质量发展坚实基础

我国经济社会持续高水平发展，新型城镇化加速，释放更多健康服务需求；区域经济一体化和城市群协同发展蕴含巨大健康消费潜力。

我国老年人口达 2.5 亿人，慢病负担已占疾病总负担的 70%；"健康老龄化"规划发布，90 后新生代群体消费观念改变，健康需求从医疗向预防、养生和健康管理转变，奠定了药品市场持续增长基础。

（四）数字化、智能化成为行业高质量发展重要支撑

新一代科学技术重塑医药健康新生态，智慧医院、智慧药房等数字化应用场景赋予药品流通现代化新内涵。全国 7700 多家医院建立预约诊疗制度，

---

① 数据来源于公立医院医疗效率报告。

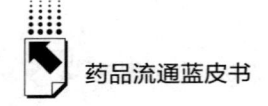

提供线上服务；互联网医院超过1600家，卫健委所属医院网上诊疗人次比疫情前增长17倍，线上处方流转增长近10倍[1]，为药品流通行业数字化发展提供重要支撑。

（五）竞争新态势倒逼行业转型升级

非药企业加快进入药品流通领域，跨界竞争打破传统市场格局，竞争新势力改变竞合态势，倒逼药品流通企业转型升级。

药品流通企业同质化竞争、增长方式传统、专业化水平不高的问题成为制约高质量发展的障碍，促使行业深化变革，推动药品流通企业向数字化健康服务商转变。

三 药品流通行业"十四五"发展新趋势

"十四五"时期是药品流通行业过去十年取得跨越式发展后迈入高质量发展的新阶段。商务部颁布《关于"十四五"时期促进药品流通行业高质量发展的指导意见》，赋予了药品流通行业新的历史使命。

（一）高起点开创高质量发展新局面

"十四五"时期，药品流通行业将以高质量发展为主题，以供给侧结构性改革为主线，以满足人民日益增长的美好生活需要为根本目的，以数字化、智能化、集约化、国际化为发展方向，推动行业从速度规模型向质量效益型转变；着力破除药品流通体制机制障碍，提升药品供应保障服务能力、流通效率和质量安全，为满足人民健康需要发挥重要支撑作用。

预计"十四五"时期行业销售将保持持续平稳增长，运行质量效益将进一步提升，大型数字化和综合性药品流通企业，专业化和多元化药品零售

---

[1] 数据来源于第三届数字中国建设峰会数字健康分论坛。

连锁企业，智能化、特色化和平台化药品供应链服务企业的发展将加速，强者恒强、两极分化的特征更为突出。

（二）数字化推动行业加快转型升级

"十四五"时期，数字化将推动药品流通行业深刻变革，将改变50年一贯制的药品流通方式，创建以数字化为支撑的现代药品流通方式；改变传统业务结构，创建以药械业务为基本、创新业务[①]为新增长点的新业务结构；改变传统的医药营销模式，创建全生命周期的数字化医药营销与健康服务模式，加快要素、结构、流程、服务迭代式升级。

药品流通企业将"上线上云上平台"，深化市场营销、仓储物流、客户服务等环节的数字化应用，推进精准营销、精心服务和精细管理；将打造移动场景营销、无人售药、智能药事服务等新模式，满足群众个性化、多样化服务需求；将为互联网医疗提供医保结算便利和大数据查询，为网上药店提供远程审方、用药指导和配送服务，为政府监管提供数字化药品追溯功能，向数字化要市场、要质量、要效益。

（三）要素资源进一步向行业骨干企业集中

"十四五"期间，药品流通行业结构调整将进入新阶段，要素资源将进一步向全国性、区域性和省市级骨干企业集中。

药品批发的行业集中将"从区域网络的资源并购向跨区域强强联合的战略并购"方向转变；网络整合将"从省际纵向整合向跨区域横向整合"方向转变。行业集中的重点，将在全国性与区域性企业之间、区域性企业之间、综合性企业与专业性企业之间的并购整合中得到体现。

药品零售的行业集中已进入"竞争优质资源、推进跨区域扩张"的阶段。目前，国内销售规模前十的药品零售企业市场占有率大多不超过5%，

---

① 创新业务包括但不限于DTP、SPD、CSO、CMO、新零售、智能设备应用、健康管理、康复养生、自媒体销售、金融保险辅助支付等。

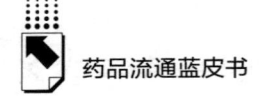

药品零售系统将进入新一轮洗牌热潮，以"省地级、规模化、整建制"为特点的零售行业集中度将不断提速。

"十四五"期间，全国药品流通领域将形成一批销售规模达1000亿~5000亿元的大型数字化、综合性药品流通企业，一批销售规模达100亿~500亿元的专业化、多元化药品零售企业。一批智能化、特色化、平台化的药品供应链服务企业脱颖而出。一批规模较小、渠道单一、商业模式传统、专业能力不强的企业将被淘汰。

药品终端市场结构也将演变，预计医疗机构销售占比将从75%左右下降至70%左右，零售药店的市场销售占比将从25%左右上升至30%左右。

（四）供应与服务网络加快下沉城乡基层

目前，全国有4万多个乡镇7.6亿人口，药品消费额仅占全国药品消费总额的9.5%，具有广阔的市场空间。药品流通行业将加快以县域为中心、乡镇为重点、村为基础的农村药品供应网络建设，构建县乡村三级药品配送体系，健全通达"最后一公里"终端的乡村级药品供应网络。

结合城市医疗资源调整和分级诊疗体系建设，药品流通企业将进一步优化药品供应保障体系，有效融入以多业态集聚形成的社区服务商圈，全面实现端到端的药品配送与服务。

（五）创新与融合加快行业高质量发展进程

"十四五"期间，药品流通行业将以创新引领发展，积极推进流通创新和产业融合，加快高质量发展进程。

在模式创新上，药品流通行业将重点探索发展"以药品供求与药事服务为核心"的供应链服务、"以慢病用药和临床解决方案为核心"的专业服务、"以区域一体化和多仓联动为核心"的物流配送服务、"以药、诊、康、养与健康教育为核心"的社区服务、"以云平台+医药电商为核心"的线上服务等多种开放、融合、先进的模式，促进医药新生态圈高效、稳定、健康地发展。

在业务创新上，药品批发企业将重点发展以数字化和现代物流为支撑的供应链服务，药品零售企业将重点加快发展"药、诊、康、养"相融合的大健康业务，为厂商、医疗机构和患者提供各种服务，形成多层次供应保障与服务体系。

在产业融合上，药品流通企业将加快供应链上下游融合发展，推动资源共享、优势互补，实现产业链、供应链提质增效。针对互联网销售订单个性化、分散化、要货急的特点，将加强与顺丰、京东等企业合作，共同实施线上配送、远距离配送等解决方案，提高效率，降低成本。

（六）医药供应链服务创新推广新模式

"十四五"期间，药品流通行业将深化医药供应链服务，进一步完善现代绿色医药物流体系，推进物流区域一体化，形成扁平化、柔性化、集约化、规模化的智慧医药供应链。

药品流通企业将发展智慧供应链平台服务模式，推动药事服务从传统服务模式向智慧药事服务模式转变，药事服务重点从保障药品供应向确保安全用药、提升服务质量和降低流通成本转变，促进供应链上中下游深度融合。

（七）零售药店成为大健康服务升级发展主力军

"十四五"期间，零售药店作为实施健康中国战略的前沿阵地，将从医药供应链的小终端向大众健康消费服务的大终端转化，成为推进大健康服务升级发展的主力军。

药品零售企业将着重提升连锁扩张、多元拓展、服务延伸水平，加快发展零售全渠道生态体系，实现从药到医的健康服务闭环，并培育一批营养、护理、康复等与健康相关的专业队伍，提升健康服务能力与水平。

预计"十四五"时期全国专业药房数量将突破1万家，全国将涌现一批多功能综合性旗舰式新概念健康店，医药电商销售额占全国药品市场销售总额的比例将突破20%。

面向未来，药品流通行业踔厉奋发、笃行不怠，必将在"十四五"时期高质量发展的新征程中取得更大进步！

政 策 篇

Policy Reports

B.3 新发展阶段下药品智慧监管信息化规划研究

陈 锋 刘 洋*

摘　要： 本研究从药品智慧监管信息化建设的视角出发，进一步明确药品智慧监管的建设理念，总结药品智慧监管阶段性主要成效，分析新发展阶段下药品智慧监管的发展形势，提出未来药品智慧监管信息化建设的规划思路和工作举措。将以支撑药品安全及高质量发展为目标，落实"放管服"改革要求，推进药品全生命周期数字化管理，健全药品信息化追溯体系，提升公众对药品安全的参与度。

关键词： 药品智慧监管　信息化　药品监管能力　政务服务能力

---

* 陈锋，研究员，国家药监局信息中心主任；刘洋，高级工程师，国家药监局信息中心规划与标准处副处长。

药品智慧监管是药品监管发展的必然方向,是国家政务信息化建设的重要组成部分,是提升药品安全治理水平和监管效能的重要手段。经过多年的建设与发展,我国药品智慧监管信息化体系逐步健全,信息化推动监管能力提升的作用不断发挥,为监管工作的高效开展做出了积极贡献。当前,信息技术与监管业务不断融合,全生命周期监管、数字化监管、移动化监管、线上线下监管、全时段动态监管等创新监管需求越发凸显,需要进一步推进药品智慧监管信息化建设,加快以信息化引领监管现代化的进程。

一 药品智慧监管核心理念

回顾药品监管信息化的发展历程,从网络化到数字化再到智能化的趋势日益清晰。药品智慧监管要贯彻风险治理、责任治理、全程治理、智慧治理的药品监管理念,坚持系统思维,要以"四个最严"为根本遵循,以促进药品监管体系和监管能力现代化为目标,以信息化引领监管现代化。药品智慧监管信息化建设要充分利用监管科学研究成果,运用云计算、大数据、物联网、人工智能等新一代信息技术创新监管方式方法,完善监管体制机制,通过技术创新、业务创新、制度创新、管理创新重构药品监管体系,推进精准监管和智慧监管,促进信息技术与监管业务融合发展,让监管链条各环节彼此协作,监管资源分配更加合理,监管需求响应更加快速,监管服务更加优质高效,监管体系更加精准智能,增强人民群众对药品安全的获得感,推动药品产业持续高质量发展。

二 药品智慧监管前期成效

经过多年的建设发展,药品智慧监管信息化建设取得了较为丰硕的成果,特别是《国家药品监督管理局关于加快推进药品智慧监管的行动计划》发布以来,国家药监局带领各级药品监管部门坚持新发展理念,深化"放管服"改革,加强智慧监管谋篇布局,按照药品智慧监管的总体设计蓝图

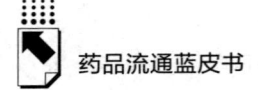

积极推动各项建设工作：一是建立了统一的药品监管信息化标准规范体系，有效指导和规范相关领域的信息化建设工作；二是实现对核心监管业务的信息化支撑，信息化辅助监管能力得到有效提升；三是上线"互联网+政务服务"平台和药品智慧监管平台，提升政务服务专业化、协同化能力，为社会公众和监管人员提供了网上办事和监管工作的便捷渠道；四是强化药品监管数据管理与应用，有效汇聚全国范围内的药品监管数据资源，实现监管数据互联互通和共享开放，为监管业务提供有力的数据支撑；五是推进基础设施整体部署升级和云化改造，完善网络安全防护与信息安全建设；六是药品智慧监管信息化总体技术框架和支撑体系逐步建立，为"十四五"时期乃至未来开创药品监管信息化工作新局面奠定了坚实基础。

三 药品智慧监管发展形势

（一）监管体系发展形势

当前我国药品安全监管体制机制已经逐步完善，创新能力持续增强，服务水平持续提高，智慧监管、监管科学快速发展，技术支撑能力不断增强，药品检查员队伍建设取得突破性进展，法规标准制度体系不断完善，完成了以"两法两条例"为核心的一系列法律法规和规章制度的制定/修订，搭建了新时代药品监管法规制度体系的"四梁八柱"。新的监管制度的确立、新的监管法律法规的施行，对信息化提出了新的更高要求，迫切需要信息技术与药品监管业务深度融合，支撑药品监管工作高效开展。

（二）药品产业发展形势

随着生物医药技术和信息技术的迅猛发展，基因技术、纳米技术、3D打印、大数据、人工智能、工业互联网、区块链、智能工厂、智能制造等新技术给医药行业带来了重大变革和巨大挑战，也对药品研发、生产、流通领域产生了深远影响。新的技术带来新的风险挑战，迫切需要充分利用信息技术及时准确地获取监管相关的信息和数据，用信息链串起产业链、利益链、风险链、责任链，提升监管的预见性、靶向性、时效性，实现药品全生命周期风险管理。

（三）信息技术发展形势

我国已经全面进入"互联网+"时代，药品监管工作也面临巨大的挑战和机遇，传统线下监管业务与线上信息技术的融合应用是未来发展的必然趋势。现代信息技术是推进药品监管体系和监管能力现代化的关键技术支撑，是加强药品全生命周期风险管理的重要手段，也是深化"互联网+政务服务"、建设"数字中国"、促进医药产业发展和创新升级的客观要求。为此，需要进一步加强信息技术和监管业务的融合创新能力，提升数据驱动与知识服务能力，优化信息资源统筹建设和运营管理，实现药品监管工作与信息技术的融合发展。

四 药品智慧监管建设规划

药品智慧监管信息化建设工作任重道远。在未来的工作规划中，国家药监局将以支撑药品安全及高质量发展为目标，构建完善的药品智慧监管技术框架；落实"放管服"改革要求，升级监管业务系统，提升政务服务能力，进一步优化监管和营商环境；推进药品全生命周期数字化管理，完善品种档案，建立安全信用档案，提高基于大数据的精准监管水平；健全药品信息化追溯体系，实现药品重点品种可追溯；推进医疗器械唯一标识在医疗、医保、医药领域的联动应用；推动医药产业数字化、智能化转型升级，夯实智慧监管产业基础；提升公众对药品安全的参与度，构建药品监管社会共治体系。

（一）进一步筑牢药品智慧监管数字底座

国家药监局将从药品监管工作实际需要出发，在现有信息化建设成果的基础上，通过信息化"新基建"，赋能监管业务创新发展。进一步健全药品监管信息化标准规范体系，开展"两品一械"监管重点领域信息化标准规范的制定/修订工作，推动信息化标准规范的宣贯与实施。通过信息化标准体系规范系统建设和数据共享，升级扩容药监云基础计算资源，构建"一云多池"的药品监管云平台，实现信息化基础资源的集约式建设和管理，提高信息化安全防护能力及运行维护管理效率。依托现有的药监云平台基础设施，提高云平台灵活性和可维护性，有效支持个性化业务应用的敏捷开发、集约部署和集成管理。通过云平台提升信息化支撑能力和服务能力，逐步实现以信息化标准体系为规范、以药监云平台为支撑的整合协同的药品智慧监管"大平台"。

（二）进一步强化"两品一械"智慧监管能力

国家、省两级药品监管部门应依事权、分步骤，共同建设协同高效的一体化药品监管业务应用系统。加强"两品一械"监管能力建设，以信息技术实现对传统监管业务的全面支撑，整合监管系统，共享监管数据，构建模块化的数字监管综合系统，全面推进行政审批、监督检查、追溯监管、检验检测、政务服务、应急管理、风险分析和信用管理等多个业务领域的电子化管理，加强药品安全隐患排查化解，提升对监管人员和社会公众的服务水平。探索信息化技术在新型监管中的应用，针对信息化追溯、不良反应监测、互联网监管、专业化队伍管理、移动应用等领域，充分运用数字化监管、物联感知监管、掌上移动监管等新型监管手段，努力提升药品监管工作的效能。推动监管方式与技术革新，满足全生命周期监管、线上线下监管、全时段动态监管等创新监管的需要。强化"以网管网"，加强对以平台经济为代表的"两品一械"生产经营新产业、新业态、新模式的监管，推动药品产业数字化转型与升级，促进监管能力与产业高质量发展同步提升。

（三）进一步提升电子政务服务能力

国家药监局将进一步加强政务服务建设，拓展"放管服"的深度和广度。强化政府网站服务能力建设，逐步将政府网站打造成更加全面的政务公开平台、更加权威的政策发布解读和舆论引导平台、更加及时地回应关切和便民服务平台。建设完善面向公众的一体化在线政务服务体系，实现"两品一械"电子证照的发放和共享应用。推进智慧监管平台一体化建设，结合"两品一械"监管业务特点，推进监管全业务流程规范化、数字化、网络化的智慧监管综合应用平台建设，加强国家药监局和各省药监局的统筹规划与上下结合，构建标准统一、整体联动、深度融合、业务协同的全国一体化监管"大系统"。

（四）进一步推进监管数据汇聚与应用

国家药监局将进一步推进药品全生命周期数字化管理，探索"数据驱动"的新型监管。推进数据资源汇聚共享，完善国家、省两级数据中心整体布局，全面提升国家、省两级数据中心的数据汇聚共享水平，发挥数据服务"公共入口"、数据交换"公共通道"和综合分析"数据大脑"等作用。完善数据资源融合治理和应用，推进"两品一械"品种档案和药品安全信用档案建设，对已上市药品品种、药品上市许可持有人和药品生产企业实现全覆盖，通过数据整合关联建立企业全景画像，科学配置监管资源，实施差异化精准监管。提升数据资源应用水平，为跨层级、跨地域、跨部门的业务协同提供数据交换和共享服务；建立业务引领和数据驱动的药品安全风险管理监测模型，利用大数据资源和技术构建新型监管机制，打造面向社会公众的数据开放窗口，提升监管部门对市场和行业的指导作用，推进监管和产业数字化升级。

（五）进一步夯实网络安全防护能力

网络安全和信息化建设是一体之双翼、驱动之双轮，对药品智慧监管信息化体系的网络安全需要给予足够的重视和关注。要完善网络安全保障体系，开展信息系统安全等级保护备案及测评、关键信息基础设施安全保护、密码应用安全性评估等工作；要构建网络安全预警防护体系，建设安全态势

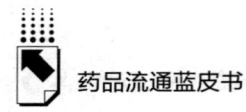

感知系统，实现业务运行态势、安全运行态势及系统运行状态的分析监测；要开展数据安全顶层设计和统筹管理，明确数据安全责任主体，健全数据安全管理工作机制，建立数据安全风险报告及研判处置体系；要整合运维资源，升级完善国家药监局安全管理运维中心，从IT关键基础设施安全、业务系统安全、数据资源安全三个维度建立安全运维一体化体系。

B.4
药品流通行业"十四五"时期高质量发展的方向及发展路径探寻

温再兴*

摘　要： 以高质量发展为主题是贯穿"十四五"药品流通行业发展的主旋律，是行业保持可持续健康发展的必然要求。本文就药品流通行业高质量发展的主要方向、量化指标、发展路径进行剖析和探讨，未来应不断提高行业集中度，坚持创新引领、效益优先，加快数字化、智能化转型，以需求为导向提升能级，努力培育新增长点，应对更为激烈的市场竞争，更好地满足人民群众健康需要。

关键词： 药品流通行业　高质量发展　行业集中度

　　自2009年国务院明确商务部履行药品流通行业管理职能以来，商务部先后制定发布了《全国药品流通行业发展规划纲要（2011—2015年）》和《全国药品流通行业发展规划（2016—2020年）》，在"十二五"和"十三五"时期对指导药品流通行业发展起到了重要的引领作用，并取得了显著的成效。进入"十四五"时期，根据形势的发展变化，商务部于2021年10月发布了《关于"十四五"时期促进药品流通行业高质量发展的指导意见》（以下简称《指导意见》），明确了药品流通行业未来五年的发展方向，《指导意见》是指引全行业实现高质量发展的重要指南。

---

* 温再兴，商务部市场秩序司原巡视员，中国医药商业协会特聘专家。

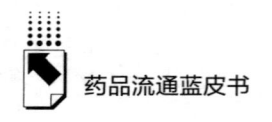

一 高质量发展是药品流通行业"十四五"时期的主旋律

2021年以来,习近平总书记多次强调"高质量发展",要拓展新的发展空间,更加有力地推动我国经济和社会朝着更高质量、更有效率、更加公平、更可持续、更为安全的方向发展,从而更好地满足人民日益增长的美好生活需要。"十三五"时期,在习近平新时代中国特色社会主义思想指引下,我国药品流通行业发展加快,由速度规模型向质量效益型转变,药品流通市场销售总额继续保持平稳增长势头,继2012年首次突破1万亿元后,2017年又一举跨越2万亿元新台阶,五年内翻了一番。据统计,2020年全国药品流通市场销售总额达24149亿元,同2015年16613亿元相比增长45.4%,2015~2020年年均复合增长7.8%。当前,药品流通行业已进入"十四五"新的发展时期。《指导意见》指出:要继续深入贯彻党的十九大及十九届中央历次全会精神,立足新发展阶段,贯彻新发展理念,构建新发展格局,统筹发展和安全,以高质量发展为主题,以数字化、智能化、集约化、国际化为发展方向,提升药品供应保障服务能力、流通效率和质量安全,为服务医疗卫生事业和满足人民健康需要发挥重要支撑作用。

以高质量发展为主题,是贯穿"十四五"药品流通行业发展的主旋律,是行业保持可持续健康发展的必然要求。当前,行业发展仍然存在结构不够优化、企业发展质量和效益不高等问题,主要表现在以下几个方面:一是行业集中度近年来虽有所提高,但总体还是偏低,行业结构"多、小、散"现象依然突出,农村和偏远地区存在药品"最后一公里"配送瓶颈;二是行业整体服务能力有待提升,尤其是零售药店的药事服务和健康管理等能力与相关要求差距较大,不能满足人民群众对医疗健康的多样性需求;三是面对科技和信息技术的迅猛发展,企业的数字化、智能化转型比较迟缓,难以适应激烈的市场竞争;四是专业性及复合型人才仍较紧缺,如零售药店的执业药师需求仍存在一定缺口;五是医院拖欠药品批发企业货款严重、零售药店租金和人力成本不断增高，企业经营面临较为沉重的负担。

综上所述，推动药品流通行业高质量发展是适应经济发展新常态和行业发展内在需要的必然选择。因此，"十四五"时期药品流通行业要努力提高全要素生产率，不断增强行业创新力和竞争力，更好地为医药卫生事业发展服务，满足人民日益增长的健康和美好生活的需要。

对于如何坚持贯彻高质量发展的主题，《指导意见》提出要坚持四个原则：一是创新发展、提质增效，主要是要增强创新能力，促进发展过程更加平衡；二是需求导向、提升能级，主要是要牢固树立满足人民群众健康需求的发展目标，不断增强药品流通服务民生的能力；三是深化改革、优化结构，主要是要不断提高行业集中度，加强药品流通治理体系和能力现代化建设；四是系统谋划、完善功能，强调要优化城乡流通网络布局，加快构建安全高效的现代药品流通体系。

二　药品流通行业高质量发展的主要方向和目标

《指导意见》提出的"十四五"总体发展目标是：到2025年，药品流通行业与我国新发展阶段人民健康需要相适应，创新引领、科技赋能、覆盖城乡、布局均衡、协同发展、安全便利的现代药品流通体系更加完善。可以说，总体目标概括明确、方向清晰。

在具体目标方面，与之前发布的行业发展五年规划一样，都提出了明确的量化指标。

一是要培育形成1~3家超5000亿元、5~10家超千亿元的大型数字化、综合性药品流通企业。据商务部发布的《2021年药品流通行业运行统计分析报告》数据，2021年中国医药集团主营业务收入达到5390亿元，已超过5000亿元；2021年，上海医药集团主营业务收入达到1907亿元，华润医药商业集团主营业务收入达到1664亿元，九州通医药集团主营业务收入达到1224亿元，中国医药-重庆医药联合体主营业务收入达到986亿元，也很快超过千亿元。可见，上述指标有望实现。

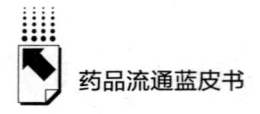

二是要培育5~10家超500亿元的专业化、多元化药品零售连锁企业。据商务部发布的《2021年药品流通行业运行统计分析报告》数据，2021年大型药品零售连锁企业国药控股国大药房销售总额达242亿元，门店数为8798家；其他销售总额过百亿元的有：大参林医药集团175亿元，老百姓大药房158亿元，益丰大药房157亿元，一心堂药业集团133亿元。上述企业如至"十四五"末要实现年销售总额达到500亿元，可能需要加倍努力。

三是要培育100家左右智能化、特色化、平台化的药品供应链服务企业。随着医改的不断深化和互联网信息技术的发展，线上线下结合、跨界融合的药品销售新业态、新模式不断涌现，传统的药品流通格局正在悄然变化。特别是2020年初以来，随着新冠肺炎疫情的蔓延，在线医疗咨询和购药需求显著增长，目前全国已建成互联网医院超过1100家，各大医药电商平台、专业化的健康管理平台等药品供应链服务企业快速发展，经过与传统药品流通企业的加深融合和重点培育，它们将逐步成为药品流通新的渠道。

四是药品批发百强企业年销售额占药品批发市场总额的98%以上。据商务部发布的《2021年药品流通行业运行统计分析报告》数据，2021年药品批发百强企业年销售额已占同期全国药品批发市场总额的94.1%。《指导意见》提出至"十四五"末，药品批发百强企业年销售额占药品批发市场总额98%以上的指标是有可能实现的。

五是药品零售百强企业年销售额占药品零售市场总额65%以上。据商务部发布的《2021年药品流通行业运行统计分析报告》数据，扣除不可比因素，2021年销售额百强药品零售企业销售总额占同期全国药品零售市场总额的35.6%。《指导意见》提出至"十四五"末药品零售百强企业年销售额占药品零售市场总额65%以上，要实现这个指标需要药品零售百强企业共同加倍努力。

六是药品零售连锁率接近70%。据商务部发布的《2021年药品流通行业运行统计分析报告》数据，截至2021年底，全国药品零售连锁率已达到57.2%。经过今后几年的努力，有望实现这一指标。

三 药品流通行业实现高质量发展的路径探寻

商务部在《指导意见》中提出行业高质量发展的六项重点任务：一是要完善城乡药品流通功能；二是要着力提升药品流通能级；三是要稳步发展数字化药品流通；四是要持续优化流通行业结构；五是要促进对外交流合作；六是要夯实行业发展基础。以上六项重点任务相辅相成、各有侧重，指出了行业高质量发展的路径，也是一套组合拳。只有各方面协调、协同发展，形成合力，才能推动药品流通行业向高质量发展方向迈进。

以下就行业高质量发展的路径需要关注的几个问题，进行剖析和探讨。

（一）不断提高行业集中度是实现行业高质量发展的前提

经过多年的努力，我国药品流通行业集中度已有较大的提高。"十二五"末（2015年）实现年销售额超过3000亿元（国药集团）的企业有1家，年销售额过千亿元的全国性大型企业（华润医药、上海医药）有2家；至"十三五"末（2020年），年销售额过千亿元的全国性企业有4家（增加九州通）。但目前全国共有药品批发企业1.3万多家，数量庞大。药品零售企业连锁率从2010年的34%提高到2015年的42%，到2021年全国药品零售连锁率达到57.2%，但销售额前100位的药品零售企业只占同期全国药品零售市场总额的35.6%。从总体上看，行业集中度还是偏低，"多、小、散"现象依然突出。

因此，行业要实现高质量发展，首先必须加快结构优化，不断提高行业集中度。商务部在《指导意见》中提出重点是培育壮大流通主体，支持企业跨地区、跨所有制兼并重组，培育一批大型数字化、综合性药品流通企业和一批专业化、多元化的药品零售连锁企业。这些目标对众多企业是有力的鞭策和激励。近年来，不少企业正在努力通过资本运作、兼并重组做大做强。如大参林计划通过自建、并购和直营式加盟三种模式提升规模，老百姓大药房计划利用3年时间要在湖南、江苏等15个省市合计新建连锁药店

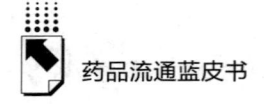

1680家，益丰大药房计划通过"新开+并购+加盟"的门店拓展模式，聚焦拓展，持续推进和提升门店网络覆盖的深度和广度，九州通集团继续拓展"万店联盟"计划。可以预见，"十四五"时期，行业集中度必将会有较大的提升，为行业高质量发展提供源源不断的动力。

（二）坚持创新引领、效益优先，努力培育新的增长点

大力实施创新驱动战略，不断增强企业创新能力，是行业实现高质量发展的引擎。只有创新发展、提质增效，努力培育新的增长点，才能保障企业健康可持续发展。近年来，药品流通行业掀起各种创新热潮，业务向上下游延伸拓展。如经营业态创新、商业模式创新、服务创新、技术和手段创新等，中国医药商业协会每年都评审出一大批创新的典型案例，加以宣传推广。

例如，广西新桂玉医药有限公司探索经营业态创新和商业模式创新，取得很好的成效。依托玉林中药材专业市场和自身优势，2020年8月联合30多家有实力的企业发起成立广西国际商会香辛料贸易商会，与10多个国家开展贸易，业务量占全国进出口销售香料的近70%。截至2020年11月底，该公司累计代理进口中药材10795吨、货值3.5亿元，进口食品类5846吨、货值6125万元。这是传统药品批发企业转型发展，开展多元化、国际化业务的创新举措。

（三）加快数字化、智能化转型，应对更为激烈的市场竞争

商务部在《指导意见》中要求推进"互联网+药品流通"，加快大数据、人工智能等新技术应用，支持药品流通企业与电子商务平台融合发展，发展智慧供应链、智慧物流、智慧药房等新形态。特别是2020年新冠肺炎疫情发生以来，加速线上寻医问药，促进医疗、医药数字化发展。当前，许多药品流通企业十分重视数字化转型，从传统药品销售向数字化营销演进。不仅努力提高企业自身数字化和智能化水平，还延伸到上下游对关联企业与单位的服务。据不完全统计，目前药品流通企业已与各级医疗机构合作开展了

1000 多个供应链服务项目。

例如，2021 年，赛诺菲（中国）投资公司与南京医药股份有限公司达成战略合作，共同立项"赛诺菲与南京医药数字供应链集成项目"；国药控股广州有限公司为深圳市第二人民医院等医疗机构开发应用医用耗材 SPD 项目，实现高值耗材从配送、储存、使用到监管追溯等各环节信息联动，满足全程追溯要求；又如广西新桂玉医药有限公司与京东合作，在 B2B 电商平台开展"药京采"采销业务，这是传统医药分销与电子商务结合形成的新型医药分销商业模式。

（四）需求导向，能级提升，更好地满足人民群众健康需要

商务部在《指导意见》中提出：完善城乡药品流通功能，着力提升药品流通能级。这方面，主要是加快农村药品供应网络建设，解决"最后一公里"终端配送问题；结合城市医疗资源调整和分级诊疗体系建设，全面实现端到端的药品配送与服务；探索异地分仓建设和多仓运营，推进药品冷链物流、第三方医药物流发展，积极打造绿色低碳供应链，加快中药材现代物流体系建设等。以上这些要求都是为了进一步完善现代药品流通体系，更好地确保药品质量安全和保障药品供应。

根据《指导意见》的要求，药品零售连锁企业要融入城市"一刻钟便民生活圈"、新建社区的服务网点建设；同时探索特色化、专业化发展，尽可能满足百姓多样化健康需求。近年来，药品零售企业加快向专业零售商或大健康服务商转型，药品零售市场涌现了一大批提供药事服务、慢病服务、康养服务的零售药店，"十四五"时期具有很大的发展潜力和空间。

此外，《指导意见》还提出要积极促进对外交流合作，大力发展中医药对外贸易。进一步夯实行业发展基础，提出推进流通标准化建设，强化企业经营管理能力和人才队伍建设；同时，要加强组织领导和政策指导，充分发挥行业协会在行业统计、市场分析、国际规则标准和趋势研究以及行业信用体系建设等方面的积极作用，为行业高质量发展提供有力保障。

B.5
药品集采对公立医院药品供给的影响研究

朱恒鹏 康蕊[*]

摘 要： 本文梳理了我国药品集中采购制度的发展沿革与实践概况，在此基础上探讨了药品集采对公立医院药品供给的双重影响。从集采带来的积极影响及潜在风险展开分析，最后，根据药品集中采购的国际经验梳理总结，提出我国药品集采发展的相关建议。

关键词： 药品集采 公立医院 医药分开 处方行为

一 药品集采的历史沿革与发展概况

（一）药品集采的政策背景和实践发展

1. 地市级、省级层面

2000年，卫生部等五部门发文要求推行药品集中招标采购政策，药品集中采购的序幕就此拉开。试点地区中的县及以上医疗机构以地市为单位，通过中介机构对药品采购进行集中公开招标，随后在全国范围内推广。

但"中介代理"还是没能解决原有的药品采购问题，国务院于2006年发文要求推进以政府为主导、省为单位的药品集采工作。该机制的特点是先

---

[*] 朱恒鹏，中国社会科学院经济研究所党委副书记、副所长、研究员，中国社会科学院大学经济学院副院长、教授、博士生导师，中国社会科学院公共政策研究中心主任；康蕊，中国社会科学院社会发展战略研究院助理研究员。

"招"后"采",并且要求做到"招""采"分离,不过仍存在多家企业中标和药品价格较高的问题以及二次议价等现象。针对这一情况,安徽省于2009年首先启用双信封招标法进行医改试点。2010年试点办法开始在全国推行。2015年,国务院办公厅发布了明确"药品分类采购的整体思路"指导意见,要求采用集中挂网采购的方式,采购急(抢)救药品、临床用量少的药品。也是在这一年,各省份联合采购改革开始,例如"京津冀联盟"。国务院于2017年发布《关于推进医疗联合体建设和发展的指导意见》,各地随之在"医联体"内探索建立了统一的药品招采、管理体系。

2. 国家层面

2018年底,由国家医保局负责的"4+7"试点带量采购方案出台。政策目的是"以量换价可明显降低药价",通过"两保两增",即保证使用、保证回款、增加规模和增加影响,中标企业不需要营销手段就能保证销量,还能够显著减轻患者费用负担。2019年1月国务院发布《国家组织药品集中采购和使用试点方案》,其总体思路为"国家组织、联盟采购、平台操作",并陆续开展了数次国家层面的药品带量采购。

2021年1月国务院办公厅发布《关于推动药品集中带量采购工作常态化制度化开展的意见》,标志着我国集中采购已经从试点阶段进入制度化、规范化的"常态"实施阶段。同年4月,国家医保局等8部门联合发布《关于开展国家组织高值医用耗材集中带量采购和使用的指导意见》,要求所有公立医疗机构均应参与集中采购,进一步明确了药品带量采购的主体范围。同年11月,国家医保局发布《关于做好国家组织药品集中带量采购协议期满后接续工作的通知》,提出把信用评价和履约情况融入接续规则各个主要环节,加强履约监督,建立健全中选药品信息化追溯体系。

(二)药品集采的品种、规模和范围

自2018年国家医保局成立以来,截至2021年底,国家层面共组织开展了六次药品集采和两批高值医用耗材集采。部分省市也在检测试剂、中成药

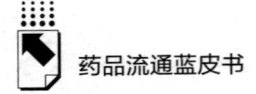

等领域率先开始了集采。前5批集采共成功采购了218种药品①。2019年、2020年全国通过省级药品集中采购平台网采订单总金额分别为9913亿元、9312亿元，医保药品订单金额约占85%。前四批集采共覆盖了157个品种，第五批中有61种药品采购成功，共148家企业的251个产品中选，此次采购金额达550亿元，也是历次集采中平均降价幅度最高的一次②。第六批集采胰岛素的全年采购量达2.1亿支，占国内胰岛素一年用量的60%左右③。

集采药品不断扩围，从抗乙肝病毒药物、糖尿病、抗过敏和阿莫西林等常用药物，到高血压、糖尿病、消化道疾病、精神类疾病、恶性肿瘤等多种治疗领域用药，患者受益面进一步拓宽。第五批集采覆盖高血压、冠心病等常见病、慢性病用药，以及肺癌、乳腺癌等重大疾病用药，剂型与前4批集采（以口服剂型为主）不同，集采注射剂占品种数量的一半，涉及金额占70%，且仅2020年当年新获批上市的新药就有16个。第六批集采纳入二代和三代胰岛素。高值医用耗材集中带量采购，包括心脏支架、初次置换人工全髋关节等。

二 药品集采对公立医院药品供给的积极影响

（一）用药质量提升，医疗成本显著降低

药品集采一方面给国内药企提供了更多的市场空间，中选仿制药对未中选原研药"替代效应"明显，有力推动仿制药"国产替代"，市场需求促使研发投入的增加进而提升药品质量；另一方面也在价格方面给原本研发能力

---

① 《第五批国家组织药品集采中选结果公布——集中带量采购，减轻看病负担》，http://www.gov.cn/xinwen/2021-07/14/content_5624766.htm。
② 《直击现场 | 第五批药品国采开标，品种数量、外企参与度为历次之最》，搜狐网，https://www.sohu.com/a/473682683_439958。
③ 招商银行研究院：《首次胰岛素专项集采，降价幅度温和，国产化率有望提升——第六批国家集采点评》，https://data.eastmoney.com/report/zw_industry.jshtml?encodeUrl=4N9YlF8GCWzsXFHPF6jSPZXm9cmdyy5h55y4RuP+GNc=。

较弱的药企施压，倒逼产品同质化严重的药品生产企业进行转型。中国医疗保险研究会的数据显示，集采结果实施后一年，未中选原研药的年采购量下降了 46.03%，中选药品的年采购量则增长了 265.19%。并且由于集采"通过仿制药质量和疗效一致性评价"的限制，未过评药品市场份额骤减，用药质量整体水平大幅提升。集采降低了药品费用的总支出，前五批药品集采的平均降幅均超过 50%，最高降幅达到 96%。耗材集采平均降价在 80% 以上，中选冠脉支架从个均价格 1.3 万元左右降至 700 元左右，降幅高达93%[1]。药品质量的提升大大增强了公立医院的综合治疗能力，健全完善了整个治疗体系。集中采购药品使用人次大幅增长，患者的医疗负担大幅下降，更多患者能够用得上质量更好的药品，进一步提升公立医院的社会声誉。

（二）医生处方行为问题得到有效改善

"以药养医"是我国公立医院多年以来的一个显著发展体制弊病，即医院和医生的主要收入来源是药品销售费用。由此导致过度用药等现象。集采"降价"改变了以往制药企业过分重视营销并持续加大销售费用的局面，对医生处方行为的约束进一步增强。全国层面的药品集采让药品费用充分透明化，因而能够使医院更加客观地从药品质量、患者需求出发开具处方，对此前发生的主观处方行为甚至违法行为形成了有效约束。

（三）医院内部收入结构逐步优化，实现了医保基金高效率置换

首先，公立医院的用药结构更加合理，重点监控品种使用规模显著下降，用量跌至原来的 1/5[2]，过度用药、滥用药现象有所缓解，因而大大降低了药品费用收入。以 2020 年为例，在全国卫生总费用增长 9.8% 的情况

---

[1] 《第五批国家组织药品集采中选结果公布——集中带量采购，减轻看病负担》，中国政府网，http://www.gov.cn/xinwen/2021-07/14/content_5624766.htm。

[2] 《3 年节省医保基金 2500 亿元 医保改革推动用药质量提升》，《中国经营报》2021 年 11 月 5 日。

下，医院次均门诊药费、医院人均住院药费占比分别较上年下降了1.5个百分点、1.3个百分点①。其次，医院药品费用占比下降挤出的空间，可实现医保基金高效率置换。截至2021年9月，5批药品集中带量采购累计节约医保基金约2500亿元②。对医院而言，节约的医保基金可用于提升医疗服务质量，更好地体现医生医术和劳动价值；医保基金结余还可用于高精尖诊疗技术科研等方面，从而进一步提升医保基金使用效率。

（四）"结余留用、合理超支分担"形成对医院的激励机制

2019年，国务院办公厅印发《国家组织药品集中采购和使用试点方案》，该方案明确提出，建立医保经办机构与医疗机构间"结余留用、合理超支分担"的激励和风险分担机制。2020年6月，国家医疗保障局联合财政部发布《关于国家组织药品集中采购工作中医保资金结余留用的指导意见》，要求在定点医疗机构的总额预算或总额控制指标中纳入国家集采药品，并对集采药品实施医保资金预算管理。这一政策措施对医院和医生形成了有效激励，一定程度上规避了过度诊疗的问题。更为重要的是，集采药品的结余留用政策实际上是将已经纳入定点医疗机构总额中的集采药品预算单独拿出来，从而将集采药品使用的激励机制更加明确化。药品预算单列，也意味着医保对医疗服务的支付和对药品的支付区分开来，对于在我国推动"医药分开"具有重要意义。

三 药品集采对公立医院药品供给带来的风险挑战

（一）采购行政化造成药品的短缺或囤积

医院药品的采购是市场行为，由市场供需决定，而集中采购增加了行政

---

① 国家卫健委：《2020年我国卫生健康事业发展统计公报》，http://www.nhc.gov.cn/guihuaxxs/s10743/202107/af8a9c98453c4d9593e07895ae0493c8.shtml。
② 《3年节省医保基金2500亿元 医保改革推动用药质量提升》，《中国经营报》，2021年11月5日。

色彩，公立医院需严格按照国家规定的比例去执行中选的药品，二者的矛盾有可能演化成药品供需矛盾。一方面，大批量的购销可能导致市场上药品的暂时短缺，也可能因原材料短缺等造成药品订单无法兑现等问题。中选产品量是按报价的高低进行分配，价格最低的药企可以获得最大的供应量，这就会导致一些新入市的药企为了拓展市场而报出超低价。一旦产能无法迅速扩大，则会引发断供事件发生。另一方面，一些医院反映集中带量采购的药品采购量远远超出实际使用量。在当前整治过度医疗的大背景下，医院陷入控费和提量的"两难"境地，严控药占比加之取消药品加成造成医生用药积极性降低，药品用量大幅度减少。集采实施之前的过度用药行为是存在的，因而用药基数被做大，以此为基础的带量采购数量的科学性缺失，这样一来医生可能会采取加大用药量的方式来完成采购任务，药物滥用的问题依然无法得到解决。

（二）中标药品的竞争、评价和监管机制缺失

首先，尽管集采药品的品种不断增加，但相对庞大的药品市场和多样化的患者用药需求而言，目前集采的药品仍然较为单一，多为平时用量较大的治疗型药物，药品性能和使用范围仍然受限。并且，中选药品均为国内仿制药，患者对进口药的需求无法得到满足。"单一"意味着无法在同类药品中形成竞争，提质降价的难度完全交由谈判而非市场供需的自然选择。其次，药品集采的药品质量层次单一，这就将在一定程度上导致低质量、低层次的药品涌入市场，挤占市场份额。当前的集采并无可靠有效的综合评价体系作为支撑，前期的市场需求调研和后期的监管保障未形成一套科学的体制机制。低价还有可能导致为抢占市场而引发的恶性竞争，例如，为节约成本而产生以次充好选择原材料等风险。同时，由于目前市场上大多数药品均有替代品，中标品种通过集中采购获得了市场，但无法保证销量。因此，如果对医院和医生补偿和激励不足，一些集采的药品有可能面临市场萎缩的风险，甚至逐渐退出市场。

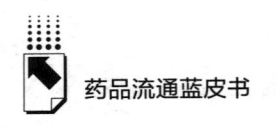

四 他山之石：药品集中采购的国际经验

（一）美国：集团采购组织

经过100多年的发展，美国集团采购组织（Group purchasing organizations，GPO）在降低医疗成本、提升医药流通效率方面发挥着重要作用。GPO不直接采购或购买任何产品。作为采购中介商，GPO的主要职能是代表注册的会员医院与生产商、分销商及其他供应商进行谈判，将采购价格协商到最低，最终以医院为主体订立购买药品的合同。GPO最显著的特点是通过一单合同完成大批量产品和服务的购买，"以量换价"地达成折扣条款，并且减少产品交易的环节和时间、人力等成本。这一组织的一大优势在于，对于产品存在差异化竞争的医药市场，研发与生产成本相对固定，一旦被承诺大批量购买，供应商必然会提供更大的价格折扣。GPO专业化的操作及明确的分工，使医院不必陷入复杂的药品采购和流通环节中，从而专注于提高医疗服务质量。并且，政府只需要监管GPO的行为，防止市场垄断，维护市场公平竞争，大大提升了监管和行政效率。

（二）英国：药品政府采购机制

英国的药品集中采购体系依托国民医疗卫生服务体系（National Health Service，NHS）建立，由于NHS是一个基于财政预算对所属医疗机构实行高度计划性管理的卫生服务体系，英国药品政府采购也由政府部门即英国卫生部商业药品处（Commercial Medicines Unit，CMU）统一管理医院药品采购、供应等工作，同时药品采购工作得到国家药品供应小组、药品市场供应小组等部门支持。CMU将英格兰医院的药品采购需求按整体或者区域汇总，形成规模优势，激励药品供应商降低药价。CMU按照报价对供应商进行排序，并由质量控制部门对价格较低的产品进行评估，综合考虑价格、质量、供应风险、供应商资质四个因素，最终和授标厂商签订协议，再由医院按照框架协议和供应商签订实际购买合同。为避免行业垄断并且保证市场供应，如果一家企业连续两次中标，即使第三次报价最低，也不能中标。由政府主导的药品集中采购，在一定程度上能够促进厂商之间的竞争，降低药品采购成本，并且大大提升了 NHS 系统的财政资金使用效率。

（三）德国：医保谈判+医药分业

德国是实行社会医疗保险制度的国家，原则上所有处方药只要获准进入市场就能自动纳入医保报销范围。因此，医保部门在药品价格上享有自主谈判权，能够直接组织与药企的价格谈判。德国实行严格的"医药分业"制度，医院的门诊和社会上的私人诊所均不能设立药房，只有住院能够取药。但社会上的药房却十分活跃，参保人可凭医生开具的处方到任何一家药店买药。如果医生开出的处方中没有其他要求，药剂师有义务将处方中药品替换为折扣药品，这样一来，也就切断了药厂和医院之间的利益输送链条，医生开药行为得到进一步规范。医保部门的谈判，再加上医药分业制度的建立，不仅能够倒逼药品生产商通过技术研发等提高生产效率并降低药品生产成本，还通过一定的竞争机制形成了合理的药品资源配置格局。

五 药品集采背景下公立医院药品供给的对策研究

2021 年 2 月 26 日，习近平总书记在中共中央政治局第二十八次集体学习时强调，要坚持不懈、协同推进"三医联动"，推进国家组织药品和耗材集中带量采购改革。2022 年 1 月，李克强总理主持召开国务院常务会议，决定常态化、制度化开展药品和高值医用耗材集中带量采购，进一步降低患者医药负担。这就为药品集中带量采购定下了常态化的总基调。

（一）坚持药品集采常态化发展

药品集中带量采购常态化发展的任务不可能全部由国家医保局完成，应逐步构建国家和地方联动的集采新格局。公立医院要积极推动集采常态化、制度化并提速扩面，让患者受益。一是积极支持国家层面、省级或跨省联盟层面的以慢性病、常见病为重点的药品集采；二是切实履行高值医用耗材集采任务，对群众关注的骨科耗材等开展集采。应不断完善品种遴选、采购量约定、入围和中标品种的确定、医保支付等方面的规则，建立科学合理、可持续的带量采购常态化机制。要加强对公立医院集中采购的考核监管，各级医保经办机构可按照药品集中带量采购情况对医保定点机构进行评价。强化对医院的信用和履约评价，确保国家药品集采协议期满后平稳接续，保证按时结算药款，维护市场和临床用药稳定。

（二）市场规律条件下建立采购长效机制

第一，优化药品供应结构。为提高集中带量采购药品在患者中的使用比例，首先应优化医院内部的药品供给结构。目前，一些医疗机构对没有在带量采购中中标的药品或不能参加带量采购的进口原研药实行"一刀切"式的停用，类似的处理不能满足临床的实际用药需求。在带量采购实施中，医院应尊重市场规律，充分结合患者和药品特点，采取逐步放量、个性替换的方式，给患者以用药习惯转变的空间。

第二，加强对集采药品使用的监测。一是发现集采中选药品的断供风险，进行预警；二是追踪不优先选用集采中选药品的病例，并重点监测同功能主治的未中选品种的使用量增长较为明显的情况，分析具体原因并根据情况进行干预。医院应加强事中管理，减少事后处罚，提高临床应用集采中选药品的适应性。

第三，落实药品临床综合评价和用药绩效评价制度。首先，对集采药品的疗效和安全性进行持续追踪。医院应重点关注集采药品的临床治疗效果，比较集采药品和被替代药品的疗效、安全性差异，对集采药品的不良反应等情况进行及时披露。及时将患者用药需求向集采组织部门反映，依据自下而上的反馈动态调整确定集采药品品种和范围。其次，对各科室和医生建立用药绩效评价机制，并将之纳入医院内部总体考核范围指标体系中。

（三）完善对医院和医生的激励机制

从历史上的药品管制政策效果来看，"以药养医"的局面没有彻底改变，根本原因在于我国目前尚未建立起对医院和医生的激励机制与合理的收入制度。在这样的医药发展体制下，如果想要推广和深化药品集中带量采购，必须首先深化公立医院改革。一是积极落实集采医保资金结余留用政策，处理好结余留用资金与事业单位工资总额限制的问题，明确有多少可以用来发放人员工资，并且科学设计医院和处方医生的分配比例，这样才能真正实现结余留用的激励效果。二是推进医生薪酬制度改革，通过调整医疗服务价格等合理提高医务人员收入，通过体现医生个人劳动价值的薪酬设计体系和激励制度来调动医生工作的积极性。

参考文献

蒋昌松、祁鹏、郭丹：《我国药品集中采购制度历史变迁及改革发展趋势》，《中国医疗保险》2022年第4期。

黎东生、白雪珊：《带量采购降低药品价格的一般机理及"4+7招采模式"分析》，《卫生经济研究》2019年第8期。

邵蓉、谢金平、蒋蓉：《美国集团采购组织分析及对我国药品采购的启示》，《中国卫生政策研究》2014年第6期。

申芳丽、刘璐、宋沧桑、李兴德、张阳：《国家药品集采实施效果与评价——以某三甲医院为例》，《中国医疗保险》2021年第8期。

王震：《集采药品结余留用的政策逻辑》，《中国卫生》2020年第9期。

谢金平、张雪瑞、张赫、刘越、邵蓉：《典型发达国家药品采购模式研究及启示》，《卫生经济研究》2022年第1期。

B.6 "十四五"时期我国药品监管的政策走向分析

唐民皓[*]

摘　要： 本文从发展大局、监管安全底线、战略目标等方面进行剖析。重点分析了《"十四五"国家药品安全及促进高质量发展规划》在支持产业升级发展方面提出的三个任务，从药品安全治理体系、监管技术支撑、专业人才队伍、智慧监管创新和应急体系能力等多方面，对药品安全治理体系和能力提出规划要求，同时分析了在深化药品审评审批改革、促进传统中药传承创新和发展、推进药品治理接近国际先进水平方面提出的要求。

关键词： 药品安全　药品监管　高质量发展　治理体系　治理能力

2021年12月30日，国家药品监督管理局等八部门联合制定发布了《"十四五"国家药品安全及促进高质量发展规划》（以下简称《发展规划》），明确提出"为保障药品安全，促进药品高质量发展，推进药品监管体系和监管能力现代化，保护和促进公众健康"，制定未来五年在药品安全领域的战略目标和具体任务。《发展规划》在规定药品安全和发展的指导思想、总体原则和勾画2035年远景目标的同时，重点阐述了未来五年药品监管的主要发展目标和主要任务，并明确展现了新时代我国药品监管的政策走向和任务要点。

---

[*] 唐民皓，上海市食品药品安全研究会会长，高级经济师。

"十四五"时期我国药品监管的政策走向分析

一 药品治理要围绕国家战略发展的大局

药品治理是一个涉及范围广、专业性强,与国际医药发展和市场密切关联的领域,必须紧扣国家宏观发展战略大局,并保持步伐一致。为此,在《发展规划》的指导思想部分,强调了要认真落实习近平总书记关于食品药品方面"四个最严"要求;在当前的新发展阶段中,要积极贯彻新发展理念、构建新发展格局;强调了坚持人民至上、生命至上的价值理念;强调了药品治理要坚持科学化、法治化、国际化、现代化的发展方向等,并提出了要"推动我国从制药大国向制药强国跨越"的战略性目标。在《发展规划》的总体原则部分,强调要"坚持党的全面领导,把党的领导贯穿到药品监管工作全过程、各环节",并以此保障药品安全、实现高质量发展。与国家宏观发展战略的大局保持步伐一致,是《发展规划》对药品监管和治理政策发展基本走向的总体昭示,也是对未来药品治理绩效的一个极为重要的评价指标。

二 牢牢坚守药品监管的安全底线

保障公众的用药安全,是药品监管务必履行的法定职能,也是广大人民群众对政府药品监管的殷切期待,这无疑是未来五年药品监管必须坚定不移完成的首要任务。《发展规划》明确未来五年十个方面的"主要任务",第一项任务就是"实施药品安全全过程监管",并具体对下述环节和行为的严格监管做了明确的部署和要求。

1. 研制环节的监管

药品研制是药品全生命周期的第一个环节,也是国家投入监管资源最为集中的领域。新修改的《药品管理法》多处对药品信息提出了"真实""准确""完整""可靠"的要求。为保证对药品质量源头的管控,《发展规划》明确了强监管的政策,严格监督医药企业、研发机构和相关组织对GLP、

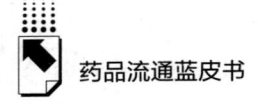

GCP等质量管理规范的执行情况，并重点加强临床试验核查。随着我国新药研制和注册速度的加快，药品监管部门对药品研制环节采取严要求、强执行的监管措施将成为监管常态。

2. 生产环节的监管

药品生产是药品质量管控的重要环节，是多年来我国药害事件集中频繁发生的领域。《发展规划》一是突出监督检查重点，明确疫苗、血液制品等重点生产企业列入风险管控的重点，每年对上述生产企业要开展全覆盖巡查检查；二是调整药品抽检的思路，提出了"以问题为导向"实施药品质量抽检计划，要求有针对性地组织药品质量抽检。《发展规划》确定，对于本区域内药品上市许可持有人（MAH）生产企业生产的国家组织药品集中采购中选的品种、国家基本药物制剂的品种、通过仿制药质量和疗效一致性评价的品种，所在地的药品监管部门每年对其生产环节要实行全覆盖抽检，并对医保目录产品、进口化学药品、儿童用药、中药饮片等品种要加大抽检力度。

3. 经营使用环节的监管

药品经营使用历来是药品质量管控的重要环节。《发展规划》要求地方各级药品监管部门应当依照职责进一步强化监督检查，明确监管重点，加大监管力度，督促经营企业严格执行GSP，督促药品使用单位持续合规。根据法规确定的监管事权，省级药监部门负责药品批发、药品零售连锁经营企业总部和药品网络交易第三方平台的监管，市县级市场监管部门负责本区域内药品零售企业的监管；根据本地区药品经营使用机构的实际情况，各地药品监管部门和市县市场监管部门制定并实施适合于本地区的具体监督检查和质量抽检方案。酝酿多年的"药品经营和使用监督管理办法"不久将正式出台，这将为药品经营和使用环节的监管提供具体的执法依据和管控举措。

4. 网络销售行为的监管

药品网络销售是医药商业的新业态，《发展规划》在强调加强日常监管、排查处置风险以及完善网络销售监管制度的同时，提出了要研究探索适应新技术、新业态、新商业模式发展走向的新的监管机制。在"互联网+"

的经济发展大势下,药品网络销售将成为一种重要的销售业态。可以预见,药品网络销售监管政策将遵循"审慎包容"的原则,在顺应医药商业信息化发展和变革的前提下进一步调整和细化目前的监督措施和要求,在网络销售平台责任落实、主体行为规范、销售品种规范、发布信息规范和消费端配送管理规范等方面逐步形成具有可操作性的监管政策,保障公众的用药安全性和可及性。

5.疫苗生产经营的监管

《发展规划》进一步明确了对疫苗实施全生命周期管理的要求,提出了加强国家疫苗检查能力建设,完善疫苗巡查检查制度。同时,严格实施监管部门依法对疫苗企业的驻厂监管制度,并加强对疫苗冷链储存运输全过程的规范化管理,加强对疑似预防接种方面的异常反应的监测与评价,提升对疫苗的监测能力。

除对上述药品全生命周期各环节加强监管外,《发展规划》还对严格监督执法提出了具体要求,尤其强调了深化行政执法与刑事司法衔接,严厉打击各类违法犯罪行为。2020年12月,《中华人民共和国刑法修正案(十一)》对其中涉及药品犯罪的第一百四十二条做了较大幅度的修改;最高人民法院和最高人民检察院发布了《关于办理危害药品安全刑事案件适用法律若干问题的解释》,修正后的刑法和司法解释将有助于强化药品领域的生产经营秩序。可以预见,未来对于药品违法犯罪行为将进一步加大惩戒力度。

三 切实促进高质量发展的战略目标

《发展规划》在标题中首次提出了"促进高质量发展",并将其与"药品安全"并列,这充分体现了国家药品安全战略目标正在发生重大转型,即"安全与发展并重"将成为国家药品监管的基本策略。

药品专业监管部门如何将"促进高质量发展"纳入监管目标。《发展规划》在总体上的要求是"监管要支持医药产业实现高质量发展""支持产业升级发展",在支持产业升级发展方面,提出了三方面的任务。

一是持续推进标准体系建设。加强药品标准技术支撑体系建设，提升药品标准研究能力，继续开展国家药品标准提高行动计划，加强我国药品标准与国际协调，在中药国际标准的制定方面起到率先引领作用，在化药的标准上要尽快达到国际先进水平，生物制品标准应当保持与国际水平发展同步，药用辅料和包材标准应当对标和跟进国际标准。

二是开展促进高质量发展监管政策试点。根据国家深化"放管服"改革的要求，选取医药产业的优势区域、创新模式或特色品种开展试点，探索优化监管政策和制度创新。

三是进一步加快重点产品审批上市。鼓励新药在境内外的同步研发申报，将符合药品加快上市注册程序的药物，依照法规确立的程序，纳入突破性治疗药物、附条件批准、优先审评审批和特别审批的程序，同时加大对新冠治疗药物研发的技术指导，及时跟进创新研发的进展，对符合加快上市的药物可以第一时间纳入应急审批通道。

根据药品监管的事权划分，省级和市县药品监管面对所在区域内医药企业生产经营活动的审核监督和日常检查，"促进高质量发展"是其不可忽视的任务。在药品基层监管实践中如何营造有利于高质量发展的监管环境，还应当在配套政策和具体执行两个层面给予关注。

一是药品监管的地方配套政策应当"营造有利于高质量发展的监管环境"，保证"支持产业高质量发展的监管环境更加优化"，这与近年来国家倡导的"优化营商环境"要求是一致的。监管环境为营商环境的重要组成部分，大胆摒弃不利于产业健康发展的传统套路和管理习惯，清理为保护地方经济利益制定的"土政策"，打破构建全国医药大市场的区域壁垒和障碍，为医药产业构建适应高质量发展要求的内生激励机制不断解放和发展社会生产力。

二是在具体的监管实践中，要积极加强监管的跨区域和跨部门协同，加强互动、形成合力，在生产经营项目审评审批、监管行动计划制定和执行、药品稽查案例审理和查办等方面，都应当服从于促进医药产业高质量发展的大战略。要鼓励支持优质医药企业崛起和壮大，督促鞭策存在一定差距的医药企业逐步完善管理制度，守正经营和健康发展，同时要依法严厉惩戒严重违规的劣质企业和主要责任人，驱逐医药行业的"害群之马"，让行业竞争和发展更加健康和有序。

《发展规划》还特别提出了"两条线"的理念：一条是保安全守底线的"底线"，即药品监管必须坚守的"最低标准线"；另一条是促发展追高线的"高线"，即药品监管应当全力追逐的"绩效考核线"。笔者认为，根据新时代监管改革发展的新要求，达到"底线"要求尚不算是监管绩效的完全"及格"，更不能简单地把罚没款数额的增长作为监管绩效考核的唯一指标，必须在"高线"方面切实有所提升和突破。如果在未来几年里，医药行业对公平、有序、可预期的监管环境满意度大幅提高了，医药品种、数量和质量管理水平显著增长了，国家和本区域的医药产业真正健康茁壮地成长起来了，这方可视作满足了药品监管绩效的考核要求。

四　努力完善药品治理体系，提高治理能力

《发展规划》从药品安全治理体系、监管技术支撑、专业人才队伍、智慧监管创新和应急体系能力等多方面，对药品安全治理体系和能力提出了规划要求。

（一）《发展规划》在药品安全治理体系方面的要求

一是要求在《药品管理法》《疫苗管理法》的法律框架下，加快配套法规/规章和相关技术性文件的制定/修订。《药品管理法实施条例》将纳入修法议程，尚在制定中的《药品经营和使用质量监督管理办法》《药品网络销售监督管理办法》等将加快制定出台步伐，一批配套规范性文件以及监管相关技术类指南文件将陆续发布。未来监管配套法规和政策将有更多的调整和完善，清理和废止不合时宜的规范性文件也将成为重要任务，此外国际人用药品注册技术协调会 ICH 指导原则的实施将逐步到位，我国药品注册在确保用高效利用资源的方式开发、注册和维护药物，保证药物的安全、有效

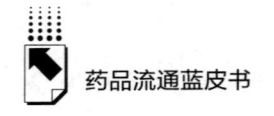

和高质量方面进一步得以提升。

二是依据《药品管理法》建立药品上市许可持有人制度，依法重构药品市场主体的法律责任，明确药品全生命周期的"第一责任人"，促使药品企业严格依法依规开展生产经营等活动。在未来的监管政策实施中，将更多地赋予企业落实相应主体责任的义务和能力，促使企业生产经营活动将逐步从"他律"转向"自律"。

三是加强体制内"协同监管"，具体可以包括几个层面的关系：中央与地方药品监管的协同，进一步明确事权，再梳理监管职能；跨区域的药品监管协同，进一步实现监管的横向并联和互动，共享监管资源，提升监管效能；市场监管和药品监管的协同，在大市场监管框架内有效配置资源，切实做到药品专业监管资源不被弱化；跨部门的行政协同，监管政策沟通、协调和配合，确保形成国家治理合力。当前"协同监管"存在诸多亟待解决的问题，医药行业对此也有十分强烈的需求，应当成为未来五年构建药品安全治理体系的重要议题。

（二）《发展规划》在监管技术支撑方面的要求

一是继续加强药品审评能力建设。充实专业技术审评力量，构建好以审评为主导的药品注册管理体系，在药品审评力量扩充的基础上持续增强专业审评能力和素质建设，切实提升审评质量。

二是加强药品检查能力建设。要构建检查工作协调机制，有效衔接注册审评、日常检查、质量检验和稽查办案等各执法环节，形成权责明确、协作顺畅的检查工作体系，要建立检查力量统一调派的组织机制和架构。

三是建立健全药物警戒体系。根据新出台的《药物警戒质量管理规范》，各级监管部门在完善药物警戒体系构建的同时，重点要督促和指导药品企业落实主体责任，建立健全药物警戒体系，充实药物警戒人员，规范开展委托药物警戒工作，落实风险分析和控制要求。相关医药企业应当积极开展符合本企业实际情况的药物警戒工作，探索和解决好药物警戒业务拓展中的新问题。

四是加强药品检验检测体系建设。要求国家级药品检验机构要着重关注国际技术的发展动态，瞄准技术前沿问题，强化重点专业领域的检验能力建设；地方检验机构要针对日常和应急检验需求，补齐技术和能力的短板，《发展规划》对实施中国药品监管科学行动计划、统筹推进监管科学研究基地和重点实验室建设等也做出了具体部署。

（三）《发展规划》在专业人才队伍建设方面的要求

为了加大教育培训力度，全面提升监管队伍专业素质，《发展规划》还要求，药品监管人员的专业培训时间不低于40学时/年，新进入监管队伍的人员，其规范化培训时间不低于90学时/年；同时，对地方各级药品监管部门的负责人要进行不同类别的分级培训等。

（四）《发展规划》在智慧监管创新方面的要求

一是强调建立完善药品信息化追溯体系。《药品管理法》对建立健全药品追溯制度已有明确规定和要求，药品监管在统一的药品追溯标准和规范基础上加速全国药品信息化追溯体系的建设，要以疫苗、麻醉药品、精神药品、血液制品等特殊药品和国家药品集中采购中标品种作为抓手，逐步构建起药品的追溯体系，切实做到"来源可查、去向可追"。

二是实现药品全生命周期数字化管理。积极推进国家医药产品档案建设与应用，加强国家层面对药品监管数据的汇集、分析、应用及评估，加强监管相关数据的开发利用。

三是加快药品监管信息化标准编制。提升"互联网+药品监管"应用服务水平，建立健全药品注册电子通用技术文档系统，促进电子证照、药品品种档案等信息化标准制定/修订，提高审评审批和证照管理数字化管理水平，推进审评审批和证照管理的网络化，推进各层级、各单位纵向和横向监管业务系统的互联互通，实现监管信息的共享共用，逐步实现各地区内的"一网通办"和省际"跨省通办"。

（五）《发展规划》在药品应急体系和能力建设方面的要求

要求在做好新冠肺炎疫情常态化防控应急管理的同时，对各级药品监管

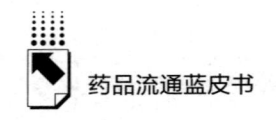

部门应急能力培训和实战演练、先进检测设备和科研攻关能力储备，尤其是对医药新产品的评价技术和危害控制、重点产品及风险杂质所需国际标准物质和国家标准物质研制能力提出了具体要求。

五 持续深化药品审评审批改革

《发展规划》对"十四五"期间深化药品审评审批的改革提出了进一步的要求。

一是继续完善药品技术审评的工作体系。在前五年机构建设的基础上，重点加强对中药和生物制品（疫苗）等审评检查机构的组建和优化，并致力于构建起以国家审评中心为龙头、分中心为补充，与地方审评机构密切协作的审评工作体系。

二是加大对药品创新研发的支持力度。国家监管部门将进一步加强对创新药品注册技术指导原则制定/修订，新制定/修订药品指导原则300个，并积极提高指导原则对创新产品的覆盖比例，力求做到与产品研发同步。国家监管部门将加强对申请人创新药研发项目的指导，优化专家咨询委员会制度，拓展沟通交流方式和渠道，增强创新产品审评能力，能够同步审评审批全球创新药物，支持境外创新产品在境内同步上市。

三是继续促进仿制药质量和疗效的一致性评价工作。仿制药一致性评价涉及289个基药品种，共涉及17740个批准证号、1817家企业，占全部化药生产企业的61.7%。2018年12月，国家药监局发布《关于仿制药质量和疗效一致性评价有关事项的公告》（2018年第102号），对于基药目录品种不再设置评价时限，要求基药品种自首家通过一致性评价后，其他品种应在3年内通过评价。2020年5月，国家药监局发布《关于开展化学药品注射剂仿制药质量和疗效一致性评价工作的公告》（2020年第62号），化学药品注射剂一致性评价工作正式启动。截至2022年3月，国家监管部门已先后发布了52批化学仿制药参比制剂目录，颁布了7个涉及仿制药一致性评价的技术性指导原则。在未来几年，监管部门在持续推进化学药品仿制药口服固体制剂和注射剂一致性评价工作的同时，将不断更新参比制剂目录，完善一致性评价的相关政策，制定/修订有关技术标准，并对已通过评价仿制药进行质量跟踪监测。

六　积极促进传统中药传承创新和发展

党中央、国务院高度重视中医药事业。2019年10月，中共中央、国务院发布《关于促进中医药传承创新发展的意见》，对加强中医药传承创新发展进行了一系列部署。2021年5月，国务院办公厅发布的《关于全面加强药品监管能力建设的实施意见》中提出要优化中药审评机制，促进中药传承创新发展。2020年12月，国家药监局发布《关于促进中药传承创新发展的实施意见》，提出促进中医药传承发展的具体举措。《发展规划》充分贯彻落实各项部署，提出健全符合中药特点的审评审批体系、加强中药监管技术支撑、强化中药质量安全监管、改革创新中药监管政策四方面的措施。《发展规划》提出要从医学理论角度研判中医药的"特殊性"，强调了中医药在"临床价值"方面的独特优势，积极倡导使用真实世界证据的评价作用，探索建立起"以中医药理论、人用经验和临床试验相结合"的中药特色审评证据体系。对于现阶段中药饮片按照地方炮制规范管理中存在的区域市场分割问题，《发展规划》明确将"制定全国中药饮片炮制规范"列入未来几年监管的工作重点，力求在各省区范围流通使用的中药饮片尽可能实现技术标准的全国统一，解决不同区域实施和监管中的问题。《发展规划》还鼓励在中药产业优势地区，要开展中药监管政策的试点，积极探索，促进监管理念、监管制度和监管机制的改革创新。

七　加速推进药品治理接近国际先进水平

"十三五"期间，我国药品监管的国际交流合作步伐明显加快，监管国际化水平有了显著提升，对监管改革的推进起到了十分显著的促进作用。

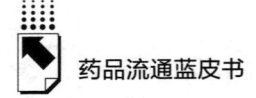

《药品管理法》及其配套法律制度的设计中,充分借鉴了国际药品监管先行国家的治理经验,并根据中国国情制定完善各项监管制度和工作机制,如药品 MAH 制度、药品注册加快审批程序、临床试验 60 个工作日默示许可制度和药物警戒制度等都吸纳了世界各国不同监管制度的有益经验。为了积极与国际药品监管规则对接,国家药监局于 2017 年成功加入国际人用药品注册技术协调会(ICH)并成为管委会成员,国家药监局也正在申请加入国际药品检查组织(PIC/S),并积极争取通过 WHO 疫苗国家监管体系(NRA)评估,同时鼓励我国的疫苗生产企业积极申请 WHO 疫苗预认证。基于此,《发展规划》要求药品监管坚持"科学化、法治化、国际化、现代化"的发展方向,提出了在"十四五"期末"药品监管能力整体接近国际先进水平"的努力目标。《发展规划》中有 40 处提及"国际先进水平""国际技术前沿""国际交流""国际标准"等。《发展规划》在保障措施中提出具体要求:在深入参与国际药品监管的协调机制、全面参与药品监管领域国际合作与交流、积极提升国际社会对我国药品监管的认知度的同时,要积极参与国际药品监管规则的制定,积极推进加入药品检查合作计划,努力建设一支具有国际视野的高水平检查员队伍等。在全球经济深度融合的今天,医药产业链从研发、生产到市场营销与世界各国的联系和交流日益加深,药品监管能力加速跟进国际先进水平,并在某些方面与国际先进水平实现同步发展,药品监管能力整体接近国际先进水平将成为未来中国药品监管政策的必然走向。

B.7
创新药品基本医保与商保共付机制研究
——以惠民保为例

中国医药商业协会商业保险与药品流通分会、天津大学联合研究课题组*

摘 要： 近年来，为提高人民群众用药可及性和可负担性，国家大力推动商业健康保险的发展。惠民保在此背景下产生，并在全国范围内迅速兴起，不仅填补了基本医保与商保过渡地带的空白，同时为创新药品提供了基本医保与商保共付的新思路。为完善我国创新药品基本医保与商保共付机制，本研究在对惠民保参与主体、保险条款等方面分析的基础上，聚焦惠民保中创新药品的保障现状和不足之处，结合国际非公立医疗保险发展的经验，为创新药品在惠民保中的发展提出完善建议，如完善特药目录调整机制、引导保险公司对特药目录进行创新设计、明确惠民保在罕见病药品保障体系中的补充作用。

关键词： 创新药品 基本医疗保险 商业健康保险 惠民保

一 研究概况

本研究选择了2015年1月1日至2021年5月10日上线的137款惠民保产

---

* 执笔人：席晓宇，中国药科大学国际医药商学院研究员，天津大学博士后；吴晶，天津大学药物科学与技术学院教授，博士生导师，主要研究方向为卫生经济学与卫生政策评估；李光甫，中国医药商业协会名誉会长、中国医药商业协会商业保险与药品流通分会会长；陈昊，中国医药商业协会商业保险与药品流通分会执行会长；陆银娣，中国医药商业协会名誉副会长、中国医药商业协会商业保险与药品流通分会秘书长。

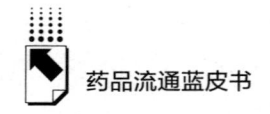

品，从普惠型商业保险产品的发展概况、分布地区、基本模式、参与主体、参保条件、保障范围、保障责任和保费策略等方面做了多维度深入分析。报告从基本医疗保障和惠民保补充保障的视角对患者医药费负担进行了多维度分析，给出了药品生产和流通企业参与"创新药品基本医保与商保共付机制探索"价值建议。

下面着重介绍惠民保对创新药品的保障现状的分析和建议。

二 惠民保对创新药品的保障现状

根据惠民保对创新药品的保障责任不同，本研究将惠民保的创新药品保障路径划分为特药目录保障路径和非特药目录保障路径两种。创新药品属于特药目录报销范围时，则通过特药目录保障责任路径进行报销。创新药品不属于特药目录报销范围时，则通过非特药目录保障路径，如果其在国家基本医保目录报销范围内则其经医保目录报销后借助医保内医疗费用保障责任路径进行报销，倘若其不在基本医保目录报销范围内则借助医保外医疗费用保障责任路径进行报销（见图1）。在此基础上，本研究对特药目录中药品种类、医疗费用水平、覆盖疾病范围、保障水平、特药目录调整机制以及非特药目录保障情况进行深入分析，从而掌握惠民保在创新药品保障方面存在的优势和不足。

（一）惠民保中创新药品的特药目录保障路径

惠民保的特药目录是指特定药品报销目录，其采用正面清单的方式限定各药品对应的商品名称、生产厂家及适应症等。参保人经由基本医疗保险、公费医疗、城乡居民大病保险等途径支付或补偿（支付或补偿费用≥0）后的剩余药品费用部分，可借助特药目录保障责任进一步报销。据统计，137款产品的149个惠民保方案中，120个方案具有特药目录保障责任。可见，特药目录保障责任是惠民保的重要组成部分。

1. 特药目录中药品种类情况

（1）药品种类集中

惠民保特药目录纳入的药品种类集中于15~25种，均值约为20种，中

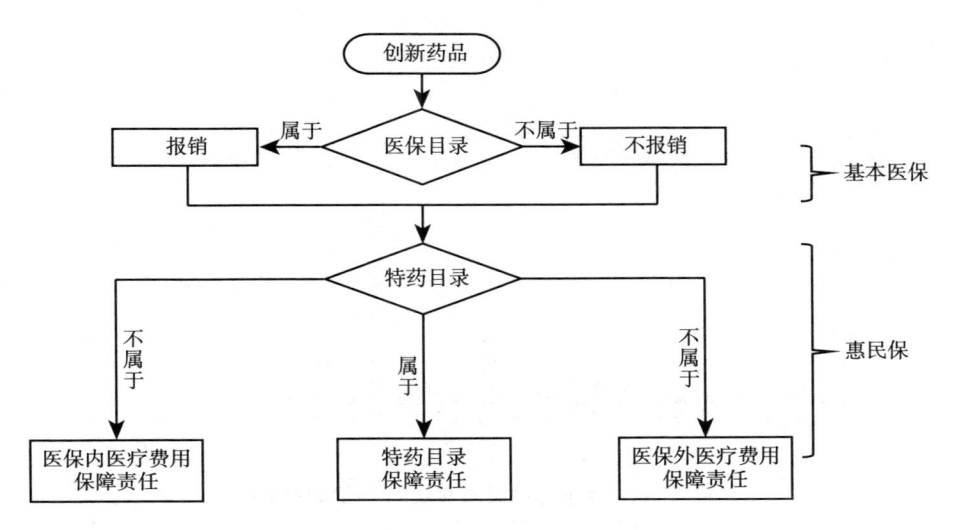

图 1　惠民保中创新药品的保障路径

注：惠民保部分"属于"，指创新药品属于特药目录内药品，且符合特药目录保障责任报销要求（如免赔额、限用适应症等）；惠民保部分"不属于"，指创新药品不属于特药目录内药品，不通过特药目录保障责任报销，但符合医保目录外（或内）医疗费用保障责任报销要求（如免赔额、限用适应症等）。

位数为 18 种[①]（见图 2）。

（2）特药目录中药品大致相同，且多数属于医保目录外药品

据统计，惠民保的特药目录中共出现药品 188 种[②]。鉴于特药目录药品种类均值为 20 种，本研究着重分析出现频次前 20 的药品。其中，百泽安（治疗肺癌、淋巴癌、膀胱癌）出现频次最多，达 96 次；泰圣奇（治疗肺癌、肝癌）次之，出现频次达 78 次；且出现频次前 20 的药品平均在 64 款惠民保的特药目录中出现（见表 1）。可见，惠民保保障的药品虽然基于各地的实际情况有所调整，但仍具有一定的一致性。

为探究特药目录中药品大致相同的原因，本研究基于惠民保中出现频次

---

① 有两种惠民保（温州益康保与宁波工惠保）特药目录没有纳入分析，其创新药品有单独的报销路径即目录，但只有病种范围，没有具体药品限制。
② 鉴于国内未上市但国外已上市的药品信息不可及且出现频次少，影响不大，后续统计排除了特药目录中该类药品。

药品流通蓝皮书

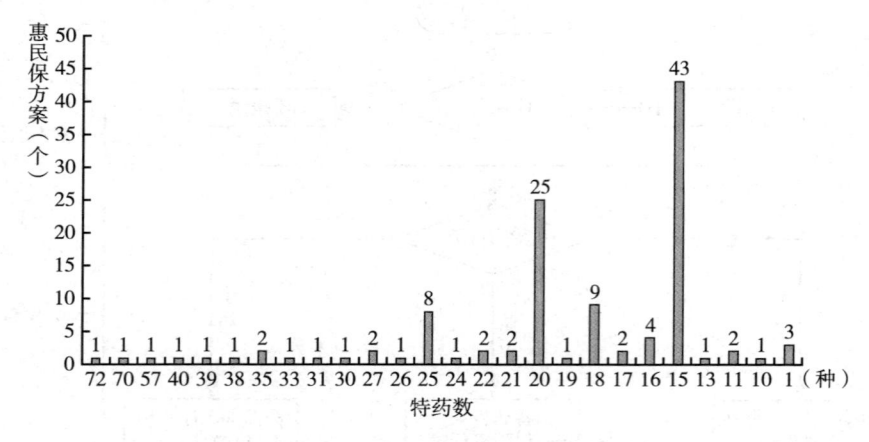

图2 惠民保方案数目与其纳入特药数目情况

前20的药品医保目录状态进行分析，结果表明惠民保特药目录更新严重滞后于医保目录的更新。目前特药目录188种药品医保目录内药品已达116种，惠民保亟需推进其特药目录与基本医保目录衔接方面的工作。

表1 出现频次前20的药品种类及其医保目录状态情况

通用名	商品名	频次（次）	当前医保目录状态	开放投保时医保目录状态 2019版医保目录	开放投保时医保目录状态 2020版医保目录
替雷利珠单抗注射液	百泽安	96	是	否	是
阿替利珠单抗注射液	泰圣奇	78	否	否	否
帕博利珠单抗注射液	可瑞达	74	否	否	否
注射用恩美曲妥珠单抗	赫赛莱	71	否	否	否
纳武利尤单抗注射液	欧狄沃	70	否	否	否
甲苯磺酸尼拉帕利胶囊	则乐	68	是	否	是
阿帕他胺片	安森珂	66	否	否	否
哌柏西利胶囊	爱博新	65	否	否	否
度伐利尤单抗注射液	英飞凡	63	否	否	否
地舒单抗注射液	安加维	62	是	否	是
达可替尼片	多泽润	61	否	否	否
甲磺酸氟马替尼	豪森昕福	60	是	否	是
曲美替尼片	迈吉宁	59	是	否	是
达雷妥尤单抗注射液	兆珂	58	否	否	否
注射用卡瑞利珠单抗	艾瑞卡	57	是	否	是

续表

通用名	商品名	频次（次）	当前医保目录状态	开放投保时医保目录状态	
				2019版医保目录	2020版医保目录
甲磺酸仑伐替尼胶囊	乐卫玛	57	是	否	是
甲磺酸艾立布林注射液	海乐卫	56	否	否	否
西妥昔单抗注射液	爱必妥	56	是	是	是
甲磺酸达拉非尼胶囊	泰菲乐	55	是	否	是
特瑞普利单抗注射液	拓益	50	是	否	是

注：统计过程中注意事项如下：①对于少数惠民保罗列药品通用名的情况，本研究对于通用名对应商品名唯一的情况直接采用商品名，而对于通用名对应商品名不唯一的情况直接采用通用名纳入分析；②频次为 X，即涉及的惠民保特药目录为 X；③当前医保目录状态，以 2020 版医保目录为判断标准；开放投保时医保目录状态，125 款惠民保是 2019 版医保目录实行时开放投保的，药品基于 2019 版医保目录判断结果是 1/20 属于当时医保目录外药品；12 款惠民保是 2020 版医保目录实行时开放投保的，药品基于 2020 版医保目录判断结果是 10/20 属于当时医保目录外药品；④开放投保时医保状态的判断未涉及适应症。

2. 特药目录中药品医疗费用水平情况

基于特药目录中药品年治疗费用测算结果可知，特药目录中药品年平均治疗费用为 66.1 万元，其中年治疗费用前 20 的药品费用均值达 432.9 万元，可知惠民保的特药目录保障责任能在一定程度上减轻患者高额用药的经济负担。此外，鉴于年治疗费用前 20 的药品在惠民保中的平均出现频次低于全部药品在惠民保中的平均出现频次，可见惠民保不倾向于保障年治疗费用超高的药品（见表 2）。

表 2 特药目录中药品的医疗费用情况

单位：万元，次

通用名	单价均值	年治疗费用均值	平均出现频次
前二十药品	4.7	432.9	6
全部药品	1.2	66.1	12

注：测算过程中注意事项如下：①用法用量来源于药智网；②单价，指药品最小可售包装，来源于米内网招投标数据库，倘如米内网无公布价格或未查到，则借助药智网进一步查询，选取招投标数据日期范围为 2020 年至 2021 年 7 月 31 日；③计算过程中，有多个规格的药品单价选取中标最多的纳入计算；④计算过程中，多适应症的药品有多用法用量的情况下，选取在惠民保中出现频次最多的适应症对应的用法用量纳入计算；⑤计算过程中，体重与身高采用的是《中国居民营养与慢性病状况报告（2020 年）》；体表面积，采用许文生氏公式。

3. 特药目录中药品覆盖疾病情况

（1）特药目录重点保障肿瘤类疾病

在特药目录中，药品覆盖疾病出现频次前十位多数是肿瘤类疾病（见表3）。结合2018~2020年获批上市的创新药品适应症，可知获批上市创新药品排名前十位的适应症均被惠民保特药目录纳入保障范围，惠民保中特药目录保障的疾病和近三年上市的创新药品适应症具有较高的吻合度，提高了创新药品的可及性。但基于Globocan 2020中2020年中国肿瘤发病率前十位的癌症可知，高发重疾中甲状腺癌、结直肠癌、食管癌近三年虽有新药上市，但较少惠民保特药目录对其进行保障，可见特药目录整体设计情况仍有待优化。

特药目录中药品覆盖的出现频次小于5的疾病类型，具体包括地中海贫血、骨髓增生异常综合征等，这可能与各地实际高发疾病存在差异性的情况有关。例如，广州惠民保（2020）的特药目录中地拉罗司分散片对广东地区高发疾病——地中海贫血做了保障。

表3 特药目录中药品覆盖疾病情况

单位：次，种

疾病名称	出现频次	近三年上市新药数
肺癌	419	12
淋巴瘤	279	10
乳腺癌	270	8
黑色素瘤	220	6
白血病	169	7
罕见病	166	18
前列腺癌	155	7
肝癌	117	2
骨髓瘤	106	6
卵巢癌	92	4
头颈癌	72	3
……	……	……
地中海贫血	3	0
……	……	……

注：罕见病指在惠民保中出现且属于2018年发布的《第一批罕见病目录》的所有罕见病的总和。

（2）特药目录对罕见病保障不足

除肿瘤类疾病外，罕见病也是特药目录的保障内容。但总体而言，较少惠民保的特药目录对罕见病类药品进行保障。此外，特药目录中药品保障的罕见病类型共 11 种，而 2018 年发布的《第一批罕见病目录》认定的罕见病有 121 种；基于《中国罕见病综合报告（2021）》可知，其中 58 种罕见病在国内已有获批上市的药品，严格意义上说，仅 36 种罕见病有"说明书内"用药，涉及 68 种治疗药品。此外，基于报告统计结果，再加上 2021 年国家医保谈判新增的 7 种罕见病类药品，我国目前纳入国家医保目录的罕见病类药品已达到 53 种，覆盖 26 种罕见病，可见特药目录保障的罕见病种类不足（见表 4）。

表 4 特药目录中药品覆盖罕见病情况

单位：次，种

疾病名称	出现频次	涉及特药种类	医保目录状态
特发性肺动脉高压	66	11	是
多发性硬化	34	4	是
高苯丙氨酸血症	21	1	否
黏多糖贮积症	9	3	否
纯合子型家族性高胆固醇血症	8	1	是
戈谢病	6	1	否
血友病	6	1	是
肺纤维化	6	1	是
法布雷病	4	2	是
肌萎缩侧索硬化症	3	1	是
C 型尼曼匹克病	3	2	是
均值	15	3	—

4. 特药目录中药品保障水平

衡量保障责任保障水平的三个重要指标，分别为免赔额、保额和报销比例。具体来说，含特药目录保障责任的 120 个惠民保方案在免赔额方面，主要有单项责任独立免赔额、多项责任共用免赔额两种形式；保额方面，主要有单项责任独立保额、多项责任共用保额以及单项责任门诊独立保额三种形式；报销比例方面，主要有单一报销比例、以国家谈判药为标准的多项报销比例、以既往症为标准的多项报销比例等多种形式。

政府主导惠民保中特药目录保障责任的主流免赔额、主流保额、主流报销比例均与保险公司主导惠民保相同（见表5）。但就报销比例而言，是否患有既往症对惠民保报销比例具有较大影响；政府主导惠民保更倾向于对参保人既往症进行降比例报销，而保险公司主导惠民保中仅一款产品对参保人既往症进行报销（见表6）。

表5 特药目录保障责任保障水平情况

类型	政府主导惠民保 结果	方案数(个)	保险公司主导惠民保 结果	方案数(个)
主流免赔额	0元	6	0元	46
主流保额	100万元	11	100万元	59
主流报销比例	80%	4	80%	49

表6 特药目录保障责任中既往症报销情况

单位：个，%

类型	政府主导惠民保 方案数	比例	保险公司主导惠民保 方案数	比例
既往症报销	9	31.0	1	1.1
既往症不报销	20	69.0	90	98.9

5. 特药目录调整机制情况

惠民保的特药目录调整机制体现了特药目录的保障偏好与调整方向，有助于了解特药目录的制定原则与管理规范。目前，已公布特药目录调整机制的惠民保方案有56个，相对较少。此外，政府主导惠民保中公布特药目录调整机制的惠民保方案占比为55.2%，而保险公司主导惠民保中公布特药目录调整机制的惠民保方案占比为44.0%，可见政府主导惠民保的特药目录调整机制相对更加明确（见表7）。

表7 特药目录调整机制公布情况

单位：个，%

类型	政府主导惠民保		保险公司主导惠民保	
	方案数	比例	方案数	比例
公布特药目录调整机制	16	55.2	40	44.0
官网及公众号未查到	13	44.8	51	56.0

（二）惠民保中创新药品的非特药目录保障路径

1. 医保目录内药品保障水平

参保人所使用的创新药品不属于特药目录而属于医保目录内医疗费用的情况下，可借助医保内医疗费用保障责任进行报销。137款产品的149个惠民保方案中，144个方案具有医保目录内医疗费用保障责任。

政府主导惠民保对于医保目录内医疗费用保障责任的主流免赔额、主流保额以及报销比例与保险公司主导惠民保相同（见表8）。但从报销比例方面来看，是否患有既往症、是否异地就医、是否使用医保结算将对惠民保产品报销比例产生较大影响，其中政府主导惠民保倾向于对参保人既往症进行降比例报销，保险公司主导惠民保则没有对参保人既往症进行报销（见表9）。

表8 医保目录内医疗费用保障责任保障水平情况

类型	政府主导惠民保		保险公司主导惠民保	
	结果	方案数（个）	结果	方案数（个）
主流免赔额	2万元	7	2万元	67
主流保额	100万元	14	100万元	60
主流报销比例	80%	6	80%	53

表9 医保目录内医疗费用保障责任中既往症报销情况

单位：个，%

类型	政府主导惠民保		保险公司主导惠民保	
	方案数	比例	方案数	比例
既往症报销	8	23.5	0	0.0
既往症不报销	26	76.5	110	100.0

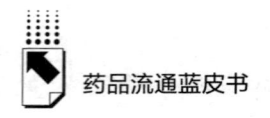

2. 医保目录外药品保障水平

在参保人所使用的创新药品不属于特药目录而属于医保目录外医疗费用的情况下，可借助医保外医疗费用保障责任进行报销。137 款产品的 149 个惠民保方案中，54 个方案具有医保目录外医疗费用保障责任。

政府主导惠民保中医保目录外医疗费用保障责任的主流免赔额、主流保额与保险公司主导惠民保相同，主流报销比例低于保险公司主导惠民保（见表10）。政府主导惠民保更倾向于对参保人既往症降比例报销，而保险公司主导惠民保中仅一款对参保人既往症降比例报销，其余均不报销参保人既往症（见表11）。

表 10　医保目录外医疗费用保障责任保障水平情况

类型	政府主导惠民保 结果	方案数（个）	保险公司主导惠民保 结果	方案数（个）
主流免赔额	2 万元	12	2 万元	15
主流保额	100 万元	11	100 万元	17
主流报销比例	60%	6	80%	9

表 11　医保目录外医疗费用保障责任中既往症报销情况

单位：个，%

类型	政府主导惠民保 方案数	比例	保险公司主导惠民保 方案数	比例
既往症报销	7	29.2	1	3.3
既往症不报销	17	70.8	29	96.7

3. 特殊保障责任中药品保障情况

据统计，极少数惠民保涵盖与药品相关的特殊保障责任，而目前与药品费用保障相关的特殊责任主要包括罕见病专项药品医疗保障以及重疾医疗保障责任。

（1）罕见病专项药品医疗保障责任保额低且覆盖药品少

西湖益联保的罕见病专项药品责任与其特药目录保障责任保额相比低 40

万元（见表12），医惠锡城的罕见病专项药品责任与其特药目录保障责任保额相比低20万元且报销比例有所下滑；而温州益康保的罕见病专项药品责任与其特药目录保障责任相比虽报销比例增加了10个百分点，免赔额降低了0.5万元，但保额降低了35万元，可见罕见病类药品单列而不纳入特药目录实际上减少了承保方在罕见病方面的可能开支。此外，西湖益联保、医惠锡城和温州益康保分别保障了3种、9种、2种罕见病类药品。综上所述，罕见病专项药品责任的保额相对较低且药品覆盖面窄，只能使小部分罕见病患者得到保障。

表12 罕见病专项药品医疗保障情况

保障细则	西湖益联保	医惠锡城	温州益康保
罕见病类药品（种）	3	9	2
免赔额（万元）	1	2	1
报销比例（%）	60	50（罕见病既往症10%）	60
保额（万元）	10	80	10

（2）重疾医疗保障责任覆盖药品多但保额低

目前仅有2个方案包含重疾医疗保障责任，分别是珠海大爱无疆（2020）与珠海大爱无疆（2021）（见表13）。其重疾医疗保障责任从疾病而非药品角度进行保障，相当于加宽了罕见病药品的覆盖面，但其保障额度固定为2万元，保障的药品种类多但保额低，患者的大部分药品治疗费用都无法被覆盖，不利于帮助患者减轻负担。

表13 重疾医疗保障责任情况

保障细则	珠海大爱无疆（2020）	珠海大爱无疆（2021）
前置条件	首诊并合规的10种重疾	首诊并合规的10种重疾/首确重症新冠
报销额度	2万元定额补偿	2万元定额补偿

（三）惠民保中创新药品保障存在的不足

惠民保中创新药品保障存在以下不足：特药目录调整更新滞后，纳入标

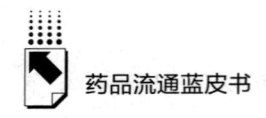

准不清晰；特药目录中覆盖药品数目及种类大致相同，肿瘤疾病覆盖不全面；惠民保中罕见病类药品保障少，且罕见病覆盖不全面。

三 完善我国创新药品基本医保与商保共付机制的建议

本研究基于我国惠民保现况，结合国际非公立医疗保险发展的经验，为我国创新药品在惠民保中的发展提出完善建议。

（一）完善特药目录调整机制

商业保险特药报销目录涉及投保者的理赔权益，保险公司理当及时整理与明确创新药品在特药目录中的具体纳入时间与排出时间，并成为保险重要条款。

（二）引导保险公司对特药目录进行创新设计

相关政府机构应引导保险公司在进行特药目录设计时明确药品的遴选原则及标准，结合基本医保药品目录、相关疾病上市创新药品、当地高发疾病的药品等情况一并考虑，体现不同肿瘤类疾病保障的公平性，从而契合人民群众实际医疗保障需求，避免人民群众因病致贫。

（三）明确惠民保在罕见病药品保障体系中的补充作用

惠民保可在政府机构的引导下，在当地罕见病保障政策落地之后承担对罕见病类药品的补充保障责任，与基本医保、大病保险等"无缝衔接"。

参考文献

许闲、罗婧文、王佳歆等：《普惠保险在健康管理中的应用——基于惠民保的深度分析》，《保险理论与实践》2020 年第 12 期。

许闲：《惠民保推动医疗保障层面政府治理能力现代化发展》，《上海保险》2021 年第 2 期。

陈烁：《平安佛医保：助力建设多层次社会保障体系》，《中国人力资源社会保障》2020 年第 5 期。

陈烁：《平安养老险打造普惠创新可持续发展新格局》，《中国人力资源社会保障》2021 年第 3 期。

于保荣、贾宇飞、孔维政等：《中国普惠式健康险的现状及未来发展建议》，《卫生经济研究》2021 年第 4 期。

齐志昊：《"惠民保"推广现状分析及发展建议》，《科学发展》2021 年第 7 期。

罗葛妹：《惠民保元年，缘何"超常"发展》，《上海保险》2021 年第 1 期。

周传鸽：《从产品设计角度谈"惠民保"》，《上海保险》2021 年第 1 期。

丁锦希、季娜、白庚亮：《我国罕见病用药市场保障政策研究》，《中国医药工业杂志》2021 年第 11 期。

顾一纯、赵天保、张琴华等：《我国罕见病药品保障典型模式》，《中国卫生资源》2021 年第 24 期。

关轶茹、相维、张方：《澳大利亚救生药物计划及对我国罕见病医疗救助制度的启示》，《中国卫生政策研究》2015 年第 8 期。

张璐莹、陈文：《中国普惠型商业医疗保险发展研究》，复旦大学出版社，2021。

B.8
创新药流通模式的现状与发展对策建议

中国医药商业协会创新药物流通分会　中国药科大学国际医药商学院
国家药品监督管理局药品监管创新与评价重点实验室联合课题组*

摘　要： 本文首先从宏观上介绍了我国创新药的发展概况和创新药流通的特殊性，分别从医院和零售药店两个销售终端剖析我国创新药流通的障碍，并通过分析美国药品流通模式，提出优化我国创新药流通模式发展的对策与建议。

关键词： 创新药　流通模式　创新支付

近年来，国家医药卫生体制改革稳步推进，从"两票制"到药品集中带量采购，再到国家医保谈判药品"双通道"等政策的实施，都对药品流通行业产生了深远的影响。我国药品流通行业正处于结构调整和发展方式转变的关键时期。同时，我国创新药也在高速发展，因其临床应用新、使用价格高、运输要求高等特点，创新药的流通模式和需求与传统药品相比有所不同，药品流通行业面临创新变革的挑战和机遇。

---

* 执笔人：茅宁莹，中国药科大学国际医药商学院副院长，博士，教授、博士生导师，江苏省级一流专业医药工商管理专业负责人，中国药品监督管理研究会药监人才培养研究专委会秘书长、北京市罕见病保障联盟理事、南京市药学会药品评价专委会副主任委员，从事国家创新药物政策、短缺药品供应保障等方向研究；李军，中国药科大学国际医药商学院讲师，研究方向为医药产业技术创新政策与管理、药品供应保障；胡楠清、陈颖慧、付瑞枫、张婧娴、谢欣蓉、黄雅婷。

一 我国创新药发展的现状与流通的特殊性

（一）我国创新药发展概述

2020年我国创新药市场规模达1400亿美元，相较于2016年的1137亿美元增长23.13%[①]。从上市数量来看，2016年国家药监局批准的创新药数量仅有9款，2021年批准83款创新药上市，其中本土创新药51款，创历年新高（见图1）。同时，获批上市的创新药进入医保成为一种趋势。据国家医保局数据，2021年有67个非医保目录独家药品谈判成功，其中近五年内上市的有66个，占99%；有27个创新药实现上市当年即进入医保[②]。

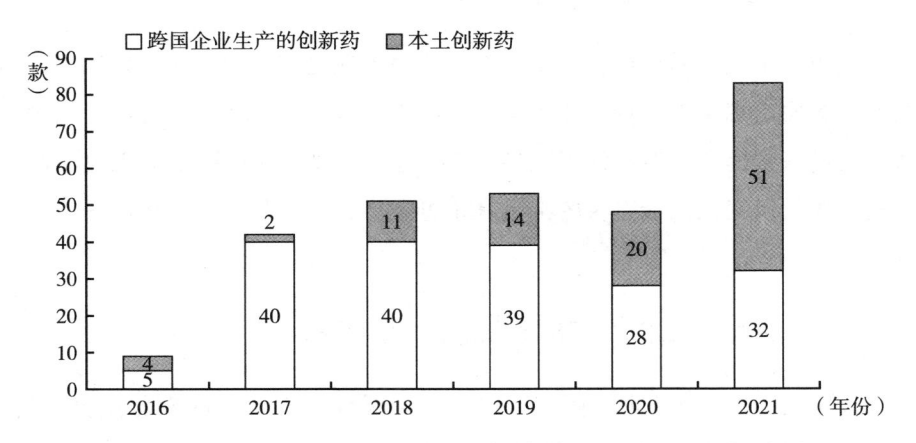

图1 2016~2021年国家药品监督管理局批准上市的创新药数量

[①] 《2021年中国创新药行业分析报告——市场规模现状及未来趋势预测》，观研报告网，（2021年10月12日）[2022年1月14日]，https：//www.sohu.com/a/494622527_121222943。

[②] 《从2021年医保谈判看创新药行业逻辑变化》，平安证券，（2021年12月13日）[2022年1月14日]，https：//wallstreetcn.com/articles/3647145。

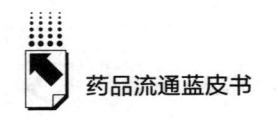

（二）创新药流通的特殊性分析

创新药的特殊性影响其发展和流通。首先，创新药凝结了最新、最前沿的研究成果，在临床使用时更需要专业人士提供服务；其次，创新药的价格可能超出部分患者的承受能力；再次，患者在使用创新药对症治疗后还需要相关配套服务；最后，医生对创新药在临床应用上经验较少，需要花时间了解、学习和接受，此外，某些创新药的特殊储存和运输要求也需要药品流通行业与之匹配。

二 我国创新药的流通模式与存在的问题

（一）创新药的流通渠道和模式

创新药早期流通渠道主要是医院，但由于在进院流程、医生认知等方面问题，进而出现院外市场的零售渠道，但零售终端无法享受同等医保报销待遇。为进一步提高创新药的可及性，"双通道"政策应运而生。无论创新药流通模式如何变化，最终目的都是真正惠及患者，这是创新药价值得以发挥的关键。

（二）医院终端模式下创新药流通障碍分析

近年来，"创新药进入医保目录，却在医院买不到"的现象屡见不鲜。为何经过国家医保谈判大幅降价的创新药在医院难以落地？该如何解决创新药入院"最后一公里"的难题，让患者更快用上临床急需的新药，下面对创新药进入医院流通面临的挑战与问题进行分析。

1. 创新药入院绿色通道尚未打通，医院遴选药品流程较长

药品被纳入医院目录，是"药事管理与药物治疗学委员会"的重点工作。目前，医院的药事会一个季度或半年召开一次，频率较低且间隔时间长。大部分医院并未针对创新药建立合规、快捷的绿色通道，创新药在地方药品采购平台挂网和医疗机构采购使用环节，与其他药品一样需要经过漫长的等待才能进入医院的采购名单，一定程度上影响了创新药进入医疗机构临床应用。

2. 高值创新药增加医院运营压力

目前，各地对不同等级医院有药品品规数规定。在此限制下，医院主要依据临床需求筛选所需药品，不同医院药品目录差异较大，让医院配备所有谈判药品并不现实。且部分创新药价格昂贵，在零加成政策背景下，创新药对医院资金占用、药房库存管理和药学服务的要求进一步提高，同时会造成运营成本的增加。因此，医院对创新药有着用与不用、用多与用少的考虑。

门诊患者基本药物处方占比、门诊和住院次均药品费用增幅、集采药品使用比例等指标都成为三级公立医院绩效考核内容，医院基于自身利益和考核指标等方面的考虑，对创新药的采购意愿不高。

3. 创新药临床接受度和认知度有待提升

医生在选择药品时，往往会考虑药品能否满足临床治疗需求、对疾病治疗的不可替代性、安全性和现有药品疗效、价格等诸多方面的因素。新药研发与临床需求不完全匹配。加之创新药在临床上用量少，其安全性、有效性有待进一步验证等问题导致医生对创新药品的认可度不够。同时，受医生的用药习惯及自身专业素养的限制，其对国内创新药的用药效果、安全性等了解不充分，因此，在临床上较少使用创新药。总体而言，如何提高院内医生对创新药的认可度和认知度是推广创新药入院的关键问题之一。

（三）零售药店终端模式下创新药流通障碍分析

零售药店承接医院处方，为患者拓宽药品供应渠道，同时零售药店也能够获得客流量的提升、优化资源配置。"双通道"、医保谈判、药品零差价等政策对零售药店是利好，尤其是创新药流通的 DTP 药房和"双通道"定点零售药店，但创新药在零售药店终端模式下的流通也面临一系列的困难与挑战。

1. 创新药价格下降且对药店经营要求高，双重挑战下零售药店利润空间减少

创新药经国谈降价入围后价格大幅下降，影响 DTP 药房的营收。此外，

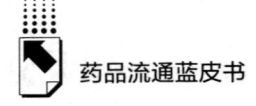

经营DTP药房，优越的位置、高标准的设施设备、高水准的专业技术人员、专业化的冷链及仓储都需要相应的高成本支持。高成本和低收入的双重挑战，会挤压零售药店的利润空间。

2. 创新药支付方式单一，患者可负担性不高

DTP专业药房目前经营范围仍以高值创新药为主，多数未纳入医保，患者自付压力较大。创新药由于其商值特征，顾客局限于经济实力较大的患者人群，很难实现大规模的药品可及。"双通道"政策规定，对零售药店和医院双通道药品采取一致的医保报销政策。这在一定程度上缓解了患者的支付压力，但其医保系统对接、异地报销政策等仍有待完善。

3. 创新药处方外流不畅，零售药店市场份额有限

"双通道"政策出台后，处方外流效率有所提升，但零售药店处方承接量依然较低，原因可能在于处方流转信息系统搭建尚不完善、医院方参与的积极性和主动性不足以及责任认定法律法规尚未健全等。同时，创新药脱离了医院的治疗控制系统和费用控制系统，存在较大的安全风险和基金控费风险[1]。因此，为促进处方外流及提高用药与医保基金安全，构建医保、药监、医院、药店四者互联互通的平台势在必行。

4. 创新药的使用和监测对专业服务能力要求高，专业人才需求大

使用高价值药品的病人依旧有药品注射、用药咨询、不良反应监测等长期实际需求，零售药店在药事服务能力方面应向临床药师和医疗团队能力方向提升。DTP药房致力于为慢病、肿瘤患者提供用药指导及慢病管理等服务。在我国"双通道"政策推动下，为患者配备更完善的药学服务设施及专业服务是目前零售药店亟待解决的问题。

三 美国药品流通模式实践与经验借鉴

在特有经济体制的影响下，美国的药品流通行业已经形成由多个利益相关

---

[1] 陈一、丁锦希、陈烨、李伟：《"双通道"框架下的DTP药房管理模式研究》，《世界临床药物》2021年第9期。

者组成的高度集约化和市场化的流通体系。由药品制造商、分销商、零售商、医疗服务提供方、支付方、药品福利管理企业（Pharmacy Benefit Management companies，PBM）及患者等利益相关者共同参与医药产品的物流、资金流和信息流管理，达到药品可及性和利益最大化的平衡。

美国药品流通中的物流环节非常清晰。美国实行较为彻底的医药分开政策，零售药店是消费者的主要购药渠道。

美国药品流通中的资金流和信息流相对复杂，药品价格高度市场化，最根本原因在于美国的医疗保险体制。美国医疗保险的支付方主要是商业保险公司，另外由政府提供的诸如针对老年人的医疗保险Medicare等作为补充。PBM作为支付方（包括保险机构、政府医疗保险等）的代理，是一个第三方营利性组织，主要目的是管理和降低药品治疗费用、提高医保基金的利用效率。PBM虽然不直接参与药品的流通过程，但在资金流中对药品价格的影响却非常大。

综观美国药品流通行业历年发展，其在新特药流通方面有以下三点值得进一步研究与借鉴。

（一）PBM企业信息化水平高，掌握处方话语权，实现药品控费

PBM的主要管理服务职能，包括处方集的制定和管理、与药品制造商进行药品价格折扣谈判、与零售药房协议药品供应、药品使用审查、利用互联网进行处方报销管理等方面（见图2）。

PBM企业信息化水平较高，其药品信息数据库中拥有大量病人的历史保单和医疗机构的历史诊疗数据，专业的审核平台能自动处理、评价处方是否有效并在数秒内将处理后信息反馈给药剂师，并对系统预设中可受理赔付的处方药进行自动结算，实现医保支付方、PBM和药房之间的实时理赔结算。

PBM作为一个营利性的第三方企业，其最初的盈利模式是向被代理的机构和企业收取相关的服务管理费。但处方集决定了药品能否列入报销范围和报销比例，这推动了PBM企业将药品作为主要的收入增长点，盈利模式

图 2　PBM 制度

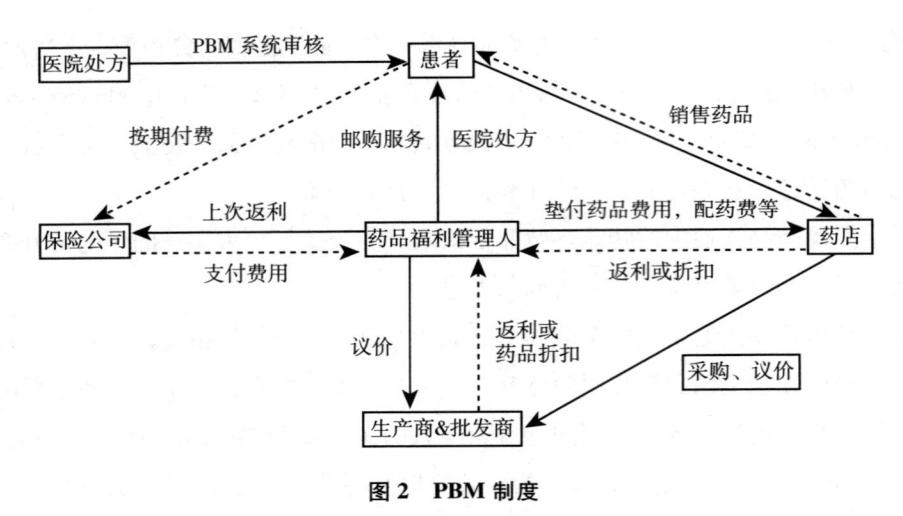

资料来源：石育斌、谭力、崔莉文《药品福利管理（PBM）模式分析及本土化过程中的主要法律问题》，（2020年7月6日）［2022年3月24日］，https：//www.allbrightlaw.com/CN/10475/a8c108a29137a437.aspx。

逐渐变为利用其处方话语权从药品制造商获得回扣、给被代理机构或药房提供药品时降低折扣率等。在这样的经营模式下，PBM 企业节约了部分费用，获得巨大的利润①。

（二）连锁药店处方流量较大，成为最核心的药品销售渠道

零售药店是美国最重要的处方药销售终端。创新药/专利药具备多种经营终端，包括零售药房、网上邮购、专业药房、长期护理中心、医院药房、超市、食品店等。

传统零售药房在线下实体门店分布广，拥有贴近消费者，掌握患者消费、健康信息等优势，可以通过提供快速门诊、老年长期护理、输液服务等医疗和药学服务为顾客进行健康管理。

由于接收处方流量较大、购药便利性高、药学服务能力强等竞争优势，

---

① 村夫日记：《PBM 遭淘汰，美国医保开启直接结算模式》，（2020年3月26日）［2022年3月24日］，http：//www.phirda.com/artilce_ 21702.html？cId=1。

传统连锁药房能抵御资本介入和互联网渠道的冲击，成为最核心的药品零售渠道①。2021年CVS在美国处方药销售市场占有率高达24.5%，依靠PBM处方流量发展起来的Express Scripts邮购药房Cigna的处方药销售市场占有率为11%，而缺乏处方流量的独立网上药店Drugstore.com、PlanetRx、Soma.com等均被兼并收购或破产清算。

（三）专科药房市场不断增长，满足慢病患者医疗服务需求

近年来，美国特殊药品的市场占有率逐年提高，专业药房的收入不断增长。专业药房所销售的一般都是生物技术产品、血液制品、孤儿药品或治疗复杂疾病的特效药、创新药。数据显示，2017年美国专业药房的市场总量为1382亿美元，较2016年增长9%②。2020年，美国最大的五家药店均为网上邮购药店和专业药房（Specialty Pharmacy），特殊药物收入占药房处方收入的38%以上③。药品零售企业甚至医院也纷纷布局专业药房。

大型PBM企业为将特药市场做大，一方面，通过与药店的折扣谈判要求将非自有的药店排除自己的药店网络；另一方面，对患者购买特药实行强制邮购或指定病人前往自己开设的药店购买特药。这种垄断行为不仅引发其他药店的不满，也遭到监管部门的干预。随着美国特药市场的持续扩大，PBM将面临与其他独立药店和医院越来越激烈的竞争，这也将推动美国特药市场零售渠道的变革④。

综上可见，美国的药品流通行业集中度相对较高，有助于资源整合和集

---

① 安信证券：《借鉴美国经验，分析药店高速成长期的估值水平和网上药店的影响》，（2020年4月10日）[2022年3月24日]，https：//pdf.dfcfw.com/pdf/H3_AP202004101377868718_1.pdf？1586530581000.pdf。
② 高弘扬：《美国专业药房市场：挑战更多的未知空间》，（2018年12月）[2022年3月24日]，http：//www.ydzz.com/zgyd.php？col=29&file=60639。
③ Adam J. Fein, Ph. D., The Top 15 U. S. Pharmacies of 2020：Market Shares and Revenues at the Biggest Companies，（2021年3月9日）[2022年3月24日]，https：//www.drugchannels.net/2021/03/the-top-15-us-pharmacies-of-2020-market.html。
④ 村夫日记：《美国高价药通道变革：打破PBM垄断》，（2021年5月19日）[2022年3月24日]，http：//www.phirda.com/artilce_24368.html？cId=1。

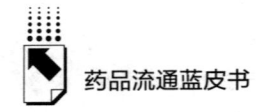

成化管理，有效提升供应链的效率，降低监管成本。在美国，连锁药店处方流量较大，其药品流通主体为零售药店，其中连锁药店是最核心的销售渠道，且专科药房市场规模不断增长，除满足慢病患者的购药需求外，还提供用药指导、患者教育、用药监测等服务。

四 优化我国创新药流通模式的对策与建议

（一）流通企业应发挥上下游资源整合优势，逐步向全方位医疗供应链服务商转型

从药品流通产业链来看，药品流通企业的上游为医药制造企业，下游为医院、零售药店等销售终端，在整个产业链生态中起到沟通连接和资源整合的作用。流通企业应通过整合供应链，向上游制药企业提供采购计划、库存管理、物流数据信息等服务；向下游销售终端提供院内物流、药房管理、药学服务、药品追溯、创新支付等精细化延伸服务。此外，流通企业还应加强城乡药品流通网络建设，利用互联网发展智慧供应链、智慧物流、智慧药房等创新模式。

（二）政府部门需进一步优化政策，协同推动创新药的流通发展

政府部门应主动适应当前创新药流通发展形势，切实转变观念，创新管理方式。通过定期召开创新药流通企业座谈会等方式，加强政府部门与医院、流通企业的沟通交流，了解各主体在创新药流通过程中遇到的难点痛点。同时，政府主管部门应认真履行药品流通管理职责，加快落实商务部《关于"十四五"时期促进药品流通行业高质量发展的指导意见》[1]。针对创新药流通发展出现的问题，对现有政策进行优化和完善，指导药品流通企业高质量发展。

---

[1] 商务部：《关于"十四五"时期促进药品流通行业高质量发展的指导意见》，（2021年10月28日）［2022年2月25日］，mofcom.gov.cn。

（三）流通企业加快布局医院处方外流业务，建设现代医药物流服务体系

未来，龙头流通企业创新药流通业务可从以下几方面进行提升：①加速智能仓储以及能耗技术的科技迭代和智能化突破；②加快流通全程数据管理和追溯技术的研发，探究如何借助物联网、大数据、云计算等技术实现"智慧管理与追溯"；③探索建立覆盖全国的专业医药物流网络，利用信息网络平台整合各类医药仓配节点；④积极开展医药物流服务延伸项目，如医院物流配送、智能药库和中心药库外延管理等；⑤积极探索电子处方流转平台，消除创新药落地"最后一公里"障碍。

（四）流通企业加强与医药其他参与方的合作，探索新零售创新发展模式

流通企业可以与药品生产企业合作探索新的药品渠道流通和交付模式，充分发挥供应链适配优势、人力产能实力以及数字化能力，为生产企业优化流通环节、降低流通成本，向患者用户提供专业、安全、可靠的医药健康服务。此外，可以通过B2B、B2C等平台，整合线上线下资源，帮助生产企业拓展业务渠道，如网络配送、医事服务、疾病科普、健康保障等。

（五）流通企业可从创新支付切入，布局"互联网+医+药+险"闭环

未来流通企业可在"互联网+医+药+险"闭环布局上做进一步探索，创新支付方式，帮助患者以更低成本、更便捷渠道享受到前沿的药品和医疗服务。医药企业、保险公司、零售药店和第三方机构可以通过合作，降低患者使用创新药的负担，同时提高医疗效率，形成良性循环。

（六）借鉴国外成熟运行模式，探索新型药品福利管理方式，提供高质量药品服务

为加强创新药的推广应用，企业可以借鉴国外PBM模式和成功经验，

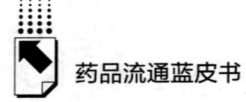

基于我国行业背景，充分考虑我国特有的社会体制、卫生管理体制、医药市场环境以及社会文化等各方面的现实问题，以移动互联网为载体、信息化为支撑，制定药品福利管理战略，与药品流通行业各方主体合作，开创新型药品福利管理商业模式。

分　销　篇
Distribution Reports

B.9
2021年医药流通行业上市公司运行情况分析

李文明[*]

摘　要： 上市公司数据是反映行业发展情况的重要指标。本文从28家医药流通行业上市公司公开披露的2021年年报资料，分析其收入增长、盈利水平、费用控制、资本运营和战略实施的情况，揭示2021年国内医药流通行业上市公司的运行状况并展望行业未来发展的新趋势。2022年中国医药流通行业将在深化医改、健康中国建设、疫情防控等三大主题背景下，不断调整商品结构、经营策略和经营方式，加快完成转型升级。

关键词： 上市公司　医药流通　运营能力

---

[*] 李文明，北京和君咨询有限公司合伙人，中国医药商业协会副秘书长，国际注册管理会计师（CMA）。

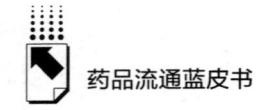

在健康中国战略引领下，医药卫生体制改革不断深入，药品带量采购、医保谈判以及DRG/DIP等一系列政策持续落地，推动了医药流通行业的渠道重构和服务转型。中国医药流通行业上市公司的运行情况如何、未来的发展趋势怎样？笔者通过对28家医药流通行业上市公司2021年年报所公开披露的收入增长、盈利水平、费用控制以及资本运营等数据指标进行具体分析研究，揭示2021年国内医药流通行业上市公司的生存状况以及未来发展的一些趋势。

一 医药流通行业上市公司收入增长情况分析

从28家医药流通行业上市公司收入总和及增长情况来看，2021年实现主营业务收入总和为15956.09亿元（其中分销业务12491.06亿元，占比78.28%；零售业务1453.27亿元，占比9.11%），同比增长12.36%，与2020年4.47%的增速相比出现较大幅度回升，主要是因为疫情防控常态化，医院业务量有所恢复，龙头企业的增速随之恢复。

从各家上市公司的收入规模来看，国药控股收入规模最大，超越5000亿元，达到5210.51亿元，上海医药和华润医药分别以2158.24亿元和1936.13亿元位列第二和第三位。上述三家企业的收入总和达到9304.88亿元，占28家上市公司收入总和的58.32%。

从各家上市公司的收入增速情况来看，重药控股增速最快，达到38.26%，其次是药易购和百洋医药，分别为21.90%和19.95%。

与2020年相比，分销龙头企业增速有所恢复，国药控股、上海医药、华润医药和九州通均达到两位数增长；零售龙头企业增速则有所放缓，6家以零售业务为主的上市公司（大参林、老百姓、益丰药房、一心堂、漱玉平民和健之佳）营收之和增速为14.92%，与2020年25.52%的增速相比有较大幅度下滑，主要是疫情反复，部分区域限制"四类药品"的销售以及对医保账户的监管趋严导致整体增速趋缓（见表1）。

表 1　2019~2021 年医药流通行业上市公司主营业务收入情况

单位：亿元

序号	公司名称	2019年营业收入	2020年营业收入	2021年营业收入
1	国药控股	4252.73	4564.15	5210.51
2	上海医药	1865.66	1919.09	2158.24
3	华润医药	1831.46	1686.84	1936.13
4	九州通	994.97	1108.60	1224.07
5	国药一致	520.46	596.49	683.58
6	重药控股	338.44	452.20	625.21
7	国药股份	446.44	403.79	464.69
8	南京医药	371.56	398.17	451.23
9	海王生物	414.93	400.22	410.54
10	中国医药	352.85	393.12	362.34
11	华东医药	354.46	336.83	345.63
12	英特集团	246.01	250.08	267.31
13	嘉事堂	221.87	232.56	256.26
14	瑞康医药	352.59	272.04	210.60
15	鹭燕医药	150.09	155.31	175.45
16	柳药股份	148.57	156.69	171.35
17	大参林	111.41	145.83	167.59
18	老百姓	116.63	139.67	156.96
19	益丰药房	102.76	131.45	153.26
20	一心堂	104.79	126.56	145.87
21	人民同泰	83.54	80.05	93.15
22	百洋医药	48.49	58.79	70.52
23	漱玉平民	34.67	46.40	53.22
24	健之佳	35.29	44.66	52.35
25	浙江震元	32.43	34.40	36.12
26	药易购	22.89	27.90	34.01
27	达嘉维康	24.57	23.40	25.92
28	第一医药	12.43	15.87	13.98
	合计	13592.99	14201.16	15956.09

资料来源：东方财富 Choice 数据。

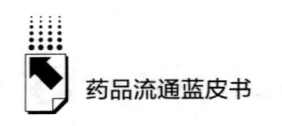

二 医药流通行业上市公司盈利情况分析

从盈利水平情况来看，2021年28家医药流通行业上市公司的销售毛利率平均为17.51%，与上年的17.93%相比下降了0.42个百分点。平均净利率为3.16%，与上年的3.60%相比下降了0.44个百分点。

从业态来看，零售业务平均毛利率为22.74%，分销业务平均毛利率为8.02%（见表2）。

在28家医药流通行业上市公司中，绝大多数公司都实现了批零一体化发展，但以分销为主业的上市公司其零售业务毛利率普遍偏低，平均为17.11%，与以零售为主业的上市公司35.90%的平均毛利率相差较大。这也说明批发和零售的盈利能力完全不同，既能做好批发业务又能做好零售业务对医药流通企业来说是一个艰巨的挑战。

表2 2021年医药流通行业上市公司盈利能力情况分析

单位：%

序号	公司名称	2020年销售毛利率	2021年销售毛利率	2021年分销业务毛利率	2021年零售业务毛利率	2020年净利率	2021年净利率
1	国药控股	8.83	8.45	—	—	2.65	2.51
2	上海医药	14.30	13.23	6.52	13.16	2.92	2.91
3	华润医药	16.11	14.94	6.20	9.20	2.66	2.81
4	九州通	8.97	8.04	7.51	17.09	3.05	2.13
5	国药一致	11.83	11.73	5.80	24.91	2.89	2.23
6	重药控股	9.36	9.18	8.55	21.26	2.54	2.06
7	国药股份	7.78	7.81	7.21	—	3.74	4.15
8	南京医药	6.36	6.51	5.84	16.91	1.18	1.35
9	海王生物	11.61	10.71	10.04	—	-0.10	0.63
10	中国医药	17.30	14.40	7.79	—	3.53	1.97
11	华东医药	33.05	30.69	7.24	—	8.64	6.77
12	英特集团	6.22	6.53	5.89	10.05	1.37	1.48

续表

序号	公司名称	2020年销售毛利率	2021年销售毛利率	2021年分销业务毛利率	2021年零售业务毛利率	2020年净利率	2021年净利率
13	嘉事堂	9.18	8.35	7.98	11.42	2.54	2.35
14	瑞康医药	18.29	18.23	11.13	—	2.30	1.81
15	鹭燕医药	7.95	7.82	7.03	17.66	1.72	1.74
16	柳药股份	12.44	11.42	7.88	19.41	4.99	3.74
17	大参林	38.47	38.15	9.11	38.21	7.43	4.80
18	老百姓	32.06	32.13	11.78	34.73	5.47	5.01
19	益丰药房	37.98	40.35	10.38	39.90	6.59	6.46
20	一心堂	35.82	36.96	8.97	40.32	6.24	6.29
21	人民同泰	11.45	10.68	10.18	25.75	1.81	2.97
22	百洋医药	25.06	25.13	—	—	4.72	5.92
23	漱玉平民	30.11	28.51	6.50	28.52	4.73	2.15
24	健之佳	33.69	35.83	—	33.69	5.58	5.72
25	浙江震元	21.40	19.63	8.04	20.99	2.70	2.23
26	药易购	7.11	5.46	5.86	—	1.88	0.20
27	达嘉维康	11.49	11.79	11.77	11.69	2.77	2.63
28	第一医药	17.79	17.74	5.38	20.02	4.32	3.53
	平均	17.93	17.51	8.02	22.74	3.60	3.16

资料来源：东方财富 Choice 数据。

三 医药流通行业上市公司费用控制情况分析

从费用控制指标来看，2021年28家医药流通行业上市公司销售费用率平均为9.83%，比上年提高了0.17个百分点；管理费用率平均为2.64%，比上年降低了0.03个百分点；财务费用率平均为0.74%，比上年提高了0.13个百分点；三项费用率之和平均为13.21%，比上年提高了0.27个百分点（见表3）。财务费用率的提高，主要是新租赁准则将相关未确认融资费用计入财务费用所致，尤其以零售为主业的上市公司该项指标提高比较明显。

表3 2021年医药流通行业上市公司费用控制水平

单位：%

序号	公司名称	销售费用率 2020年	销售费用率 2021年	管理费用率 2020年	管理费用率 2021年	财务费用率 2020年	财务费用率 2021年	费用率之和 2020年	费用率之和 2021年
1	国药控股	3.10	2.96	1.54	1.49	0.65	0.65	5.29	5.10
2	上海医药	6.70	6.17	2.47	2.38	0.65	0.58	9.82	9.13
3	华润医药	8.00	7.40	2.78	2.63	1.24	0.85	12.02	10.88
4	九州通	3.19	3.00	1.94	2.01	0.89	0.90	6.02	5.91
5	国药一致	6.61	6.95	1.69	1.53	0.20	0.31	8.50	8.79
6	重药控股	3.13	3.20	1.84	1.77	1.55	1.74	6.52	6.71
7	国药股份	2.56	2.02	0.92	0.89	-0.02	-0.04	3.46	2.87
8	南京医药	2.39	2.38	1.02	0.96	0.90	0.98	4.31	4.32
9	海王生物	4.16	3.73	2.66	2.87	2.22	1.97	9.04	8.57
10	中国医药	6.32	6.07	2.37	2.44	0.65	0.61	9.34	9.12
11	华东医药	17.73	15.69	5.72	6.21	0.10	0.06	23.55	21.96
12	英特集团	2.25	2.26	1.51	1.55	0.51	0.54	4.27	4.35
13	嘉事堂	2.92	3.12	1.02	1.12	0.76	0.62	4.70	4.86
14	瑞康医药	7.99	8.28	4.29	4.84	2.14	2.20	14.42	15.32
15	鹭燕医药	2.22	2.16	1.80	1.83	1.10	1.09	5.12	5.08
16	柳药股份	2.72	2.86	2.51	2.40	1.17	1.19	6.40	6.45
17	大参林	23.80	25.46	4.81	5.49	-0.08	1.02	28.53	31.97
18	老百姓	20.31	20.81	4.71	4.61	0.45	1.18	25.47	26.60
19	益丰药房	24.57	26.49	4.16	4.29	0.26	0.75	28.99	31.53
20	一心堂	24.11	25.37	4.00	2.74	0.03	0.69	28.14	28.80
21	人民同泰	6.32	4.82	1.63	1.14	0.38	0.54	8.33	6.50
22	百洋医药	14.84	14.01	2.39	1.98	0.94	0.87	18.17	16.86
23	漱玉平民	20.07	22.02	2.65	2.98	0.15	0.54	22.87	25.54
24	健之佳	23.30	25.59	3.29	2.64	0.21	0.92	26.80	29.15
25	浙江震元	14.30	12.46	3.46	3.64	-0.34	-0.29	17.42	15.81
26	药易购	3.65	3.79	0.83	1.04	0.12	0.06	4.60	4.89
27	达嘉维康	3.88	4.02	1.90	1.90	1.41	1.41	7.19	7.33
28	第一医药	9.44	12.10	4.98	4.48	-1.04	-1.36	13.38	15.22
	平均	9.66	9.83	2.67	2.64	0.61	0.74	12.94	13.21

资料来源：东方财富Choice数据。

四 医药流通行业上市公司资本运营情况分析

2021年，28家医药流通行业上市公司的平均资产负债率为60.19%，比2020年的58.83%提高了1.36个百分点，其中最高的是海王生物，资产负债率超过80%。

2021年最后一个交易日，28家医药流通行业上市公司市值总和为4723.52亿元，平均市值为168.70亿元，低于2020年最后一个交易日的平均市值200.59亿元。市值200亿元以上的企业为9家，分别是华东医药、上海医药、国药控股、益丰药房、大参林、九州通、国药股份、一心堂和老百姓（见表4）。

表4 2021年医药流通行业上市公司资本运营指标

序号	公司名称	2020年资产负债率（%）	2021年资产负债率（%）	总市值（亿元）（2020年12月31日）	总市值（亿元）（2021年12月31日）	2020年末市盈率（倍）	2021年末市盈率（倍）
1	国药控股	71.10	70.29	495.35	432.73	7.82	5.58
2	上海医药	63.31	63.86	474.88	493.17	12.74	10.50
3	华润医药	61.78	61.79	210.45	182.35	8.84	5.92
4	九州通	68.31	68.50	340.29	275.83	11.94	8.26
5	国药一致	57.35	57.88	181.30	147.09	14.97	10.71
6	重药控股	75.30	76.32	89.87	88.91	11.91	9.32
7	国药股份	47.42	47.75	372.05	237.89	24.20	14.16
8	南京医药	79.41	79.78	46.35	51.14	13.83	11.62
9	海王生物	81.14	80.57	110.31	97.10	267.82	—
10	中国医药	63.19	59.79	153.11	126.19	12.24	13.89
11	华东医药	37.28	37.25	464.75	703.42	15.54	30.27
12	英特集团	71.50	71.29	48.24	37.44	33.77	21.11
13	嘉事堂	62.33	62.13	41.16	41.04	12.65	12.13
14	瑞康医药	66.51	63.28	78.70	59.14	—	42.99

续表

序号	公司名称	2020年资产负债率（%）	2021年资产负债率（%）	总市值(亿元)(2020年12月31日)	总市值(亿元)(2021年12月31日)	2020年末市盈率（倍）	2021年末市盈率（倍）
15	鹭燕医药	71.47	74.38	30.81	30.34	11.32	10.70
16	柳药股份	63.23	63.42	78.12	68.99	10.47	11.47
17	大参林	54.81	65.76	516.03	333.07	50.91	32.86
18	老百姓	57.41	71.82	256.81	201.80	42.67	30.28
19	益丰药房	55.35	53.88	479.38	396.11	66.96	44.44
20	一心堂	38.03	53.46	198.30	229.59	27.39	24.17
21	人民同泰	66.77	67.41	43.03	38.97	21.66	16.31
22	百洋医药	62.54	52.72	—	159.11	—	37.76
23	漱玉平民	50.25	61.74	—	97.89	—	48.14
24	健之佳	50.94	63.69	58.89	53.24	27.37	19.26
25	浙江震元	34.77	37.32	24.26	29.67	11.28	38.75
26	药易购	37.43	33.62	—	43.58	—	133.74
27	达嘉维康	52.03	43.92	—	46.86	—	55.13
28	第一医药	46.33	41.71	21.71	20.86	29.91	44.54
	平均/合计	58.83	60.19	4814.15	4723.52	32.53	27.56

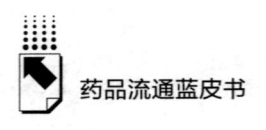

资料来源：东方财富Choice数据。

2021年，资本市场对医药流通行业的估值有一定幅度下降，从2020年的平均市盈率32.53倍下降为27.56倍。其中以分销为主业的上市公司市盈率平均为25.95倍；以零售为主业的上市公司的平均市盈率为33.19倍，高于以分销为主业的企业的平均值，这主要是因为医院处方外流和行业整合加速带来了一定的资本市场预期。

2021年，28家医药流通行业上市公司披露的与医药流通业务相关的投资并购活动共有136起，涉及金额47.59亿元。与往年相比，交易数量有所上升，但交易金额大幅下滑。这既与外部环境有关，也与企业所处的发展阶段相关。分销企业经过十多年的持续整合，行业集中度迅速提升，并购活动已大幅减少。而零售企业延续了前几年快速并购的步伐，表现出并购数量较多但金额相对较小的特点。

五 医药流通行业上市公司战略实施情况分析

2021年，随着疫情常态化，医药流通行业销售增速有所恢复，但结构分化的大趋势并未改变。针对外部环境的变化，医药流通行业上市公司既要不断强化核心竞争力，又要根据外部环境的变化趋势持续进行适应性调整。

（一）医药分销类企业

医药分销类企业已初步形成寡头垄断的竞争格局，国药控股、上海医药、华润医药和九州通四家全国性分销企业营业收入均已超过千亿元，国药控股甚至超过5000亿元。2021年，四家全国性分销企业收入均实现了两位数的增长，其主要战略举措概括如下。

1. 业务拓展与深化

经过十几年的拓展与整合，全国性分销企业的业务布局已经基本完成，分销龙头企业更注重品类的丰富、网络的完善和场景的覆盖。

国药控股通过持续挖掘配送网络的规模优势，积极承接带量采购相关产品的市场，推动药品流通向全国化、集约化服务转型。上海医药主要通过并购方式加速国内分销网络覆盖，同时推动省平台股权整合，提升区域市场竞争力。华润医药积极参与带量采购，拓展产品品类和上游资源，布局互联网医疗业务新赛道。九州通不断强化全品类、全渠道、全场景的医药供应链优势，同时触及互联网医院、各类互联网医疗平台、零售药店和个人消费者等。

2. 供应链强化与延伸

供应链是医药分销企业的核心，企业通过提高供应链能力可以改善资产的周转效率。应收账款周转率的改善空间有限，因此会加大对存货周转率的改善力度，从数据来看四家企业的平均存货周转率2021年呈上升趋势（见表5）。

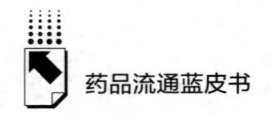

表5　2021年四家全国性医药分销企业存货和应收账款周转情况

单位：次

序号	公司名称	2019年存货周转率	2020年存货周转率	2021年存货周转率	2019年应收账款周转率	2020年应收账款周转率	2021年应收账款周转率
1	国药控股	9.94	9.28	9.68	3.72	3.41	3.29
2	上海医药	6.40	6.72	7.32	4.17	3.83	3.89
3	华润医药	7.77	7.17	7.42	4.19	3.55	3.26
4	九州通	6.49	7.00	7.43	4.56	4.62	4.76
	平均	7.65	7.54	7.96	4.16	3.85	3.80

资料来源：东方财富Choice数据。

四家龙头分销企业在供应链方面都非常重视：国药控股面对全新的供应链服务需求，在流通服务的基础上从法律监管、质量管理、功能扩展、数据分析等需求端延伸供应链服务能力。上海医药持续推进服务创新，通过提供现代物流、信息化服务、金融服务、全渠道整合营销服务等一体化的供应链服务与创新性服务解决方案，向"科技型健康服务企业"转型。华润医药持续完善供应链建设，成立供应链管理中心，持续提供对产品资源的统筹获取能力，加强全国药品采销一体化建设，强化全链条的供应链整合能力。九州通则依托自营物流网络搭建仓、运、配一体化供应链平台，通过标准化与个性化流程相结合打造差异化运营服务能力，满足不同行业客户的多元化需求。

3. 数字化构建与赋能

数字化是医药流通行业效率提升的重要手段，四家龙头分销企业在数字化建设和应用等方面都非常重视，并积极探索。

国药控股制定了业务一体化和数字化转型的战略规划与顶层设计。通过涉及零售、物流等多个领域的数字化转型项目的开展，进一步降低各业务间的区域壁垒和主体限制，通过构建跨领域的一体化协同机制，全面打造匹配创新业务发展的数字化运营能力。上海医药以"数字化上药建设"赋能业务，以大数据为手段进一步提升公司的体系能力，打造高效组织，建立核心支撑平台。华润医药以互联网创新推动业务转型，积极布局"互联网+"业务新赛道。九州通通过基础数据库、数据中台及业务、财务与物流数据应用模块等数字化成果的应用,极大地增强了客户的服务体验,降低了成本,提高了效率,从而促进了公司业务的稳步发展。

(二)医药零售类企业

与医药分销企业相比,国内医药零售企业仍然处于快速洗牌阶段。门店数量快速扩张、线上线下融合发展和商品结构调整依然是医药零售企业的战略重心。

1. 门店数量扩张速度不减

医药零售企业的规模扩张主要集中在门店扩张方面。2021年,六家医药零售类上市企业门店扩张的步伐依然强劲。六家企业门店总数达到39299家,同比增长33.07%(见表6)。

表6 2021年六家医药零售类上市企业门店扩张情况

单位:家,%

序号	公司名称	总门店数	新增	门店增速	直营门店	加盟店
1	大参林	8193	2173	36.10	7258	935
2	老百姓	8352	2163	34.95	6129	2223
3	益丰药房	7809	1818	30.35	6877	932
4	一心堂	8560	1355	18.81	8560	0
5	漱玉平民	3341	1344	67.30	2592	749
6	健之佳	3044	914	42.91	3044	0
合计		39299	9767	33.07	34460	4839

资料来源:东方财富 Choice 数据。

大参林已覆盖全国15个省(区、市)共8193家药店,其中含加盟店935家。老百姓已覆盖全国20个省级市场、120多个地级以上城市、590多个区县,在全国共开设门店8352家,其中含加盟店2223家。益丰药房门店总数7809家(含加盟店932家),同比增长30.35%。一心堂在省会级、地市级、县市级、乡镇级四个类型的市场门店均已突破1600家,门店总数8560家,形成行

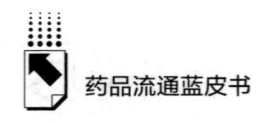

业独有的市县乡一体化发展格局。漱玉平民门店总数达到3341家，其中含加盟店749家。健之佳实现云南16个地州的全覆盖及川渝桂市场的持续渗透，门店总数达到3044家。

2. 线上线下业务融合发展

随着阿里、京东、美团等互联网巨头对零售药店的不断渗透，线上线下之间出现了激烈的流量争夺，医药零售类上市公司也越来越重视线上业务与线下业务的融合发展（见表7）。

表7 2021年六家医药零售类上市公司线上业务发展情况

单位：亿元，%

序号	证券名称	2021年营业收入	同比增长	2021年零售业务收入	零售业务增长	线上业务	线上业务占比	线上业务同比增长
1	大参林	167.59	14.92	152.85	10.99	—	—	87.00
2	老百姓	156.96	12.38	137.90	14.17	7.00	4.46	170.00
3	益丰药房	153.26	16.60	140.87	14.98	11.28	7.36	64.00
4	一心堂	145.87	15.26	123.51	5.15	3.80	2.61	92.89
5	漱玉平民	53.22	14.70	47.53	13.40	5.45	10.24	87.29
6	健之佳	52.35	17.21	45.05	15.82	8.78	16.78	90.44

资料来源：东方财富Choice数据。

2021年，受疫情影响，医药零售业务增速放缓，线上业务却增长迅猛，益丰药房线上业务的规模最大，达到11.28亿元，同比增长64.00%；健之佳实现线上业务8.78亿元，占比最高，达到16.78%。六家零售企业线上业务均获得了快速增长。

大参林新零售业务（O2O+B2C）销售同比增长87.00%。智慧药房持续创新，延展出中药预定、中药代煎、线上问诊和远程审方等专业服务，提升患者的消费体验。老百姓构建了全域指标体系，致力于数据驱动业务增长、持续升级营销策略，通过多场景、有效推送营销活动刺激用户消费转化。益丰药房的医药电商运营逐步升级到集团化医药新零售体系，B2C和O2O业务全年实现销售收入11.28亿元。一心堂电商业务总销售额为3.8亿元，较上年有较大幅度提升。其中O2O业务销售额占电商业务总销售额的80.28%，B2C业务销售额占电商业务总销售额的19.72%。漱玉平民线上销售额5.45亿元，其中占比最高的第三方O2O平台业务销售额同比增长117.20%。健之佳线上渠道实现营业收入总计8.78亿元，较上年增长90.44%，增速远高于线下门店销售增长率，占营业总收入的比例达16.78%，较上年的10.33%增长6.45个百分点，线下线上全渠道业务稳健增长。

3. 商品结构持续调整

随着医院药品零加成、"两票制"、"双通道"药房、取消院内药房等促进处方外流政策的陆续落地，国家药品集采的持续推进，改变了院内外药品市场格局。各家零售企业为了承接处方外流机遇，不断拓展院边店、DTP、门慢门特等专业化的药房，强化专业服务能力和处方药品供应体系，积极推进国家医保谈判品种、国家药品集中采购品种及同名非中标品种的开发等，使各家的商品结构得以持续调整，中西成药收入占比从2020年的67.68%增长到70.55%（见表8）。

表8 2021年六家医药零售上市企业商品结构情况

单位：%

序号	公司名称	中西成药占收入比 2020年	中西成药占收入比 2021年	中药材及饮片占收入比 2020年	中药材及饮片占收入比 2021年	非药品占收入比 2020年	非药品占收入比 2021年
1	大参林	62.26	67.74	14.88	14.68	20.66	14.78
2	老百姓	77.37	79.26	6.38	7.33	16.25	13.41
3	益丰药房	68.42	69.33	9.12	9.30	19.95	17.98
4	一心堂	69.82	71.92	8.87	9.32	19.30	16.62
5	漱玉平民	67.80	72.80	6.42	6.58	22.91	17.74
6	健之佳	60.38	62.27	3.69	3.72	30.52	26.90
	平均	67.68	70.55	8.23	8.49	21.60	17.91

资料来源：东方财富Choice数据。

2021年末，大参林院边店达到760家，与上年同比增长28%，其中DTP专业药房133家。老百姓院边店占比10%，特殊门诊452个，DTP药房

145家，具有"双通道"资格的门店达149家。益丰药房拥有院边店（二甲及以上医院直线距离100米范围内）超过500家，已建成DTP专业药房237家，其中已开通双通道医保门店130家，特慢病医保统筹药房1000余家，一心堂及其全资子公司院边店达到623家。漱玉平民在山东省内开设48家大病定点特药药房、270余家院边店，DTP业务全年含税销售额超过7.4亿元。健之佳2021年新增慢病门店共99家，筹备双通道门店17家，为承接医保统筹结算业务做准备。

六 医药流通行业未来趋势展望

2022年是健康中国战略第一阶段目标考核的关键节点，健康中国战略的推进和落实为医药企业打开了更为广阔的发展空间，从传统的治疗扩展到预防、保健、养生等领域，医药流通企业需要抓住健康中国建设带来的新机遇，进行业务结构的调整和探索，从而获得新的增长动力。

"十四五"期间，以医保为主导的"三医联动"改革将成为医改进一步深化的主逻辑。2022年将是推进和落实"十四五"全民医疗保障规划和DRG/DIP支付方式改革三年行动计划的关键之年，药械集采范围不断扩大、医保支付方式改革加速落地，对医药企业提出全新的挑战，医药流通企业需要顺应改革大方向，不断创新，才能不被时代所淘汰。

疫情防控对医药流通行业提出了前所未有的挑战。医药流通企业也需要调整各自的经营策略和经营方式，在疫情防控常态下保持高质量发展的步伐。

新的一年中国医药流通行业将在深化医改、健康中国建设、疫情防控三大主题背景下持续发展壮大，企业应当结合自己所处的细分领域，从政策引领、市场需求、技术创新和资本驱动等多个维度分析影响产业发展的关键因素，看清产业本质和趋势，发现机会，规避风险，加快完成转型升级，创造新的业绩。

B.10
县域药品流通发展的现状与对策建议

关 晖[*]

摘 要： 随着"三医改革"的不断深入，"两票制"、零差价、药品集中带量采购政策等对药品流通的经营模式造成重大影响。医共体、家庭医生制度、分级诊疗制度的不断推进，让患者在基层首诊变成现实，县域市场将是新的蓝海。本报告通过县域药品分销市场和物流配送现状的分析给出对策建议，希望借此促进药品流通企业抓住机遇，加快布局县域药品流通网络，探索创新县域药品物流配送模式，探索县域药品流通多元化发展路径，以满足县域医药事业发展的需要。

关键词： 两票制　县域药品分销　物流配送　县域医疗改革

一 实施"两票制"改变了县级药品分销

从2017年1月到2022年1月，实施了五年的"两票制"政策在减少药品流通环节、提高流通效率方面对行业健康发展起到积极作用，"两票制"政策促使企业转型升级、做大做强，不论是全国性还是区域性药品流通企业都在利用收购兼并、合作新建等方式进入县域市场。依赖城市配送网络的优势，实现统一采购、货品管理、仓储配送等一体化管理。

发挥药品流通企业的功能，提供医疗机构解决方案，搭建医疗信息化平

---

[*] 关晖，北京翁卡科技有限公司董事长。

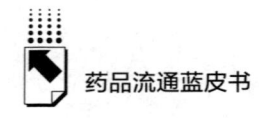

台、药学服务平台、电商平台，推出商业健康保险等，服务县域市场，增加产品配备率，提供适宜技术和适宜服务。特别是试点在职医生可以开办诊所以后，药品拆零业务可能成为药品流通企业一种新的尝试。

在药占比、耗占比、分级诊疗等相关政策影响下，医疗机构的药品采购数量和产品结构也会发生根本改变。药品流通以城市公立医疗机构为主导的医药经销模式，又将发生怎样的变化？本报告试图从县域经济发展、县域医疗机构改革、基层医疗市场、县域药品流通展望等方面进行阐述，希望对药品流通行业转型发展起到一定的借鉴作用。

二 县域药品流通的特征

按照2020年中华人民共和国行政区划统计，全国有县级政府2844个，其中973个市辖区、388个县级市、1312个县、117自治县、49个旗、3个自治旗、1个特区、1个林区。本报告讨论的县域指市辖区除外，共计1871个。同大中城市药品流通发展相比，县域药品流通呈现以下特征。

1. 配送能力

除经济水平较高和交通便利的县级城市外，目前达到县域的医药物流大都委托第三方物流承担，从县到乡镇或村的物流更是第三方物流，这都会影响县域到乡镇村的配送能力。

2. 配送范围

乡镇农村具有分布广、路程远、路况差、人口分散、经济水平不均衡等特点，增加了医药物流配送至县、乡、村的成本和难度。

3. 配送方式

县域物流以公路物流为主。目前，70%的县级城市还未通火车（包括绿皮火车），高铁火车站只覆盖159个县级城市。2021年末全国248个机场基本分布在大中城市，根据《国家综合立体交通网规划纲要》，到2035年民用运输机场400个左右，到达县域的可能性较小。

4. 单向物流

县域医药物流和邮政物流、家电物流、快递物流不同，没有逆向物流，从而增加了营运成本。

5. 盈利困难

由于药品用量小、配送成本高、利润率低，对于乡镇村的药品配送与大中城市物流相比，其投入产出是需要考虑的重要因素。

三 县级医疗机构改革与药品流通的发展机遇

（一）县域医疗机构改革和"千县工程"

县级医疗机构改革，按照时间顺序分成四个阶段。2012年是综合改革试点阶段，确定了311个县级医院，以政事分开、管办分开、医药分开、营利性和非营利性分开为原则进行试点，把破除"以药补医"机制作为关键环节。2014年是试点推进阶段，试点县级医院增加到700个。2015年是全面推开阶段，试点县级医院增加到1200个。2019年是能力提升阶段，以提升服务能力、医保基金利用、居民负担降低、分级诊疗体系作为工作目标。

2021年，国家卫健委实施"千县工程"，就是要在县域医疗改革基础上，重点发展1000个县级医院，使其服务能力达到三级医院水平。"千县工程"的核心是要建设临床服务、急诊急救、医疗资源共享、质量管理等四方面的"五大中心"，这些改革为药品流通企业在县域的发展提供了新的机遇和考验。药品流通行业能为"千县工程"和建设四方面的"五大中心"提供哪些资源？这些资源能否被县域医疗机构的管理者认可和接受？这需要药品流通从业者认真思考以下一些问题。

一是临床服务"五大中心"，即肿瘤防治中心、慢病管理中心、微创介入中心、麻醉疼痛诊疗中心和重症监护中心。可以思考的问题有：肿瘤的DTP药房，是否开始考虑在县域市场布局？在城市日渐成熟的慢病管理方案，是否可以推荐到县域医疗？微创介入治疗的器械或耗材，是否可以配送

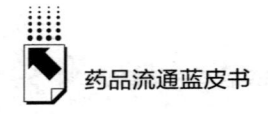

到县域医疗机构？疼痛中心需要哪些制药企业提供支持？药品流通企业能否提供重症监护设备和系统的供应？

二是急诊急救"五大中心"，即胸痛中心、卒中中心、创伤中心、危重孕产妇救治中心、危重儿童和新生儿救治中心。可以思考的问题有：药企参与胸痛中心和卒中中心建设的成功经验有哪些？药品流通在创伤手术材料供应中是否有优势？药品流通企业能否提供危重妇儿疾病科室建设的解决方案？

三是医疗资源共享"五大中心"，即医学检验中心、医学影像中心、心电诊断中心、病理中心、消毒供应中心。可以思考的问题有：药品流通企业能否提供医学检验或病例标本的双向物流？医学影像和心电诊断如何进行远程会诊？消毒供应中心如何实现规模化和标准化？

四是质量管理"五大中心"，即医疗质控中心、人力资源中心、运营管理中心、医保管理中心、信息数据中心。可以思考的问题有：防止院内感染的成功经验有哪些？城镇居民医疗保险有无经验分享？健康商业保险在县域如何发展？

县域医疗改革将推动药品流通行业发展。县医院院长需要的不仅仅是药品，还包括县域医疗机构需要的适宜产品、适宜技术和适宜服务的解决方案。在逐渐去除"以药补医"机制的县域医疗机构，药品在医疗机构的占比会越来越低，药品流通企业可以努力成为提供县域医疗转型方面解决方案的服务商。

（二）以县域医疗为龙头的医共体建设

县域医共体建设是新时代对"农村三级医疗卫生服务网"的改革和完善，是对县域医疗服务资源的横向优化和纵向整合，目的是整体性的全新医疗组织架构，提高县、乡、村三级医疗服务能力。

2021年，浙江全省72个县（市、区）162个县级组成的医共体，包括200家县医院、1160家乡镇卫生院和社区卫生服务中心。全省医共体实行药品耗材统一平台、统一采购、统一支付的模式。浙江医共体试点既是医疗卫生体制改革，更是公共治理变革，通过重构医疗卫生服务体系蹚出一条适宜向全国推广的"县域医共体"新路。

县域医共体的机制转换，带来资源和利益的调整。如何将"县要强、乡要活、村要稳"的红利带给药品流通行业，需要行业很好地规划、探索、创新和完善。

"县要强"，就是县域医疗机构要重点发展一些重点学科，做到常说的"大病不出县"。

"乡要活"，就是要调整和完善乡镇卫生院的运行结构、经营机制，调动乡镇卫生院的积极性。药品流通企业将如何赋能乡镇卫生院的发展？

"村要稳"，就是要用各种政策解决乡村医生的能力提升、收入机制、职业发展和养老保障的问题。村卫生室作为常见病、多发病、慢性病诊治的主要场所，也是基层医疗卫生服务的"网底"。在国家卫健委"诊所基本标准"（2019年修订版）中，村卫生室的设置标准还增加了身高体重计、接种包、出诊箱、注射器、药品柜、高压灭菌设备、消毒缸、污物桶、资料柜、健康宣传板等内容。除了设备、装备外，药品流通企业如何参与健康宣传板的设计和内容提供，值得行业思考。

（三）基本药物制度对县域医疗的影响

国家基本药物制度，如果按照目前"基层医疗卫生机构、二级公立医院、三级公立医院基本药物配备品种数量占比原则上分别不低于90%、80%、60%"的要求，2022年基药目录调整后将影响县、乡、村的医药市场格局。县乡镇村的用药将以基药为主。

四 县域药品流通发展的思路与建议

（一）县域药品流通要纳入县域经济发展整体规划

国家"十四五"规划和出台的促进乡村振兴、城乡一体化等一系列文件，明确将"县域发展"纳入乡村振兴的范畴，强调因地制宜发展县域经济，推动县域经济社会发展，推动乡村振兴取得新进展。把农村现代流通体

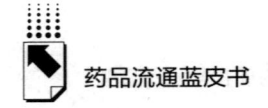

系建设作为方向，以县域为核心的农村发展是"十四五"规划的重中之重，伴随城乡一体化和文化、经济、教育、卫生的发展，未来药品流通企业网络下沉县域也是必须要考虑的发展策略。

（二）要加快布局县域药品流通网络

早在2000年，国家食品药品监督管理总局已经推进县级药品流通改革工作，并鼓励大型批发企业跨地区兼并市县级批发企业，将市县级批发企业改组成区域性基层配送中心，其目的就是加强对县、乡、村医疗机构与药店的进药渠道及药品质量管理，促进药品批发企业规模化、规范化、现代化发展。

2021年，商务部发布的《关于"十四五"时期促进药品流通行业高质量发展的指导意见》要求：加快农村药品流通网络建设。以县域为中心、乡镇为重点、村为基础，继续加快农村药品供应网络建设。逐步完善县、乡、村三级药品配送体系，支持药品流通企业与第三方物流、邮政、快递等进行市场化合作。

据商务部《2021年药品流通行业运行统计分析报告》，全国医药物流直报企业不同类型的医药物流中心数量由2015年的958个发展到2021年的1253个，但各省市发展不均衡，特别是边远山区、边境地区仍然比较薄弱。实际配送中心情况需进一步统计调查，各大中型药品流通企业要加快补短板，完善县、乡、村三级药品配送体系，努力解决药品配送"最后一公里"问题。

县域生态物流体系构建不一定追求大物流、大规模、大项目，应先深刻分析自身在县域物流中的客户资源、供应哪些医疗机构，明确自身在区域物流生态链、产业链、供应链的作用和位置，在此基础上做好本县域的物流体系规划和引导。

面对获得土地难、基建资金大、人才储备少和盈利能力差等方面困难，药品流通企业应积极寻找解决问题的方式方法，如县域药品物流用地可否转向使用集体建设用地等方式；可与本地物流企业合作进行属地化管理；在县域设立分支机构，吸引有意愿、有能力的人才，或扶持返乡年轻人创业等。

（三）探索创新县域药品物流配送的模式

1. 230个县将有高铁站，可以探索新的物流模式

2020年8月12日中国国家铁路集团有限公司正式发布的《新时代交通强国铁路先行规划纲要》，及2020年《中国城市统计年鉴》的数据显示，在2035年前至少有六成的县级市拥有高铁，九成的县级市拥有火车站。2030年即将建成的"八纵八横"高速铁路网，可实现大中城市间1~4小时交通圈、城市群内0.5~2小时交通圈。高铁的开通，将促进我国县域交通运输空间格局的变化。县域药品流通企业可以充分利用高铁带来的便捷、快速、低成本的运力，探讨全新的药品物流模式。

2. 60万个建制村将有邮政双向物流，可以充分利用

2020年4月，国家邮政局发布《快递进村三年行动方案（2020—2022年）》，明确到2022年底、县、乡村快递物流体系逐步建立、城乡之间流通渠道基本畅通，农村综合物流服务供给力度将明显加大，建制村基本实现"村村通快递"。

药品流通企业和邮政的合作历史已近20年，合作范围包括建立基本药物配送网络、特殊药品配送、高值药品直送、现代医药物流设施以及供应链金融等服务。自2018年起邮政系统加快发展冷链、医药等高附加值业务。药品流通企业可以充分利用邮政双向物流的资源，实现县域和乡镇村的药品配送。

3. 发展多仓协同的第三方物流

批次管理、多仓协同是快速消费品（FMCG）领域最先使用的，因为快速消费品具有品规多、效期短、销量不均衡的特点，多仓协同有助于降低库存成本、提升周转效率。这种管理模式也有助于药品流通企业的转型升级。目前辽宁、山东、山西、浙江、福建、四川、云南、湖北等省均出台了药品流通多仓协同的政策。通过多仓协同的第三方物流企业，运用供应链管理原理和方法，整合各市、县中小型药品批发企业的物流资源，改造和优化物流

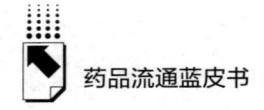

流程，实现物流资源的优化配置，这是行之有效的并被国内外实践验证的有效途径。

4. 加快构建县域广覆盖的药品冷链物流网络

2021年12月12日，国务院印发《"十四五"冷链物流发展规划》，结合我国冷链产品流通和进出口主方向，形成内外联通的"四纵四横"国家冷链物流骨干通道网络，提高疾控中心、县医院、乡镇卫生院（室）等医疗网点对于医药产品的冷链物流环节和使用环节的质量保障水平，加强医药物流中心与冷链末端的无缝衔接，鼓励发展多温共配、接力配送等模式，探索发展超低温配送，构建广覆盖、高效率、低成本、安全可靠的医药产品冷链物流网络。

（四）探索县域药品流通多元化发展路径

1. 药品流通企业加强与诊所自由连锁合作

2019年5月，国家卫健委等五部门印发的《关于开展促进诊所发展试点的指导意见》，是我国首个促进诊所发展的政策文件。政策出台意味着"小诊所"的发展将迎来新机遇。2020年6月1日开始施行的卫生健康领域的基础性、综合性法律《基本医疗卫生与健康促进法》，明确规定国家推进基本医疗服务实行分级诊疗。鉴于药品流通企业对门诊部和诊所的产品供应的关系，通过政策推动将供应关系转型为自由连锁的合作关系。实行自由连锁经营，则是最终实现采购规模化、战略统一化、服务标准化、经营专业化、管理规范化、共享收益的一种现代经营方式和组织形式。加强与单体药店、诊所和卫生室的合作，以自由连锁方式合作将是药品流通企业另一条发展之路。

2. 老龄化和康养结合业务给县域药品流通带来的机遇

"十四五"期间，全国老年人口将突破3亿人，中国将进入绝对老龄化社会。打造符合国民需要的健康养老产业，是缓解对社会经济冲击的重要举措。县域药品流通在康养领域的角色，应从配送商向解决方案服务商转变，药品流通企业在地产租赁、医护招募、筹措资金、设备购买、运营维护等环节都可以发挥作用。药品流通企业不仅能成为康养结合的供应商，还能成为运营商或资源整合者。这对于拉动县域经济、调整县域结构、提升服务水平及解决劳动力就业等方面，均具有重要推动作用。

五　结语

随着"三医联动"改革的不断深入，"两票制"、零差价、药品集中带量采购、第三方物流政策等对药品流通领域的影响越来越大，而县域医疗改革的"千县工程"、县域医共体建设、全科医生制度、县域经济发展、新农村建设等又为县域药品流通发展带来蓬勃生机。药品流通企业应抓住改革和时代发展带来的难得机遇，加快自身观念更新，进行企业转型升级、数字化发展，开始新一轮的创业创新，在县域药品市场的蓝海乘风破浪，为提升基层群众的健康水平和生活品质做出新的贡献。

参考文献

《中国县域经济发展报告（2020）》，中国社会科学院财经战略研究院，2020年12月1日。

陈航、刘丰梅：《医疗蓝皮书：中国县域医共体发展报告（2021）》，社会科学文献出版社，2021。

游祖勇：《中国县域经济：政府治理与创新发展》，清华大学出版社，2019。

王蔷、丁延武、郭晓鸣：《我国县域经济高质量发展的指标体系构建》，《软科学》2021年第1期。

林晓伟：《县域农业物流生态圈形成机理与协同策略研究》，企业管理出版社，2020。

李华强、周建平：《县域电商运营：打造县域经济新引擎》，人民邮电出版社，2018。

B.11
中国血液制品市场现状与展望

庞广礼 朱孟沼 吕波*

摘 要： 我国血液制品市场还处于发展阶段，与欧美发达国家相比还有较大差距，目前仍以人血白蛋白和凝血因子VIII产品为主要市场驱动力。IVIG（免疫球蛋白）市场有着巨大的成长空间尚待开发，有望成长为我国血液制品行业规模的主要驱动力。传统特异性免疫球蛋白品种市场逐步萎缩，更多治疗罕见病的新品种仍有待进一步开发。

关键词： 血液制品 免疫球蛋白 罕见病

我国的血液制品通常指的是血浆蛋白制品，系健康人血浆经过一系列蛋白纯化、病毒灭活/去除工艺制成，包含有生理活性的蛋白质成分。广义的血液制品还包括基因重组表达的、转基因动/植物分泌的人血浆蛋白药物。WHO的血液制品（Blood products）概念里除了血浆蛋白制品之外，还包括全血及成分血。而血浆蛋白制品被称为Plasma-Derived Medicinal Products（PDMPs）。本文中的血液制品是指中国的广义血液制品概念。

---

* 庞广礼，中国血液制品行业专家、主任药师，具有丰富的血液制品生产、研发和企业经营管理经验，曾任山东省生物制品研究所血液制品室主任、所长，现任泰邦生物集团血液制品事业部总裁兼山东泰邦生物制品有限公司总经理、中国输血协会常务理事兼血液制品专业委员会主任委员；朱孟沼，山东泰邦生物制品有限公司总经理技术助理；吕波，山东泰邦生物制品有限公司营销总监。

一 我国血液制品的品种数量及与国际的差距

血液制品按照血浆蛋白的基本功能，可分为白蛋白、免疫球蛋白、凝血因子、蛋白酶抑制剂等几大类产品。按照广义的血液制品概念（含重组产品），现有的30余种产品中我国实现国产的有15种，主要差距在部分特异性免疫球蛋白、部分凝血因子和蛋白酶抑制剂方面。国内外已上市和在研产品情况见表1。

表1 血液制品品种的分类及其主要用途

分类	品种	主要用途	备注
白蛋白类	人血白蛋白，5%、20%、25%	提高胶体渗透压，补充血容量	国内已上市
	重组人血白蛋白（酵母、水稻）		目前仅能用作辅料或培养基成分
免疫球蛋白类	人免疫球蛋白（肌注）	预防感染，如麻疹、甲型肝炎	国内已上市
	静注人免疫球蛋白（pH4），5%、10%	治疗原发和继发性IgG缺乏症、自身免疫性疾病	10%产品国内有企业已经完成了临床研究
	皮下注射人免疫球蛋白，16%~20%		国内有企业正处于临床研究阶段
	破伤风人免疫球蛋白	预防和治疗破伤风	国内已上市
	狂犬病人免疫球蛋白	狂犬病暴露后预防	国内已上市
	狂犬病单抗	狂犬病暴露后预防	
	破伤风单抗	预防和治疗破伤风	国内有企业已获批临床
	乙型肝炎人免疫球蛋白（静注、肌注）	乙肝暴露后预防和母婴阻断（肌注），预防肝移植后HBV再感染（静注）	国内已上市
	静注巨细胞病毒人免疫球蛋白	预防器官移植、免疫抑制患者CMV感染	国内有企业正处于临床研究阶段
	静注炭疽人免疫球蛋白	预防和治疗炭疽病（战略储备）	国内有企业正处于临床研究阶段
	水痘人免疫球蛋白（静注、肌注）	水痘-带状疱疹病毒暴露后紧急预防	仅国外上市

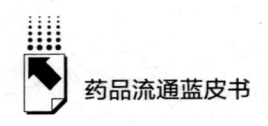

续表

分类	品种	主要用途	备注
免疫球蛋白类	抗D人免疫球蛋白	Rh(D)血型不合造成的同种免疫,如流产、溶血、紫癜等	仅国外上市
	呼吸道合胞病毒人免疫球蛋白	预防早产儿/心肺发育不全幼儿RSV感染	仅国外上市
	呼吸道合胞病毒单抗(palivizumab)	预防早产儿/心肺发育不全幼儿RSV感染(肌注,1次/月)	仅国外上市
	肉毒杆菌人免疫球蛋白	预防和治疗肉毒杆菌感染	仅国外上市
	牛痘人免疫球蛋白	预防天花(战略储备)	仅国外上市
凝血因子类	人凝血因子Ⅷ	预防和治疗血友病A出血	国内已上市
	人凝血因子Ⅸ	预防和治疗血友病B出血	国内有企业独家上市
	人纤维蛋白原	预防和治疗先天性和获得性Fib缺乏引起的出血	国内已上市
	人凝血酶原复合物	治疗先天性和获得性凝血因子Ⅱ、Ⅶ、Ⅸ、Ⅹ缺乏症	国内已上市
	人凝血酶(外用)	消化道止血、外伤止血	国内已上市
	人纤维蛋白粘合剂(外用)	手术创口止血、烧伤、植皮	国内已上市
	人血管性血友病因子(VWF/FVIII复合物)	预防和治疗部分血管性血友病出血	国内有企业正处于临床研究阶段
	重组人凝血因子Ⅷ	预防和治疗血友病A出血	国内已上市/进口
	重组人凝血因子Ⅸ	预防和治疗血友病B出血	进口
	重组活化人凝血因子Ⅶ	治疗有抑制物的血友病、外伤或手术严重出血	进口
	重组人血管性血友病因子	预防和治疗部分血管性血友病出血	仅国外上市
	人凝血因子ⅩⅢ	先天性FXIII缺乏症	仅国外上市
	抗抑制物凝血因子复合物(aPCC)	治疗有抑制物的血友病、外伤或手术严重出血	仅国外上市

续表

分类	品种	主要用途	备注
蛋白酶抑制剂类	人抗凝血酶Ⅲ	先天性或获得性ATⅢ缺乏症引起的血栓风险	国内有企业独家上市
	人α₁抗胰蛋白酶	α₁AT缺乏引起的肺气肿	仅国外上市
	人C₁酯酶抑制剂	C₁INH缺乏引起的HAE	仅国外上市
	人蛋白C	先天性PC缺乏症	仅国外上市

二 我国血液制品市场的总体发展趋势

（一）血液制品市场主要驱动品种的变迁

血液制品最早起源于美国，因此美国的血液制品工业和市场发展也更加成熟。美国血液制品历史上先后经历了三个以不同产品为驱动力的时代。1980年以前以白蛋白为市场驱动力。1980~2000年FⅧ迅速超越白蛋白，成为市场驱动力。2000年以后，随着重组FⅧ产品的上市，血浆来源的FⅧ出现了一定的回落，后续因重组FⅧ产生抑制物，血浆来源的FⅧ并未被完全替代，其血浆需求与白蛋白持平，但已经不再是血浆增量的驱动力。2000年至今，IVIG（免疫球蛋白）是主要的市场驱动力。1980年之前，免疫球蛋白主要还是以肌注的方式使用，适应症和使用剂量都非常有限。静注的IVIG出现之后，早期经历了化学修饰、酶切等复杂的发展历程，直到20世纪80年代末低pH剂型（主要担心对酸度的耐受性，临床应用发展很慢）得到临床认可，才真正解决了其抗补体活性（ACA）问题，具备了较好的安全性和有效性。2010年以后，随着IVIG在神经内科、免疫科等领域的广泛应用，其市场需求迅速提升，成为血液制品市场的主要驱动力。

而在我国，2010年以前白蛋白是唯一的血液制品市场驱动力。2010年至今，随着血友病的医疗保障逐渐完善，FⅧ的需求逐渐提升。白蛋白和FⅧ成为我国当前并驾齐驱的市场驱动力，因受限于我国血浆采集能力，这两种产品的进口比例都超过50%。虽然近年来我国的IVIG临床应用也增长迅速，但受限于医疗水平（医生认知度）和医保支付能力，IVIG市场规模发展速度仍然赶不上我国血浆采集能力的提升速度。考虑到我国当前的IVIG人均使用量仅为美国的1/10，IVIG产品无法进口，且无法通过重组技术生产，若IVIG成为我国血液制品市场的主要驱动力，血液制品市场总体规模将有巨大增长空间。

（二）我国血浆采集与血液制品供应趋势

受限于法律法规，我国血液制品生产用的血浆只能是单采血浆站采集的原料血浆，不能像多数发达国家一样使用来自无偿献血的剩余血浆或回收血浆。而单采血浆事业的发展，是我国血液制品规模发展最主要的限制因素。

20世纪60年代以来，我国单采血浆事业经历了曲折的发展历程。血液制品的原料血浆来自健康人体，与全血、血液成分一样，理论上都存在病毒安全方面的风险。1988年，因艾滋病传入我国，国家禁止除人血白蛋白以外的血液制品的进口。1993年，国家开始整顿、关停不规范发展的单采血浆站。1996年，国务院颁布了《血液制品管理条例》，全面禁止手工采集血浆，推行自动采浆机和一次性套材，确保献血浆者健康和血浆质量安全。2006年，国家发布《关于单采血浆站转制的工作方案》，实施卫生行政机构与单采血浆站"管办分离"，要求浆站和生产企业建立一对一的供浆关系，生产企业承担血浆安全和制品安全的主体责任，血浆质量安全得到保证。但由于采浆站数量大幅减少、成本增加，采浆量降低近一半，而后逐渐增加。

2008年，我国实施了"全球最严"的原料血浆检疫期制度，要求60天（核酸检测）之后无法获得合格检疫期信息的血浆均不得投料生产；而全球通行的做法是，血浆存放达到要求时限之后，挑选出具有不安全信息的血浆销毁，而对于无法获得信息反馈的部分血浆经过安全评估后是可以投料生产的。因此，从检疫期执行标准来看，我国的原料血浆安全性高于国际标准。

2007年以来，血液制品市场逐步向好，年采浆量也逐年提升。2011年底，卫生部陈竺部长提出"十二五"期间我国血液制品供应量力争比"十一五"末增加1倍的"倍增计划"。10多年来，除了2020年疫情影响之外，我国单采血浆量一直保持稳定强劲的增长趋势。

（三）我国人血白蛋白市场发展趋势

一直以来，白蛋白都是我国血液制品市场中最主要的驱动力。人血白蛋白的人均用量与美国的差距在所有产品当中是最小的。白蛋白的进口量所占比重近年来更是超过60%，如图1所示。

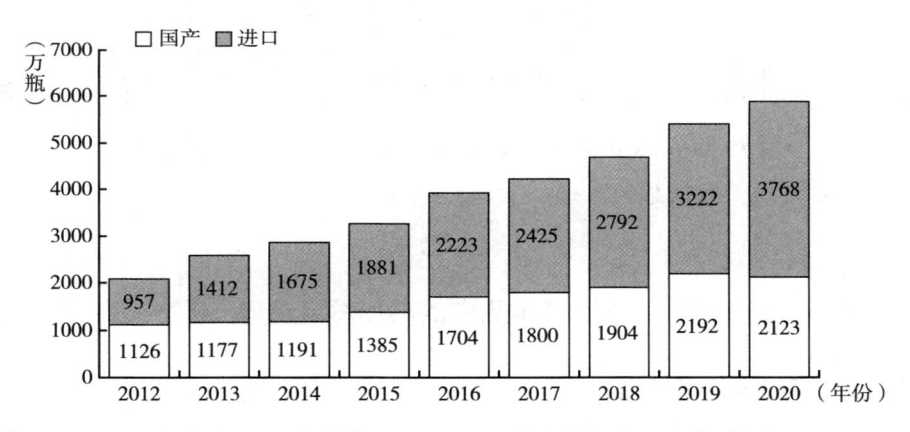

图1 2012~2020年国产和进口白蛋白批签发数量（折合10g/瓶）

资料来源：中国食品药品检定研究院批签发机构公布数据。

（四）我国静注人免疫球蛋白市场发展趋势

从我国静注人免疫球蛋白（IVIG）的历年批签发数量来看（见图2），IVIG在我国的应用潜力尚有待开发。2017年，我国IVIG的千人年用量不足20g[①]；经过近几年的发展，按照我国当前IVIG的年临床需求25g/千人预计，折合为1400万瓶/年，与2020年批签发数量基本相当。根据当前我国

---

① Moon-Jung Kim, "The Current Global Status and Production Trends of Plasma Fractionation", *The Korean Journal of Blood Transfusion*, 2017. Vol. 28, No. 2: 113-125.

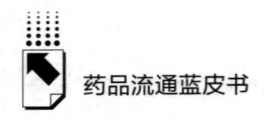

血浆采集量，扣除15%用于生产特异性人免疫球蛋白后，可生产IVIG约1840万瓶，供应相对充足。

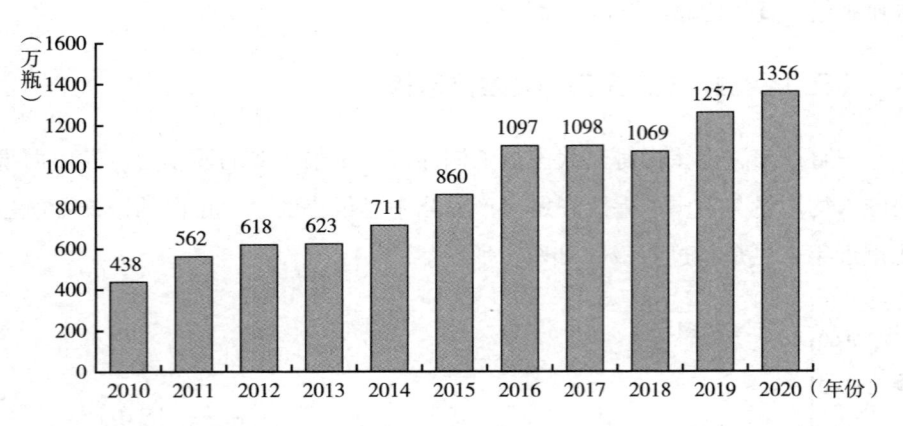

图2 2010~2020年静注人免疫球蛋白（IVIG）的批签发数量

资料来源：中国食品药品检定研究院批签发机构公布数据。

（五）我国特异性人免疫球蛋白的市场发展趋势

1. 乙肝人免疫球蛋白

乙肝人免疫球蛋白（肌注，HBIG），主要用于乙型肝炎传播的母婴阻断，较少用于医护人员暴露后紧急预防等情况。我国的慢性乙肝患者人群主要出生于20世纪六七十年代，已经不再是育龄人群的主体，近几年母婴阻断的需求下降较为明显，因此HBIG的市场规模将显著缩小。

但我国是乙肝大国，仍有数量较多的慢性乙肝患者群体。乙肝相关的肝移植，在围手术期（甚至移植后较长的一段时期）需要使用静注乙肝免疫球蛋白（HB-IVIG）来帮助清除外周血的乙肝病毒，以防止新移植的肝脏再次感染乙肝病毒。因此当前HB-IVIG仍有相对较稳定的市场需求。

2. 狂犬病人免疫球蛋白

狂犬病人免疫球蛋白主要用于动物咬伤后的紧急预防。狂犬病人免疫球蛋白的市场有较大的波动性和周期性。随着我国居民养犬管理日趋规范化，动物咬伤情况将会逐渐减少。根据发达国家的发展路径，狂犬病的预防会逐渐从人和动物共同预防，转向加强并严格执行动物预防，同时减少人的预防需求的策略。因此，未来该产品的市场需求也将逐渐降低。特别是我国重组的狂犬病单克隆抗体类免疫球蛋白产品也已经上市，未来血浆来源的狂犬人免疫球蛋白市场将进一步萎缩。

3. 破伤风人免疫球蛋白

破伤风人免疫球蛋白主要用于预防和治疗破伤风。在我国，除了人血来源的破伤风被动免疫制品外，还有马破伤风抗毒素（马匹经破伤风疫苗免疫后的血清提取免疫球蛋白，再经胃蛋白酶消化处理制成）。但马破伤风抗毒素注射前需经皮试无过敏反应后才能使用，限制了其适用范围，逐渐被破伤风人免疫球蛋白替代，近年来破伤风人免疫球蛋白市场呈增长趋势（见图3）。

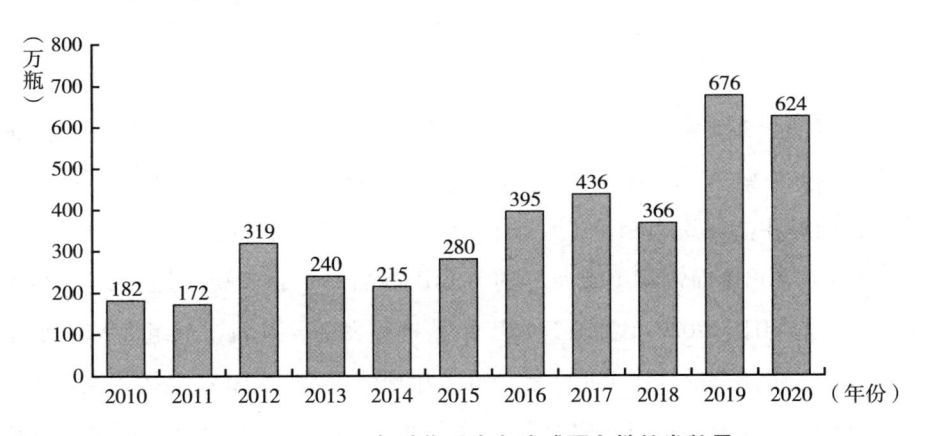

图3 2010~2020年破伤风人免疫球蛋白批签发数量

年份	批签发数量（万瓶）
2010	182
2011	172
2012	319
2013	240
2014	215
2015	280
2016	395
2017	436
2018	366
2019	676
2020	624

资料来源：中国食品药品检定研究院批签发机构公布数据。

（六）我国人凝血因子Ⅷ市场发展趋势

血友病的发病率没有种族或地区差异。血友病A的发病率约为1/10000。

所有血友病患者中，血友病A占80%~85%，血友病B占15%~20%[①]。我国血友病诊疗的发展主要得益于医保覆盖范围和支付能力的提升，血源制品批签发数量逐年上升（见图4）。而近年来，进口的重组F VIII产品基本与血源的产品数量持平，或略高。

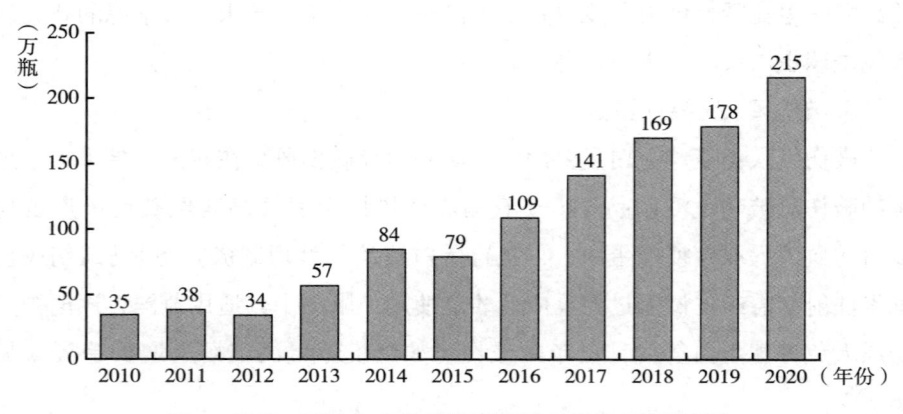

图4　2010~2020年血源批签发数量（折合200IU/瓶）

资料来源：中国食品药品检定研究院批签发机构公布数据。

根据全国215家血友病诊疗中心统计数据，截至2021年12月登记在册并治疗的血友病A有31890人，其中重度血友病患者预计2.5万人。登记人数与我国潜在血友病人相比，登记和诊疗的比例仍然较低。

2.5万名重度血友病患者所需的F VIII制品（折合200IU/瓶）约为1460万瓶。与之相比，2020年血源F VIII制品批签发203万瓶，重组F VIII制品进口205万瓶，总量合计408万瓶。2021年预估血源F VIII制品批签发220万瓶，重组F VIII制品进口300万瓶，预估2021年总量520万瓶。可见，我国血友病A患者远未实现预防性用药，F VIII制制品多数仅用于出血甚至重度出血的治疗。随着社会发展和血友病诊疗水平的提高，登记的患病人数和预防性用药的比例会持续上升，F VIII制品的需求仍有较大的上升空间。

---

① 中国医学会血液学会血栓与止血学组：《血友病诊断与治疗中国专家共识》，《中华血液学杂志》2011年第3期。

三 我国血液制品研发与国外的差距和产品开发的难点

（一）特异性免疫球蛋白

特异性免疫球蛋白类产品当中，静注炭疽人免疫球蛋白和牛痘人免疫球蛋白并不具有一般意义上的市场需求，主要是为国家安全战略储备（防范生物武器）而开发的，我国尚未实现国产化，但已有个别品种进入临床研究阶段。

静注巨细胞人免疫球蛋白（CMV-IVIG）主要用于实体器官移植和骨髓移植患者（处于免疫抑制状态）、免疫缺陷患者巨细胞病毒感染的预防。特别是骨髓移植，面临的 CMV 感染和引发的 CMV 相关疾病问题较为常见。美国马萨诸塞州公共卫生生物实验室（MPHBL）最先开发了 CMV-IVIG 产品（后来的 Cytogam©），并先后开展了肾移植、肝移植的临床研究，CMV-IVIG 产品我国也有不少企业在积极开发，但是临床研究进度较缓慢。

水痘人免疫球蛋白主要用于水痘-带状疱疹病毒（VZV）暴露后的预防。水痘人免疫球蛋白如果能用于带状疱疹的治疗，将会有较大的市场前景。欧美国家对于带状疱疹采取的是疫苗预防的策略，开发了专门的预防带状疱疹的疫苗（如默沙东的减毒活疫苗 Zostavax，以及葛兰素史克的重组疫苗 Shingrix，后者已经于 2020 年在中国上市）。

呼吸道合胞病毒人免疫球蛋白（RSVIG）主要用于早产儿及先天性心肺功能不全的婴儿预防 RSV 感染，美国先是开发了人血浆来源的 RSVIG，之后又开发了单抗产品（帕利珠），近年正在开发的新一代单抗产品 nirsevimab（延长半衰期）III 期临床进展顺利，一次用药可覆盖长达 5 个月的 RSV 流行季。

抗 D 人免疫球蛋白主要用于 Rh（D）阴性血型的孕妇因血型不合导致的同种免疫的预防。但是我国人口基数庞大，抗 D 人免疫球蛋白仍然存在一定的市场需求。当前我国患者获得药品较为困难，主要靠个人途径获得国外产品。值得注意的是，近几年，我国出现了以单克隆抗体技术开发特异性免疫球蛋白的趋势。2021 年 5 月，我国首个破伤风单抗获批进入临床研究。

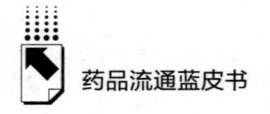

2022年2月12日，我国首个狂犬病单抗——奥木替韦单抗注射液（迅可）获批上市。在单抗制造成本不断降低的情况下，人血浆来源的特异性免疫球蛋白市场可能会受到冲击。

（二）凝血因子产品

凝血因子产品中市场需求最大的F VIII，无论是血浆来源的F VIII还是重组的F VIII，均实现了国产化。未来，国内F VIII产品将保持充足的供应。

血友病B人口数量仅占血友病人数的15%，F IX的需求量相对较小，在F IX无法获得的情况下通常用人凝血酶原复合物（PCC）作为替代产品。2021年，我国首个血浆来源的高纯F IX产品上市。

由于国内血友病的治疗水平（用药剂量和频次）还相对较低，尚未实现广泛的预防性用药，因此抑制物的问题相对不够突出，aPCC和重组F VIIa等抗抑制物的止血药物在国内的开发也相对重组F VIII落后。但考虑到使用重组F VIII产品约有20%的概率出现抑制物，抗抑制物产品的市场未来仍然可期。

VWF浓缩物可以有效解决血管性血友病（VWD）III型和部分II型患者的出血问题。欧美国家产品大部分是以F VIII/VWF复合物的形式上市，仅法国LFB一家企业开发了高纯度的VWF产品（F VIII：C低于VWF的10%）。这是因为需要使用VWF产品治疗的VWD患者群体数量相对较少，开发单独的VWF产品对于企业来说不如改善F VIII产品中的VWF活性，以复合物的形式兼顾这部分VWD患者的临床需求。况且III型VWD患者出血的时候体内的VWF水平极低，意味着需要VWF保护才能维持活性的F VIII活性也几乎为零，复合物能够同时补充缺乏的两种关键凝血成分，能够提高治疗效果并减轻患者和医保的经济负担，对于国家、个人和企业都是有利的。目前，国内已有多家企业的VWF或复合物产品进入临床研究阶段。

凝血因子XIII缺乏是极度罕见的出血性疾病，我国尚未有相关产品研发。

（三）蛋白酶抑制剂类产品

蛋白酶抑制剂类产品的代表品种，有人 α_1 抗胰蛋白酶（α_1AT）和人 C_1 酯酶抑制剂（C_1INH）和人抗凝血酶 III（ATIII）。在欧美国家，血液制品中除了白蛋白、免疫球蛋白、F VIII 之外，这几个产品也具有较大的市场规模。

人 α_1AT 制剂的主要适应症是先天性 α_1AT 缺乏引起的肺气肿。α_1AT 是欧洲市场规模较大的血液制品品种，在我国研发较少，目前尚无产品开展临床研究。

人 C_1INH 制剂的主要适应症是先天性 C_1INH 缺乏导致的遗传性血管性水肿（HAE）。欧美国家先后开发了静注、皮下注射的人 C_1INH 制剂，重组 C_1INH，多肽类药物（如 Icatibant、KALBITOR）以及单抗药物。2020 年武田中国旗下的单抗药物达泽优©进口注册申请在中国获批，该药每两周一次皮下注射，可预防 HAE。目前，我国尚无人 C_1INH 产品上市或开展临床研究。

人抗凝血酶 III 是人体最主要的抗凝成分，主要用于预防先天性或获得性 ATIII 缺乏导致的血栓风险。先天性 ATIII 缺乏临床上较为罕见。获得性 ATIII 缺乏如体外循环、脓毒症/弥散性血管内凝血（DIC）、ECMO（人工肺）、重度先兆子痫等导致的 ATIII 过度消耗，输注 ATIII 可以提高这些急、危、重症的患者生存率。美国有企业开发了转基因动物乳汁分泌的 ATIII 产品，并获批上市。2022 年，我国已有企业开发的 ATIII 上市。

四 总结

综上所述，我国血液制品市场的成熟度滞后于欧美国家，几乎所有血液制品品种的人均使用量都低于欧美发达国家。特别是 IVIG 和 F VIII 产品，人均用量仅有欧美国家的 1/10。但是，我国重组 F VIII 制剂国产化之后，随着医保支付能力的提升，相信在不远的将来有望达到欧美国家水平。而

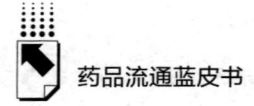

IVIG的市场潜力则需要不断开发，并被寄予厚望成为我国血液制品的市场驱动力，推动我国单采血浆采集量和行业总规模不断提升，逐渐减少我国白蛋白对欧美国家的进口依赖。随着我国医疗水平的提高，更多治疗罕见病的血液制品新品种还有待继续开发。

B.12
医保精准扶贫视角下的高值药品费用分担机制研究

中国医药商业协会商业保险与药品流通分会　暨南大学联合研究课题组*

摘　要： 2021年我国脱贫攻坚工作取得了决定性胜利，贫困人口医疗保障基本实现了全民覆盖，但是随着疾病谱的改变，恶性肿瘤、罕见病等重大疾病的发病率快速提高，针对此类疾病的医疗费用高昂，使得因病致贫、因病返贫的现象仍时有发生。本研究基于我国当前医保扶贫的现状，分析我国医保扶贫工作中的不足；以高值药物为例，借鉴国内试点地区和国际经验，提出我国高值药品相关费用的分担架构及实现方式，提高对高值药品的使用保障，巩固医保精准扶贫成果。

关键词： 医保扶贫　高值药品　费用分担

一　研究背景和目的

本研究是以我国医保精准扶贫为背景，根据我国老龄化人口所带来的恶性肿瘤、罕见病等重大疾病医药费用昂贵的特点，以高值创新药品为例，借

---

* 执笔人：蒋杰，暨南大学药学院教授；张田甜，暨南大学药学院副教授；李小利，暨南大学南方药物经济学与卫生技术评估研究所助理研究员；李光甫，中国医药商业协会名誉副会长、中国医药商业协会商业保险与药品流通分会会长；陈昊，中国医药商业协会商业保险与药品流通分会执行会长；陆银娣，中国医药商业协会名誉副会长、中国医药商业协会商业保险与药品流通分会秘书长。

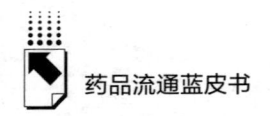

鉴国内试点地区和国际经验，明晰高值药品费用分担中多元主体的角色定位，提出我国高值药品相关费用的分担架构以及实现方式，帮助政府解决仅依靠谈判扩大医保支付范围和提高医保支付水平仍不能满足公众对创新药品需求的难题，巩固国家医保精准扶贫成果。

二 国际研究结果

国际上的医疗保障制度存在差异，因此各个国家针对高值药品的费用分担主要在本国的主体医保框架内进行，如美国以商业医疗保险为主体[1]，英国是政府主导的国家卫生服务制度[2]，德国是典型的社会医疗保险国家[3]。面对高昂的药品费用，美国的三种医疗保险制度皆有其特定的支付目录和支付比例，但药品支付目录和支付范围存在差异，其中待遇最好的是商业医疗保险。英国的高值药品费用主要通过过渡基金保障模式及国家卫生服务制度进行支付，过渡基金主要支付抗癌创新药品，由基金及准入药企共同分担超出固定预算的部分；国家卫生服务制度未限制药品的范围，共付方主要是英格兰国民健康保障体系基金。德国的医疗救助是针对法定社会医疗保险药品目录，主要由政府财政、个人及雇主共同支付。

研究发现各国医疗保障制度的差异决定了各国高值药品费用分担的不同。目前，国际上高值药品一般由不同类型的医疗保险按相应比例支付，也有财政支持及慈善机构参与的专项基金支付，在一定程度上缓解了患者购药压力。虽然国际上不同国家对药物的可持续共付方式进行了探索，但在实施的过程中也面临诸多挑战，各国也在不断地探索和改进中。

---

[1] 宣建伟、余悦、黄雨诗、李弯：《美国医保药品目录管理模式分析及借鉴》，《中国医疗保险》2021年第8期。

[2] 薛秋霁：《全民医保下的医疗救助模式研究——英国、澳大利亚、德国的经验及启示》，《卫生经济研究》2017年第2期。

[3] 刘翠霄：《德国社会保障制度》，《环球法律评论》2001年第4期。

三 国内研究结果

(一)医保精准扶贫现状

1. 各省(区、市)医保扶贫现状

研究发现,目前,各地医保扶贫以"基本医保+大病+医疗救助"的方案为主。部分省(区、市)结合地方实际制定符合本省的医保扶贫政策,如浙江省推出重特大疾病补助,增加大病药品[1];福建省的精准扶贫政策,在原有医保的基础上由精准扶贫医疗叠加保险对"目录内"医疗费用再给予补助[2];安徽的最后兜底政策,规定贫困人口补偿报销后的医药费用可由商业保险进行兜底报销[3];江西省通过建立县财政购买商业补充保险,探索自付费用逐年下降,基本医保、大病保险及救助比重逐年上升的扶贫政策[4];湖南的健康扶贫工程对贫困患者特定疾病的治疗采取定额结算包干费用,个人自付部分由定点医院予以一定的减免[5]。各省份也在逐年降低起付线,提高大病保险的报付比例,但当前的医保扶贫政策主要依靠多层次医疗保障体系中的主体层面、兜底层面,补充层面使用较少。

2. 基于公共数据的实证分析

基于中国家庭追踪调查数据显示[6],我国因病支出型贫困发生率和致贫率均较高。从地区层面来看,农村地区、中西部地区的家庭贫困发生率更高。因病支出型贫困生活救助效果优于医疗救助效果,超出社会救助制度

---

[1] 邵伟彪:《不断改进的浙江大病保险》,《中国卫生》2016年第11期。
[2] 王汝成:《福建省精准扶贫医疗叠加保险政策实施》,《就业与保障》2017年第15期。
[3] 王媛、王洪春、陈金武:《医疗救助精准扶贫效果定量分析——以安徽省利辛县为例》,《合肥师范学院学报》2017年第6期。
[4] 温桂秀:《万安县健康扶贫政策及实施效果分析》,《中国医疗保险》2017年第6期。
[5] 陈湘清、邓光辉:《健康扶贫政策实施效果评估研究——基于对邵阳市的调查》,《湖南行政学院学报》2018年第3期。
[6] 马思婷、张新月、宋章良、李建国:《我国基本医疗保险的反贫困治理效果研究——来自CFPS的证据》,《上海保险》2021年第8期;王超群:《因病支出型贫困社会救助政策的减贫效果模拟——基于CFPS数据的分析》,《公共行政评论》2017年第3期。

的筹资能力。在社会医疗保险的基础上再增加商业医疗保险，研究发现，通过参加商业医疗保险可以有效减轻中老年家庭医疗支付的压力。多重医疗保障具有较强的反贫困效果，但因覆盖面较小，患者的医疗费用仍以自付为主，多层次医疗保障扶贫的精准度与预期存在差距，减贫效果目前尚不稳定。

3. 高值药品费用分担现状

世界卫生组织在2005年提出，以家庭全年卫生支出超过其家庭消费指数的15%~40%为标准，判断灾难性卫生支出，当小于15%时认为家庭基本不受重大疾病卫生费用支出的影响，当大于40%时则认为家庭发生了灾难性卫生支出[1]。各地实际调查数据显示，癌症、罕见病及精神疾病患者因有长期用药需求，且药品价格昂贵，替代性不高，导致因病致贫的发生率较高[2]。因此，本研究主要以罕见病及癌症患者为例，分析目前各地的费用分担现状。

4. 罕见病药品费用分担

罕见病又被称为"孤儿病"，是指发病率较低、患病人数相对较少的疾病，我国大陆地区目前尚未公布明确的罕见病定义[3]，2018年5月发布的《第一批罕见病目录》共包含121种罕见病[4]。我国罕见病患者有2000多万；虽然罕见病药品被纳入国家医保目录，却因药占比、医保报销比例等因素导致患者个人负担仍较重。根据上海四叶草罕见病家庭关爱中心2014~

---

[1] Ke Xu, David B. Evans, Guido Carrin, Ana Mylena Aguilar-Rivera, Philip Musgrove, Timothy Evans, "Protecting households from catastrophic health spending", Health Aff (Millwood), 2007, 26 (4): 972-983.

[2] 王桂霞、刘喜文、杨静、王尚、吕晖、孟勇：《把脉贫困为推进健康扶贫工作寻找突破口——基于南阳市某贫困县的调查》，《中国卫生事业管理》2019年第12期；童叶青、官旭华、占发先、李阳、刘家发、黄希宝：《湖北省重大疾病灾难性卫生支出调查分析》，《中国社会医学杂志》2020年第5期；吴焕、吕本艳、王新法、聂丽、孟勇、王亚辉：《河南省某市因精神疾病致贫居民的人口学和社会学特征》，《中国心理卫生杂志》2018年第12期。

[3] 闵浩巍、王飞、姜召芸、孙丰龙、林彦妮、弓孟春、史文钊、张抒扬：《罕见病基因治疗的研究进展》，《国际药学研究杂志》2017年第2期；周诗珊：《罕见病群体参加医疗社会保险的全面措施研究》，厦门大学硕士学位论文，2017。

[4] 医政医管局：《关于公布第一批罕见病目录的通知》，2018年。

2018年统计数据,登记的5810名罕见病患者中,约有42%的患者没有接受任何治疗,并且超过50%的患者治疗花费超过收入的80%。2017~2020年国家医保谈判目录显示,近几年被纳入医保目录的罕见病药品数及覆盖的病种呈逐年增长趋势(见图1)。

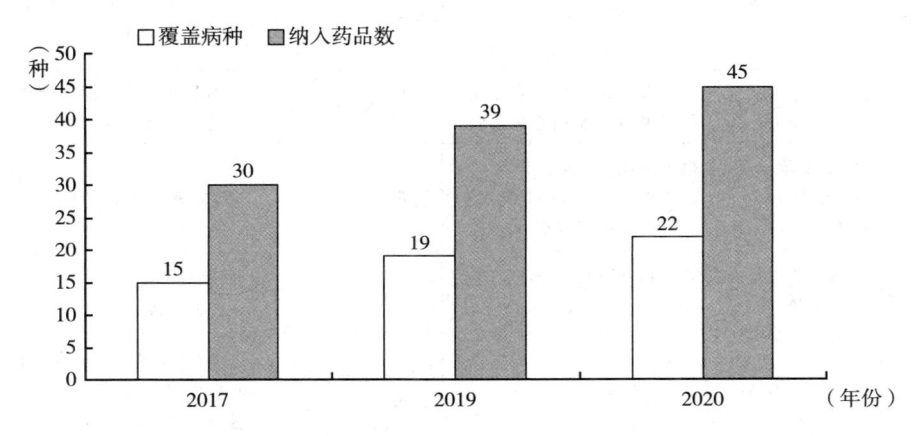

图1 2017~2020年国家医保谈判目录罕见病纳入药品数及覆盖病种

罕见病发病率低,患病人数相对较少,大部分罕见病患者对治疗药物有终身需求,但现行的保障水平较低,难以满足所有罕见病患者的治疗需求。当前对罕见病的资金支持主要依靠大病保险、补充医疗保险、医疗救助和慈善捐赠等,基本医疗保险、商业健康保险和医疗互助制度等发挥作用较少。通过对比专项基金、大病保险、政策型商业保险及医疗救助在操作中的实际作用,研究发现,专项基金专款专用保障程度高,但因资金池较小,资金不稳定;大病保险基于现有的医疗保险制度,虽然管理方便,但是受限于当前的保障框架,保障待遇有限;政策型商业保险如惠民保,保费低,覆盖人群较广,但是受限于商保的逐利性,"带病体"特别是罕见病保障及救助的病种覆盖面较低,大病保险、医疗救助和普惠型商保的罕见病保障覆盖病种存在不一致现象(见表1)。因此部分罕见病患者负担仍较重,因病致贫的风险依然存在。

表1 部分地区罕见病患者保障方式汇总

地区	大病/救助	纳入罕见病病种	普惠型商保	纳入罕见病病种
佛山	专项救助	121种	平安佛	121种
青岛	大病医疗救助+企业谈判	戈谢病、高苯丙氨酸血症、特发性肺动脉高压、庞贝氏症、法布雷病	琴岛e保	特药/特材、门诊慢特病种中的罕见病
浙江	罕见病用药保障基金	戈谢病、苯丙酮尿症、庞贝氏症和法布雷病	杭州西湖益联保	脊髓性肌萎缩症、黏多糖贮积症IVA型和法布雷病
山西	大病保险+医疗救助+专项救助+社会援助	戈谢病、庞贝氏症(特殊保障),其他疾病走基本医保目录	晋惠保	特药(未明确病种)
铜陵	大病保险+大病补充医疗保险	肺动脉高压、尼曼匹克病、血友病	皖惠保	医保目录内外住院费用(未明确病种)
上海	少儿住院互助基金+罕见病防治基金会	不限	互惠保	法布雷病、黏多糖贮积症(Ⅱ型、IVA型)、转甲状腺素蛋白淀粉样变性多发性神经病(ATTR-PN)
山东	大病保险	戈谢病、庞贝氏症、法布雷病	齐鲁保	特发性肺动脉高压
成都	大病医疗互助补充保险+罕见病医疗救助	四氢生物蝶呤缺乏症、脊髓性肌萎缩症、黏多糖贮积症、戈谢病、特发性心肌病、肺动脉高压、庞贝氏症	惠蓉保	四氢生物蝶呤缺乏症、脊髓性肌萎缩症、黏多糖贮积症、戈谢病、特发性心肌病、肺动脉高压、庞贝氏症、特发性肺动脉高压

注:数据统计截至2021年11月。

5. 肿瘤药品费用分担

随着社会变迁和老龄化到来,恶性肿瘤已经成为威胁我国国民健康的主要病种。我国每年新增肿瘤患者数达百万,约占全球肿瘤患者的1/5,肿瘤患者死亡人数达到全球肿瘤死亡人数的1/4[①]。截至2020年目录调整,已有

---

① 王利:《内蒙古医保精准扶贫的探索——恶性肿瘤靶向药物纳入医保支付范围》,《中国医疗保险》2016年第3期;王敏娇、王文、柳鹏程:《医保谈判准入中药物经济学和可负担性研究及其测量工具的运用》,《中国药物经济学》2020年第8期。

69个高值创新抗癌药通过医保准入谈判，降价幅度从2017年的46.76%提升至2019年的63.88%。中国药学会对2018~2019年纳入国家医保目录的肿瘤创新药在上千家医院进院比例进行统计，数据显示，截至2020年第三季度，2018~2019年纳入肿瘤创新药进院比例分别为15%~25%、25%。根据全国26个省份关于PD-1/PDL-1患者用药调查问卷报告，62%的药品在医院拿不到。

目前，肿瘤药品共付模式主要是"基本医保+大病保险+医疗救助+个人"，商业医疗保险参与比重较低。肿瘤药品的报销主要通过大病保险和门诊特殊待遇报销，多数地区对肿瘤药品第二次报销不设置起付线，但都设置封顶线，肿瘤患者用药周期长、药品价格昂贵且仍有药品不在医保目录内，患者需要自费购买，给患者带来了较重的经济负担。

（二）商业保险的发展

尽管基本医疗保险参保率较高，但是由于我国基本医疗保障从覆盖面广和低水平起步，长期以来医疗保障待遇水平不高。对城乡居民来说，通过参加城乡居民基本医疗保险，仅靠以政府为主体的单一支柱难以抵挡逐渐增加的医疗服务需求和疾病经济风险[1]。目前，国内的商业医疗保险主要是惠民保及百万医疗险，自从2015年深圳市首次推出"重特大疾病补充医疗保险"以来，惠民保产品在各地迅速发展。根据复旦大学发展研究院公布的数据，截至2021年5月31日，全国惠民保产品共推出140款（其中5款为全国版产品），覆盖了26个省（区、市）（见图2），其中惠民保产品数最多的省份主要是江苏省、广东省和浙江省。

百万医疗险一般是面向全国的商业保险，大部分百万医疗险在投保时需要健康告知，一些患病人群或者亚健康人群可能不符合投保条件，或者相应疾病的治疗费用不可理赔。目前市场上的百万医疗险，主要包括短期和长期两类。未来随着经济的发展、人民生活水平的提高、民众整体保险意识的增

---

[1] 高健、李华、徐英奇：《商业医疗保险能缓解城乡居民医保家庭"因病致贫"吗？——大病冲击下的经验证据》，《江西财经大学学报》2019年第5期。

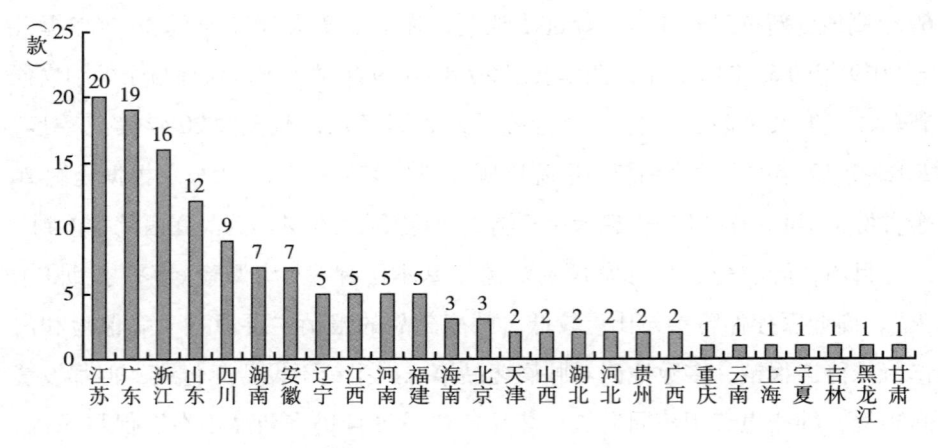

图2　26个省（区、市）惠民保产品数量

强、消费能力增加，人们对保障和服务的要求会更高，也会推动百万医疗险往中高端方向发展。

惠民保得以快速发展，主要是因为其投保限制少、保费低、待遇保障高。在承保范围内的疾病，报销上限设定在100万～200万元，能够在一定程度上缓解重大疾病患者的经济压力；但其在发展过程也有较多不足，如免赔额较高，对理赔有一定限制；可持续性不强，不能保证续保；目前的监管规则仍不完善。

（三）多层次医保费用分担的挑战

1. 医保费用分担存在的挑战

对于地方医保部门来说，医保基金吃紧的统筹区域可能面临较大超支压力，如何调整基金支出结构、提高基金使用效率、协同推进支付方式改革、医疗服务价格调整、加强基金监管等，是对其治理能力的考验；对于定点医疗机构来说，因受医保总额控制、医疗机构用药目录数量限制、药占比等综合考核指标影响，患者使用高值药品的积极性可能不高；对于患者来说，可能会面临支付能力、报销政策等多方面的影响；药物准入机制可能仍存在模糊之处（如药物遴选、评估标准）。

2. 商保费用分担的挑战

商业保险由于营利性本质，会存在投保门槛较高、对既往症有限制、赔付第二年患者可能无法续保等弊端，真正能赔到实处的范围较小；各地医疗数据与保险数据的开放程度有限，对于产品保障内容、差异化设计产品形态、定价准确性等各个方面都存在较大限制；国内商业保险覆盖的高值药品种类非常有限；同时基于市场机制的自愿属性，带病患者续保和理赔均存在诸多问题，商业保险较难起到风险分担的作用。

3. 医疗救助分担的挑战

受限于传统医疗救助制度，配套机制尚不完善，患者需先行垫付、自主申请，能否获得救助也存在不确定性；缺少明确的药物准入机制；可能会存在重复支持，对资金造成一定程度的浪费。

四 结论与建议

（一）结论

一是各国医疗保障制度的差异，决定了高值药品费用分担方式的不同。目前，我国多层次医疗保障体系主要是以基本医疗保险为主体、城乡医疗救助保底、其他多种形式的医疗保险和商业健康保险为补充的多层次医疗保障体系。各层次医疗保障体系发展不均衡、融合进程不一、数据信息割裂，导致医疗保障体系的衔接效率不高。虽然当前的扶贫成效显著，但公共数据分析结果显示，仍有部分人会因支付大额医疗费用陷入贫困。

二是近几年通过医保谈判，多数药品进入医保目录，但仍有较多药品未进入目录，如罕见病药品，当前保障及救助的病种覆盖面较小，药品价格昂贵，大部分罕见病患者对治疗药物又有终身需求，导致患者因病致贫、因病返贫的比例较高。

三是随着新型健康保险模式的发展，惠民保在多个省份推出，各省份出现了多种惠民保产品，但惠民保与社会医疗保险的保障范围衔接较差，同时

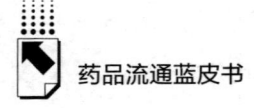

多数惠民保产品会对使用高额药品的患者用药医院、药店、既往症状及最高支付限额进行限制，无法满足多数患者的需求。

（二）建议

为提高对高值药品的使用保障、巩固医保精准扶贫成果，提出如下建议。

一是进一步推动多层次医保的落实，医疗救助体系应当落实精准化，充分实现底层托底保障。二是加快推动多层次医疗保险体系建设，充分发挥商业医疗保险对基本医疗保险的补充作用。三是探索商业医疗保险与扶贫相结合的有效途径。四是巩固基本医疗保障主体层发展，理顺和优化相关部门职能职责，完善"双通道"管理，确保谈判药品落地。

B.13
构建"国药药零通"健康生态一体化服务平台

国药控股分销中心有限公司[*]

摘　要： 随着国家医改政策的不断深化、药品带量采购规模的持续扩大，公立医院院内部分药品与器械（家用）业务将转移到院外市场。同时，国家药品监督管理局《药品网络销售监督管理办法（征求意见稿）》提出对处方药在网络平台销售的管理办法。若该办法实施，零售市场以及网络平台都会受到影响，尤其是对线下实体药店的冲击将更加强烈。国药控股依托自身资源以B2B为切入点构建具有国控特色的大健康生态一体化服务平台——国药药零通，以适应即将到来的行业变化，更好地服务患者、赋能终端零售客户、服务药品生产企业。

关键词： 医药电商　国药药零通　健康生态

一　行业变化分析

近几年，医药行业政策不断推陈出新，从药物一致性评价到《药品管理法》修订，再到药品集中带量采购，以及医保支付改革等。同时，疫情推动的医患行为转变，也对生产企业及药品流通企业产生了深远影响，国内医药健康行业正迎来巨变。

---

[*] 执笔人：李永飞，国药控股分销中心有限公司副部长，主要研究方向为医药大健康院外业务市场互联网发展。

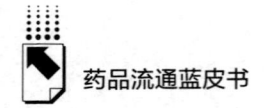

互联网技术改变了各个产业的传统交互模式，同时也体现在医药产业的发展中。用户希望获得更加便捷、高效的购药体验，医药电商由此应运而生。《药品网络销售监督管理办法》即将出台，将加速医药电商平台对处方药合规的销售与管理，提升药品销售占比，更好地服务患者。

随着医药电商的快速发展，加之医改政策的持续深化、资本的加速推进，医药 B2B 业务已经开始从单一下单平台向综合性业务整合服务平台快速转变。国药控股推进医药 B2B 平台融合包括 B2C、O2O、云 SAAS、互联网医疗、商业保险等多维度综合业务，实现多角度服务药企、终端客户的一体化服务平台。

二 国药药零通项目介绍

国药药零通平台自 2018 年 1 月立项开始，依托国药控股分销在全国广度与深度的业务布局，以 B2B 业务为切入点，推动线上线下结合的医药市场中小型零售业务快速发展。通过技术构建具有国控特色的药零通全新业务产品矩阵 F-B-B-C，利用新模式推进四端业务的完美结合，赋能终端客户进行数字化、智能化服务转型，服务药企在药品零售业务的发展、布局基层医疗健康保障服务 C 端患者的健康（含慢病）管理的全链业务与服务。

国药药零通平台依托国控核心资源，在 F-B-B-C 的业务端进行整合，并同步进行多方面业务结合，包括构建供应商服务体系、结合器械板块进行平台药械联动、电子处方业务平台体系、国药健康直通车赋能终端与服务 C 端业务体系、基层医疗资源融合服务 C 端患者体系等多维度服务平台所有类型的客户服务支持，构建具有国控特色的生态一体化服务平台。

通过线上线下联动营销和医疗资源下沉，有效缓解群众看病难、买药难的问题。

加快中小药店、中西医诊所等市场终端业务发展，强化管理和服务能力提升，赋能终端药店向综合健康服务终端转型。

国药药零通项目自 2018 年 5 月在第一家公司正式上线运行，截至 2021

年12月底，平台已覆盖全国省级区域28个，共80家国控分子公司上线平台开展业务，2021年全年销售29亿元（2018~2021年共计销售57.4亿元），平台线上总客户数达到23万户（门店数量>35万家）（见图1）。

	2018年	2019年	2020年	2021年
上线公司总数	13家	47家	73家	80家
平台交易总额	2.8亿元	9.5亿元	16.1亿元	29亿元
平台终端总数	2.6万户	10.4万户	15.5万户	23万户

图1　2018~2021年平台覆盖客户情况

三　国药药零通业务发展情况

药零通在发展过程中坚持以客户为出发点，持续构建包括上游供应商服务体系、终端客户赋能服务体系、上线公司智能化服务支持，并延伸至患者的服务体系建设。在医改政策持续深化改革、市场变化的大背景下，通过精细化创新服务体系，药零通助力上游药企在药品零售市场的快速发展，其中包括销售服务、品牌服务、增值服务三大板块的服务体系建设。通过整体策划、数据分析支持、执行、复盘等为供应商提供整体的综合服务，加速实现医药一站式综合服务解决方案。

（一）依托国药控股覆盖全国的资源优势

1. 覆盖广

药品分销网络已覆盖中国30个省（区、市），地级行政区覆盖率达98%，县级行政区覆盖率达93%，等级医院覆盖率达100%。从销售规模分析：20个省级区域排名第一，8个省级区域排名前三，2个省级区域排名前五。

2. 客户多

向约57万家等级医院、零售药店、药品分销商、基层终端等提供医药供应链服务，与全球药品及医疗保健产品百强企业紧密合作。

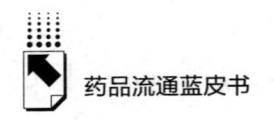

（二）国药药零通产品矩阵发展

国药药零通平台经过四年的发展，平台技术发展从1.0版本升级到3.0版本，为上线公司、终端客户提供更友好的体验。为应对医改政策深化及市场变化，平台也在持续升级，针对供应商服务产品体系、终端客户赋能功能体系持续建设；同时，在2021年实现C端业务——国药健康直通车的服务体系，全线打通药企—商业—终端—C端+O2O的全链业务与服务。国药药零通持续构建具有国控特色的B2B业务产品矩阵（见图2），持续完善医药电商全渠道健康服务体系（见图3）。

图2　国药B2B业务产品矩阵

药零通平台在快速发展过程中，持续构建自身品牌的发展体系。在构建服务产品矩阵过程中，建立了包括"药零通云管家"（业务员管理系统）、"药零通云流汇"（产品流向查询与大数据分析体系）、"药零通云药库"（共享上线公司大仓销售）、"药零通云学院"（店员、患者在线教育学习平台）、"药零通云药房"（赋能终端客户虚拟库房功能）、"药零通云处方"（电子处方平台）、"健康直通车"（赋能终端、服务患者平台）等平台。

基于新冠肺炎疫情期间C端患者大多居家的状况，国药药零通平台联手多家品牌药企核心产品，通过良好社区关系、了解患者的社区药店，并且

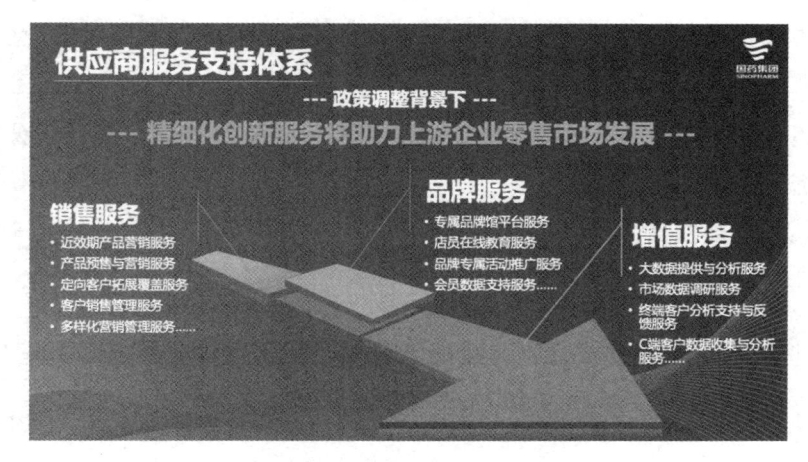

构建"国药药零通"健康生态一体化服务平台

图3 供应商服务支持体系

在患者可活动范围内的社区型药店开展从线上到线下的"国药进社区"活动，旨在关怀客户，普惠C端患者用药，解决目前市场上未被满足的患者需求，提升品牌形象，体现企业社会担当。

（三）布局基层医疗健康保障，赋能终端药店进行数字智能化、服务化转型

国内医改、市场变化给零售中小企业带来冲击，中小药店也面临更大的生存压力。基于以平台客户为出发点的核心发展思路，平台持续分析中小药店的生存痛点，推进设计开发B2B2C——国药健康直通车业务平台，赋能终端服务C端，实现采购成本降低、资金链优化、患者管理与自身品牌提升等，带来新的业务增量，并协助中小药店从销售型向综合服务型发展。

①健康直通车平台结合B2C（药店线上化）、电子处方（应对处方药网售）、云药房（赋能产品线扩充与优化现金流等）。

②B2C健康直通车与B2B平台一体化无缝衔接，提升数字化服务能力。

③有效扩展平台客户新的业务增长点，增加与供应商合作的优势。

④通过线上线下联动营销和产品资源下沉，有效缓解患者买药难的问题。

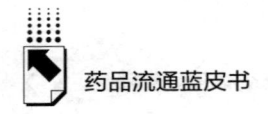

⑤通过服务C端患者服务体系构建，搭建国控特色的F-B-B-C的业务体系。

⑥通过健康直通车业务发展，赋能终端、服务C端、拓展分子公司业务线条。

⑦拓展国控社会零售虚拟连锁业务，拉动基层医疗资源结合终端全方位服务于广大患者。

（四）加速平台核心功能设计与开发，服务上线公司与终端客户

为更好地实现上线公司与终端客户在平台上的业务快速发展，国药药零通平台也在结合自身"大健康一体化服务平台"的战略方向，针对不同维度的平台客户设计更贴切的功能服务。

1. 订单无人化处理功能

随着B2B业务持续快速发展，各上线公司通过平台的订单持续增加，开票团队人员在各上线公司业务系统操作过程中的速度、质量等压力增大，需不断增加开票员进行订单的处理。

为提升各公司B2B订单到各上线公司业务系统后的处理速度，国药药零通携CMS团队设计研发的自动转单功能，即订单无人化处理功能，使B2B线上订单流入业务系统后系统订单自动生成，自主释放，直达仓库，实现终端下单至仓库作业前全程无人工操作。此功能可有效帮助各上线公司减少订单处理的人员投入，加快订单处理速度，避免人工处理产生的错误，同时提升库存流转，省人、省钱、省时、省力，降本增效。

2. 药零通云管家—业务员管理系统

为更好地服务上线公司业务员在日常对接终端客户的工作、服务控销产品的药企在零售市场的业务、服务药企在非目标市场覆盖与销售的业务，药零通平台设计开发了业务员管理系统，整合平台上线公司业务员与有拓展业务需求的药企业务员，共同推动业务一体化发展。

3. 药零通云处方—电子处方平台

为应对处方药网售管理办法所带来的市场变化，更好地服务赋能终端客

户，药零通携手国药控股心医科技（上海）有限公司共同设计开发药零通电子处方平台——药零通云处方。此平台将助力终端客户依托电子处方平台带动处方药在门店的销售，并结合健康直通车平台直接服务于 C 端患者。

（五）供应商服务体系建设

在国家政策调整的背景下，国药药零通将通过精细化创新服务助力上游药企在零售市场的快速发展。平台将通过包括销售服务（特殊属性产品营销服务、会员产品营销服务、定向客户拓展覆盖服务、多样化营销管理服务等）、品牌服务（专属品牌馆、店员在线教育服务、品牌专属活动推广服务等）、增值服务（大数据提供与分析服务、市场数据调研服务、终端可分析支持与反馈服务等）三大方面，推动上游药企在药品零售市场的业务发展。

在供应商服务体系背后，国药药零通也建立了一套共八个层次的供应商服务支持体系。通过对供应商产品的整体销售活动策划、数据支持、活动执行、活动复盘四大流程推动与管理，搭建对供应商服务的整体综合营销服务体系。

四 国药药零通发展愿景

国药药零通致力于成为国内领先的医药健康生态一体化服务平台，将构建包括供应商服务体系、客户服务支持体系、药零通平台数字化支持体系、综合关联业务整合体系四大服务体系建设，结合国药控股内部服务支持体系、第三方服务支持体系的合作体系建设，支撑平台发展战略实施，打造自身数字化+平台服务的核心竞争力。

B.14
县域紧密型医共体药品流通管理的模式探索

——以云南"滇医宝"为例

云南省医药有限公司

摘 要： "滇医宝"基层医疗智慧管理平台是云南省医药有限公司自主研发用于县域紧密型医共体医药流通管理的信息化平台，主要功能涵盖了医药供应链管理、基层医疗机构医药进销存管理、医保结算等。实现了医共体药品一体化管理及临床用药追溯，与药品流通监管平台、医保结算平台打通，实现了监管的无缝衔接和业务流程的整体联动。通过信息化手段，贯彻落实了医共体药品统一管理、基层医疗机构药品"来源可查、去向可追"的管理要求，为医保支付的准确性与合规性提供了保障，有效提高了基层医疗服务水平，为县域医共体促进合理用药、落实分级诊疗政策提供了助力。

关键词： 医共体 采供协同 医保支付 进销存管理 云南省

根据《中共中央 国务院关于深化医疗保障制度改革的意见》（中发〔2020〕5号）和《关于印发紧密型县域医疗卫生共同体建设评判标准和监测指标体系（试行）的通知》（国卫办基层发〔2020〕12号）等文件要求，积极推进医疗卫生供给侧结构性改革，深度整合优化县域医疗服务资源，提升县域医疗卫生机构服务能力，实现"大病不出县、小病不出乡"的医改目标，各县乡基层医疗机构加快了医共体建设步伐，推进县域医共体建设是医改的重要任务。在医药供应链管理方面，建立健全一套具备分工协作机制和权责一致引导机制的医药管理体系成为各医共体亟待解决的问题之一，合理的采供管理和用药追溯机制是促进分级诊疗机制建立的关键抓手之一。

云南省以山地为主，有大量地处偏远、经济落后、交通不便的县、乡、村，基层医疗机构数量多，但投入少、管理水平参差不齐，在医药流通供应链中处于供应链末端。基层医疗机构体量小、分布广，加上缺乏信息化支持，导致医共体的医药管理制度难以落实。基层医疗服务水平长期得不到提升，导致出现县级医院人满为患、基层卫生室门可罗雀的状况。基层患者"看病难、看病贵"的问题未能解决。

在基层医药管理方面，基层信息系统薄弱，难以实现医共体内的数据共享，无法有效监管基层购药渠道及用药合理性，也无法保障医保基金安全。信息孤岛问题严重，基层医疗机构缺乏统一有效的药品采供信息化协同支持，容易出现违规渠道供货的现象，基层用药安全及时的供应保障时常出现问题。

一 以信息化建设为核心，构建县域紧密型医共体管理系统

云南省医药有限公司多年来深耕云南基层市场，在省内各州市建立多家分子公司，实现多仓协同、三方协同等多样化县、乡、村配送服务体系。公司具备较强的信息系统研发能力，自主研发的具有自主知识产权的ERP及相关系统取得了近20项具有完全自主知识产权的计算机软件著作权证书，实现了医药供应链管理的全流程信息化覆盖，并无缝对接到各供应商和医疗卫生机构。

云南省医药有限公司认准县域紧密型医共体建设将为基层市场的发展带来强大动力，信息化"数字医共体"的建设将是推动紧密型县域医共体建设的重要手段。为此，公司发挥自身优势，构建了包括流通监管、采供协

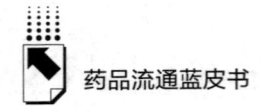

同、进销管理、医保支付、健康管理等功能在内的县域紧密型医共体医药管理综合解决方案，为基层建立互联互通的医药进销管理系统，同时与云南省"互联网+药品流通"公共服务平台、医保结算平台建立数字通道，实现医共体内标准统一、数据口径一致的医药采供管理和信息化监管支持，具备了为县域医共体发展提供完备的信息化支撑的服务能力（见图1）。

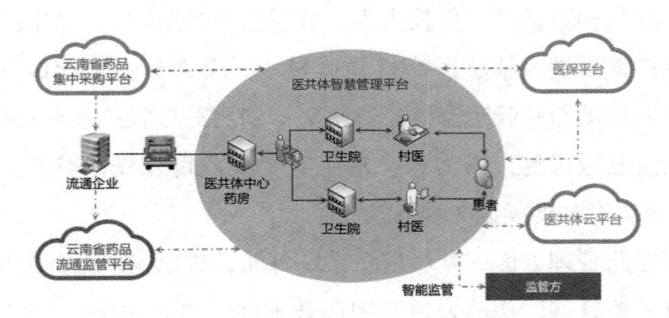

图 1　医共体管理平台整体结构

二　项目主要功能及可行性概述

（一）主要功能概述

1. 统一目录管理

实现医共体内医药产品目录的统一管理，助推医共体实现医药产品采供及流转的统一管理，为医共体内处方流转、药历共享、上下转诊打下重要基础，也为医共体实现统一口径的数据采集、分析、监管提供了基础。

2. 采供管理

各基层医疗机构自主制订采购计划，由上级医疗机构统一审核、统一向招采平台完成填报以执行采购。配合云南省"互联网+药品流通"公共服务平台，基层医疗机构不仅能够及时获取采购订单的执行状态，在验收时还能同步完成"两票制"核验，并及时反馈实际验收结果，快速准确地实现了基层医药采购的统一协同管理及渠道监管。

为医共体规避医药产品违规采供、优选供应企业、提高医药供应保障水平、实现统一管理提供了支持，同时也促进了药品流通行业的进一步集约化发展。

3. 库存统一管理

实现各基层医疗机构医药进销存管理系统的互联互通。医共体牵头单位可对下辖各医疗机构医药产品库存状态实现统一监管，在品规、数量上实时监控基层卫生医疗机构医药产品的供应稳定性，并能对相关库存产品的批号、效期等质量状况进行监管，从质量管理的角度提升基层医疗机构医药产品安全性。

4. 独立的药品进销存管理系统

各基层医疗机构使用药房管理系统完成医药产品进销存等全业务流程的信息化管理，通过移动端应用拓展采购申请、收货验收、发货复核、盘点养护、业务审批等日常业务功能应用场景，业务响应及管理在及时性和便利性上都得到提升。系统还具备近效期、滞销、缺货等关键信息主动预警功能，并能实时查看各类统计分析报表。

用信息化的管理模式取代长期阻碍基层医疗机构医药管理水平提升的传统人工管理模式，提高工作效率及准确率，也为医共体医药管理制度的贯彻执行起到重要作用。

5. 医保结算支持

基层医疗机构处方开具与库存联动，确保处方开具与实际使用药品一致。需要使用医保支付的，由系统联动医保结算平台自动完成相关结算业务，确保医保支付记录与处方记录一致。

用药记录与结算记录完整对应，为医保支付的准确性与合规性提供了保障。医药产品从采供到结算的闭环联动管理，从根源上杜绝了盗刷、套刷医保基金行为，为医保基金安全提供了进一步保障，也为牵头单位、监管部门提供了有效的监管和数据统计渠道。

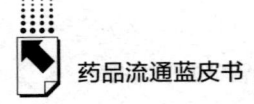

6. 通过信息化建设支撑基层医药管理水平提升

在信息系统支持下，医共体得以规范并统一贯彻落实基层医疗机构药品货位管理、进销存管理、盘点管理、特殊药品管理、急救药品配备和管理、病区药品管理、近效期药品管理、处方管理、药事管理等管理制度，强化牵头单位监管能力，显著提升了基层医疗机构医药管理水平。

通过牵头单位对基层医疗机构实施处方专项点评制度，显著提高了基层处方质量。抗菌药物使用率明显下降，糖皮质激素使用更加规范，有效规避了药物配伍禁忌的用药风险（中药注射剂和糖皮质激素配伍、抗菌药物和糖皮质激素配伍、抗菌药物和中药注射剂配伍、医疗用毒性药品和其他药物配伍等），为基层合理用药、患者用药安全提供了信息化支撑（见图2）。

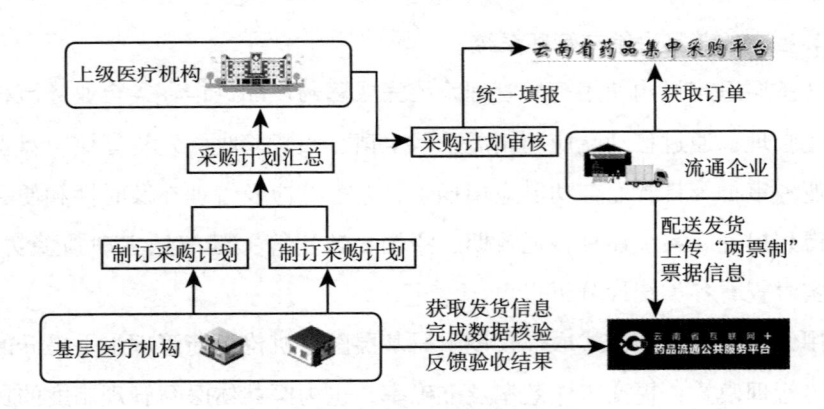

图2 基层医药流通监管示意

（二）可行性概述

1. 技术可行性

采用基于互联网的信息系统构建方式，最大限度地避免了终端用户物理环境及设施设备水平限制。采用 App/小程序/浏览器与服务端进行数据通信，使系统能够快速在各乡镇卫生院和村卫生室完成部署。通过服务端完成系统运维，确保项目广泛实施后的高效运维，也能有效控制项目运营成本。

2. 安全可行性

利用技术手段实现数据在云服务器的安全交互和存储，利用公司的硬件条件提供网络安全保障。在系统构架上，各级用户可进行角色设定和权限管理，确保用户数据的私有性和安全性。

3. 经济可行性

系统对设备性能及网络带宽要求均较低，使用连接外网的计算机及个人移动设备即可使用，基本能够满足各级医疗机构在零投入的情况下完成系统部署。在运营方面，项目目前以非营利模式运营，公司向医共体收取较低的运维费用以维持项目的开展。项目的开展，有效促进了基层医药市场的良性发展，为公司和医疗机构创造新的市场需求和业务增长。

三　项目实施效果

（一）药品采供"规范化"

推进药品统一采购和有效供应是县域紧密型医共体建设的重要任务。项目有效规范了基层医药采供协同的业务流程，确保了各基层医疗机构在医共体统一目录下的采购自主性。各流通企业可进行更科学的配送调度，在提高配送服务质量的同时降低运营成本。基层验收人员能够快速核验"两票"，并一键完成账务处理，在提高效率和准确率的同时有效杜绝了违规渠道供应，实现了采、供、配、验的全流程监管，也满足了药品流通全程"可追溯"的信息链构建需求，实现了基层医疗机构药品"来源可查、去向可追、责任可究"，保障了患者的用药安全及医保资金安全。

（二）医保结算"渠道畅"

医保资金是医共体建设的有力抓手，医保管理制度直接影响医共体的建设。在政策上，以区域医疗机构为核算单位的"互联网+"医保支付与城乡居民医保资金打包付费预算管理机制互为支持；在手段上，打通了基层医药

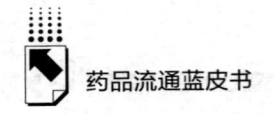

进销管理系统与医保结算平台的信息渠道，基层处方开具与医保结算实现无缝对接，医保支付品种从采供到结算形成闭环管理，杜绝非医保品种进入医保结算，为医保基金安全提供了保障。

监管部门和牵头单位可对下辖各区域、单位的医保使用情况进行实时监管和统计分析，配合处方点评、合理用药等管理手段能有效降低居民就诊支出，降低了基层用药风险，提高了临床用药的诊疗质量。配套医保基金结余留用政策，为医共体创造了更多的资金支持可能。

（三）医防结合"保健康、惠民生"

构建"健康服务共同体"，就是统筹各方资源，实现医疗卫生事业由"以治疗为中心"向"以健康为中心"转变，形成集预防、治疗、康复等于一体的健康服务模式，全方位、全周期维护和保障群众健康。

平台的实施能有效促进优秀的医药管理理念及管理模式向基层下沉，从而提升医共体整体服务效能。通过标准化数据与统一管理，使医共体内处方信息无缝衔接，基层处方能够得到有效监管审核。在基层缺乏药师资源的情况下，系统还支持远程审方的开展，充分发挥医共体内的优质药师资源，促进基层合理用药，提高基层诊疗和服务水平。

通过患者健康档案及药历信息化，实现医疗资源下沉和上下转诊过程中患者相关基础信息的同步共享。慢病患者向基层下沉，既能减少上级医疗机构的诊疗压力，也能让基层医疗机构得到进一步发展。在保障基层医疗机构医药产品供应稳定、质量可靠的同时，让患者能够在家门口就近获得优质的诊疗和健康管理服务，也有效地降低了基层患者就医成本。

（四）部门监管"有保障"

平台的实施让监管部门能够更有效地触达基层，牵头单位可监管到每一个基层单位的医药产品情况，确保其质量状况符合管理要求，并可对每一笔医药产品的往来账务进行追溯。平台对运营数据、医疗数据进行分析，形成可视化的辖区数字诊疗驾驶舱，支持对辖区内各级医疗机构的运营情况、患者年龄分布、病种结构、用药情况等进行实时分析，并可对发热患者就诊情况进行实时跟踪，满足了当前的疫情动态预警需求，为辖区内的防疫管控提供支持。

四 创新亮点及应用推广建议

通过构建信息化的供应链协同方式，建立了医院与流通企业间的高效采供协同机制，满足了县域医共体统一医药管理、提高管理质量的要求。在业务流程上，向上打通药品流通及监管平台，有效提高基层医药采供时效性，票据信息化在大幅提高业务准确性的同时避免了不明渠道、不明质量的违规供应状况，为基层患者用药安全提供了保障；向下打通医保支付平台，实现基层处方、库存、医保结算的联动，形成基层用药到医保结算的闭环管理，为医保基金的安全提供了保障。

按照医药产品经营质量管理要求，为基层提供完备的医药进销存管理系统，有效提高基层医药管理水平，提高库存周转率，降低基层药品滞销、过期等情况的发生概率，为基层用药安全提供进一步保障，也降低了流通企业对基层市场的管理难度。

健康管理服务的信息化支持则切实有效地提升了基层综合服务能力，配合处方流转、远程审方等功能，为医疗资源的下沉起到了促进作用，有效推动分级诊疗政策的实施。

实现医共体采供协同，医药物流、临床用药管理、追溯管理及政府监管无缝对接和整体联动，为医共体管理政策的贯彻执行以及监管的准确性和有效性提供了支撑。

利用当前成熟的信息技术，降低项目投入和运维成本，解决了基层医疗机构项目开展过程中资金短缺、技术缺乏的问题，使项目能够广泛地推广应用，最终用培育市场的方式创造新的增长点。

中国药店篇
Reports of China Pharmaceutical Store

B.15
2021年中国药品零售市场发展报告

中国医药商业协会

摘 要： 本文通过详尽数据展现了2021年中国药品零售市场整体规模、企业经营情况、门店结构和分布、产品销售结构以及人员配备情况等，归纳出药品零售市场运行的主要特点，并对其未来发展趋势做了预判。未来，药品零售企业将积极顺应政策变化，加快数字化转型，不断尝试模式创新，扩大市场规模，提升品牌竞争力，从而实现高质量发展。

关键词： 药品零售企业　市场规模　数字化

2021年，面对新冠肺炎疫情和复杂的国际环境等多重挑战，在党中央、国务院领导下，国民经济持续恢复，国内零售业发展势头良好，市场规模持续扩大。药品零售业加快转型升级步伐，加强医药供应链协同发展，创新药品零售与服务模式，销售总额稳中有升，集约化程度继续提高，显现出长期向好的态势。

一 药品零售市场发展现状

2021年，药品零售业整体销售增速放缓。在药品集中带量采购常态化制度化、医保支付方式改革、医保谈判药品"双通道"等一系列政策的推动下，以及疫情、资本、数字化的影响下，药品零售企业积极调整经营战略，连锁化优势凸显，一些龙头连锁企业在加快并购、上市步伐的同时，提高专业化服务能力和现代化管理水平，行业专业化、数字化、规模化凸显。

（一）药品零售业发展相关政策

2021年，国家相关部委出台了一系列有利于行业发展的政策，主要包括如下几项。

2021年5月，国家医保局、国家卫生健康委印发《关于建立完善国家医保谈判药品"双通道"管理机制的指导意见》，首次从国家政策层面提出"双通道"管理，明确医保定点药店与医保定点医疗机构共同形成谈判药品供应的"双通道"。2021年9月，国家医保局、国家卫生健康委又联合下发《关于适应国家医保谈判常态化持续做好谈判药品落地工作的通知》，推进谈判药品"双通道"管理机制落地。

2021年6月，国务院办公厅发布《关于印发深化医药卫生体制改革2021年重点工作任务的通知》，要求完善医保定点医疗机构和定点零售药店协议管理，积极推进"掌上办""网上办"等便民服务。

2021年9月，国务院办公厅发布《"十四五"全民医疗保障规划》，提出鼓励社会办医疗机构、定点零售药店参与集中带量采购；支持药店连锁化、专业化、数字化发展，更好发挥药店独特优势和药师作用；依托全国统一的医疗保障信息平台，支持电子处方流转。

2021年10月，商务部发布《关于"十四五"时期促进药品流通行业高质量发展的指导意见》，鼓励药品零售企业连锁化、专业化、多元化、特色化发展，做精做专，满足多层次健康消费市场需求。

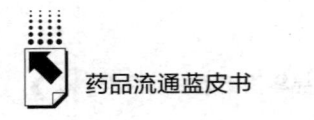

（二）药品零售市场整体规模

1. 全国零售终端销售规模

2021年，药品零售市场销售规模总体呈现增长态势，增速略有回落。据统计，2021年全国药品零售市场销售总额①为5449亿元，扣除不可比因素同比增长7.4%，增速下降2.7个百分点（见图1）。

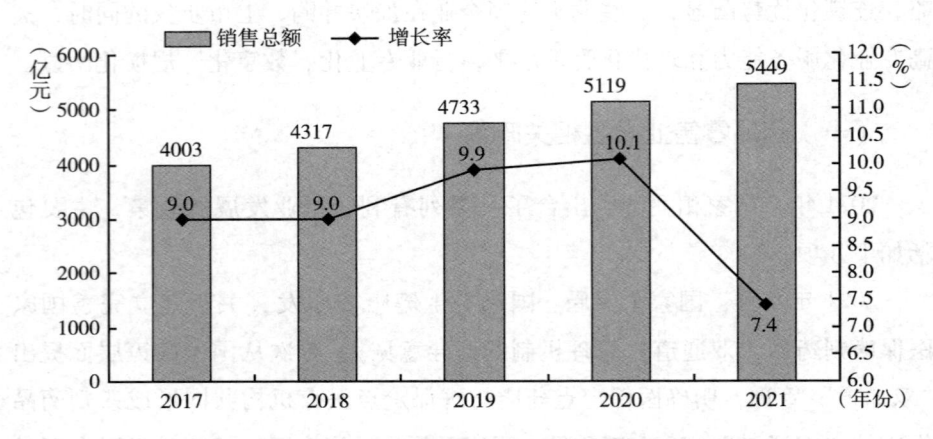

图1　2017~2021年药品零售市场销售总额及增长率

资料来源：商务部药品流通管理系统。

2. 全国药品零售企业结构

据国家药品监督管理局统计，截至2021年底，全国共有药品零售连锁企业6596家，同比增长4.73%；下辖门店33.74万家，同比增长7.83%；零售单体门店25.23万家，同比增长4.69%；零售药店门店总数达58.97万家，增长6.46%。

药品零售市场集中度及连锁率不断提高，截至2021年底，连锁率已达到57.22%，比2020年底提高0.72个百分点（见图2）。

---

① 销售总额为含税值。

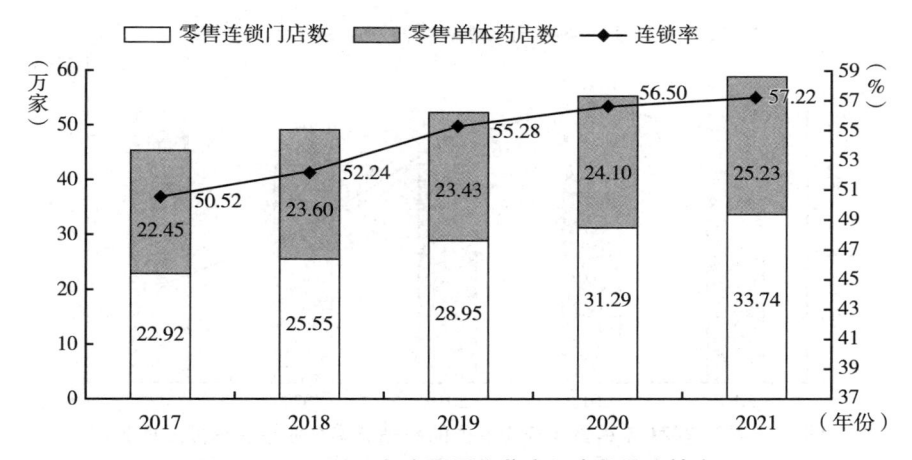

图 2　2017～2021 年全国零售药店门店数及连锁率

资料来源：国家药品监督管理局。

（三）药品零售企业经营情况

1. 销售额前100位企业经营与效益情况

2021年药品零售企业前100位销售总额为1912.1亿元，同比增长5.9%（见图3），扣除不可比因素占同期药品零售市场销售总额的35.6%，上升0.3个百分点；其中，前10位企业销售总额占药品零售市场销售总额的21.1%，前20位企业销售总额占药品零售市场销售总额的25.5%。

2021年，销售额前100位药品零售企业平均利润率为3.5%，比上年下降1.1个百分点；扣除不可比因素平均毛利率为27.4%，比上年上升0.5个百分点；平均费用率为25.5%，比上年上升1.8个百分点（见图4）。

2. 销售额前100位企业门店总数和不同规模企业数量情况

2021年，销售额前100位的药品零售企业门店总数达到81524家，其中，直营门店数68416家，直营店占门店总数的83.9%；不同销售规模药品零售企业家数见表1，其中销售额超过100亿元的企业有5家。

药品流通蓝皮书

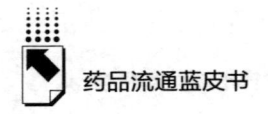

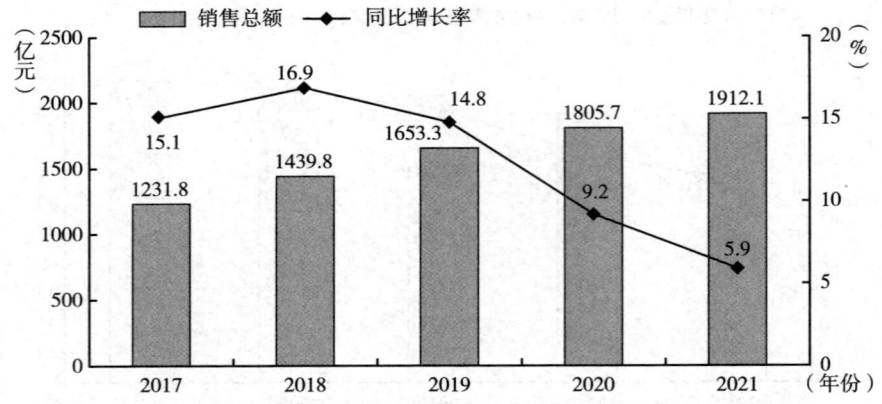

图3 2017~2021年销售额前100位的药品零售企业销售总额及增长率

资料来源：商务部药品流通管理系统。

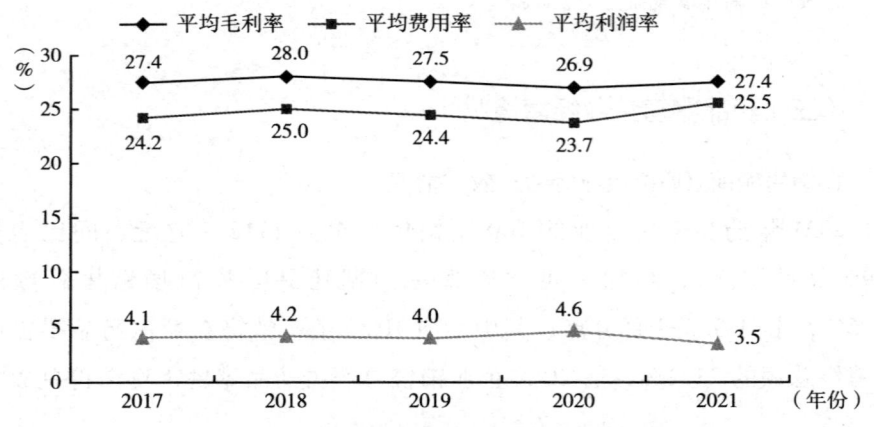

图4 2017~2021年药品零售企业前100位经济效益

资料来源：商务部药品流通管理系统。

表1 2020~2021年销售规模超过10亿元的药品零售企业家数统计

单位：家

销售额规模	2020年	2021年	变化
超过50亿元	8	8	0
20亿~50亿元	8	9	1
10亿~20亿元	18	21	3
超过10亿元（汇总）	34	38	4

3. 销售额前100位企业区域分布

2021年，销售额前100位药品零售企业拥有数量排名前10位的省市依次为浙江、四川、山东、上海、江苏、广东、湖北、湖南、云南、河北；10个省市百强企业数量占全国的74%（见表2）。

表2 2019~2021年销售额前100位的药品零售企业区域数量分布

单位：家

序号	省（区、市）	2019年	2020年	2021年
1	浙江省	14	14	13
2	四川省	9	9	10
3	山东省	8	9	10
4	上海市	10	8	9
5	江苏省	6	7	8
6	广东省	7	8	7
7	湖北省	7	5	5
8	湖南省	4	5	5
9	云南省	5	5	4
10	河北省	4	4	3
11	重庆市	4	3	3
12	黑龙江省	3	3	3
13	广西壮族自治区	2	2	3
14	江西省	2	2	3
15	河南省	2	3	2
16	北京市	3	3	2
17	贵州省	3	3	2
18	甘肃省	2	2	2
19	山西省	1	2	2
20	吉林省	1	1	1
21	安徽省	1	1	1
22	陕西省	1	1	1
23	宁夏回族自治区	0	0	1
24	辽宁省	1	0	0

资料来源：中国医药商业协会。

2021年，在销售额前100位药品零售企业销售额占比中，湖南省再次成为销售额占比最高的省份，且与排名第二的上海的占比均有所增加（见表3）。

表3 2019~2021年药品零售企业销售额前100位区域销售占比

序号	省(区、市)	2019年(%)	2020年(%)	2021年(%)	位次变动
1	湖南省	15.30	17.12	17.88	—
2	上海市	13.82	16.60	17.72	—
3	广东省	9.80	12.11	12.60	—
4	云南省	9.08	10.02	9.96	—
5	山东省	4.99	5.80	5.87	—
6	浙江省	4.61	4.81	4.81	—
7	北京市	5.84	4.80	4.70	—
8	甘肃省	4.79	4.77	3.74	—
9	江苏省	2.66	2.82	2.99	2
10	湖北省	4.90	3.42	2.80	-1
11	重庆市	7.47	2.68	2.59	1
12	四川省	2.44	2.19	2.44	2
13	河南省	1.85	2.31	2.07	—
14	广西壮族自治区	1.48	1.75	1.91	1
15	江西省	1.20	1.19	1.77	2
16	河北省	2.89	3.00	1.66	-6
17	贵州省	1.43	1.51	1.45	-1
18	黑龙江省	1.21	0.84	1.00	1
19	吉林省	1.17	1.08	0.96	-1
20	山西省	0.28	0.41	0.37	1
21	陕西省	0.26	0.27	0.32	1
22	安徽省	0.55	0.50	0.29	-2
23	宁夏回族自治区	0.00	0.00	0.11	2
24	辽宁省	2.01	0.00	0.00	-1

资料来源：中国医药商业协会。

4. 药品零售上市企业的盈利状况

2021年，大参林、老百姓、益丰药房、一心堂、漱玉平民和健之佳六大上市药品零售企业仍保持快速发展（见表4）。

表4 A股上市的药品零售企业经营情况

单位：万元，%

证券名称	证券代码	2020年营业收入	2021年营业收入	同比增长	2021年综合毛利率	2021年净利润	2021年归母净利润
大参林	603233.SH	1458287	1675934	14.92	38.15	80439	79123
老百姓	603883.SH	1396670	1569566	12.38	32.13	78673	66924
益丰药房	603939.SH	1314450	1532631	16.60	40.35	99075	88788
一心堂	002727.SZ	1265628	1458740	15.26	36.96	91721	92158
漱玉平民	301017.SZ	463981	532164	14.70	28.51	11432	11492
健之佳	605266.SH	446636	523496	17.21	35.83	29926	30053
合计		6345652	7292530	14.92	36.21	391266	368538

资料来源：上市公司年报。

据不完全统计，截至2021年底，A股医药制造及流通等板块披露药店零售业务数据的上市企业共有28家（见表5），新三板上市的药品零售企业共有3家（见表6）。零售药店作为大健康产业的重要组成部分，受到资本市场的持续关注，近年来，随着"三医联动"改革持续推进，零售药店的价值愈加凸显。

表5 含药品零售业务的A股上市企业经营情况

单位：万元，%

行业分类	公司名称	零售板块子公司简称	2021年主营业务收入	2021年零售业务收入	同比增长	零售业务毛利率
流通业	国药控股	国大药房	52105124	2905925	18.25	30.51
	上海医药	华氏大药房、上海药房	21582426	776760	-8.82	13.16
	华润医药	华润堂、德信行、礼安连锁、同德堂	19361272	640119	17.6	9.2
	九州通	好药师药房连锁	12240743	184002	-9.39	17.09
	国药一致	国大药房	6764780	2054678	16.57	24.91
	南京医药	百信药房	4496411	184791	4.09	16.91
	重药控股	和平药房	6235389	226608	3.9	21.26
	英特集团		2662816	206409	15.71	10.05
	嘉事堂	嘉事堂药店连锁	2562562	127072	235.09	11.42
	鹭燕医药	鹭燕大药房	1750823	71900	-0.87	17.68
	柳州医药	桂中大药房	1708692	272642	9.59	19.41
	人民同泰	人民同泰连锁	927742	133633	4.28	25.75
	浙江震元	震元医药连锁	359942	98625	22.30	20.31
	达嘉维康		259218	69107	11.69	17.80
	第一医药	第一医药商店	134203	87155	2.05	20.02

157

续表

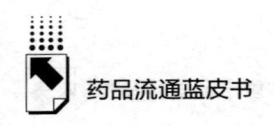

行业分类	公司名称	零售板块子公司简称	2021年主营业务收入	2021年零售业务收入	同比增长	零售业务毛利率
制药业	白云山	采芝林药业连锁、健民连锁、广州医药大药房、海南广药晨菲	6875795	4677852	8.34	6.64
	同仁堂	同仁堂药店	1449989	824090	12.64	31.51
	太极集团	桐君阁大药房	1207607	729641	41.70	8.53
	信邦制药	科开大药房	644110	536238	10.44	12.83
	东北制药	东北大药房	804642	335354	6.08	8.75
	济川药业	为你想大药房	761751	28366	28.61	43.27
	恩华药业	恩华统一	391913	41790	13.66	16.49
	千金药业	千金大药房连锁	359872	176893	-2.13	16.10
	九芝堂	九芝堂零售连锁	378416	81263	-18.75	21.97
	片仔癀	片仔癀国药堂	800426	314626	10.64	12.01
	马应龙	湖北天下明大药房、马应龙大药房	336253	146706	25.26	6.00
	丰原药业	丰原大药房	345340	176888	4.38	16.35
其他	开开实业	上海雷西大药房	64263	63643	-11.54	23.95

资料来源：上市公司年报。

表6　新三板上市的药品零售企业经营情况

单位：万元，%

名称	代码	所在省份	2020年营业收入	2021年营业收入	同比增长	2021年毛利率	2021年归属于挂牌公司股东的净利润
上元堂	830923	江苏	39671	40510	2.11	30.60	2167
易心堂	837742	浙江	20495	17660	-13.86	37.81	-2382
神农药房	870811	吉林	13936	14250	2.25	21.96	168

资料来源：上市公司年报。

（四）医保定点零售药店分布情况

2021年，随着药品带量采购制度常态化、线上购药医保结算、全国统一医保目录正式执行等政策的持续落地,部分地区也出台对医保定点零售药店的规范管理文件,政府部门对医保药店的监管越来越严格。

2021年,全国医疗保障事业发展统计公报显示:2021年职工医保参保人员医疗总费用14997.37亿元,其中医疗机构发生费用12936.45亿元,个人账户在药店支出费用2060.92亿元。异地就医门诊费用跨省直接结算试点工作稳妥推进,开通联网定点医疗机构4.56万家、联网定点零售药店8.27万家(见表7)。

表7 2021年销售额前100位药品零售企业医保定点药店区域分布

单位:家,%

序号	省(区、市)	企业数	药店总数	医保定点药店数	医保药店占比
1	宁夏回族自治区	1	132	132	100.0
2	贵州省	2	1084	1082	99.8
3	甘肃省	2	3627	3581	98.7
4	黑龙江省	3	579	564	97.4
5	安徽省	1	427	402	94.1
6	河北省	3	1366	1280	93.7
7	陕西省	1	202	189	93.6
8	山西省	2	368	344	93.5
9	四川省	10	1810	1691	93.4
10	吉林省	1	966	884	91.5
11	云南省	4	11819	9955	84.2
12	江苏省	8	926	778	84.0
13	江西省	3	1471	1230	83.6
14	广西壮族自治区	3	1503	1249	83.1
15	广东省	7	9673	7794	80.6
16	上海市	9	9883	7777	78.7
17	重庆市	3	2399	1876	78.2
18	山东省	10	5210	4028	77.3
19	河南省	2	2155	1662	77.1
20	湖南省	5	17055	13003	76.2
21	北京市	2	1066	775	72.7
22	湖北省	5	5524	3987	72.2
23	浙江省	13	2279	1567	68.8
	总计	100	81524	65830	80.7

资料来源:商务部药品流通管理系统。

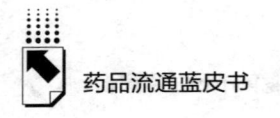

（五）药品零售市场品类销售结构

1. 药品品类销售结构

（1）大类商品的销售

2021年，典型样本城市零售药店①品类销售数据显示，在九大类商品中，化学药、中成药、生物制品销售额位居前三，其中生物制品类占比超过医疗器械（含家庭护理）类，达到15.7%，比2020年提高6.0个百分点（见图5）。

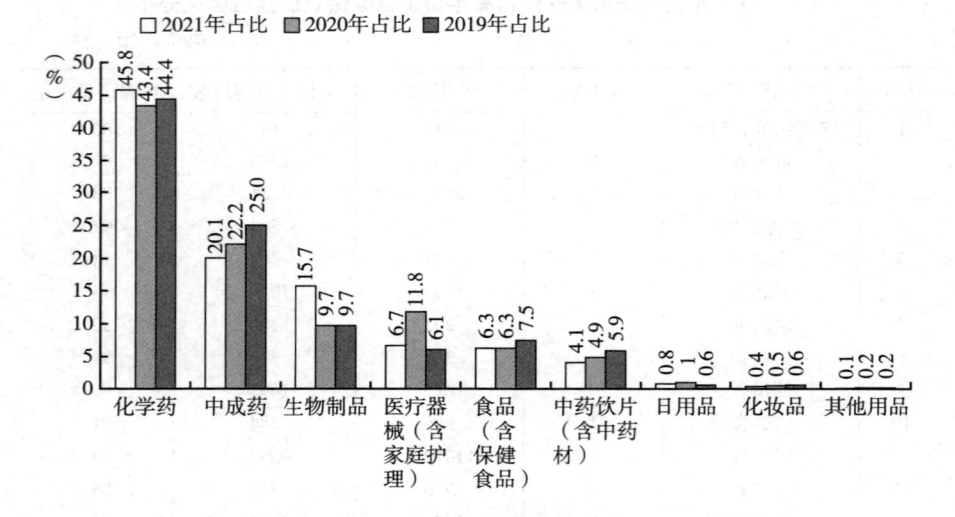

图5 2019~2021年典型样本城市零售药店销售品类结构分布

资料来源：中国医药商业协会。

（2）化学药品大类的销售

在化学药品大类②中，除抗肿瘤药物外，其他各功能类别药品的销售额占比变化不大；与2020年相比，抗肿瘤药物销售额占比上升7.10个百分点（见表8）。

---

① 19个省（区、市）37家药品零售连锁企业，约2700家门店。
② 依据《国家药管平台药品分类编码与基本数据库》进行药品分类。

表8　2020~2021年典型样本城市零售药店化学药品销售占比

单位：%，百分点

序号	化学药品大类分类	2020年占比	2021年占比	变化
1	抗肿瘤药物	17.23	24.33	7.10
2	心血管系统用药物	15.77	13.72	-2.05
3	神经系统用药物	10.67	9.42	-1.25
4	维生素类、矿物质类及营养类药物	8.78	8.07	-0.71
5	专科用药物	8.39	8.03	-0.36
6	调节免疫功能药物	7.29	6.53	-0.76
7	激素及调节内分泌功能类药物	7.34	6.52	-0.82
8	消化系统用药物	6.09	5.81	-0.28
9	呼吸系统用药物	4.03	3.58	-0.45
10	抗生素类药物	3.43	3.23	-0.20
11	泌尿系统用药物	3.13	2.98	-0.15
12	血液系统用药物	2.61	2.63	0.02
13	抗病毒药物	2.17	1.94	-0.23
14	抗变态反应药物	1.05	0.98	-0.07
15	化学合成抗菌药	0.79	0.74	-0.05
16	抗真菌药物	0.41	0.70	0.29
17	其他抗感染类药物	0.22	0.21	-0.01
18	糖类、盐类与酸碱平衡调节药物	0.17	0.17	0.00
19	抗寄生虫药物	0.20	0.14	-0.06
20	酶类及其他生化药物	0.06	0.08	0.02
21	抗分枝杆菌药物	0.06	0.06	0.00
22	特殊管理药物	0.05	0.05	0.00
23	诊断用药物	0.02	0.04	0.02
24	麻醉及其辅助用药物	0.03	0.03	0.00
25	解毒药	0.01	0.01	0.00
26	其他化学药物	0.00	0.00	0.00

资料来源：中国医药商业协会。

(3) 中成药大类的销售

在中成药大类[①]销售中，清热剂销售额在2021年仍居首位，但销售额占比较上年下降幅度较大，或与疫情期间四类药品禁止销售有关（见表9）。

① 依据《国家药管平台药品分类编码与基本数据库》进行药品分类。

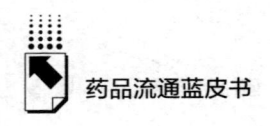

表 9　2020~2021 年典型样本城市零售药店中成药销售占比

单位：%，百分点

序号	中成药大类分类	2020 年占比	2021 年占比	变化
1	清热剂	24.26	22.36	−1.90
2	补益剂	19.32	19.05	−0.27
3	理血剂	15.75	15.45	−0.30
4	祛痰剂	8.32	8.88	0.56
5	祛湿剂	5.86	6.36	0.50
6	开窍剂	4.66	6.31	1.65
7	解表剂	6.40	5.79	−0.61
8	五官用药	4.07	4.13	0.06
9	安神剂	2.68	3.03	0.35
10	理气剂	1.92	1.90	−0.02
11	疏风剂	1.62	1.52	−0.10
12	消食剂	1.33	1.25	−0.08
13	民族药	1.29	1.24	−0.05
14	妇科用药	0.99	1.14	0.15
15	泻下剂	0.49	0.52	0.03
16	和解剂	0.35	0.35	0.00
17	温里剂	0.34	0.33	−0.01
18	固涩剂	0.18	0.22	0.04
19	外用药	0.13	0.13	−0.01
20	治燥剂	0.04	0.03	−0.01
21	其他功用	0.00	0.01	0.01

资料来源：中国医药商业协会。

2. 药品品种销售结构

（1）单品种销售额的 TOP10

在化学药品、中成药和生物制品销售中，典型样本城市零售药店 2021 年药品销售额前 10 位见表 10，其中片剂、胶囊占 5 席，7 种为跨国企业生产品种，有 8 种为抗肿瘤药。

表10 2021年典型样本城市零售药店单药品销售额前10位排序
（化学药、中成药、生物制品）

单位：万元，%

序号	品名	生产企业	销售额	占比
1	注射用曲妥珠单抗	Roche Pharma(Schweiz) AG	12295.13	1.26
2	帕妥珠单抗注射液	Roche Pharma(Schweiz) AG	11722.66	1.20
3	帕博利珠单抗注射液	Merck Sharp & Dohme Corp.	9764.11	1.00
4	盐酸安罗替尼胶囊	正大天晴药业集团股份有限公司	8601.89	0.88
5	安宫牛黄丸	北京同仁堂股份有限公司同仁堂制药厂	8305.55	0.85
6	甲磺酸奥希替尼片	Astra Zeneca AB	8111.23	0.83
7	枸橼酸西地那非片	辉瑞制药有限公司	7625.83	0.78
8	信迪利单抗注射液	信达生物制药（苏州）有限公司	7410.81	0.76
9	盐酸阿来替尼胶囊	Roche Registration Ltd.	7410.61	0.76
10	甲磺酸伊马替尼片	Novartis Pharma Schweiz AG	7263.72	0.75

资料来源：中国医药商业协会。

（2）生产企业销售情况

2021年，典型样本城市零售药店药品①供应商仍以本土企业为主，销售额占比58.3%，同2020年相比下降2.2个百分点，跨国企业销售额占比增长2.2个百分点（见图6）。

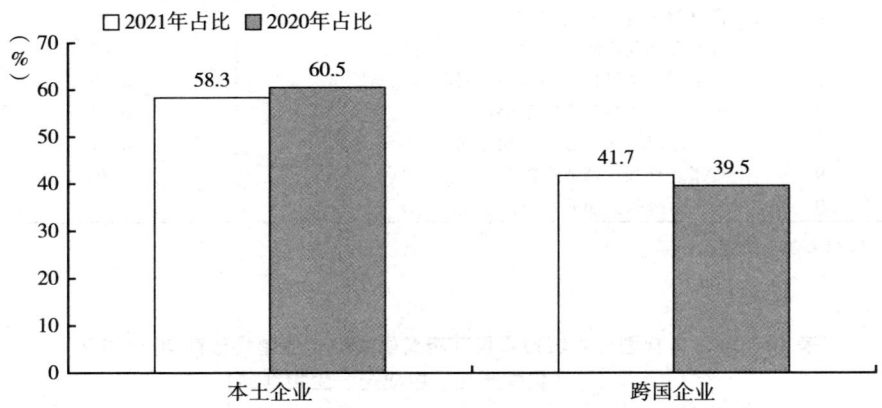

图6 2020~2021年典型样本城市零售药店药品供应商市场份额占比变化

资料来源：中国医药商业协会。

---

① 药品指化学药品、中成药、生物制品。

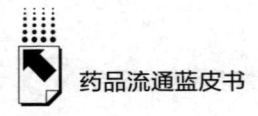

2021年典型样本城市零售药店本土生产企业销售额排序中，正大天晴以3.43%的占比位居第一，与上年相比占比增加0.05个百分点；但同跨国生产企业销售占比相比，仍有较大差距（见表11、表12、表13、表14）。

表11　2021年典型样本城市零售药店本土生产企业销售额前20位排序
（化学药品、中成药、生物制品）

单位：%

序号	生产企业	样本市场占比
1	正大天晴药业集团股份有限公司	3.43
2	石药集团欧意药业有限公司	2.01
3	北京同仁堂股份有限公司同仁堂制药厂	1.85
4	信达生物制药（苏州）有限公司	1.77
5	江苏恒瑞医药股份有限公司	1.63
6	江苏豪森药业集团有限公司	1.44
7	苏州盛迪亚生物医药有限公司	1.15
8	扬子江药业集团有限公司	1.12
9	北京振东朗迪制药有限公司	0.94
10	上海复宏汉霖生物制药有限公司	0.94
11	云南白药集团股份有限公司	0.90
12	东阿阿胶股份有限公司	0.89
13	浙江我武生物科技股份有限公司	0.88
14	齐鲁制药有限公司	0.88
15	常州金远药业制造有限公司	0.87
16	北京同仁堂科技发展股份有限公司制药厂	0.83
17	杭州中美华东制药有限公司	0.82
18	石家庄以岭药业股份有限公司	0.79
19	泰州复旦张江药业有限公司	0.76
20	天士力医药集团股份有限公司	0.66

资料来源：中国医药商业协会。

表12　2021年典型样本城市零售药店跨国生产企业销售额前20位排序
（化学药品、中成药、生物制品）

单位：%

序号	生产企业	样本市场占比
1	Roche Pharma(Schweiz) AG	7.54
2	Novartis Pharma Schweiz AG	7.35

续表

序号	生产企业	样本市场占比
3	Astra Zeneca AB	5.09
4	辉瑞制药有限公司	5.06
5	Merck Sharp & Dohme Corp.	2.43
6	阿斯利康制药有限公司	2.01
7	Roche Registration Ltd.	1.92
8	惠氏制药有限公司	1.89
9	丹麦诺和诺德公司	1.83
10	Astra Zeneca UK Limited	1.55
11	Janssen-Cilag International N. V.	1.54
12	北京诺华制药有限公司	1.42
13	Astellas Pharma Co. Limited	1.38
14	上海罗氏制药有限公司	1.33
15	中美上海施贵宝制药有限公司	1.29
16	Bayer AG	1.28
17	Bayer Pharma AG	1.20
18	德国威玛舒培博士药厂	1.14
19	Roche Diagnostics GmbH	1.13
20	西安杨森制药有限公司	1.10

资料来源：中国医药商业协会。

表13 2021年典型样本城市零售药店化学药品前三大类前10位生产企业排序

单位：%

序号	类别	排序	生产企业	占比
1	抗肿瘤药物	1	正大天晴药业集团股份有限公司	10.91
		2	Astra Zeneca AB	9.10
		3	Novartis Pharma Schweiz AG	8.29
		4	Roche Registration Ltd.	5.81
		5	石药集团欧意药业有限公司	5.70
		6	江苏豪森药业集团有限公司	4.82
		7	常州金远药业制造有限公司	3.72
		8	Eisai Co., Ltd.	3.20
		9	Pfizer Limited	2.65
		10	和记黄埔医药（苏州）有限公司	2.3

续表

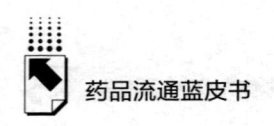

序号	类别	排序	生产企业	占比
2	心血管系统用药物	1	辉瑞制药有限公司	14.56
		2	阿斯利康制药有限公司	6.70
		3	北京诺华制药有限公司	6.38
		4	Novartis Pharma Schweiz AG	6.12
		5	泰州复旦张江药业有限公司	5.75
		6	Bayer Pharma AG	4.09
		7	Sanofi Clir SNC	2.53
		8	施慧达药业集团（吉林）有限公司	2.49
		9	施维雅（天津）制药有限公司	1.77
		10	鲁南贝特制药有限公司	1.70
3	神经系统用药物	1	德国威玛舒培博士药厂	8.87
		2	Bayer S. p. A.	4.33
		3	石药集团恩必普药业有限公司	3.23
		4	中美天津史克制药有限公司	2.71
		5	药大制药有限公司	2.55
		6	北京四环制药有限公司	2.14
		7	H. Lundbeck A/S	2.11
		8	上海绿谷制药有限公司	2.10
		9	辉瑞制药有限公司	1.96
		10	吉林省天成制药有限公司	1.95

资料来源：中国医药商业协会。

表14　2021年典型样本城市零售药店中成药前三大类前10位生产企业排序

单位：%

序号	类别	排序	生产企业	占比
1	清热剂	1	扬子江药业集团有限公司	7.42
		2	漳州片仔癀药业股份有限公司	6.58
		3	石家庄以岭药业股份有限公司	5.17
		4	江西康恩贝中药有限公司	3.20
		5	济川药业集团有限公司	3.00
		6	云南白药集团股份有限公司	2.83
		7	太极集团重庆涪陵制药厂有限公司	2.23
		8	天士力医药集团股份有限公司	2.20
		9	马应龙药业集团股份有限公司	1.87
		10	黑龙江葵花药业股份有限公司	1.63

续表

序号	类别	排序	生产企业	占比
2	补益剂	1	东阿阿胶股份有限公司	11.07
		2	仲景宛西制药股份有限公司	5.44
		3	广州白云山陈李济药厂有限公司	4.09
		4	启东盖天力药业有限公司	3.95
		5	江西金水宝制药有限公司	3.22
		6	扬子江药业集团江苏龙凤堂中药有限公司	2.84
		7	江西汇仁药业股份有限公司	2.57
		8	辽宁沃华康辰药业有限公司	2.38
		9	太极集团重庆桐君阁药厂有限公司	2.36
		10	山西广誉远国药有限公司	2.26
3	理血剂	1	云南白药集团股份有限公司	7.03
		2	天士力医药集团股份有限公司	5.19
		3	云南白药集团无锡药业有限公司	4.98
		4	石家庄以岭药业股份有限公司	3.80
		5	上海和黄药业有限公司	3.14
		6	天津中新药业集团股份有限公司第六中药厂	3.05
		7	陕西步长制药有限公司	2.93
		8	河南润弘制药股份有限公司	2.87
		9	昆药集团股份有限公司	1.74
		10	广州白云山和记黄埔中药有限公司	1.72

资料来源：中国医药商业协会。

（六）执业药师配备情况

据国家药品监督管理局执业药师资格认证中心统计，截至2021年12月底，全国执业药师累计在有效期内注册人数为639991人，环比增加2438人；每万人口执业药师人数为4.5人。注册于药品零售企业的执业药师584354人，占注册总数的91.3%；注册于药品批发企业、药品生产企业、医疗机构和其他领域的执业药师分别为35223人、3983人、16306人、125人。

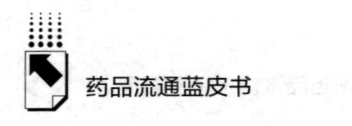

二 药品零售市场发展主要特点

2021年，受全球新冠肺炎疫情反复影响，"外防输入、内防反弹"任务依然艰巨，动态清零仍然是中国疫情管控的主要手段之一。零售药店作为公共卫生体系的重要组成部分，既要配合完成艰巨的防控任务，也要谋求可持续发展。

（一）行业集中度进一步提升

药品零售业表现为整体销售增速放缓、企业盈利空间下降。头部零售企业凭借标准化、规模化、资本化优势，一方面通过新增自建、加盟及并购等多种方式保障了规模的持续提升，实现在销售规模、盈利水平与品牌影响力等方面的多重提升；另一方面通过技术、招牌形象、管理等为加盟店赋能，提升加盟店品牌效应、精细化管理与运营能力。据上市企业年报显示，2021年，一心堂净增1355家，自建和零散收购为新增门店的重要方式；漱玉平民净增门店1344家，其中新增加盟门店603家，新建直营门店463家，并购门店281家；大参林发起32起并购，涉及门店1029家；老百姓新增门店中535家通过并购而来；益丰完成19起并购交割，涉及门店425家；健之佳发生15起并购，涉及门店360家。企业竞争加剧，规模较小、渠道单一、资金实力不足的药品零售企业、单体药店面临转型和生存的挑战。

（二）持续打造新零售创新业务模式

药品零售企业积极与医院、医保、保险平台对接，在技术、政策和市场的驱动下加速新零售模式的拓展。一是对接互联网医院或医院HIS系统，开展处方外流项目，如国大药房与16个互联网医院平台合作，在深圳、内蒙古、新疆、吉林、沈阳区域开展处方外流项目，打造"互联网诊疗+处方在线流转+药品配送到家"一站式服务。二是开创零售新模式，推进服务升级，如自助售药机、自助购药智能服务，探索数智化无人值守药房。三是多元化经营，如一心堂药妆店引进国内外优质药妆品牌，2021年在云南省内的药妆店近300家，2021年全集团个护项目类产品销售较2020年增长9.63%。

（三）药品网络销售模式迅速发展

药品零售企业积极拥抱互联网，开展O2O、B2C、第三方平台业务，部分企业通过企业微信及社群能力搭建、微信搜一搜、小程序直播等赋能新零售业务发展，通过公域+私域多平台分发模式打通"视频号/抖音+公众号+直播+小程序"的内容生产与流量运营链路，开启品牌发展创新模式，线上渠道销售保持高速增长。如2021年，大参林进驻了几乎所有头部O2O平台，并与企健网等健康垂直平台建立了合作关系，建立以用户为中心、30分钟到家的24小时送药服务。其中，O2O送药服务覆盖7240家门店，覆盖门店上线率达到89%；B2C业务利用"中心仓+地区仓+前置仓"的发货模式覆盖全国；O2O+B2C销售额同比增长87%。老百姓大药房开展O2O外卖服务门店达到6356家，24小时门店增至469家。

（四）专业药房发展迅速

国家药品集采、医院药品零加成、"两票制"、医保谈判药品"双通道"等政策持续推进，加速了专业药房发展。药品零售企业积极推进国家谈判品种、国家药品集中采购品种及非中标品种的开发，与处方药厂家达成战略合作；拓展院边店、DTP、门慢门特等专业药房，强化专业服务能力和处方药品供应服务体系，对接医院处方流转。截至2021年底，一心堂开通的各类慢病医保门店为831家，占全集团门店总数的近10%；大参林院边店达到760家，比上年增长28%。

（五）提供专业药学服务初见成效

药品零售企业积极提升专业化服务能力，加快向专业零售商或大健康服务商转型。目前，大部分药店都具有会员服务系统，对会员进行药品用法用

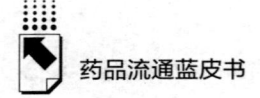

量、不良反应、储藏保存、相关饮食、配伍禁忌等用药指导,实现对会员的精准化服务。头部连锁企业开发药学服务系统,培养慢性疾病专员,为患者开展初级药物治疗管理,药店专业化水平有了一定提高。

上市企业年报显示,2021年国大药房每周组织专员在线学习,培养糖尿病专员2593名和高血压专员2568名;累计建档糖尿病会员101万名和高血压会员97万名,实现糖尿病商品和高血压商品销售同比增长11.7%和14.2%。大参林培养慢病管理专员联合医生团队,为患者提供健康检测、养生讲堂、名医咨询、康复方案、健康管理等线上线下融合的体验式服务,用专业服务提高到店频次和客户黏性。老百姓大药房已培养5163名慢病管理专员,截至2021年9月30日,为慢病患者累计建档855.07万人次、累计回访1493万人次,举行线上线下患教9025场次,创建社群8000多个,入群人数近50万人。

三 药品零售市场未来发展趋势

2021年10月,商务部发布《关于"十四五"时期促进药品流通行业高质量发展的指导意见》,提出药品零售业总体目标:到2025年,培育5~10家超500亿元的专业化、多元化药品零售连锁企业;药品零售百强企业年销售额占药品零售市场总额的65%以上;药品零售连锁率接近70%。药品零售业正进入一个重要转折期。

(一)数字化转型是创新发展、提质增效的必经之路

2022年,数字化时代将加速到来。药品零售业将积极拥抱数字化管理+科学技术,搭建可视化、可触达、可完善的运营体系,为消费者提供无边界、全方位的服务体验,加快实现企业自身业态转型升级。

(二)多元化发展推动企业转型

以供给侧需求为导向,以满足人民群众健康需求为发展目标,深度挖掘

患者、消费者健康新需求，满足多层次健康消费市场需求，拓展服务功能。一是药品零售企业应和上游工业企业互动，提供数据支撑，持续不断开发和引进新品类、新品种、新品规，满足顾客需求；二是拓展医疗健康服务业务范围，推进大健康服务多元化发展，拓展健康护理、营养保健、健康教育等业务。

（三）专业化服务能力成为药店新的增长点

新时期，消费者对医疗服务质量与可及性要求越来越高，药店已出现从传统单一销售向药事服务、慢性疾病管理等多职能化专业药房发展，围绕患者生命周期对会员采取标签化管理和分类，整合线上线下资源为患者提供智能化、精准化的营销。专业化服务能力的提升带动盈利能力提升，将成为行业发展的新动力。

（四）线上线下融合的全渠道、多模式发展将长期存在

药品零售企业和医药电商企业加快线上线下融合步伐。依托互联网医疗平台，借助大数据等高技术手段，为消费者提供在线问诊、医保支付、商品配送、用药咨询、用药全周期专业化照护、药品福利管理等一体化一站式服务。

（五）大力加强专业技术人才队伍建设

随着药房专业化、数字化发展，需大力提高执业药师为患者提供合理用药指导、用药监护管理、患者用药教育等专业化药事服务能力，提升患者用药依从性及有效性。同时，加快数字化人才的培养，加强企业数字化赋能能力，为企业提质增效提供人才支撑。

B.16
2021年中国经营特殊疾病药品社会药房发展报告

中国医药商业协会

摘 要： 本文通过对2021年中国经营特殊疾病药品社会药房（以下简称"特药药房"）和特药药房标准达标药店的区域分布、商圈类型、经营面积、药学技术人员配备、品类数据等进行分析，展现特药药房发展现状、运行特点以及特药药房标准的宣贯对行业的影响。同时，通过持续关注我国特药药房创新模式及发展趋势，为推动特药药房高质量发展提供思路和路径。

关键词： 特药药房 药学服务 "双通道" 创新模式

一 特药药房发展现状

随着医院药品零加成、"两票制"、国家药品集采的持续推进，尤其是医保谈判药品"双通道"政策促进处方外流，加速特药药房发展。同时，数字化应用提升企业运营效能和服务能力，特药药房借助信息技术，不断在新特药药学服务方面进行深入探索，体系化、专业化能力进一步提升，特药药房数量及销售规模持续增长。

（一）特药药房的基本情况

1. 特药药房规模增长情况

依据中国医药商业协会《特药药房建议经营目录（试行）》中经营5个以上（含）品种划为"特药药房"的原则，武汉海云健康统计的数据显示，2021年特药药房数量为3193家，较2020年增加827家，同比增长35%（见表1）。

表1 2019～2020年特药药房数量情况

单位：家，%

年度	特药药房数量	增长比例
2021	3193	35
2020	2366	61
2019	1469	—

资料来源：武汉海云健康科技股份有限公司。

2. 特药药房类型及经营面积

根据中国医药商业协会对273家特药药房标准达标药店（以下简称"特药达标药房"）典型调查，其中连锁药店占比58.97%，单体药店占比41.03%；其中以院边店为主，占比82.42%（见图1）；店均营业面积为332.96平方米，其中特药经营面积平均为102.98平方米，占整体店均面积的30.93%。

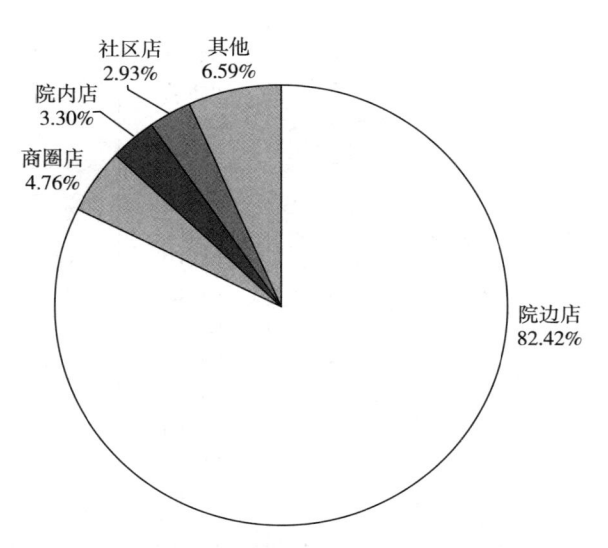

图1 各类型特药药房数量占比

- 院边店 82.42%
- 其他 6.59%
- 商圈店 4.76%
- 院内店 3.30%
- 社区店 2.93%

资料来源：中国医药商业协会。

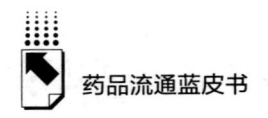

3. 特药药房医保定点情况

据特药达标药房统计，医保药店占比94.87%，非医保药店占比5.13%；开通医保统筹药店占比69.96%（见表2）。

表2　2021年特药达标药店分布及医保情况

单位：家，%

序号	省（区、市）	达标药店数量	医保药店数量	医保药店占比	医保统筹药店数量	医保统筹占比
1	广东	37	37	100.00	10	27.03
2	山东	29	28	96.55	21	72.41
3	河北	26	26	100.00	16	61.54
4	湖南	23	22	95.65	22	95.65
5	江苏	18	16	88.89	14	77.78
6	陕西	16	15	93.75	13	81.25
7	河南	13	13	100.00	10	76.92
8	黑龙江	13	13	100.00	11	84.62
9	广西	12	12	100.00	10	83.33
10	安徽	10	10	100.00	9	90.00
11	天津	8	8	100.00	8	100.00
12	北京	7	3	42.86	1	14.29
13	湖北	7	6	85.71	5	71.43
14	四川	7	7	100.00	6	85.71
15	云南	7	7	100.00	5	71.43
16	福建	5	5	100.00	4	80.00
17	辽宁	5	5	100.00	4	80.00
18	浙江	5	5	100.00	4	80.00
19	重庆	5	5	100.00	5	100.00
20	江西	4	4	100.00	3	75.00
21	山西	4	4	100.00	4	100.00
22	甘肃	3	3	100.00	3	100.00
23	海南	3	0	0.00	0	0.00
24	吉林	2	2	100.00	2	100.00
25	宁夏	2	2	100.00	0	0.00
26	内蒙古	1	1	100.00	1	100.00
27	上海	1	0	0.00	0	0.00
	总计	273	259	94.87	191	69.96

资料来源：中国医药商业协会。

4. 药学技术人员配备情况

截至 2021 年底，参与调查的特药达标药房共有员工人数 4129 人，店均员工 15.12 人，其中药学技术人员 1996 人，店均 7.31 人，药学技术人员占员工总数的 48.34%。中国医药商业协会对特药达标药房的 1996 位药学技术人员专业技术职称调查发现，其中执业药师 822 人，执业（中）药师 10 人，共占药学技术人员的 41.68%，平均每家药店执业药师［含执业（中）药师］3.05 人；药师（含副主任药师、主管药师）261 人，占药学技术人员 13.08%。

对药学技术人员受教育状况调查发现，本科及以上学历 658 人，占药学技术人员的 32.97%，与 2020 年相比增加 64 人；药学专业 1204 人，占药学技术人员的 60.32%，比 2020 年提高 8.22 个百分点。

从药学技术人员年龄看，30 岁以下占比 31.01%；30~39 岁占比 43.19%；40~49 岁占比 22.34%；50 岁以上占比 3.46%。

对药学技术人员从业年限调查发现，从业年限 1~5 年人员占比最大，达 28.61%，从业 6~10 年占比 26.70%，11~15 年占比 19.54%，16~20 年占比 14.18%，20 年以上占比 10.97%。

（二）特药药房的经营情况

2021 年，特药药房店均年销售处方数量 10138 张，平均每天 28 张；店均年服务患者 14061 人次，平均每天服务特药患者 39 人次；店均建立患者档案 2460 份；店均经营品规数 1846 个，全年含税销售额 7469 万元，其中，店均经营特药品规数 83 个，全年实现含税销售额 5038 万元，占药房整体销售额的 67.45%。

1. 经营品种数量

2021 年，特药达标药房经营的特药品种共 232 种，主要涉及抗肿瘤药、免疫抑制剂及其他疾病用药，其中抗肿瘤药经营品种数占比约为 49.57%（见表 3）。

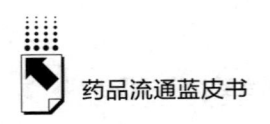

表3　2021年特药药房经营品种数量

单位：种，%

序号	分类	经营品种	经营品种数占比
1	抗肿瘤药	115	49.57
2	免疫抑制剂	30	12.93
3	全身用抗病毒药	24	10.34
4	内分泌治疗用药	10	4.31
5	抗出血药	9	3.88
6	免疫兴奋剂	7	3.02
7	眼科用药	5	2.16
8	抗高血压药	4	1.72
9	其他消化道及代谢用药	4	1.72
10	抗血栓形成药	3	1.29
11	垂体和下丘脑激素及类似物	3	1.29
12	全身用抗真菌药	2	0.86
13	抗贫血药	2	0.86
14	其他治疗药物	14	6.03
	合计	232	100.00

资料来源：中国医药商业协会。

2. 各类药品销售额占比

2021年，在特药药房经营的品类中，治疗肿瘤疾病的药物经营品种销售额占绝大份额，占比为80.76%（见表4）。

表4　2021年特药药房经营品类销售额占比

单位：%

序号	分类	占比
1	抗肿瘤药	80.76
2	免疫抑制剂	7.74
3	内分泌治疗用药	2.30
4	抗出血药	1.90
5	免疫兴奋剂	1.84

续表

序号	分类	占比
6	全身用抗病毒药	1.28
7	眼科用药	0.74
8	血脂调节剂	0.62
9	皮肤病用药	0.54
10	抗高血压药	0.43
11	其他治疗肌肉-骨骼系统疾病的药物	0.27
12	生物免疫增强剂	0.26
13	全身用抗真菌药	0.26
14	其他治疗药物	1.06

资料来源：中国医药商业协会。

3. 品类销售结构[①]

特药药房销售的药品以化学药和生物制品为主。2021年化学药品排名前10位的药品销售额占全部化学药品销售总额的45.16%（见表5）。

表5　2021年化学药品销售额前10位药品销售占比情况

单位：%，百分点

序号	药品名称	2021年销售额占比	2020年销售额占比	占比变化
1	甲磺酸奥希替尼片	9.49	11.89	-2.40
2	盐酸安罗替尼胶囊	7.40	9.62	-2.22
3	盐酸多柔比星脂质体注射液	5.21	4.45	0.76
4	甲磺酸阿美替尼片	3.98	1.77	2.21
5	注射用紫杉醇（白蛋白结合型）	3.51	4.35	-0.84
6	甲磺酸伊马替尼片	3.46	4.27	-0.81
7	盐酸阿来替尼胶囊	3.35	1.87	1.48
8	甲磺酸仑伐替尼胶囊	3.06	2.24	0.82
9	盐酸埃克替尼片	2.91	3.36	-0.45
10	他克莫司胶囊	2.79	3.32	-0.53
	合计	45.16	47.15	-1.99

资料来源：武汉海云健康科技股份有限公司。

[①] 武汉海云健康科技股份有限公司对全国28个省（区、市）的3193家特药药房（经营特药品种超过5种）销售情况进行调查。

2021年，生物制品销售额前10位药品销售额占生物制品销售总额的68.69%（见表6）。

表6 2021年生物制品销售额前10位药品销售占比

单位：%，百分点

序号	药品名称	2021年销售额占比	2020年销售额占比	占比变化
1	注射用曲妥珠单抗	12.45	14.05	-1.60
2	贝伐珠单抗注射液	10.14	9.78	0.36
3	注射用卡瑞利珠单抗	9.36	14.14	-4.78
4	信迪利单抗注射液	7.56	6.23	1.33
5	帕博利珠单抗注射液	6.89	6.12	0.77
6	帕妥珠单抗注射液	5.82	3.86	1.96
7	替雷利珠单抗注射液	4.61	4.42	0.19
8	利妥昔单抗注射液	4.31	5.41	-1.10
9	司库奇尤单抗注射液	3.78	2.02	1.76
10	阿达木单抗注射液	3.77	2.06	1.71
	合计	68.69	68.09	0.60

资料来源：武汉海云健康科技股份有限公司。

4. 特药药品销售排名[①]

2021年，特药药品销售数量前三名的品种是贝伐珠单抗注射液、信迪利单抗注射液、马来酸吡咯替尼片（见表7）。

表7 2021年特药药品销售数量前10位

序号	药品名称	商品名	规格	包装规格	厂家
1	贝伐珠单抗注射液	安维汀	4ml:100mg	1	Roche Pharma (Schweiz) AG
2	信迪利单抗注射液	达伯舒	10ml:100mg	1	信达生物制药（苏州）有限公司
3	马来酸吡咯替尼片	艾瑞妮	80mg（按 $C_{32}H_{31}ClN_6O_3$ 计）	14	江苏恒瑞医药股份有限公司

[①] 中国医药商业协会对特药达标药房调查数据。

续表

序号	药品名称	商品名	规格	包装规格	厂家
4	贝伐珠单抗注射液	安可达	100mg∶4ml	1	齐鲁制药有限公司
5	司库奇尤单抗注射液	可善挺	1ml∶150mg	1	Novartis Pharma Schweiz AG
6	盐酸埃克替尼片	凯美纳	125mg	21	贝达药业股份有限公司
7	西妥昔单抗注射液	爱必妥	20ml∶100mg	1	Merck KGaA
8	注射用卡瑞利珠单抗	艾瑞卡	0.2g	1	苏州盛迪亚生物医药有限公司
9	注射用重组人Ⅱ型肿瘤坏死因子受体-抗体融合蛋白	益赛普	25mg/瓶	1	三生国健药业（上海）股份有限公司
10	帕妥珠单抗注射液	帕捷特	420mg（14ml）/瓶	1	Roche Pharma（Schweiz）AG

资料来源：中国医药商业协会。

在销售金额上，帕博利珠单抗注射液、甲磺酸奥希替尼片、帕妥珠单抗注射液销售金额较高（见表8）。

表8 2021年特药药品销售金额前10位

序号	药品名称	商品名	规格	包装规格	厂家
1	帕博利珠单抗注射液	可瑞达	4ml∶0.1g	1	Merck Sharp & Dohme Corp.
2	甲磺酸奥希替尼片	泰瑞沙	80mg	30	AstraZeneca AB
3	帕妥珠单抗注射液	帕捷特	420mg（14ml）/瓶	1	Roche Pharma（Schweiz）AG
4	信迪利单抗注射液	达伯舒	10ml∶100mg	1	信达生物制药（苏州）有限公司
5	盐酸阿来替尼胶囊	安圣莎	150mg	224	Roche Registration Ltd.
6	注射用卡瑞利珠单抗	艾瑞卡	0.2g	1	苏州盛迪亚生物医药有限公司
7	注射用曲妥珠单抗	赫赛汀	20ml∶0.44g	1	Roche Pharma（Schweiz）AG

续表

序号	药品名称	商品名	规格	包装规格	厂家
8	注射用曲妥珠单抗	赫赛汀	20ml：0.44g	1	Genentech Inc.
9	贝伐珠单抗注射液	安维汀	4ml：100mg	1	Roche Pharma (Schweiz) AG
10	甲磺酸阿美替尼片	阿美乐	55mg（按 $C_{30}H_{35}N_7O_2$ 计）	20	江苏豪森药业集团有限公司

资料来源：中国医药商业协会。

（三）特药药房社会责任

2021年，据中国医药商业协会对273家特药达标药房调查数据，有244家特药药房与41家慈善机构合作开展了药品援助项目，涉及143种援助药品，合计171.75万盒，价值158亿元。合作药品品规数前10位的慈善机构见表9。

表9 2021年特药药房合作的慈善机构品规数前10位

单位：个

序号	慈善机构名称	品规数	品种列举
1	中国初级卫生保健基金会	94	帕博利珠单抗注射液、替雷利珠单抗注射液、度伐利尤单抗注射液、阿帕他胺片、度伐利尤单抗注射液等
2	北京康盟慈善基金会	56	信迪利单抗注射液、派安普利单抗注射液、盐酸安罗替尼胶囊、奥布替尼片等
3	北京白求恩公益基金会	42	吡非尼酮胶囊、泊马度胺胶囊、醋酸阿比特龙片、达沙替尼片、氟维司群注射液等
4	中国癌症基金会	32	纳武利尤单抗注射液、注射用恩美曲妥珠单抗、纳武利尤单抗注射液、阿替利珠单抗注射液、达雷妥尤单抗注射液等
5	中华慈善总会	31	甲磺酸伊马替尼片、尼洛替尼胶囊、达可替尼片、甲磺酸奥希替尼片、培唑帕尼片等
6	中关村精准医学基金会	23	阿达木单抗注射液、盐酸多柔比星脂质体注射液、来那度胺胶囊、聚乙二醇化重组人粒细胞刺激因子注射液等

续表

序号	慈善机构名称	品规数	品种列举
7	连云港市蕙兰公益基金会	17	注射用卡瑞利珠单抗、氟唑帕利胶囊、甲磺酸阿帕替尼片、注射用硼替佐米、聚乙二醇洛塞那肽注射液等
8	北京红心相通公益基金会	13	聚乙二醇干扰素α-2b注射液、聚乙二醇化重组人粒细胞刺激因子注射液、盐酸多柔比星脂质体注射液、注射用两性霉素B胆固醇硫酸酯复合物等
9	中国妇女发展基金会	11	阿贝西利片、塞瑞替尼胶囊、氟维司群注射液、奥拉帕利片、氟维司群注射液等
10	上海联享公益基金会	8	泊沙康唑肠溶片、泊沙康唑注射液、甲磺酸仑伐替尼胶囊、利伐沙班片、注射用替莫唑胺等

资料来源：中国医药商业协会。

二 特药药房行业标准介绍

（一）特药药房标准实施现状

2021年10月，商务部发布《关于"十四五"时期促进药品流通行业高质量发展的指导意见》提出推进流通标准化建设，促进行业高质量发展，并支持行业协会发挥作用。中国医药商业协会组织制定的《零售药店经营特殊疾病药品服务规范》（以下简称"特药药房标准"）推广以来，在行业内得到积极响应。特药药房标准在人员配置、设施设备、药学服务信息系统、患者管理系统、冷链药品质量管理体系、药学服务体系等方面做了相关规定，并有严格的认证体系，使得特药药房的专业性得到较大幅度提升。

截至2021年底，全国取得"特药药房标准"达标资质的药店有273家（见表10）。

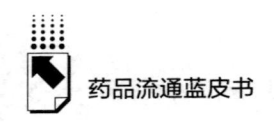

表 10　截至 2021 年底全国取得"特药药房标准"达标资质的企业数量前 10 位
（按母公司聚合计数，含并列企业）

单位：家

序号	集团公司（母公司）名称	数量
1	国药控股股份有限公司	60
2	华润医药商业集团有限公司	35
3	老百姓大药房连锁股份有限公司	26
4	大参林医药集团股份有限公司	24
5	思维特（北京）健康管理有限公司	17
6	上海医药集团股份有限公司	11
7	南京医药股份有限公司	10
8	广州医药股份有限公司	9
9	漱玉平民大药房连锁股份有限公司	8
10	益丰大药房连锁股份有限公司	6
10	哈药集团人民同泰医药股份有限公司	6

资料来源：中国医药商业协会。

（二）相关行业标准制定

2022 年初，为进一步提升特药药房药学技术人员对专科病种的药学服务能力，中国医药商业协会洞察行业发展需求，组织医疗机构临床医学和药学专家、行业专家及品牌连锁企业共同起草了《零售药店经营结直肠癌治疗药品药学服务规范》《零售药店经营辅助生殖治疗药品药学服务规范》两项标准，并在部分省市试点推广，取得较好成效。2022 年，中国医药商业协会将组织编撰"细胞治疗药物零售服务标准（拟）""零售药店经营肺癌治疗药品药学服务规范（拟）""零售药店经营乳腺癌治疗药品药学服务规范（拟）"，通过标准制定与宣贯，推动行业专业化、规范化高质量发展。

三　特药药房发展的主要特点

随着"健康中国 2030"、医保谈判药品"双通道"等政策性文件的发布，为满足医保患者用药可及性，更多的特药药房承担起医保统筹报销职能，特药药房的市场份额也不断提升。

（一）特药药房销售规模增长

各大医药商业公司、连锁药店纷纷加大院边特药药房的投入和建设，特药药房销售规模显著增长。上市企业年报显示，截至2021年末，国药控股专业药房有1461家，较上年末增加144家；大参林院边店达到760家，其中特药药房133家，比2020年增加28%；柳药股份特药药房数量达112家，特药业务含税销售规模达18.15亿元，较上年增长22.76%。

（二）特药药房积极探索创新经营模式

特药药房积极进行模式创新。其中，国药股份"SPS+专业药房"从专业药房、诊疗服务两个方向出发，探索完成基层医疗"最后一公里"延伸服务，在保障药品可及性的同时为患者提供专业服务；老百姓大药房成立"新特药事业部"，尝试为患者构建全方位的用药咨询、特药配送、冷链标准化服务、健康教育、心理疏导、输注协调、慈善援助、医保商保协助、遗传疾病预防指导等全病程药事照护体系；大参林集团（天宸健康）与广东省药学会达成战略合作，探索利用互联网平台与三甲医院共同打造"联动"的MTM服务体系。

（三）专业的服务规范助力特药药房高质量发展

"特药药房标准"以及《零售药店经营结直肠癌治疗药品药学服务规范》《零售药店经营辅助生殖治疗药品药学服务规范》两个单病种标准的推出宣贯，使企业在特药药房经营服务方面的专业性进一步得到提升。其主要体现是：特药药房信息化水平得到大幅提高，建立电子处方系统并可实现与医保信息系统和处方流转平台的有效对接；冷链药品经营服务的全程可追溯管理，保障了患者的用药安全；标准化特药药学服务体系的建立，为特病患者提供了全用药周期的服务和关爱。特药药房的专业形象及品牌进一步得到提升。

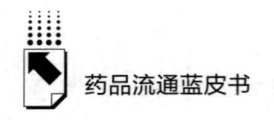

四 特药药房发展趋势展望

医改的持续深入，基本医疗保险制度及补充医疗保险的不断完善，医保谈判药品"双通道"政策的推进实施，以及国内外治疗重特大疾病创新药的分批上市，都将推动特药药房在政府部门、医疗机构、生产企业、医保、商保等多方协调下走向可持续的高质量发展之路。

特药药房不断提升专业服务能力，打造"以患者为中心"的药学服务体系，单病种精准管理的价值日趋凸显，为患者提供全病程药学服务管理将成为特药药房的新特点。特药药房借助信息化、数字化手段在保证患者用药可及性的同时，药学技术人员按照标准化操作流程开展专业的药学服务，为患者建立药历，开展售后随访、用药评估、用药教育等工作且保持持续改进，从而提升患者用药依从性、有效性和安全性，药师的服务价值逐步得到体现。做好药学服务是满足患者差异化健康需求的重要手段，也是为患者提供全生命周期供应服务的有力保障，标准化、专业化的药学服务将成为特药药房的核心竞争力。

B.17
中国处方药零售发展的现状与趋势分析

波士顿咨询公司[*]

摘 要： 近年来，在新医改背景下，带量采购常态化、"三医联动"改革深化、新零售崛起等重大变革，加速了处方药零售的发展。目前政策框架已趋于完善，带动线下药房处方药、新特药的销售稳步攀升，同时线上销售也蓬勃发展，零售药房运营模式逐渐向全链条服务转型。本报告分析了当前中国处方药零售发展的概况，指出处方药零售在消费者黏性、慢病管理、药师能力建设及患者引流等方面存在的能力痛点，并提出通过推动生态合作、利用数字化赋能等措施有效解决这些痛点的建议。

关键词： 处方药 零售药房 数字化赋能

一 处方药零售发展概况及政策框架

药品流通行业是国家医药卫生事业和健康产业的重要组成部分，是关系人民健康和生命安全的重要行业。商务部《关于"十四五"时期促进药品流通行业高质量发展的指导意见》明确指出：到2025年，药品流通行业与我国新发展阶段人民健康需要相适应，现代药品流通体系更加完善。近年来，药品和高值耗材带量采购逐步走向常态化、"三医联动"改革深化、创新药纳入医保、新零售崛起等重要转折性事件，进一步加速了处方药零售的

---

[*] 执笔人：陈白平，波士顿咨询公司（BCG）董事、总经理，全球合伙人，BCG医疗健康专项中国区负责人；刘超，波士顿咨询公司（BCG）董事经理。

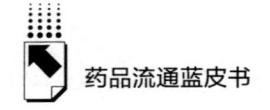

发展和变革。但与发达国家相比，中国在处方药零售中的渗透率仍有待提升，药店服务和运营能力依旧有待改善。

（一）新医改目标与政策对处方药零售发展的影响

新医改是实现健康中国战略的重要基石，目标是实现低成本、高可及性与高质量三者之间的再平衡。随着新医改的逐步深化，三大政策支柱对未来处方药零售的发展方向提出了新的要求。一是医药分开，将大幅提升零售渠道在药品销售中的比重，未来药品零售渠道将逐步承担更多服务职能；二是分级诊疗，零售渠道在药品配送、药事服务和疾病管理上将发挥更大作用；三是智慧医疗，线上线下相结合模式的兴起，可大幅提高药品可及性和医疗服务效率，为医疗服务的各方整合与合作提供动力和支撑。

（二）处方药零售市场发展概况

根据BCG提出的处方药零售市场发展指数，目前处方药零售市场呈现"两高两低"的形态（见图1），中国处方药零售占比和规模效应仍有较大提升空间，与发达国家还存在一定差距。主要表现在如下方面。一是处方药中零售占比。处方药中零售渠道占比从2018年的12%提升至2020年的15%，仅为日本（约56%）的26%。二是零售药房集中度。中国药品零售业格局较为分散，规模效应仍落后于成熟市场。2020年中国零售药房CR10仅为27%，而成熟的美国市场则达到73%。三是人均零售药房数。2020年中国每十万人零售药房数量达到40家，已较接近日本的水平（48家）。四是处方药零售市场增速。2018～2020年，中国药品零售市场规模年复合增长率达到9.7%，远高于成熟市场的行业增速，美国同期增速仅为4%。预计到2022年行业将维持发展势头，以8%的年复合增长率稳步增长。

（三）处方药零售的政策框架已初步形成

从政策角度来看，目前，中国处方药零售的政策框架已初步形成，并在过去两年有较大程度完善。2020年2月，国家医保局和国家卫生健康委员

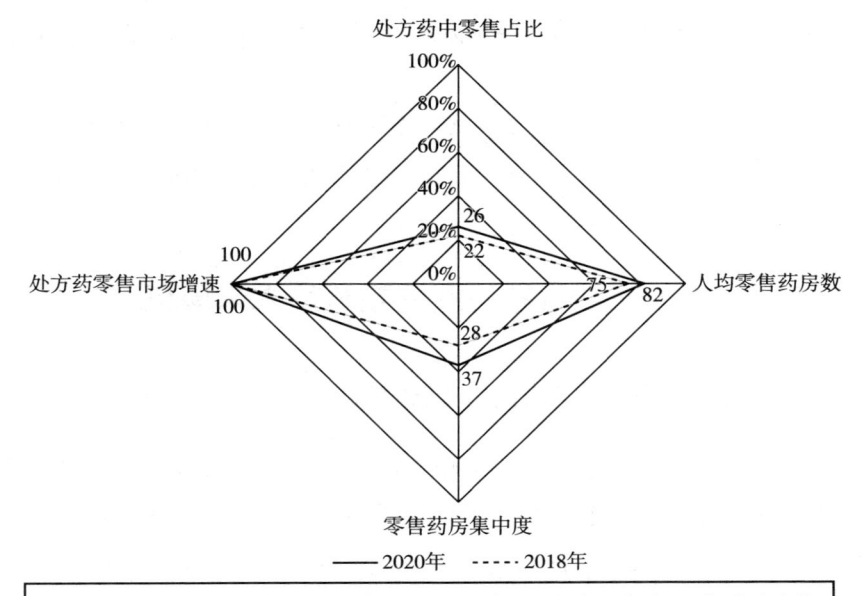

中国处方药零售发展的现状与趋势分析

- 处方药中零售占比：中国（2018年12%，2020年15%）与日本（56%）占比比值
- 处方药零售市场增速：中国市场增速（2018~2020年9%，2020~2022F年8%）与美国（4%）比较
- 人均零售药房数：中国每十万人零售药房数（2018年35家，2020年40家）与日本（48家）比值
- 零售药房集中度：中国CR10（2018年21%，2020年27%）与美国（73%）比值

图1 中国处方药零售市场发展指数

资料来源：IQVIA，Drug Channels Institute，Statista，国家药品监督管理局，中国药店，BCG分析。

会联合颁布《关于推进新冠肺炎疫情防控期间开展"互联网+"医保服务的指导意见》，落实"长处方"的医保报销政策，引导慢病患者到零售药房购药。2020年11月公布的《关于规范药品零售企业配备使用执业药师的通知》，规范执业药师配备，杜绝"挂证"现象。2021年1月《零售药店医疗保障定点管理暂行办法》颁布，符合规定条件的定点零售药店可以申请纳入门诊慢性病、特殊病购药定点机构。2021年4月，国家发改委、商务部出台《关于支持海南自由贸易港建设放宽市场准入若干特别措施的意见》，建立海南电子处方中心，除特殊管理的药品外，全部允许依托电子处方中心进行互联网销售。2021年4月出台的《关于建立完善国家医保谈判

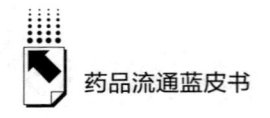

药品"双通道"管理机制的指导意见》，将定点零售药房纳入医保供应及支付范围。

部分政策支持仍需继续完善，落地实施有待进一步推进。中国现阶段缺乏药师服务费相关政策，对从业人员尚未形成健康良性的激励机制。

二 处方药零售发展趋势及未来展望

（一）线上线下处方药销售的增长情况

目前，零售药房普药销售额占比较高。根据BCG对零售业中高层从业人员的问卷调研结果（样本量=53），超半数受访者所在公司西药普通处方药的收入占比超过30%，而特药占比较小。从过去三年的增速来看，有24%的受访者所在公司普药收入增速高于平均值；27%的受访者所在公司特药收入增速远高于平均值。未来，随着零售药房专业化趋势持续，普药和特药占比将继续攀升。

新特药、自费药等高毛利率专业药物在零售端主要通过DTP药房销售，品种覆盖抗肿瘤、丙肝、自体免疫系统疾病等。DTP药房是实现处方药"医药分开"的重要流向。随着"双通道"政策不断推进，线下零售药房对处方药尤其是新特药的覆盖将进一步提高。

受新冠肺炎疫情影响，线上购药增长迅猛。未来，随着处方药线上销售及医保支付的不断放开，选择线上购买处方药的患者也将稳步增加。根据BCG调研，2015~2020年中国在线零售处方药销售额实现了年复合增长率53%的高速增长，2019~2020年增速尤为可观，高达79%，2020年市场规模达到250亿元。预计未来随着药品网售管理办法出台，处方药线上销售量仍将保持高速增长。

（二）处方药零售发展的政策机遇与挑战

近两年来，处方药零售相关政策频出，行业规范化水平与集中度提升，

中国处方药零售发展的现状与趋势分析

促进药品零售发展的政策引导已基本形成。

根据 BCG 问卷调研结果,慢病管理及长处方管理、公立医院改革、医保控费及带量采购、零售药房医保定点管理及"双通道"是驱动行业发展的四大关键政策(见图 2)。

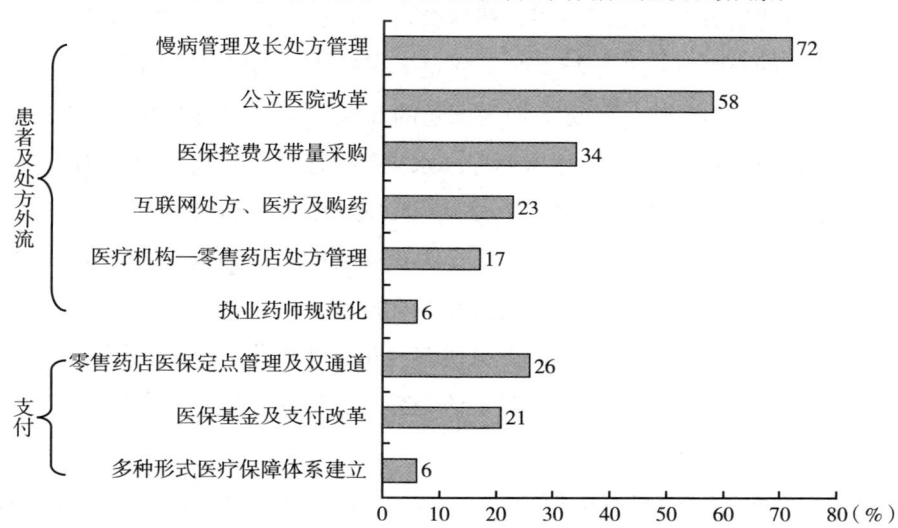

对于零售处方药而言,过去五年有哪些政策是市场增长的主要驱动因素?

患者及处方外流
- 慢病管理及长处方管理 72
- 公立医院改革 58
- 医保控费及带量采购 34
- 互联网处方、医疗及购药 23
- 医疗机构—零售药店处方管理 17
- 执业药师规范化 6

支付
- 零售药店医保定点管理及双通道 26
- 医保基金及支付改革 21
- 多种形式医疗保障体系建立 6

0 10 20 30 40 50 60 70 80(%)

图 2 影响零售处方药行业的关键政策

资料来源:BCG 问卷调研(样本量=53),BCG 分析。

医保控费、公立医院改革、医保基金及支付改革等政策对行业的影响存在一定的不确定性,如零售药房未来是否参加带量采购,居民个人账户取消,长期统筹账户及医保药店开放政策等。

三 处方药零售模式及能力发展分析

(一)零售药房发展指数分析

调研发现,目前零售药房在零售模式宏观维度(全链条服务能力和线

189

上销售占比）的发展尚待进一步提升，而在零售能力细节方面（会员销售占比、会员复购率和执业药师配备）零售药房间差距已经缩小。各维度具体调研情况如下：全链条服务能力指数尚处于起步阶段，目前仅约25%的药房已开拓全链条服务模式；线上销售占比指数对比商超零售存在一定差距，药房线上销售占比平均仅为商超的38%（药房平均7.5%，商超平均20%）；会员销售占比指数对比商超零售，药房会员销售占比的差距相对较小，药房平均为商超的69%（药房平均55%，商超平均80%）；会员复购率指数对比商超零售差距已相对较小，药房平均为商超的60%（药房平均30%，商超平均50%）；执业药师配备指数对比国际标准水平，中国差距目前相对较小，为国际平均水平的68%（2020年中国平均4.2人/万人，国际标准6.2人/万人）。

未来，我国零售药房将逐渐步入全渠道融合的零售药房3.0时代，这将对零售药房的能力提出新的要求与挑战。在此背景下，零售药房应该在专业药事服务的基础上，进一步为患者提供多元化、智能化、个性化服务，从而扩大消费者服务的广度和深度。基于该趋势，我们认为以下三条路径是零售药房走向3.0时代的必经之路。

（1）诊断、治疗和疾病管理整合发展，承接部分轻问诊/复诊/健康管理/慢病管理功能，形成全链条服务能力。

（2）打通并整合线上线下的新零售业务平台。

（3）通过上述的全链条服务能力提升和线上线下整合打通的途径，进而为消费者提供智能化、个性化服务，显著提升会员销售占比及复购率，提高盈利能力。

（二）零售药房服务模式创新分析

1. 全链条服务的趋势

近年来，零售药房积极开拓新服务模式（见图3），包括提供患者教育、疾病筛查及检测、会员制等服务和送药上门及长期管理服务等。调研发现，目前约25%的药房已经在患者购药的全过程中布局了新服务模式，并形成了全方位服务模式。

中国处方药零售发展的现状与趋势分析

提供该服务的药房百分比	<40%	40%~60%	60%~80%	80%~100%
患者教育及认知	34%	17%	26%	23%
疾病筛查及检测	19%	25%	23%	34%
OTC及非处方药零售	13%	19%	15%	53%
普药药事咨询及零售	23%	25%	13%	40%
特药药事咨询及零售	36%	23%	17%	25%
会员制、购药优惠、医保商保合作等提高可及性服务	17%	26%	15%	42%
送药上门服务	21%	19%	15%	45%
长期健康及用药管理	19%	23%	19%	40%

目前约1/4的药房开拓了全方位服务模式

25% 受访者所在公司能提供全方位服务的药房数大概占药房的比例

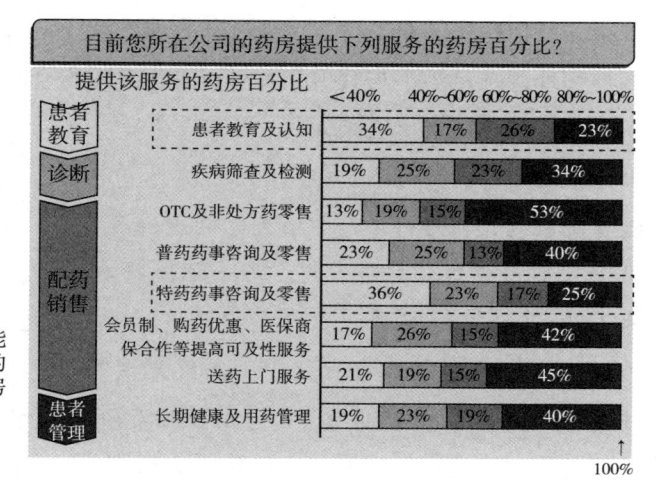

环节:患者教育、诊断、配药销售、患者管理

图3 中国零售药房新服务模式的开拓现状

资料来源:BCG问卷调研(样本量=53),BCG分析。

然而,针对各环节提供的具体服务,零售药房在患者教育、特药药事咨询及零售方面的能力尚待加强,具体体现在以下方面。

(1)对患者教育能力的覆盖仍有待提升。

(2)与OTC及普药相比,对特药销售的覆盖度有待提升。

(3)在特药药事咨询的过程中,关于疾病服务管理的意识和专业化程度尚有待提升。

2.用户疾病管理的意义与方式

在拓展全链条或提升全链条服务能力以提升处方药零售占比时,提升疾病管理水平的意义尤为突出,尤其在慢病及特药领域。调研发现,74%的受访者认为未来零售药房将把提升患者全病程管理的能力作为工作重点,特别是以下方面。

(1)通过患者教育,提高消费者对疾病的认知,增强健康保健理念。

(2)加大对疾病筛查和检测的覆盖,帮助患者尽早干预疾病。

(3)通过会员制、购药优惠、商保合作等途径,提高药品的可及性。

(4)提供长期管理服务,帮助慢病患者有效管理疾病。

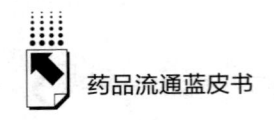

未来，零售药房需要与生产企业有效合作，甄别全流程的关键触点，并通过客户管理系统赋能，与其他相关触点进行有效组合，在全流程关键触点获取客户并实现全链条价值最大化。

3.线上电商销售模式势不可挡

随着政策的大力号召，电商市场已涌现较多企业，多个线上平台兴起，包括B2B平台（例如药师帮、药京采）、B2C平台（例如京东健康、阿里健康）和O2O平台（例如美团、叮当快药）。2020年处方药线上销售额共1050亿元，近三年增长迅猛；其中面向终端消费者的主要是B2C平台和O2O平台，2020年规模分别为270亿元和50亿元。虽然O2O平台规模体量尚小，但过去三年的增长速度尤为迅猛，达到124%（平均市场规模增速为20%，B2C平台增速为30%）。

调研发现，药品零售企业目前更倾向于O2O模式。因为O2O模式依托于实体药店，能帮助企业完成"最后一公里"的闭环，有利于实体零售药房的销售。而对于B2C平台，由于平台借助药店引流后本身可以进一步开展零售业务进而借助流量及网络扩张。线上平台在便利性、价格和品种齐全度方面具有明显优势，而在药师服务和慢病长期管理方面，线上平台则稍逊于线下渠道。

综上，零售药房应积极面对线上零售模式带来的机遇，充分发挥专业性优势，方能将主动权掌握在企业手中，立于不败之地。

（三）零售药房能力发展分析

1.零售药房能力发展的痛点

根据BCG调研数据，当前零售药房能力发展的痛点主要集中在以下三大方面（见图4）。

（1）复购率待提升。75%的受访者表示当前患者重复进店购买或寻求服务的比例较低，患者黏性不足。83%的受访者表示慢病患者的维护、管理及依从性的提升，是目前运营的主要痛点。

（2）药师能力不足。约七成的受访者表示现有基层门店药师的服务能力及专业能力不足,尤其是具有 DTP 特药和慢特病服务能力的药师不足。

(3)患者引流难。超过半数的受访者表示,当前的患者引流渠道较单一,缺乏在互联网医疗、保险、下沉渠道上的布局,同时又缺乏具有吸引力的会员活动,导致会员拓展较困难。

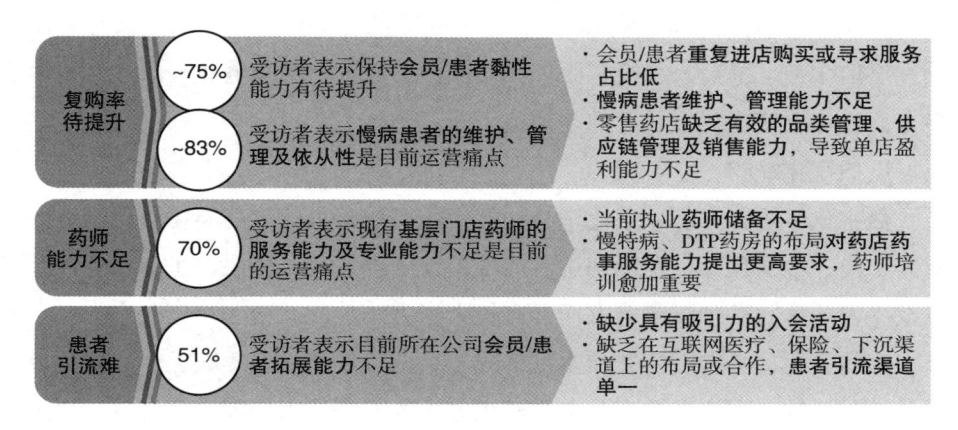

痛点	比例	受访者反馈	具体表现
复购率待提升	~75%	受访者表示保持会员/患者黏性能力有待提升	·会员/患者重复进店购买或寻求服务占比低 ·慢病患者维护、管理能力不足
	~83%	受访者表示慢病患者的维护、管理及依从性是目前运营痛点	·零售药店缺乏有效的品类管理、供应链管理及销售能力,导致单店盈利能力不足
药师能力不足	70%	受访者表示现有基层门店药师的服务能力及专业能力不足是目前的运营痛点	·当前执业药师储备不足 ·慢特病、DTP药房的布局对药店药事服务能力提出更高要求,药师培训愈加重要
患者引流难	51%	受访者表示目前所在公司会员/患者拓展能力不足	·缺少具有吸引力的入会活动 ·缺乏在互联网医疗、保险、下沉渠道上的布局或合作,患者引流渠道单一

图 4 零售药房能力发展的痛点

资料来源:BCG 问卷调研(样本量=53),BCG 分析。

对解决痛点问题的建议如下。

(1)提升复购率:①精准营销能力,围绕患者生命周期,对会员采取标签化管理和分类,整合线上线下资源,为患者提供智能化、精准化的营销;②员工药事能力,加强员工药事能力和专业技能培训,推动药师从单纯销售向健康管理顾问转型,在提升药事服务的同时提高客户满意度;③慢病管理能力,配置慢病管理专员,结合健康检测、生活管理等增值服务,提高慢病会员的用药依从性。

(2)提高药师能力:2020 年中国每万人注册执业药师数为 4.2 人,世界药学联合会公布每万人口应累计拥有注册执业药师的标准为 6.2 人,中国在这方面的差距还较大。其次,药师受正规药学专业教育程度、实践场景及药事服务能力也有一定的差距。中国执业药师的整体学历较低,执业药师中本科及以上学历人数仅占 14%,美国则要求药科大学毕业方有执业考试资

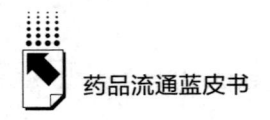

格。零售药房要着力丰富药事服务的实践场景，提升药师在专业药物咨询、处方审核和用药指导及用药监护管理等方面的能力。

（3）拓展患者引流：零售药房应提升会员拓展与引流能力，提高会员销售贡献。调研显示，药品零售业的会员销售占比普遍在60%左右，而消费品零售业普遍在70%~90%。零售药房应提供更具有吸引力的会员优惠活动和增值服务，提高入会吸引力，同时加强与药企、医药电商、医疗机构等多方面合作，实现线上线下的多渠道引流。

2. 数字化赋能

数字化解决方案和数字化工具的运用是有效解决处方药零售管理痛点的重要手段，数字化工具在慢病患者的维护及管理、会员拓展、患者黏性提升以及零售药房与药师赋能等方面具有较大潜力。

但数字化工具的赋能并非水到渠成。目前，数字化人才缺乏、商业化数字化工具短缺，用户在数字化工具使用方面的障碍是阻碍零售药房数字化进程的主要因素。

（1）从人才端来说，外部数字化人才较为抢手，而企业内部团队在运用数字化工具进行管理方面的经验不足，管理理念也有待更新。

（2）从工具端来说，当前市面上的产品普遍缺乏对患者使用场景、使用路径的充分了解，数字化工具难以满足药师实际使用的需求，同时大部分工具也缺乏对盈利模式的清晰判断，在精准推送和高质量推广上略显不足。

（3）从用户端来说，因缺乏对患者需求的深入了解，现有数字化工具同质化严重，难以吸引患者、保持患者黏性。

3. 整体生态合作

除数字化能力建设以外，促进整体生态合作是零售药房全方位能力建设的重要基石。据了解，当前企业已在慢病管理、会员黏性保持及拓展和药师培训上积极探索外部合作机会，未来将在现有合作基础上进一步发力。但处方药零售企业在互联网医疗与零售打通、保险拓展、渠道下沉上的合作仍显不足，尚未形成一体化的生态系统，未来有待进一步拓展。为实现整体生态合作，政府、药企、支付方、零售药房、线上平台及行业协会和智库等多方需要共同努力、积极协作（见图5）。

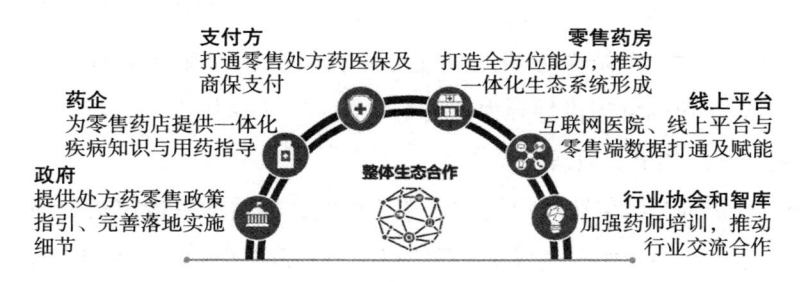

图 5　整体生态合作示意

资料来源：BCG 分析。

四　促进处方药零售发展的建议

随着医疗改革的深化，在全面落实"十四五"发展规划的背景下，处方药零售将迎来下一个高速发展的阶段。而处方药零售的发展面临着全链条服务能力、药房服务和运营能力等各方面的挑战，积极推动整体生态建设、加强外部合作、采用数字化赋能将助力处方药零售企业抓住机遇，实现长足发展。

（一）加强外部合作、立体式培训与赋能

零售药房应积极推进整体生态合作，通过与药企、行业协会/智库、支付方和医疗机构等各方的合作，塑造全链条、全方位的服务能力。

第一，通过完善外部合作机制，赋能零售药房药师，进一步打造患者购药全链条服务能力。赋能应在内容上加强整体性，在形式上增加激励机制。在内容上，对零售药房的人员培训中应避免只围绕具体某一种产品展开，而是应尽量覆盖疾病整体相关知识，帮助药师形成知识闭环，提升患者长期管理的能力；在形式上，丰富药师培训课程，设计针对管

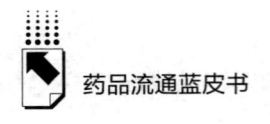

理层、店长、一线药师等不同人员类型不同需求的多层次培训，增强药师参与意愿。

第二，推动药企、行业协会/智库多方合作，赋能零售企业高管，打造立体式培训方案，塑造全方位服务能力。利用企业管理经验和协会行业积累，向零售企业高管提供领导力评估及培训，向中层提供垂直业务能力培训（如供应链、门店品类管理）。

第三，加强与医保和医疗机构的整体衔接，相关的举措包括加强与互联网医院及家庭医生合作，申请纳入门诊慢性病、特殊病购药医保定点机构等。

（二）数字化赋能及转型

零售药房应积极推动数字化工具和数字化运营的同步优化，实现整体赋能。具体来说，企业可以关注以下几个方面。

第一，从数据治理及分析开始，推动数字化整体赋能。

第二，推动数字化基础与运营模式同步优化，实现管理模式升级，真正赋能一线。

第三，由管理层推动、实打实的效率提升及由此带来的员工意识提升，是数字化转型成功落地的关键。

第四，从理论到实践，零售药房可与生产企业及外部智库合作，从患者管理、品类管理等维度切入数字化赋能。

参考文献

国家医保局、国家卫生健康委：《关于推进新冠肺炎疫情防控期间开展"互联网+"医保服务的指导意见》，2020年2月。

国家药监局：《关于规范药品零售企业配备使用执业药师的通知》，2020年11月。

国家医保局：《零售药店医疗保障定点管理暂行办法》，2021年1月。

国家发展改革委、商务部：《关于支持海南自由贸易港建设放宽市场准入若干特别措施的意见》，2021年4月。

国家医保局、国家卫生健康委:《关于建立完善国家医保谈判药品"双通道"管理机制的指导意见》,2021年4月。

国家医保局:《关于建立健全职工基本医疗保险门诊共济保障机制的指导意见(征求意见稿)》,2021年8月。

《中华人民共和国个人信息保护法》,2021年8月。

商务部:《关于"十四五"时期促进药品流通行业高质量发展的指导意见》,2021年10月。

国家药监局:《药品经营和使用质量监督管理办法(征求意见稿)》,2021年11月。

B.18 "以患者为中心"的慢病药物治疗管理模式探索和实践

大参林医药集团股份有限公司

摘　要： 大参林医药自 2020 年开始借鉴美国药物治疗管理（MTM）服务模式，积极探索社区"以患者为中心"的慢病管理模式，通过 MTM 药师一对一开展药物治疗管理服务，提升专业化服务模式。

关键词： 慢病管理　药店　MTM 服务

一　"以患者为中心"是零售药店服务转型的方向

（一）慢病患者医药支出增加，管理难度增大

伴随着我国人口老龄化加速，慢性病发病率近年呈快速上升的趋势，我国超过 1.8 亿老年人患有慢性病，慢性病患者多数具有知晓率低、就诊率低、治疗率低的特点，管控难度较大。患者用药依从性差、致死率高等问题成为当前最大的公共卫生问题（见图 1），慢病导致的医疗负担支出已占国家医疗总支出的 70% 以上。

（二）药学服务的方向发生改变，社区需求旺盛

随着健康中国战略推进，我国的药学服务正在加速从"以药品为中心"向"以患者为中心"转变。尤其随着全面推行分级诊疗、长处方及药品

"以患者为中心"的慢病药物治疗管理模式探索和实践

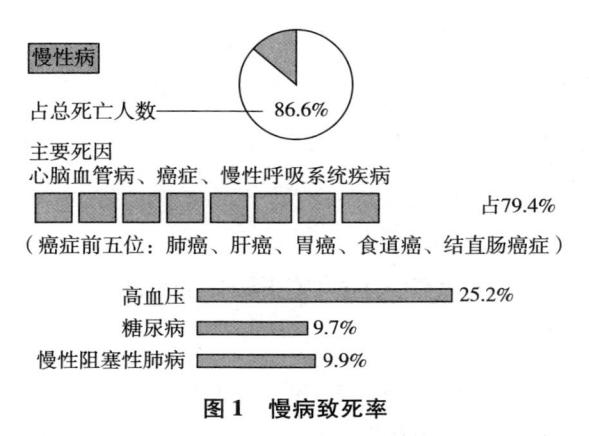

图1 慢病致死率

资料来源:《中国居民营养与慢病状况报告(2020年)》。

"双通道"政策的落地,我国正在形成药学服务向基层下沉的趋势,同时也迫切需要更多的、更专业的药师在社区端为慢病患者提供长期的处方管理及全病程的用药数据管理、用药指导等服务。

(三)药店经营模式转型开始,新的药学服务模式逐渐出现

在"控费增效"的医改核心引导下,"以药品高毛利销售引导"的传统模式将逐步被淘汰,药店的盈利模式将从单纯靠销售药品转变为"药品+服务"模式。只有对顾客、合作伙伴、政府部门都产生价值,才能推动行业进一步的蜕变发展。从以药品为中心转向以患者为中心,配合医改控费方向,寻找多方共赢的药店端药学服务模式。

二 社区慢病管理药学服务现状

据最新数据统计,我国零售药店数量超过58万家,但患者健康需求仍然存在无法满足的现象。一是专业能力不足,现有药师队伍专业能力较弱,尤其是缺乏慢病管理必备的药物治疗管理服务能力。二是医疗服务支持能力不足,目前只能提供简单的用药咨询,缺少从疾病、药品角度全方位分析患

者问题的能力。三是慢病管理数据不足，缺乏慢病监测工具，只有部分慢病记录数据，数据不足以支持医务人员对患者病程的整体判断。四是慢病管理服务没有标准的服务流程、服务项目和服务收费，药店各自开展慢病管理，服务质量参差不齐。

三 MTM的发展与国际应用

药物治疗管理（Medication Therapy Management，MTM）服务是针对患者用药管理的服务，以治疗效果最优化、治疗成本最小化为目的，聚焦患者的药物治疗方案，能有效地降低DRPs（药物相关问题）发生率、提高患者用药依从性、降低治疗用药成本。美国联邦2003年《医疗保险处方药、改进和现代化法案》将MTM纳入其中，成为联邦医疗保险D项处方药（承保医生为治疗而开的特定处方药）福利计划的一部分。MTM这种服务模式已逐渐成为美国社区药学服务的主流，被各大连锁药房广泛使用。PBM公司是一种介于保险机构/福利机构、药厂、患者及药店之间的管理协调组织，PBM公司对医疗费用实施有效管理，手段是：药师可向具有高风险药物相关问题的医疗保险受益人提供MTM服务（见图2）。

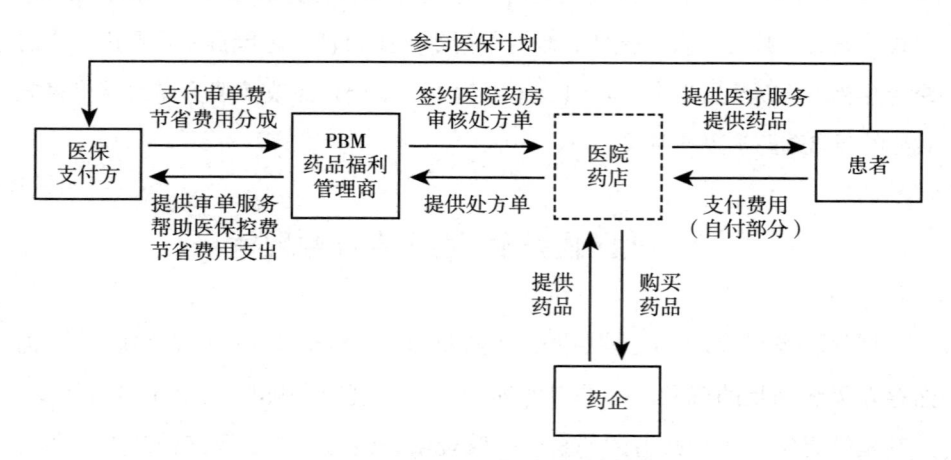

图2 美国PBM药品服务管理模式

四　MTM 服务对我国的借鉴意义

MTM 在社区药店慢病管理药学服务的借鉴意义主要有以下方面。

1. 提供服务便利性

慢病管理的核心是患者教育和依从性管理，社区药店便利性成为承接 MTM 服务的天然优势，既可弥补在医疗机构就诊后患者的追踪随访服务，又可以通过个体化用药管理提升慢病的治疗效果。

2. 标准化可复制

MTM 核心五要素，将社会药店的慢病用药管理流程规范化，各类药店的药师都可以完成，这一模式提高了药师的工作效率，使 MTM 服务具有一致性、强复制性。

3. 可量化的管理目标

全面评估患者已存在或潜在的用药风险，对病患用药的治疗性、有效性、安全性、依从性逐一评估，形成个性化管理方案，并动员患者参与药物治疗管理计划，定期跟踪随访，阶段性设置跟踪目标，以达到对患者的有效管理目标。

4. 提高药师服务能力

社区药店药师学以致用，持续丰富药物治疗学知识，形成适合国内连锁药店药师使用的 MTM 服务流程及服务工具，帮助提高药师工作效率。

5. 共同改善治疗效果

MTM 服务要求有明确的阶段服务目标及行动计划，"以患者为中心"通过充分的沟通协调，与患者达成共同改善疾病的干预措施，服务以结果为导向，同时形成可用于医护人员对疾病用药沟通的随访记录。定向管理疾病，改善治疗效果，为保险公司节约医药费用支出提供有效的管理方法和工具。

据美国各种文献综述，大量的研究证明药师提供临床服务，如 MTM，可显著改善患者治疗效果，降低整体的医疗保健费用。综上，社会药房

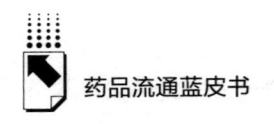

引进MTM模式是目前快速提升服务能力、适应行业环境改变的大势所趋。

五 政策引导提高社区药学服务水平

国家卫健委于2021年10月13日印发《医疗机构药学门诊服务规范等5项规范的通知》,规范医疗机构药学门诊服务的细则和措施,明确居家药学检测、用药教育的内容。随着"双通道"政策的逐步落地、处方流转平台的日益完善,社会药房处方药占比呈增长趋势(见图3),广东省药学会于2021年11月18日发布了《专业零售药店延伸医疗机构药物治疗管理(MTM)服务规范专家共识》,建议医疗机构通过将药学资源向有能力积极开展MTM服务的专业零售药店下沉,对口扶持MTM药师提升服务效能,使患者在离院后仍然能获得标准化、同质化的药物治疗合理性监管。

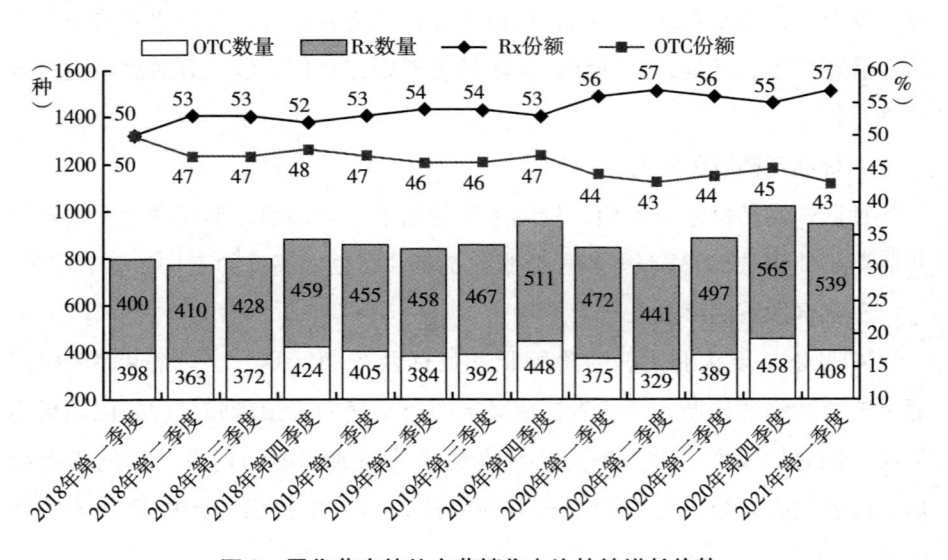

图3 零售药店的处方药销售占比持续增长趋势

资料来源:中康CMH。

六 大参林"互联网+MTM慢病管理"的模式

（一）人才培养、门店试点，建立大参林社区药店MTM服务模式

从2019年开始，大参林积极开展MTM的培训，系统学习MTM服务模式及相关专业知识，组织MTM服务门店的药师定期到医疗机构接受实操培训，学习三甲医院的MTM服务技能，培养能胜任药物治疗管理的应用型专业人才。

目前，大参林参加MTM培训并通过认证的药师有100余位，并注重日常实践，在慢病管理门店开展MTM服务。对65岁以上符合MTM服务人群标准的慢性病患者，提供药物治疗审核、监测药物相互作用和药品不良反应、通过咨询指导纠正错误的用药习惯等服务，以此帮助患者提高用药的安全性、依从性，减少不合理用药的情况。通过在门店不断实践应用、反馈改进，总结梳理出适合连锁药店、社区药店药物治疗管理（MTM）服务模式。

（二）搭建MTM服务平台数据系统，实现"以患者为中心"的健康数据积累

大参林依托实体门店的规模优势积极开展MTM社区服务平台的搭建，在技术、政策和市场驱动下，加速拓展专业MTM药房。天宸健康信息技术手段，助推大参林实现"以患者为中心"的用药全流程追溯。在慢病管理板块，大参林打造药店端的慢病+MTM服务分级管理系统（见图4）。根据患者的依从性及用药风险分级，对用药风险较低者提供日常随访及健康检测、用药提醒等维持患者在社区端的健康管理，为用药风险较高的慢病患者提供慢病+药物治疗管理服务。同时，利用天宸健康辅助建设的大参林互联网医院平台，为MTM服务患者提供在线咨询服务、线上复诊便捷服务；利用大参林丰富的线下门店网络，提供线上线下相结合的用药教育；还可通

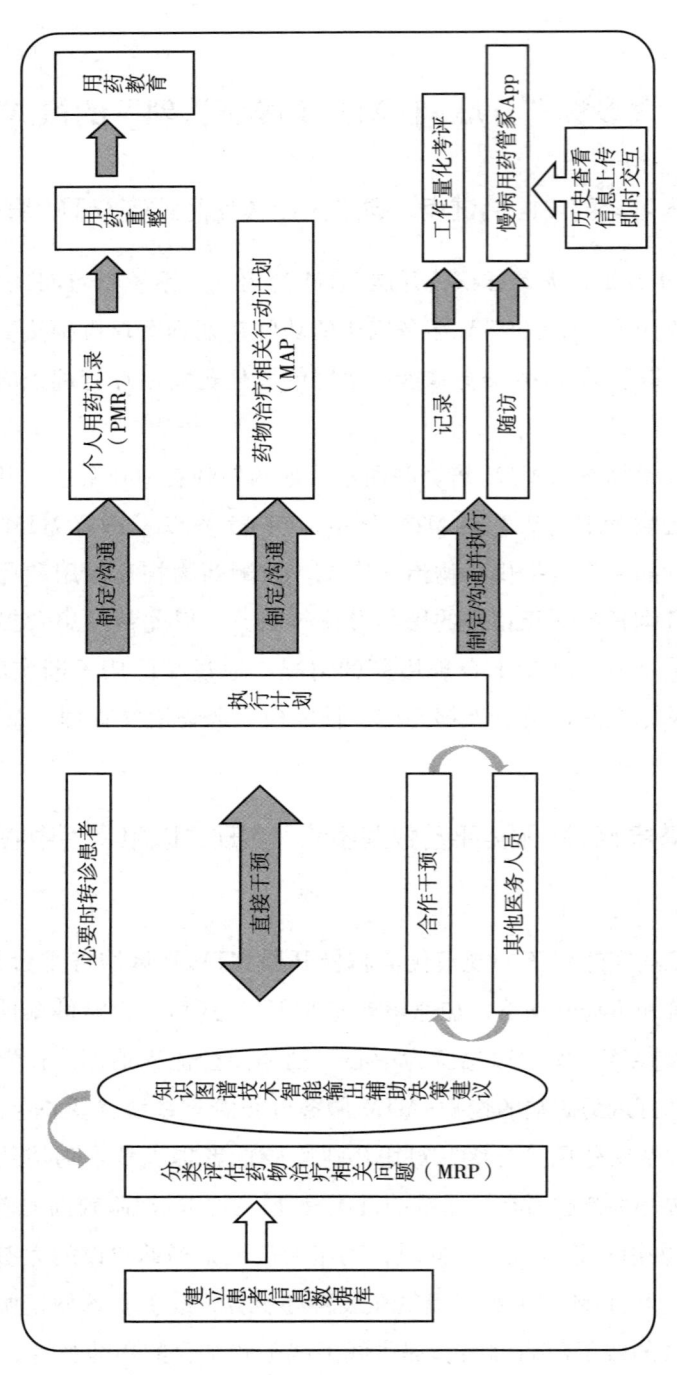

图 4 大参林 MTM 服务平台

过易健康小程序或 App 设置服药提醒功能，督促患者按时用药，并收集患者日常服药情况，集成药品说明、药物警戒、用药科普、用药风险评估、药师在线咨询等功能，帮助患者科学、合理、安全用药。

（三）利用天宸健康提供的易健康平台，与三甲医院共建慢病管理平台

大参林通过互联网信息平台的建设，打造线上问诊、在线复诊、慢病管理、线上购药等综合服务平台，连接医疗机构共同提供患者全病程用药专业性、连续性的药学服务。基于大数据分析下的慢病 MTM，对患者的用药和生活习惯同时干预，以期达到安全用药、降低医疗费用的效果。

同时，建立与医院"上下联动"的 MTM 服务体系，承接院内 MTM 药物管理的院外延续服务，对出现较严重或持续不良反应的患者及时转诊至医院药学门诊，完善院内 MTM 服务与院外 MTM 药物治疗延续管理的服务闭环及数据同步共享，共同打造提供覆盖患者全病程用药的专业性、连续性药学服务的平台。

（四）借助天宸健康的智能 BI 精准辅助决策系统，助力完善 MTM 精准服务

天宸健康提供智能 BI 精准辅助决策系统，帮助大参林实现患者数据分析，利用智能 BI 数据分析对患者画像进行分析，实现精准管理。同时，终端慢病药品数据的累积助力医药上游供应链反推药品市场动销情况，为合作伙伴的市场投入及新药研发提供数据支撑。

七 总结及未来展望

慢病管理只是慢性病治疗和健康改善链条上的一环，必须与基础医疗、药店及保险合作，才能从治疗、生活方式干预、长期跟踪和在支付上做到有效服务。MTM 在药店端的开展是未来商业+社保引入，形成服务到支付闭环

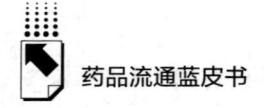

的关键手段。医药与保险从来都分不开，MTM 作为美国处方药保险控制的有效手段，在中国以医药分开、处方外流的医改背景下也将迎来它的价值体现，将推动更多的药店积极探索实践这个模式，助力深化医改，从而实现药店从"以药品为中心"向"以患者为中心"的服务转变，为实施健康中国战略做出新的贡献。

参考文献

国家医保局、国家卫生健康委：《关于建立完善国家医保谈判药品"双通道"管理机制的指导意见》（医保发〔2021〕28 号）。

中国医药商业协会：《零售药店经营特殊疾病药品服务规范》（T/CAPC 001-2020）。

曾英彤、伍俊妍、郑志华主译《美国药师协会药物治疗管理服务》，中国医药科技出版社，2018。

国务院办公厅：《关于促进医药产业健康发展的指导意见》（国办发〔2016〕11 号）。

国家卫生健康委：《医院智慧服务分级评估标准体系（试行）》。

动脉网蛋壳研究院：《连锁药店新风口：资本 智能 大数据》，沈阳出版社，2020。

吴一帆、邹涛主编《慢病管理实务图解》，北京化工出版社，2018。

B.19
完善乡村药品配送和药学服务"最后一公里"建设

阮鸿献[*]

摘　要： 为让偏远地区群众方便、快捷地买到放心药，一心堂药业集团着力完善药品配送"最后一公里"建设，不管山高路远、条件艰苦，一心堂都坚持把药店开到有需要的乡镇。集团通过完善的管理机制、现代化的信息技术、不断创新的运营模式、有温度的专业服务，确保农村药品供应保障和药品质量安全。

关键词： 乡镇药店　药学服务　一心堂

一　农村药品供应保障存在的问题

自改革开放以来，我国的医疗卫生体制发生了重大变化。随着市场机制的引入，医疗卫生资源规模迅速扩大，医疗技术、服务能力不断提高，药价也逐步放开。但是一些深层次问题逐渐浮现：农村合作医疗逐渐解体，优质医疗资源更多向城市集中，基层医疗服务体系不能满足群众需要，地处偏远的乡镇地区"看病难、看病贵"的问题尤为严重。

---

[*] 阮鸿献，一心堂药业集团股份有限公司创始人、董事长，研究生学历，主管中药师，2000年创建"一心堂"零售药店连锁品牌，"一心堂"2014年在深交所上市，成为中国第一家在A股上市的药品零售连锁企业，2021年营业收入超过145亿元，为社会提供就业岗位3万多个。

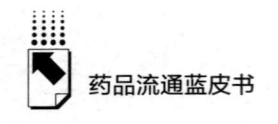

二 建设乡镇药店的情况

"一心堂"零售药店连锁品牌创立于2001年，目前一心堂的药店已遍布全国10个省（区、市）。为打通药品配送"最后一公里"，让偏远山区群众与城市居民共享质量合格、价格合理的药品，自2002年一心堂开始了乡镇药店的布局。截至2020年12月31日，一心堂在云南、广西、四川、贵州、重庆、山西、海南、上海共888个乡镇开设门店1400家，全集团乡镇门店占比近20%；每家乡镇药店都保有2000多个常用药品和部分慢性病药品，有效满足当地群众的日常需求。

早在2002年6月15日，一心堂就在云南省红河州蒙自市新安所镇开设了第一家乡镇门店——"蒙自新安所连锁店"，是业内最早把药店开设到乡镇的企业。2013年11月，一心堂在云南省实现了16个地州129个县市的全覆盖。

因云南位于我国西南边陲，是全国边境线较长省份之一，也是跨境民族最多的省份之一。

为解决边境乡镇居民用药需求，一心堂陆续在云南边境沿线城市和重要口岸开设门店，大大改善了边境地区的药品供应。一心堂的边境店，随时可见来买药的外国人。为满足这部分需求，一心堂常年向边境店供应质优价优的各类常用药，成为边境地区所熟知的品牌企业，优质的产品和服务也创造了独有的边境和谐场景。

三 发展模式和特点

（一）经营模式与特点

1. 乡镇开店广覆盖

在乡镇开店，关键要实现药品的可及性，让老百姓在需要的时候能够得到及时治疗。一心堂依托规模直营与品牌优势，不断降低运营成本，让乡镇药店实现良性发展。

截至 2020 年 12 月 31 日，一心堂已在云南省拥有 4284 家直营门店（见图 1），在 16 个地州 129 个县市的 653 个乡镇开设门店 1029 家；门店经营面积 76923 平方米，2020 年云南省乡镇店销售额为 13.09 亿元，解决就业 5000 余人，惠及百姓超 1000 万人次。

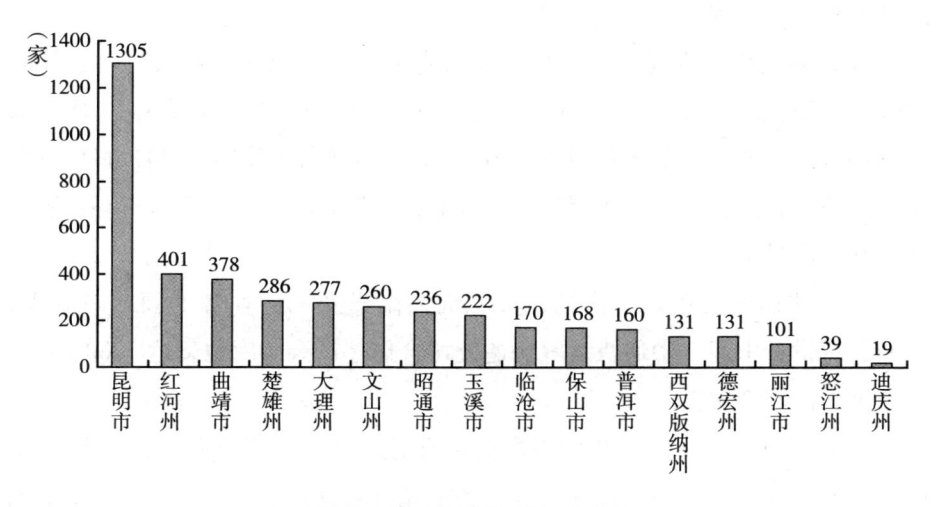

图 1　云南省各州市门店分布

在云南省发展的同时，一心堂积极拓展省外市场，同时布局乡镇门店。2004 年 5 月，大参林在四川省攀枝花开设了第一家省外乡镇门店。截至 2020 年 12 月 31 日，已在广西、四川、贵州、重庆、山西、海南、上海共 235 个乡镇开设门店 337 家，解决就业 1300 余人，惠及百姓超 1000 万人次。

2020 年，全集团乡镇店营业收入 16.02 亿元，占全集团营业收入的 12.66%。未来，一心堂将持续着力拓展乡镇级市场，不断提高乡镇药店的占比。

2. 健全的物流配送体系

截至 2020 年底，一心堂在全国共拥有 11 个物流配送中心，物流总建筑面积近 11 万平方米，保障了集团 7000 多家直营连锁门店的商品配送，平均每天作业约 17000 箱件，出库金额超 1800 万元；公司整体物流年配送箱件

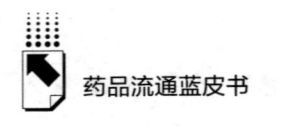

超600万件。

为保障药品配送的及时性，一心堂采取自运配送和委托第三方配送相结合的方式。

（1）自运配送，一心堂2009年成立云南点线运输有限公司，截至目前自有厢式药品配送车辆38辆，实现24小时内送达。覆盖云南省87个县市区及乡镇，占比69.18%。

（2）委托第三方配送，因自有运力有限，综合配送成本及时效，部分偏远地区委托第三方物流进行配送。目前已与12家物流公司合作，配送62个县市区及乡镇，占配送总门店的30.01%。实现市级城市及70%的县级城市24小时内送达，剩余30%较为偏远的县级城市48小时送达，所有乡镇配送时间不超过72小时。

（3）快递包裹配送，为满足应急商品配送及电商业务需要，与顺丰、申通、百世、中通、中通快运等快递公司合作，每天出库包裹达7000多个，实现全国区域全覆盖。

（4）冷链药品配送，集团冷藏药品配送团队、配送流程、配送制度及配送资源等健全，配送方式分为自运和委托第三方配送。公司自行配备1辆冷藏车及220个保温箱，可满足县市区域冷藏药品自运配送。同时与云南省医药公司合作，承接公司自运配送无法到达的区域。通过对接云南省医药公司运输系统，实现冷藏药品运输记录实时交互共享，确保冷链商品在运输途中不断链，温度实时监控，实现冷藏药品运输全省无盲区。

3. 专业的药事服务

一心堂始终坚持以顾客为中心，在门店日常经营中开展专业的药事服务，要求员工做到售前需进行市场调研，根据门店类型为顾客提供有效、安全、健康的产品；售中主动服务，指导顾客合理、安全用药；售后及时提醒用药注意事项及周期，基于顾客画像进行精准营销和服务。此外，还对顾客进行个性化用药提醒、用药回访、安全用药知识教育，对疾病、特病的康复管理指导用药变化，加强对慢性病人的疾病康复和生活健康管理等服务，为顾客提供良好的购物体验。

为持续提升专业的药事服务水平，公司每年举办各类专业知识的系统培训，搭建学历提升平台，开展技能竞赛，以赛促学，开通线上学习平台，方便员工利用碎片时间学习药学知识。20年的坚守，为偏远地区培养了众多具备专业知识的营业员和具备综合素质的店长、区域经理。

4. 有温度的贴心服务

以贡山丙中洛连锁店为例，该店位于怒江傈僳族自治州贡山县丙中洛镇，接壤西藏及缅北边境线，距贡山县城43公里，距州政府所在地六库329公里，距离集团总部所在地昆明845公里，交通十分不便，是各项条件最艰苦的乡镇门店。丙中洛镇主街仅900米，常住居民不足5000人，居住着藏族、怒族、傈僳族、独龙族等少数民族，2020年5月该店开业，面积68平方米，设店长1名、店员2名，月均营业额9.4万元。

类似这样的门店在云南有许多，针对偏远乡镇平时人少、遇到"街天"（赶集的日子）老百姓才会聚集的特点，一心堂开展了延伸服务。平时人少、顾客不方便到店购药时，只要顾客有需要坚持送药上门；定期送健康下乡，深入乡村免费为顾客开展健康检测、用药咨询、健康知识普及；"街天"日，为顾客开展乡村常见的风湿疼痛、骨质疏松、心脑血管等疾病的患教，普及健康知识，并进行用药指导。

5. 健康万里行

"健康万里行"是一心堂自2002年起一直保留的传统公益活动，旨在普及健康知识，提高对健康的关注度，为广大民众带去全新的健康生活理念。目前，累计行程已超70万公里，成为名副其实的"健康新长征"。

一心堂每年投入200万元以上的专项资金，开展健康乡村行活动，走进乡镇农村，进行爱心义诊、爱心检测，对群众开展健康科普知识、用药常识的教育和宣传。目前，累计开展健康义诊（社区活动）3万余场、爱心公益活动近1500场，累计投入资金4000多万元。同时，每年向贫困会员提供一心堂购药资助，已累计帮扶贫困会员10万余人，支付购药款达500余万元，让弱势人群通过"健康万里行"的爱心帮扶有药可用、及时医治。

6. 助力疫情防控

一心堂建立的城乡药店一体化布局,在新冠肺炎疫情防控期间发挥出独有的优势。2020年初疫情高发期,一心堂门店依然坚持开业,向广大市民提供正常购药服务。由于疫情严重,多地封路,店员不能按时回归到岗,部分门店长期只有一个人在岗,依然坚持每天按时开门营业。云南的边境线长,疫情防控形势十分严峻,特别是德宏州瑞丽市,一心堂除姐告3家门店应政府要求关闭外,其余边境门店全部坚持营业,让顾客在最需要的时候能够买到救急药品。

(二)技术和手段

随着互联网的普及,一心堂自建互联网远程审方平台,在集团总部配置专职执业药师,制定《HX-0288-01 鸿翔—心堂药事服务质量管理制度》《HX-0289-01 鸿翔—心堂远程审方和药事服务操作规程》等管理制度及岗位职责,通过"互联网+自建远程药事服务平台"的模式,向乡镇门店和顾客提供24小时"无缝对接"服务,对医师开具的处方进行远程审核,指导顾客正确使用药物,提示药物治疗可能引起的不良反应和注意事项,提供健康、保健知识咨询和宣传。

远程药事服务解决了偏远地区药师配备困难和门店药师因休假、调岗、出差、培训等原因无法为顾客提供药事服务及处方审核服务的实际问题,满足了顾客对药事服务指导的需求,保证患者购药用药安全。

四 发展的成效

一心堂坚持在乡镇开店,形成了业内独有的市、县、乡一体化发展格局,在中国医疗卫生体制改革的大背景中缓解了体制改革带来的社会阵痛,有效补充了公众对健康产品的需求,让公众的药品需求得到满足。随着乡镇药店覆盖面不断扩大,一心堂也通过自身的品牌效应带动了相关行业走进乡镇寻求发展机会,促进了乡村经济社会发展。

五　未来展望

推进健康中国建设，需要全社会的共同参与。未来，一心堂将持续建设乡镇门店，不断扩大乡镇门店占比，充分利用企业的品牌优势、规模效应提升议价能力、降低物流及管控成本，为群众提供更加周到、更加专业的药事服务，向群众提供低价优质、品类丰富的药品及相关产品，助力解决基层药品配送"最后一公里"难题，为乡村振兴、健康中国建设做出新的贡献。

医药供应链篇

Pharmaceutical Supply Chain Reports

B.20
2021年中国医药供应链物流发展分析报告

中国医药商业协会医药供应链分会*

摘　要： 本文对2021年中国医药供应链物流发展的宏观环境，医药物流市场情况，1117家样本医药物流企业的仓储、运输资源情况、物流信息化及技术应用情况，以及涉药物流企业医药物流服务能力分类分级评估开展情况进行整体分析，并在分析总结2021年医药供应链物流的整体发展特点的基础上，结合行业政策、技术及服务模式发展变化预判了未来医药供应链物流的发展趋势。

关键词： 供应链物流　医药物流　涉药运输

---

* 中国医药商业协会医药供应链分会秘书长朱建云、副秘书长周云霞主笔撰稿。

一 中国医药供应链物流市场发展概述

2021年作为"十四五"规划的开局之年，药品流通行业继往开来，砥砺前行。从政策环境来看，以时间为序，2021年出台的几个重要政策文件对药品流通尤其是医药物流的影响值得重视。

2021年1月《国务院办公厅关于推动药品集中带量采购工作常态化制度化开展的意见》出台，"集中采购"的持续开展进一步加剧流通控费和终端配送结构调整，带来医药流通和医药物流服务价值新思考。2021年10月《商务部关于"十四五"时期促进药品流通行业高质量发展的指导意见》发布，提出到2025年培育形成1~3家超5000亿元、5~10家超千亿元的大型数字化、综合性药品流通企业，5~10家超500亿元的专业化、多元化药品零售连锁企业，100家左右智能化、特色化、平台化的药品供应链服务企业等。2021年12月，国务院办公厅印发《"十四五"冷链物流发展规划》，鼓励医药流通企业、现代医药物流企业建设医药物流中心，完善医药冷库网络化布局及配套冷链设施设备功能，提升医药产品冷链全程无缝衔接的信息化管理水平，这对未来几年医药供应链物流和医药冷链的发展提出了清晰的方向指引。

在药品流通监管方面，2021年10月，国家药监局等多部门联合发布的《"十四五"国家药品安全及促进高质量发展规划》，明确提出严格经营使用环节和网络销售行为监管；2021年11月，国家药监局综合司公开征求《药品经营和使用质量监督管理办法（征求意见稿）》，首次明确了新开办药品批发企业的库房必须具有实现药品入库、传送、分拣、上架、出库等操作的现代物流设施设备等，药品经营企业跨管辖区域设置仓库的监督管理要求，以及委托、受托储存运输的人员、信息系统、设施设备和委托协议等。

上述系列政策法规对医药物流产生了深刻的影响，药品流通和涉药物流企业再度审视企业战略规划和业务发展规划，深耕医药物流业务的同时，积

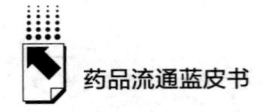

极探索研判政策变化带来的机遇、挑战及企业医药供应链物流业务拓展、新业务发展的机会；部分"先觉"企业开始尝试在全国及区域优化物流服务网络布局，积极应对政策及市场环境变化。

二 中国医药物流市场情况分析

（一）医药物流市场资源情况

1. 样本情况及数据口径

本报告由中国医药商业协会对商务部药品流通管理系统及典型企业调查数据分析得到，数据更新截至 2021 年 12 月 31 日。有效样本数据为 1117 家，包括药品经营企业（主要为药品批发企业、批零兼营企业、零售连锁企业）和专业医药物流企业（具有用于药品储存的 GSP 仓库的独立法人医药物流企业）；涉药运输企业的基本情况仅会单独分析体现。有效样本企业分布情况如表 1 所示。

表 1 全国药品经营企业、专业医药物流企业物流资源样本数量

单位：家

序号	省(区、市)	企业数量	序号	省(区、市)	企业数量
1	浙江	98	12	海南	37
2	河南	66	13	宁夏	37
3	四川	66	14	湖南	36
4	江苏	63	15	安徽	35
5	北京	54	16	贵州	32
6	上海	51	17	辽宁	30
7	山东	49	18	重庆	29
8	云南	48	19	江西	27
9	广东	47	20	吉林	26
10	福建	46	21	陕西	26
11	湖北	45	22	广西	24

续表

序号	省(区、市)	企业数量	序号	省(区、市)	企业数量
23	黑龙江	24	28	内蒙古	17
24	山西	24	29	天津	16
25	甘肃	19	30	青海	7
26	新疆	18	31	西藏	3
27	河北	17	样本合计		1117

2. 医药物流资源情况

根据有效样本数据，2021年度符合GSP要求的医药物流配送网点共2343个，医药物流仓储建筑面积1726万平方米，冷库容积140.6万立方米；自有配送车辆22055台，其中冷藏配送车4779台（见表2）。

表2 2020年和2021年医药物流资源情况对比

项目	2020年	2021年
有效样本企业个数(家)	1173	1117
医药物流配送网点(个)	2248	2343
医药物流仓储建筑面积(万平方米)	1600	1726
自有配送车辆(台)	23822	22055
冷藏配送车辆(台)	4700	4779

从医药物流网点仓储资源的地理分布来看，浙江、四川、江苏、广东、湖北、山东、河南、安徽、云南、北京十大省份的医药物流中心仓储建筑面积占样本总数的60.3%。自有运输车辆资源前十位省份总计占比60.6%，依次为安徽、四川、山东、浙江、河南、江苏、广东、湖北、云南、山西。

从上述医药物流仓储运输资源所属企业来看，物流中心面积占比较高的12家样本企业，其物流中心面积占有效统计样本总面积的64.7%，较上年上升1.8个百分点。其中，国药控股、九州通、华润医药商业、上药集团四大龙头的物流中心建筑面积合计约占有效样本总面积的48.0%，较上年上升2.1个百分点；国药控股、九州通、华润医药商业、上药集团、重药控股、四川科伦、海王生物、瑞康医药、南京医药的自有运输车辆数约占有效统计样本总量的55.0%，较上年上升8.5个百分点。由此可见，伴随着药品流通行业集中度的提升，全国四大龙头企业及地方龙头企业在专业医药仓储和运输资源方面占据绝对优势，详情如图1、图2所示。

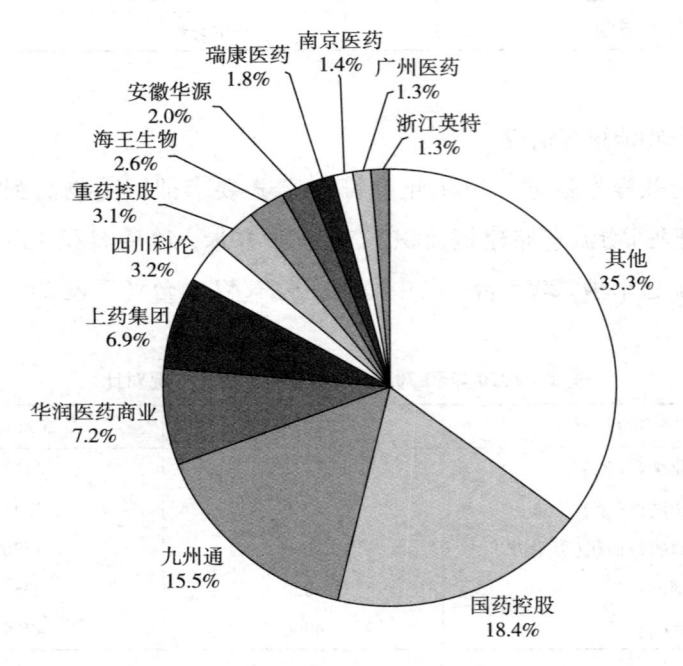

图1 医药物流龙头企业物流中心面积占比

- 国药控股 18.4%
- 九州通 15.5%
- 华润医药商业 7.2%
- 上药集团 6.9%
- 四川科伦 3.2%
- 重药控股 3.1%
- 海王生物 2.6%
- 安徽华源 2.0%
- 瑞康医药 1.8%
- 南京医药 1.4%
- 广州医药 1.3%
- 浙江英特 1.3%
- 其他 35.3%

（二）头部企业网点覆盖情况

根据有效样本统计结果，2021年药品经营企业及专业医药物流企业投入运营的物流配送网点数达到2343个，覆盖全国31个省（区、市）（不含港澳台）。其中，国药控股、华润医药商业、海王生物、上药集团、九州通、瑞康医药、重药控股、四川科伦物流配送网点合计占比64.7%，较上年上升8.9个百分点，如图3所示。

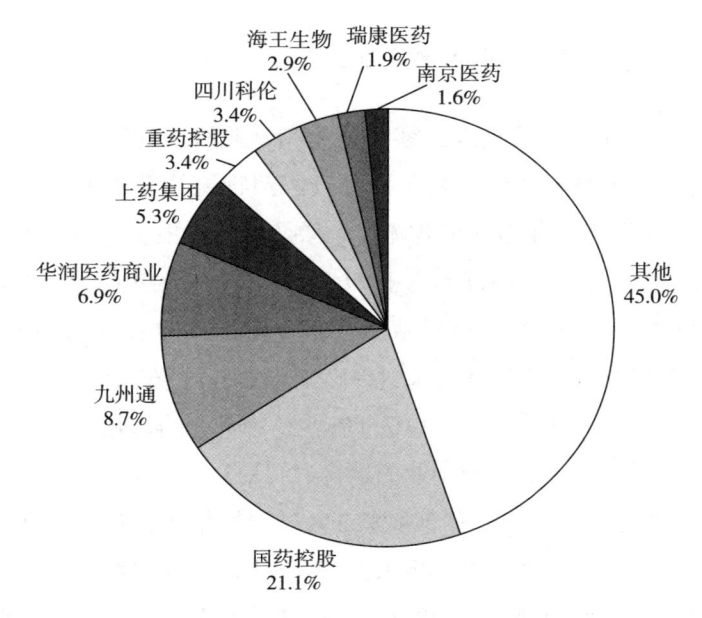

图 2 医药物流龙头企业自有配送车辆数占比

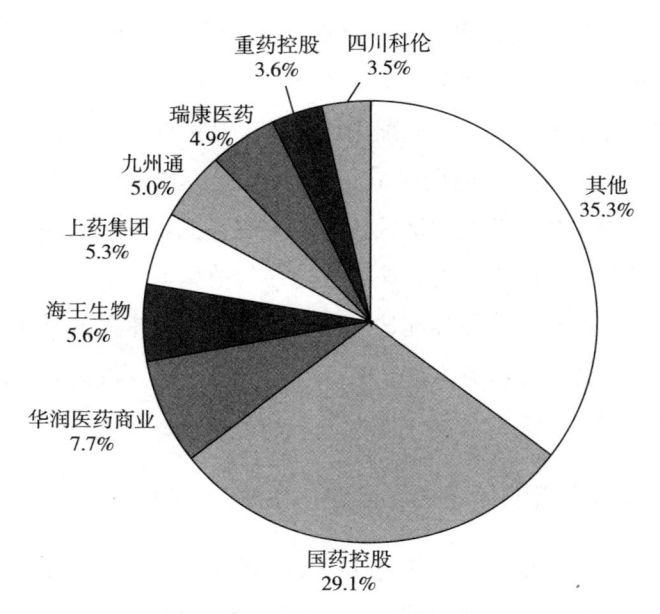

图 3 医药物流龙头企业物流网点分布

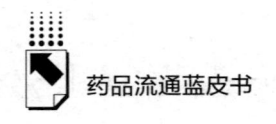

（三）医药物流运营水平情况

2021年，大中型药品批发、零售企业和专业医药物流企业纷纷探索精益物流管理和物流技术创新应用，以提升医药物流管理水平，应对"两票制""集中采购"等政策带来的物流降本增效压力。根据有效样本分析，近90%的药品经营企业账货相符率高于99.2%，近70%的药品经营企业账货相符率高于99.99%；近97%的药品经营企业的出库差错率低于0.4%；近90%的药品经营企业的货物准时送达率高于98%，约76%的药品经营企业的货物准时送达率高于99%；近90%的药品经营企业的运输过程信息可追溯性高于99%，77%的药品经营企业的运输过程信息可追溯率高于99.8%。

在1117家有效样本中，有504家有效样本填报了自运和委托运输相关信息。据分析，自运配送件数占年度配送药品总件数的61.9%，委托配送件数占年度配送药品总件数的38.1%。从自运配送范围来看，主要集中于市内、县、乡镇及"最后一公里"，市内自运配送比例达到98.8%，县、乡镇及"最后一公里"达到89.1%。企业外包配送范围较广泛，除了部分委托配送触达县、乡镇及"最后一公里"、市内、省内，在跨区域、跨省、全国范围的委托配送占比也较自运配送比例高，其中涉及全国范围委托运输配送的企业占比为38.6%。根据供应链分会的走访调研，随着"集中采购"扩面和提速推进，基层及偏远地区乡镇卫生院、卫生室集采品种配送依然以当地的药品经营企业配送为主，该部分药品货值偏低、订单分散、配送路线远等特征明显，参与集采品种配送企业多以微利或亏本配送承担社会责任。

在医药供应链延伸服务方面，有539家填报了其开展医院院内物流服务情况，其中32.8%的企业开展了医院院内物流服务。

（四）医药物流的信息化、自动化水平

通过对药品经营企业自动化物流技术应用水平、物流信息化技术应用水平进行有效样本分析，药品经营企业物流系统广泛应用了在途GPS定位、仓库温湿度自动监测系统、订单管理系统、仓库管理系统、客户关系管理系

统、运输管理系统等一系列现代化管理软件和先进的管理手段（见图4），并在物流集成管控平台、终端交接签收等方面持续推进信息化建设。

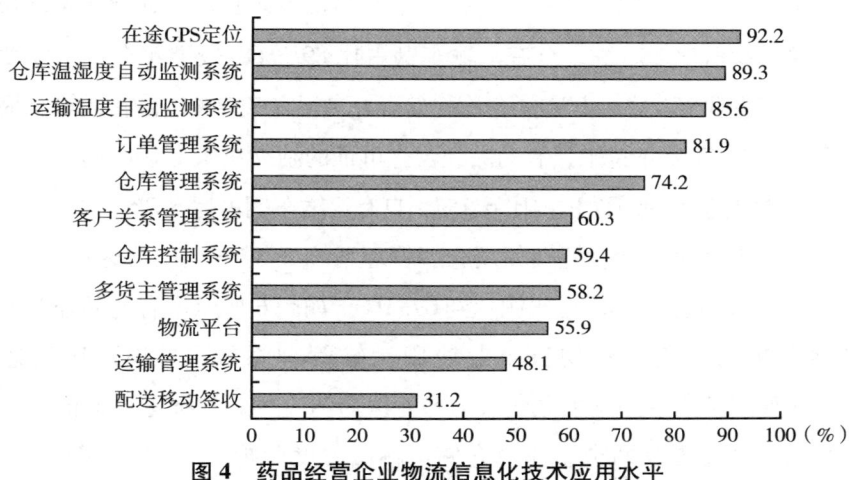

系统	百分比
在途GPS定位	92.2
仓库温湿度自动监测系统	89.3
运输温度自动监测系统	85.6
订单管理系统	81.9
仓库管理系统	74.2
客户关系管理系统	60.3
仓库控制系统	59.4
多货主管理系统	58.2
物流平台	55.9
运输管理系统	48.1
配送移动签收	31.2

图4 药品经营企业物流信息化技术应用水平

在物流自动化、智能化技术应用方面，2021年越来越多的企业在新库建设或老库改造规划上积极探索自动化、智能化技术的应用，AGV自动引导小车、箱式自动化立体仓、自动穿梭机等应用越来越多，如图5所示。整体上，全国和区域医药龙头企业物流信息化、自动化水平提高趋势明显，用技术手段推动医药物流降本增效需求明显。

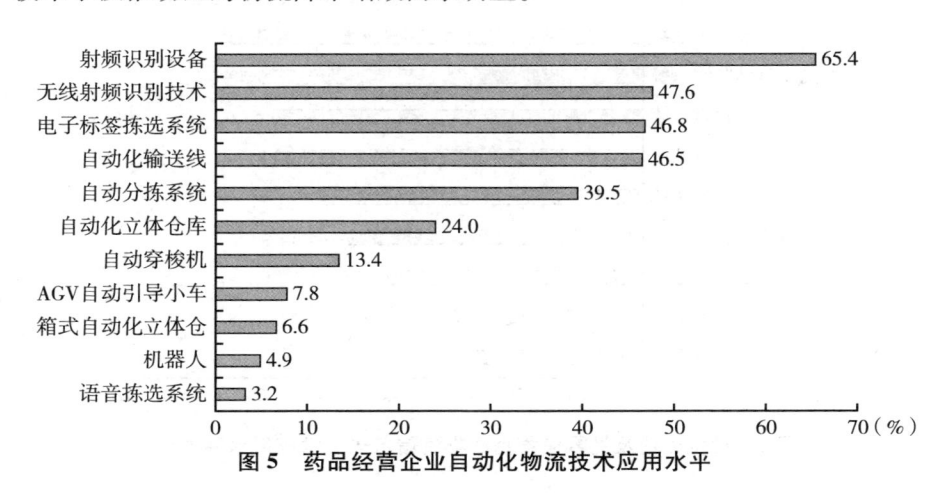

技术	百分比
射频识别设备	65.4
无线射频识别技术	47.6
电子标签拣选系统	46.8
自动化输送线	46.5
自动分拣系统	39.5
自动化立体仓库	24.0
自动穿梭机	13.4
AGV自动引导小车	7.8
箱式自动化立体仓	6.6
机器人	4.9
语音拣选系统	3.2

图5 药品经营企业自动化物流技术应用水平

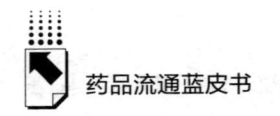

（五）各业态分析

根据分析，1117家有效样本中批发企业和批零兼营企业共963家，物流仓库建筑面积占比88.6%，自有运输车辆占比89.3%，较上年有一定幅度的提升；零售企业130家，其物流仓库建筑面积占比为5.4%，自有运输车辆占比4.0%，与上年基本持平；有药品经营许可证的独立法人专业医药物流企业24家，其物流仓库建筑面积占比6.1%，自有运输车辆占比6.7%。

批发企业及批零兼营企业使用仓库管理系统（WMS）比例达到73.6%，使用运输管理系统（TMS）比例达到67.1%，如图6所示。有药品经营许可证的独立法人专业医药物流企业使用运输管理系统（TMS）比例达到66.7%，如图7所示。从独立法人的专业医药物流企业与批零企业的信息化技术应用对比来看，两类企业对仓储运输温湿度监控、WMS、TMS基本质量管理和物流系统应用方面都非常重视，不同的是专业医药物流企业的在途GPS定位、多货主管理系统、配送移动签收等物流平台建设方面更倾向先行一步，毕竟对专业医药物流企业而言以交付物流服务产品为主，药品物流服务水平提升也必须依赖强大的物流信息化能力赋能。

项目	占比（%）
仓库温湿度自动监测系统	75.7
仓库管理系统	73.6
运输管理系统	67.1
运输温度自动监测系统	59.7
订单管理系统	57.6
仓库控制系统	52.8
客户关系管理系统	49.7
多货主管理系统	47.5
配送移动签收	39.8
在途GPS定位	36.8
物流平台	26.5

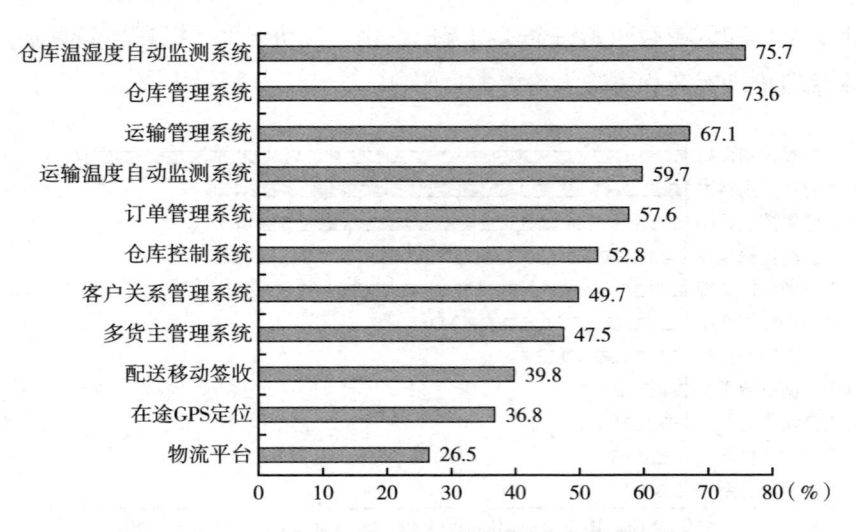

图6 批发企业及批零兼营企业物流信息化技术应用水平占比

项目	占比(%)
仓库温湿度自动监测系统	75.0
仓库管理系统	70.8
运输管理系统	66.7
在途GPS定位	62.5
运输温度自动监测系统	62.5
多货主管理系统	58.3
仓库控制系统	58.3
客户关系管理系统	54.2
订单管理系统	54.2
物流平台	45.8
配送移动签收	45.8

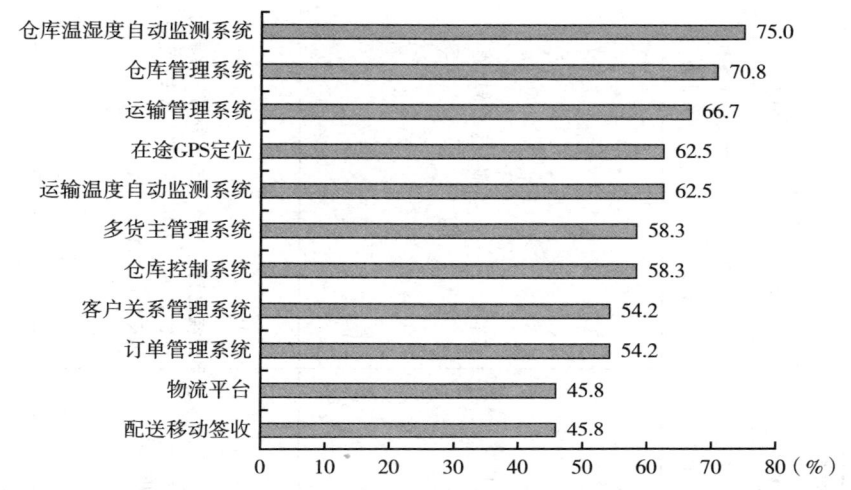

图7 有药品经营许可证的独立法人专业医药物流企业物流信息化技术应用水平占比

（六）医药供应链物流发展阶段特征

根据多年的国际对标和对国内医药供应链物流水平的研究，笔者总结并提出中国医药供应链物流阶段特征要素模型[①]（见表3）。从我国药品流通整体情况来看，当前我国医药供应链物流正处于向供应链3.0跃进阶段，少部分药品经营企业（含专业物流企业）跨进了供应链3.0的门槛，少数头部企业已进入4.0阶段，大部分区域内药品经营企业正处于2.0向3.0跃进阶段；而欧美医药供应链正在从3.0向4.0阶段演进。

（七）涉药运输企业资源情况

近几年，中国医药商业协会医药供应链分会持续开展涉药运输企业医药物流服务质量及能力贯标评估工作。从目前参与贯标评估的涉药运输企业的运输网络布局来看，华人、华欣、顺丰、康展、中铁、民航快递、上海交运日红等在全国医药运输网络及运力资源管理上具有优势，苏州点通、湖南康程物流在省内医药终端配送网络建设中也持续深耕，形成医药专业运输管理体系。

---

① 该模型构建完善中，欢迎感兴趣同行联系笔者交流。

药品流通蓝皮书

表3 医药供应链物流阶段特征

医药供应链阶段特征	典型特征	自动化智能化 物流硬件	信息化 信息与大数据技术	评估维度及其典型特征 合规和标准化 质量管理	精细化 现场管理	持续改进 运营改进	客户服务 物流服务解决方案能力
1.0阶段	医药物流以普通仓库、简单货架或堆存储能力为主，医药收发作业以人工作业和手工记录为主，基本的GSP达标要求，物流统计分析及供应链优化改进能力基本无	简单传统	无单独物流系统	基本GSP要求；温湿度记录仪	手工作业，依赖经验	基本无	储、运支持功能
2.0阶段	仓储技术和物流技术升级，仓储运输作业信息系统化，一定的精细化管理水平和运营持续改善机制	自动化立体库或存储分拣运输设备（亮灯拣选或电子标签拣选或语音拣选等）	电子订单系统，仓储、运输管理系统（模块），多货主管理系统（3PL）	GSP合规基础良好，质量体系和作业流程相对固化，温湿度监控良好覆盖	五区三色、5S和基本的优化	物流进销存和作业效率、成本费用预算执行跟进	二方物流，区域内储、运输配送能力

224

续表

医药供应链阶段特征	典型特征	自动化智能化 物流硬件	信息化 信息与大数据技术	合规和标准化 质量管理	精细化 现场管理	持续改进 运营改进	客户服务 物流服务解决方案能力
3.0阶段	物流技术应用提升作业效率、专业的WMS、TMS、物流平台、GSP合规网络化运营，GSP支持基础上的第三方物流质量保障体系和方案能力，精细化现场管理和运营数据统计分析推动改进	自动化物流设备基本达到现代物流要求；货到人技术、机器人拣选、搬运，物联网技术应用探索	仓储管理系统，运输信息管理系统[TMS（包括配送移动App）]，冷链监控与管理平台，多货主管理系统，客户主数据服务系统等	健全、满足GSP要求的质量管理体系，跨国制药企业的3PL服务质量保障能力（偏差、变更、风险应急等管理体系），温湿度监控集成可视	精细化现场管理，科学布局和流程优化	健全的物流运营质量、效率、成本及满意度、投诉等分析改善机制，物流成本费用精细化核算分析	二方+三方物流，跨区域综合服务能力，一定的上下游客户定制解决方案能力
4.0阶段	在3.0基础上通过大数据分析，人工智能、自动化技术应用进行供应链运营效率改善，保障医药供应链安全	"现代医药物流"基础上的人工智能技术的多场景应用	智慧供应链/物流全程信息化平台，智能仓储，运输调度，智慧政策及供应链解决方案优化等	物流作业标准化，持续改进的质量管控体系，流程E化	精益物流管理体系	精益运营分析优化机制，ABC作业成本测算等	物流服务产品化，服务手段智慧化，具备提供生产到医院/专业零售药店/患者端专业医药物流服务和个性化定制解决方案，以及与上下游协同优化供应链的能力

225

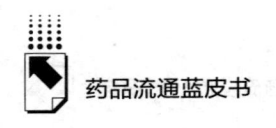

三 中国医药供应链物流发展整体特点

（一）"集中采购"扩面凸显药品流通的供应链服务价值和物流服务功能

2018年12月至2021年底，我国已开展5批药品集中带量采购（以下简称"集采"），逐步扩量提速，并且由药品集采向高值耗材扩面，促使医药供应链上下游生产、流通企业和医疗机构在新的价格体系下药品流通利润进行重新分配，以储存、运输、末端配送为主的物流能力成为核心竞争力，尤其是在"集采"品种流通微利甚至负利的情况下，医药物流如何满足各级医疗机构碎片化的订单时效、退换货等应急保障服务又能有效控制物流成本、提高配送效率，是医药物流服务盈亏的关键。

（二）"精细化管理提升+技术赋能"是大中型医药物流企业寻求高质量发展的重要手段

2021年，全国及区域大中型药品批发、零售连锁及医药物流企业，专业涉药运输企业，不同程度重视医药物流成本、效率、配送服务等，提升精益管理水平，积极探索基于ABC作业成本法的医药物流动作成本测算和计费体系构建，仓储、运输现场作业精益改善，运输配送线路优化及服务响应提升，物流自营+外包服务组合实现优势互补等；与此同时，在新的物流仓库建设、老的物流仓库改造等方面，结合自身业态特点和业务模式积极探索AI人工智能技术、自动化物流设备等创新应用，通过新技术创新应用改善物流的仓储利用率，提高收货验收、分拣复核等出入库作业效率，优化仓储、运输、人工拣选动作和配送线路，提高人均劳效等。行业典型精益化管理提升案例有：国药、九州通、广药、上药科园等已积极开展医药物流作业成本测算和计费研究或实施，如九州通的精益运营管理体系搭建、国控河南物流的循环箱使用、上药控股的商品检验报告电子化等案例。行业典型的技术赋能案例有：国控广州的老库 AI 改造优化、广州医药新上线的高自动化、智能化、大规模使用"货到人"设备的白云智慧物流中心。

（三）数字化医药供应链和医药物流信息化水平提升成为行业共识

监管部门的追溯体系建设要求以及医药生产企业的全渠道营销策略对药品批发、零售企业的数字化能力提出了新要求，药品流通和医药物流企业自身的规模化、一体化、精细化管理对信息化水平提升也提出了新要求。无论是大中型药品流通企业还是专业的涉药运输企业，纷纷加强数字化能力建设。行业典型的案例有：赛诺菲与南京医药的数字化供应链集成优化项目、威高的发票云平台和 UDI 追溯体系、国药物流的多码合一追溯综合服务系统、九州云仓的"天璇"云开发平台、国药物流和北京华欣物流的自动化验证报告管理系统、广州医药的精铃智能监控系统、国控湖北的 BI 助力医药物流运营数字化转型等。

（四）企业加强上下游供应链协同，加快第三方医药物流业务发展

集采政策使药品流通企业直面流通服务价值，也使企业更加关注药品流通网络布局优化和终端配送保障，并在满足上下游客户配送服务需求的基础上尽可能降本增效。全国及区域物流企业向上端积极加强与医药生产企业的数字化供应链协同，并结合生产企业的产品流向、销量及业务布局等制定物流网络化运营服务方案，优化库存、订单响应时效、成本等；向下端为医疗机构提供供应链增值服务和院内物流管理、基层医联体配送服务，关注网售药配送、互联网医院配送服务能力提升和终端用户体验等。除此之外，在医疗器械尤其是高值耗材配送、疫苗、IVD 诊断试剂及生物样本配送方面积极进行横向"服务产品线"拓展，加快企业第三方物流业务拓展步伐。

四 医药供应链物流发展建议

当前，药品流通行业将继续在"百年未有之大变局"的国际国内宏观

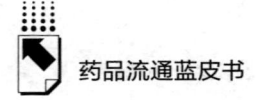

局势下砥砺前行。通过上述的整体分析，笔者建议行业企业在医药供应链物流发展方面重点关注以下几点。

一是"集中采购"政策提速推进并且从药品扩展到器械产品，区域主要流通企业的集采品种配送数量增多、难度加大、价格下降等将带来巨大压力并倒逼企业向物流管理要效益，如企业的区域网络化多仓协同、仓配流程优化、配送自营+外包资源整合、仓储运输成本精细化管控等。

二是医药物流的降本增效手段不在于"砍预算"，而在于通过信息技术、物流技术、流程优化、库存及网络优化、订单计划及配送优化等提升网络化运营能力，实施精益医药物流储存、运输及服务成本核算和管理，无论企业的物流功能定位是"企业物流"还是"物流企业"都能够科学量化物流服务价值，精益改善物流成本管理。

三是企业发展以智慧、智能、低碳绿色理念为主线，加强与供应链上下游企业及生态圈相关企业的合纵连横。

四是新冠肺炎疫情常态化管控对供应链的影响深远，企业哪些环节可以用机器人代替人工操作、跨区域仓网和运力资源如何联动、关键供应链及物流人才队伍如何备份及补充等，都值得同行思考。

B.21
药品物流高质量发展与监管政策探索

"药品现代物流发展与监管研究"课题组 *

摘　要： 药品物流是国家药品供应保障体系的重要组成部分，是药品供应链中的重要一环。通过梳理我国药品物流发展历程与监管政策沿革，分析我国药品物流模式及现状，就药品第三方物流主体、涉药受托运输主体及 C 端配送主体的监管政策提出相关建议，以期促进药品物流大市场构建、实现药品物流高质量发展，保障药品的安全、有效、可及。

关键词： 药品物流　分类监管　统一大市场

一　我国药品物流发展历程与监管政策沿革

（一）我国药品物流发展历程

长期以来，我国的药品物流是作为药品生产、经营和使用的组成部分之一，依附于药品而存在。药品作为特殊的商品，受到严格的法规约束。药品生产、经营均需获得行政许可，其开办条件中就包括应具备仓储设施等要求。故传统药品生产和经营企业均需自建药品储存和运输配送单元，行业管

---

* 课题为中国药品监督管理研究会 2021 年立项课题，承担单位为中国药品监管研究会药品流通专委会和上海市食品药品安全研究会。本文改写自课题结题报告，主要执笔人为唐民皓，上海市食品药品安全研究会会长，高级经济师；朱建云，中国医药商业协会医药供应链分会秘书长；魏俊璟，上海市食品药品安全研究会秘书长。

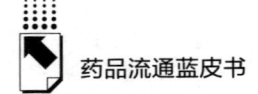

理也相对封闭。在这一阶段,非药品企业一般很难涉足药品物流领域,形成了药品物流作为药品生产、经营的支持性功能的基本格局。

随着我国药品商业的业态转型、技术升级及社会分工专业化的新趋势,药品物流正在从以往的药品生产、经营和使用中分离出来,各主体在保障药品质量前提下不断探索建立更高效、便捷、经济的物流模式。据中国医药商业协会统计,从生产企业成品出厂到终端医疗机构或零售药店环节的医药物流业务市场[①]中,约40%为企业自营物流(包括自营仓储、自营运输配送),约60%为委托第三方物流业务(包括委托储存、委托运输配送)。在委托第三方物流业务部分,约22%的为委托储存业务,约78%的为委托运输业务。涉药物流业务作为一个相对独立业态,逐步成为药品物流市场的重要力量。

(二)我国药品物流监管政策沿革与现状

1. 药品物流由必须自营向可委托开放

为顺应药品物流业态变革和产业转型趋势,2005年,国家食品药品监督管理总局发布《关于加强药品监督管理促进药品现代物流发展的意见》(国食药监市〔2005〕160号),明确允许有实力并具有现代物流基础设施及技术的企业为已持有许可证的药品企业开展第三方药品现代物流配送。同年,国家食品药品监督管理总局发布《关于贯彻执行〈关于加强药品监督管理促进药品现代物流发展的意见〉有关问题的通知》(国食药监市〔2005〕318号),规定了委托储存、配送的条件的认定程序。

2. 取消从事药品第三方物流业务批准

2016年,国务院印发的《关于第二批取消152项中央指定地方实施行政审批事项的决定》(国发〔2016〕9号),在其第146项取消"从事第三方药品物流业务批准"的行政审批事项,但各地在实际管理中并未放松对

[①] 分析统计报告包含药品、医疗器械等医药产品,故引用中国医药商业协会的报告数据称为"医药物流",其数据对药品物流也具有重要的参考价值。

药品物流的管理，各省监管部门陆续制定不同的药品物流监管模式及相关程序。

3. 鼓励形成覆盖全国的药品物流网络

2017年，国务院办公厅《关于进一步改革完善药品生产流通使用政策的若干意见》（国办发〔2017〕13号）提出，推动药品流通企业转型升级。打破医药产品市场分割、地方保护，推动药品流通企业跨地区、跨所有制兼并重组，培育大型现代药品流通骨干企业。整合药品仓储和运输资源，实现多仓协同，支持药品流通企业跨区域配送，加快形成以大型骨干企业为主体、中小型企业为补充的城乡药品流通网络，指明了药品流通体制改革的大方向。

4. 新修订的《药品管理法》设定了委托储运管理框架

2019年新修订的《药品管理法》明确了委托储存、运输药品的委托方相关义务；从事药品储存、运输等活动的单位和个人依法承担相应责任。在规章层面，2019年12月10日，国家市场监督管理总局发布的《药品经营监督管理办法（征求意见稿）》提出委托方应向其所在地省级药品监督管理部门备案，药品监督管理部门可根据需要开展延伸检查；明确受托方资质与责任。同时明确药品上市许可持有人、药品经营企业未按规定对委托储存、运输行为进行管理的处罚条款。整体上，体现了药品监管部门对药品第三方物流的重视和监管模式的探索。

二 我国药品物流模式及现状分析

（一）药品经营自有物流企业

传统药品经营企业自建物流功能，自建运输、仓储和配送单元形成"物流"依附于"商流"的基本格局。仅就药品经营（即批发、零售）主体看，全国药品批发零售企业中约80%以自营仓储为主。但这部分企业的仓储运输资源以服务内部为主，受限于自身条件和法规要求，仅有一小部分

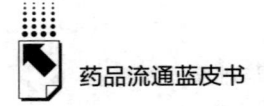

具备为其他主体提供仓储、运输服务的资质和能力。主要体现为：部分大企业已将现有的物流资源重新整合，构建成药品第三方物流企业，独立承担其他药企药品物流的受托储运业务。

（二）药品第三方物流企业

此处药品第三方物流企业为能够为外部客户/货主提供专业医药储存+运输配送的综合型专业医药物流企业，该类企业不享有药品的物权，根据实际需要，将运输、储存、装卸、搬运、包装、流通加工、配送、信息处理等基本功能实施有机结合，使药品从供应地向接受地进行实体流动，并收取相应的物流服务费。药品第三方物流企业以其专业化和高效协同的物流运营网络，在市场配置资源力量的推动下，正在成为药品物流高质量发展和行业未来变革的大趋势。从国家宏观政策看，"药品第三方物流"的兴起和发展，符合"市场对资源配置起决定性作用"的要求，有利于药品生产要素实现更大程度的自由组合和顺畅流动，有助于推动现代药品物流产业的高质量发展。通过药品流通企业与第三方物流体系储运资源的有效整合和互补融合，发挥规模效应，可有效提高医药物流运行效率。

目前，从事此类模式的企业主要包括两类。第一类是原参与试点、获得"确认件"可从事药品第三方物流的企业。这些企业的"确认件"等证照普遍已经过期，但是基于管理惯性和商业惯性，这类企业仍然属于传统定义的药品第三方物流企业。这类企业在获得"确认件"时经过药监部门核查，软硬件条件基本都能符合《药品经营质量管理规范》的要求。但这类企业的竞争力也在不断受到挑战，"确认件"失效后由"确认件"所带来的准入门槛优势不断被削弱，维持原有体系运转却需要大量的成本投入。第二类是新加入企业。新加入企业为了适应各地监管政策和委托方的要求，大部分企业在积极取得药品经营许可证，或通过地方试行备案、告知承诺等相关政策获得开展药品第三方物流业务的资质。此类企业资质获取成本或相关投入也普遍较高，仅其获证成本就在300万~3000万元，并需要根据各地要求符合现代物流条件，满足仓库面积、设施设备、人员配置等各种要求。

（三）涉药受托运输企业

涉药受托运输企业指既不从事药品购销也不进行存储，仅进行药品受托运输的企业。其业态模式主要包括以下两个：其一，直接受药品生产、经营企业委托进行涉药运输；其二，接受药品第三方物流企业或涉药运输企业的再委托，承担药品干线、支线运输一部分或"最后一公里"的药品配送。涉药受托运输企业是药品运输工作的主要承担者，其普遍从事综合运输服务，而不仅仅只从事药品运输业务，往往缺少对《药品经营质量管理规范》的认知和履行。

（四）"电商+消费终端配送"主体

在"互联网+"的推动下，药品流通行业拓展了线上线下深度融合的营销网络，从而形成了"电商+消费终端配送"的模式。与电商平台及其业务结合的快递物流企业乃至骑手个人，主要从事 C 端医药产品的配送。这些社会物流企业、平台企业、快递企业等凭借社会化资源优势和传统药品批发、零售企业无法比拟的配送速度优势，参与药品 C 端配送业务。但是，在药品 C 端配送和快递物流方面，这些参与者普遍缺乏《药品经营质量管理规范》的合规认知，立法层面上也缺乏专门的药品 C 端配送服务引导规范。

三 促进药品物流高质量发展的建议

（一）统一涉药物流主体监管模式

2022 年 4 月 10 日，《中共中央 国务院关于加快建设全国统一大市场的意见》提到，"健全统一市场监管规则"。现阶段地方采取的对药品第三方物流监管政策确实出于对药品物流进行风险管控的实际需求，具有采取行政监管的必要性与合理性，对药品物流监管模式也积累了一定的实践经验。下一步应当回应地方监管的实际需求，总结地方监管的实践经验，研究构建全国统一的监管模式，实现药品物流监管制度和政策的稳定性及可预期性。

1. 对药品第三方物流主体的监管思路

2019年新修订的《药品管理法》明确了委托储运的基本框架，建议在《药品管理法实施条例》层面进一步规定，将药品第三方物流主体纳入经营许可范围，重新单列出一个"经营类别"，并赋予其相对应的监管措施。对上述监管思路，课题组从合法性和可行性两个维度做如下分析。

其一，国务院取消了"从事药品第三方物流业务批准"事项，仅仅是由于原国家食品药品监督管理总局2005年318号文以"规范性文件"的发文形式和以"确认件"的准入形式不符合《行政许可法》的规定而予以"取消"，但并未否定"涉药物流"属于药品经营管理的范畴，法律制度对涉药物流的监管原则和监管授权是明确的。

其二，药品储运业务本来就是药品经营的一部分，在药品管理法律制度中药品经营活动是需要以许可形式进行监管的。对此，根据业态变化情况对经营主体进行重新细分，将从药品经营活动中分离出来的第三方物流经营列为一项单独业态的储运业务并纳入许可监管范畴，只是细分了经营许可证的类目，从法律制度分析看这属于法律执行机构的管理权限和事项，并非新创制了一种行政许可。

其三，事实上，通过许可形式将药品第三方物流主体纳入监管已成为大多数省市监管部门的通行做法，也是业内普遍反映期待在国家层面解决药品第三方物流监管政策的缺失问题。综观国际药品监管经验，即便在美国相对自由的经济管理体制中，FDA对药品物流也是采取了严格的准入监管模式。课题组认为，可以吸纳近年来地方先试先行的探索和国际药品监管的成熟经验，将地方试行政策上升成为全国统一的监管模式，达到全国监管政策的统一。

2. 对涉药受托运输主体的监管思路

涉药受托运输企业大多为从事综合运输服务的物流公司,药品运输只是其运输业务的一部分。在监管政策制定中,对涉药受托运输企业纳入监管存在以下难点:一是由于涉药受托运输企业均为综合物流公司,难以将所有的涉药运输企业都作为药监部门的被监管主体;二是涉药受托运输企业数量庞大、类型复杂,地方药监部门的有限资源无法将其直接纳入监管范畴。但从管理要求看,因为是涉药运输行为,需要在法律制度层面对受托运输物流企业的质量管理(包括运输温控、车载、装卸、中转和物品管控等)提出监管要求,比如必须符合《药品经营质量管理规范》(GSP)、必须明确相应管理责任的直接承担方等。

《药品经营和使用质量监督管理办法(征求意见稿)》第四十六条第二款提出,"委托运输的,应当向属地药品监督管理部门报告"。该"报告"的具体程序,有待进一步明确谁来报告、向谁报告、怎么报告等问题。有关报告的内容,建议在规章层面进行统一,可考虑构建一个全国性的涉药运输主体登记平台,通过登记的方式施行间接监管。

3. 对 C 端配送主体的监管思路

课题组建议监管部门制定"药品消费端物流配送服务管理规范(拟)",对属于居民网上购药的配送、慢性病送药上门服务以及 DTP 药品配送尤其冷链药品配送主体的资质、能力、骑手或快递员的培训要求及操作标准予以规范和引导,对药品包装及封签要求制定标准,规避 C 端配送质量风险。对 C 端配送主体的行为规范,可以由企业通过上述管理规范施行自律管理,必要时监管机构可以做延伸检查,并加强对企业的行政指导。

(二)探索建立药品现代物流标准体系

从目前的法律法规体系立法思路和地方政策做法来看,药品第三方物流企业的资质标准主要是在符合《药品经营质量管理规范》的基础上满足药品现代物流标准。这一资质标准,在一定程度上等同于涉药物流企业从事药品第三方物流业务的准入门槛。准入门槛在一定程度上可以将一些业务风险

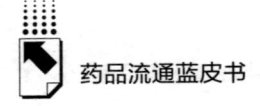

把控能力低的主体排除在市场外，从而提升整个涉药物流市场的风险防控能力，保障药品储运安全。

如果要出台以"现代物流"为主题的药品第三方物流准入门槛标准，课题组建议关注以下要点。

其一，避免与药品质量安全风险错位。在地方政策中，许多省份将仓库面积纳入现代物流标准条件范畴，经调研发现，药品物流风险集中在温控、追溯等方面，现代物流标准中不宜将面积大小作为硬性指标。

其二，避免资源浪费，充分发挥市场配置资源优势。课题组调研发现，目前约92%的药品物流企业仓储利用率在50%~70%，即便考虑预留15%左右的周转空间，该指标也远低于一般物流市场仓储利用率。因此，标准制定一定要在满足药品质量安全风险可控的情况下，给市场自动调节医药物流资源配置留有空间。

其三，兼顾地方发展不平衡的问题。药品现代物流标准一般要求配备现代物流设备、具有适应现代管理要求的计算机信息管理系统及各环节、全过程的质量控制体系，其标准将明显高于一般商品的物流标准。但药品现代物流标准也应兼顾中国的地域广阔和区域发展不平衡情况，充分考虑各物流节点在全国及区域物流网络层级定位及覆盖范围等因素，对于物流业务覆盖全国、跨区域、省内、市县或"最后一公里"的现代物流标准应该有分级要求，力求适应我国地域广阔、地域发展不平衡的现状，保障"最后一公里"用药可及。

在药品现代物流或第三方物流标准制定时具体如何分类分级，课题组也提出一个基本的思路框架。一是专业的GSP合规质量体系保障是底线，对质量体系、药品物流质量安全管理要求可结合各省的标准提炼形成标准。二是药品物流全程信息可追溯，最终是为了实现药品供应链的安全，也是实现药品全生命周期追溯的重要环节。各药品物流中心规模和物流设备先进程度可以有差异，但是满足药品物流全程信息可追溯是必备条件。三是仓库面积及自动化设施设备要求，课题组建议在国家层面制定一个参考性标准，比如定位为覆盖全国范围的中央物流中心NDC、具有跨省业务的区域物流中心

RDC、覆盖某个市的配送中心 DC 等可以设定基本规模和硬件参考标准，供各省细化执行。四是标准设定要考虑单体规模不大但具备多仓/库运营能力的指标，随着医药分销网络下沉及供应链渠道扁平化趋势，打造多层级、多仓/库联网运营的物流配送网络是大多数全国及区域药品经营龙头企业的发展方向。

（三）构建药品物流跨区域监管协同新机制

2019 年《药品经营监督管理办法（征求意见稿）》第五十一条和 2021 年《药品经营和使用质量监督管理办法（征求意见稿）》第六十二条都对跨区监管责任进行了明确，区别在于：2019 年征求意见稿中要求委托方所在地监管部门负责管理跨省委托储运，受托方所在地监管部门予以配合，两地监管部门监管职责有轻重；而 2021 年征求意见稿中强化了两地的属地监管责任，由委托方、受托方各自所在地监管部门负责辖区内主体的监管责任。压实属地监管责任，更有利于对涉药物流主体的日常监管，也有利于合理配置监管资源、提升监管效率；但跨区域监管协同工作也需及时跟进。2021 年《药品经营和使用质量监督管理办法（征求意见稿）》也提出了双方监管部门信息沟通、联合检查及定期公布委托主体名单的规定，课题组认为建立全国统一的监管平台依然有一定的必要性，以实现信息报送的及时性和更新的灵活性。

B.22
赛诺菲与南京医药数字供应链集成项目的创新与探索[*]

马云涛 廖丽雯 杨程 王聆红 柯妮卡[**]

摘 要: 赛诺菲与南京医药数字供应链集成项目,通过对南京医药 SCP 供应链协同平台、南京医药 ERP 系统、南京医药仓储及物流系统以及赛诺菲 Wecom 系统四个主要系统的功能改造和接口开发,实现了双方商品数据映射、订单信息协同、配送信息协同,消除了企业间的信息壁垒,提高了企业间业务流程的协作效率,帮助企业降本增效;同时,本项目也是双方在医药行业数字供应链领域的一次重要的创新与探索。

关键词: 赛诺菲 南京医药 数字供应链 供应链协同 降本增效

一 企业基本情况介绍

赛诺菲(中国)投资有限公司(以下简称"赛诺菲")1982年进入中

---

[*] 特别鸣谢 Francisco Cadena 先生(赛诺菲大中华区供应链负责人)、曹智先生(赛诺菲商务负责人)及其商务东区团队、陆琼先生(赛诺菲电子商务与数字化经理)以及南京医药各位领导对此项目的指导与支持。

[**] 马云涛,南京医药股份有限公司信息总监,南邮-南京医药智慧健康研究院常务副院长,南京大学 MBA 导师,具有丰富的研发、产品及市场管理经验;廖丽雯,赛诺菲(中国)投资有限公司供应链客户关怀负责人,法国里昂大学企业管理学院工业与物流管理硕士;杨程,南京医药股份有限公司产品经理;王聆红,赛诺菲(中国)投资有限公司供应链客户服务负责人;柯妮卡,赛诺菲(中国)投资有限公司供应链客户关怀项目执行。

国,致力于将科学创新转化为医疗健康解决方案。经过多年努力,赛诺菲在中国已有 12 个办公地点、4 个研发基地、3 座生产基地、1 个数字化创新平台(极创联盟),现已扎根中国 2000 多个县市,引入 40 余种高质量的创新药物和疫苗。其多元化的治疗方案,覆盖中国前十大致命疾病的七种。

南京医药股份有限公司(以下简称"南京医药")成立于 1951 年,1996 年在上海证券交易所上市,是中国药品流通行业首家上市企业。经过多年发展,南京医药已由地区性单体企业成长为跨地区、集团化、网络型的特大型企业,现有 60 余家分子公司,市场覆盖苏、皖、闽、鄂等地及云、川部分地区,2021 年营业收入超 450 亿元。南京医药是国内药事服务业务的先行者,已与 300 多家各级医疗机构开展药事服务合作,药事服务创新模式已成为深化中国医改、实践医药分开的可借鉴、可操作的成功路径之一。

南京医药以信息化和现代物流为基础,以健康消费需求订单为导向,以利益协同的药事服务及建设自有终端为核心,打造以医疗机构业务和多模式零售业务为主业的集成化供应链,立足华东,成为大健康产业可信赖的健康产品和服务提供商。

二 企业数字化转型发展的探索

作为最早涉足数字化医疗的跨国药企之一,赛诺菲持续布局中国,积极探索构建符合中国当前医疗需求的数字创新生态。当前,随着全球生产成本的增加,销售价格的挑战,新冠肺炎疫情导致的原材料等供给的不稳定性,加之医药市场新政策不断出台,新兴业态以及新兴业务模式不断涌现,销售渠道已非相对稳定单一的模式,这给市场需求预测带来了更多的不确定性,从而加大对药品生产的挑战。对于药品的生产,特别是生物制品和疫苗,生产周期相对较长、生产设备配置与验证周期较长,对供应链产生了巨大影响。对于市场变化的快速响应,提升供应链预测的准确性,提升供应链风险控制的能力,通过数字化推动端到端敏捷供应链发展,已成为赛诺菲重要的前进方向。与此同时,赛诺菲供应链团队也看到下游供应链与上游供应链的

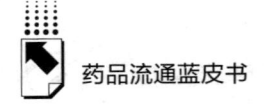

相互作用与相互影响，积极打破传统药品生产企业的供应链范畴，联合商务团队与下游客户一道创造供应链生态共荣，旨在加强端到端供应链的协同，打造一条敏捷高效的供应链。

多年来，南京医药坚持以药事服务为起点，结合创新业务，实现了"两主两辅"协同发展的战略格局，信息化建设是南京医药战略实施以及数字化转型的重要支撑与基础保障。南京医药信息化建设经过"十二五""十三五"期间的发展和积累，已完成集团信息化的基础布局，实现了管理信息系统全覆盖。通过建立信息标准化体系，推动了集团管理的制度化、规范化和科学化全面发展，大幅提升了企业的组织力和管控力。同时，利用现代信息技术，打造"可视（互联）、可控（风险）、可预测（智能）"的智慧供应链运营体系，不仅聚焦客户需求，也实现了主业创新与整合运作的协同。

"十四五"期间，南京医药仍将高度重视信息化建设，在集团信息化建设成果的基础上进一步实现全流程各专业线的数字化转型升级。在围绕对内降本增效驱动的"价值创造+智慧运营"的同时，对外构建协同共赢的"智慧场景+健康生态"。通过信息化改进优化业务流程，促进业务效率提升，降本增效，以IT价值创造为核心，从单纯的药品供应企业逐步发展成为端到端的药事服务提供商。

三 数字供应链集成项目建设背景

医药行业作为国民经济的重要组成部分，长期以来一直保持较快增速。在政策和"互联网+"的双重催化下，药品流通行业也面临着挑战与革新。医药供应链中的生产企业、流通企业、医疗机构等供应链参与方，采用传统的链式信息传递模式造成信息共享程度低。这种模式最大的缺陷在于信息传递过程中容易发生延迟与失真等现象。一方面，削弱了供应链系统对顾客需求的响应能力；另一方面，信息失真导致决策出现偏差，最终使整个供应链难以满足协同并快速响应的需求。

药品流通行业与其他行业相比具有很强的专业性和特殊性，对质量管理要求严格，必须严格把控每个环节，使流通过程安全可靠，因此迫切需要以客户需求为导向、以提高质量和效率为目标，整合上下游资源，实现设计、采购、生产、销售、服务等供应链全过程协同落地，推动建立行业可持续发展供应链体系。同时，采用云计算、大数据等现代化技术构建信息共享平台，实现供应链上下游信息及时共享，确保供应链安全可靠。

为消除供应链上下游企业信息壁垒，实现数据共享，提高企业间业务流程的协作效率，帮助企业降本增效，赛诺菲与南京医药达成战略合作，共同推进了"赛诺菲与南京医药数字供应链集成项目"。双方通过本项目展开数字化供应链合作，实现企业间业务流程的高效协作，以技术、模式驱动上下游融合数字化供应链新模式。

四 赛诺菲与南京医药数字供应链集成方案

赛诺菲与南京医药数字供应链集成项目主要解决方案如下。

（一）业务模型设计

本项目通过赛诺菲与南京医药各业务系统的集成，实现订单、配送、发票、收货回执等信息的自动读取和推送，加快供应链运营流程、优化双方资源、提升服务水平和工作效率，并加强与关键客户的供应链合作。根据与双方项目组沟通，本次项目实现赛诺菲与南京医药业务协同三项接口：商品信息接口、订单接口、配送接口。业务模型设计如图1所示。

其中，赛诺菲Wecom系统是赛诺菲厂商商务协作平台，双方商务人员可在此平台登记要货计划和订单签章确认；赛诺菲SAP系统是赛诺菲各生产企业主营业务管理系统。南京医药SCP供应链管理平台是南京医药面向上下游企业的业务系统，是实现供应链信息化业务协同的统一对接平台；南京医药ERP系统是南京医药各节点企业的主营业务管理系统；南京医药WMS系统是南京医药各节点企业仓储部门或南京医药各物流企业的仓储业务管理系统。

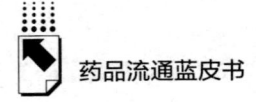

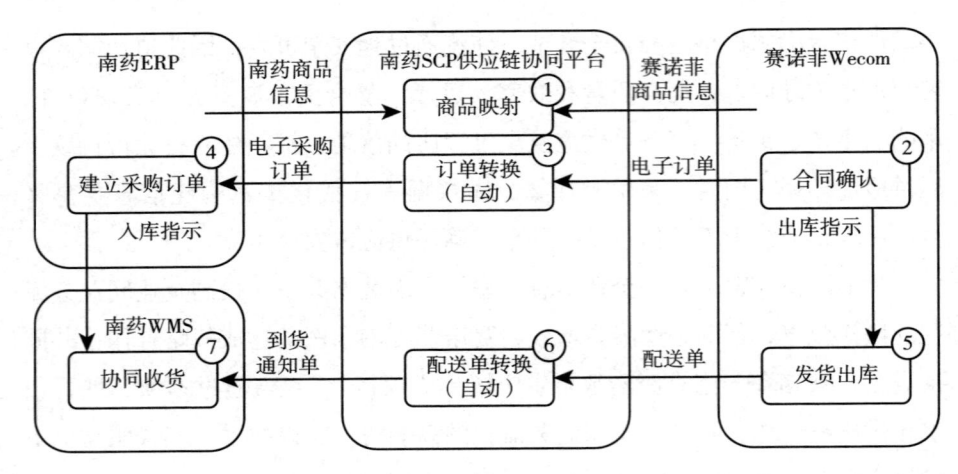

图1 赛诺菲与南京医药供应链业务模型

业务流程方面，主要通过以下三个方面实现业务协同。

1. 商品数据映射

赛诺菲和南京医药商品信息自动上传至协同平台，人工在协同平台上建立商品映射。赛诺菲和南京医药协同业务单据中所有涉及的商品编码及单位转换都依赖此映射关系。

2. 订单信息协同

赛诺菲商务人员在Wecom平台上建立订单，南京医药采购员在Wecom平台上对订单进行签章确认。双方签章确认后的订单，视为需执行不可修改。

Wecom将确认后的订单自动发送至SCP平台，SCP平台转换成电子采购订单发送至南京医药ERP系统。

南京医药采购员在ERP系统中建立采购订单，采购订单确认后自动发送至WMS系统。

3. 配送信息协同

赛诺菲发货出库后Wecom自动将配送信息发送至SCP平台。

SCP平台将配送信息转换成到货通知发送至WMS系统。

仓库人员在WMS中根据采购订单和对应的到货通知信息进行实物验收，确认无误后生成入库信息。

（二）总体架构设计

南京医药通过 SCP 供应链协同平台实现与南京医药上游厂家相关业务系统的数据通信，通过 SCP 平台对上游厂家各异构系统的差异化接口需求进行适配，通过 SCP 平台的转换和映射功能实现南京医药所有节点 ERP 和 WMS 系统数据交互接口的标准化（见图 2）。

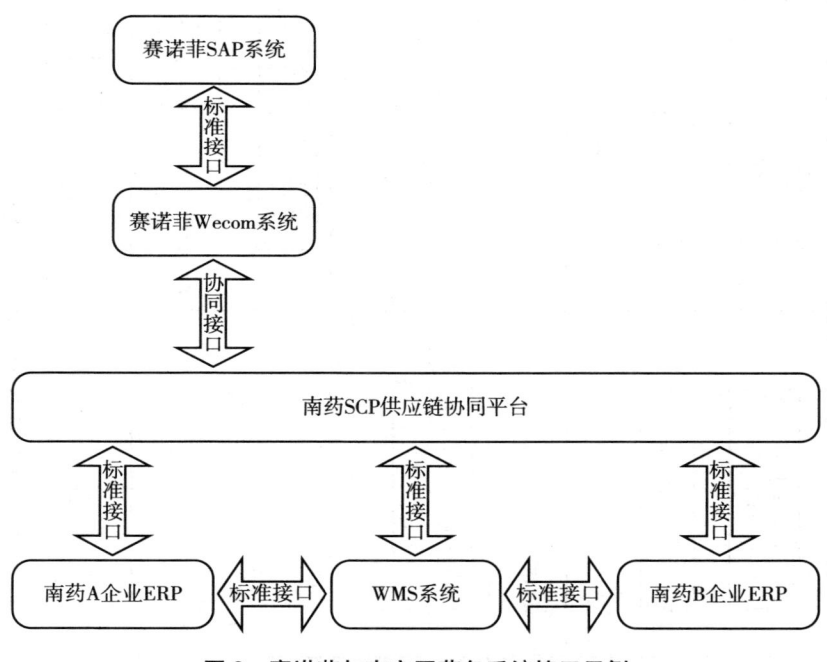

图 2　赛诺菲与南京医药各系统接口示例

本项目中南京医药 SCP 供应链协同平台需增加电子采购订单转换功能模块以及为适配赛诺菲 Wecom 系统接口定义，需对协同接口（商品信息、采购订单、配送单）进行改造。南京医药 ERP 系统需增加协同采购功能模块以及对 WMS 采购订单标准接口进行改造。南京医药 WMS 系统增加协同收货和到货预定功能模块以及对 ERP 采购订单标准接口进行改造。

本项目中赛诺菲 Wecom 平台需添加产品主数据接口，流程如图 3 所示，

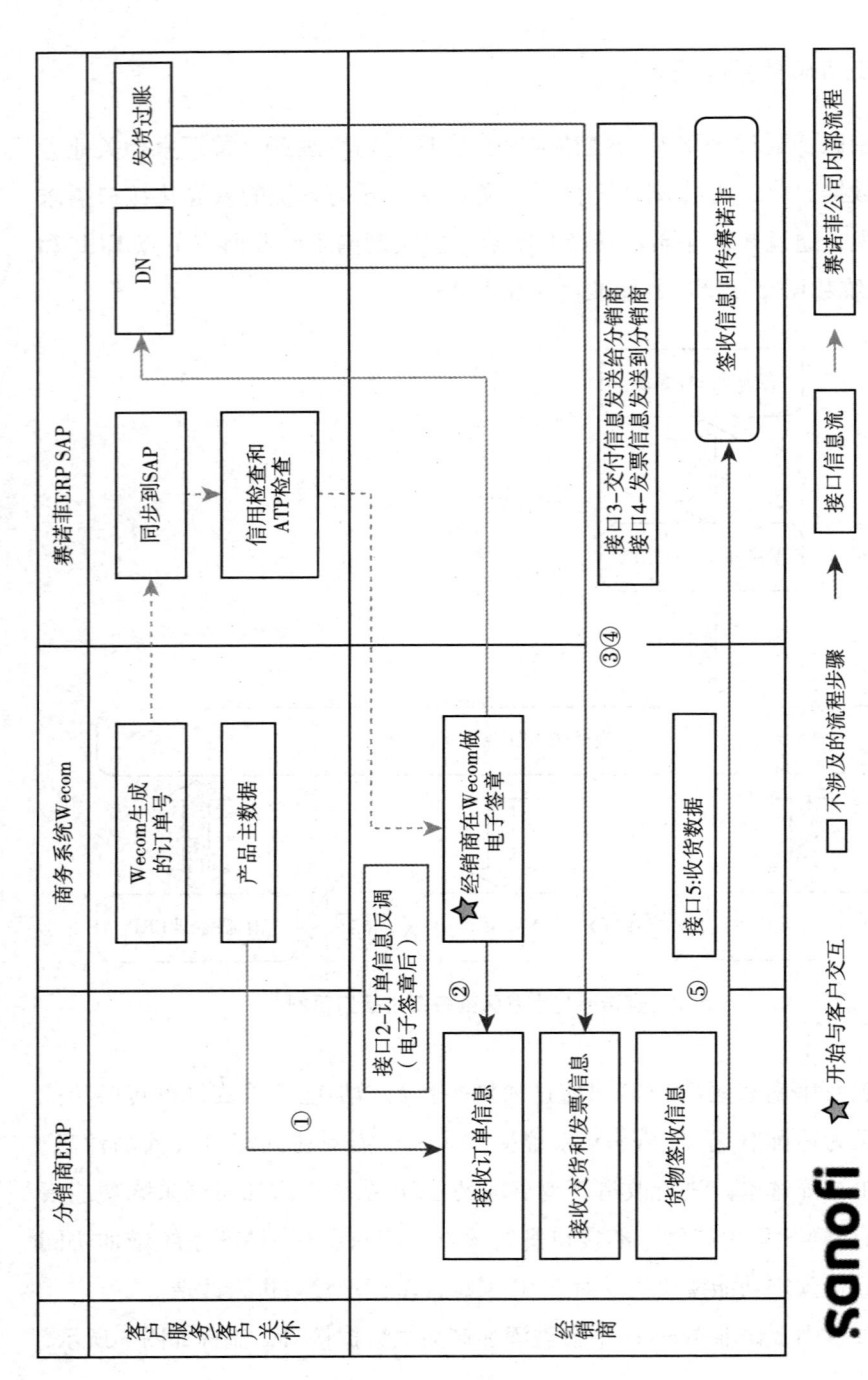

图 3 赛诺菲 Wecom 系统业务流程

使得南京医药系统可以根据客户代码获取对应可下单的产品数据；添加订单信息接口，在订单签章确认后，推送给南京医药 ERP 系统；添加配送信息接口，将订单配送信息发送至南京医药 ERP 系统。

（三）系统功能设计

项目主要包含南京医药 SCP 供应链协同平台、南京医药 ERP 系统、南京医药 WMS 系统以及赛诺菲 Wecom 系统四个主要系统的功能改造和接口开发。

南京医药 SCP 供应链协同平台功能改造和接口开发，包括商品信息的抓取接口、采购订单的接口适配和转换、配送单的接口适配和转换。

南京医药 ERP 系统功能改造和接口开发，包括电子采购订单接收处理功能、与 WMS 采购订单接口开发、与 WMS 采购订单接口新增电子采购订单编号等对应字段信息等。

南京医药 WMS 系统功能改造和接口开发，包括协同收货功能、到货预定功能、协同电子采购订单接口、到货通知单接口。

赛诺菲 Wecom 系统功能改造和接口开发，包括获取产品信息接口、同步订单信息接口、同步配送信息接口。

（四）项目实施目标

本项目通过双方四大平台的功能改造和接口开发，最终实现了以下目标。

（1）赛诺菲产品主数据自动映射到南京医药 ERP 系统，南京医药可随时抓取赛诺菲的主数据。

（2）赛诺菲将订单信息实时推送，实现订单数据映射到南京医药 ERP 系统，减少手工操作，实现南京医药内部销售订单自动流转。

（3）赛诺菲提前进行发货数据共享，南京医药可以提前安排仓库资源接收货物，并减少赛诺菲司机等待时间。

（4）南京医药 ERP 系统一键收货，减少人工操作。

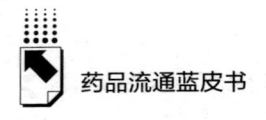

（5）减少南京医药有关发票处理的手工工作量，提高排款流程效率。

（6）减少赛诺菲有关签收数据的手动上传，签收时效更高。

五　项目实施情况

此项目自2021年4月双方开始探索交流并立项，2021年6月正式启动，历时3个月的开发、测试和优化，于当年8月31日项目一期正式上线。在2021年南药集团四家商业成功上线：南京医股、福建同春、南药湖北、安徽天星。

项目一期取得了显著的成效。

（1）南京医药方面自系统上线后各级采购员处理合同时间减少75%，仓储收货登记时间减少75%。

（2）此模式极大降低了业务执行的差错率，收货登记差错率下降为0%。

（3）赛诺菲在此模式下配送人员的送货等待时间减少50%。

六　项目总结

长期以来，我国医药产业的管理体制与运作模式自成体系，药品流通环节和交易层次多、渠道复杂、信息不透明，加上多数企业对供应链的管理重视度不够，生产企业与流通企业之间缺乏长期合作的战略伙伴关系，导致整个药品流通环节成本过高、流通效率低下。同时，药品的特殊属性也决定了流通环节必须对供应链水平提出更高的要求。供应链是一个集成的网络，上下游各项活动都是紧密联系在一起的。需求预测、库存管理、采购、订单处理、运输、收发货等环节总是环环相扣、步步相接，各个环节相互牵制却也相互促进，需要彼此协调与平衡才能达到整体供应链最优化。如果缺乏协同合作，信息各自封闭，那么整条供应链很难达到高效敏捷、成本最优。因此，上下游协同的供应链有着非同寻常的意义。供应链的协同带来的是资源的整合、配置的最优化、利益的共赢。"协同"的范围不仅仅是在生产企业内部，还在于结合上下游不同的业务形态打造适合双方的供应链合作模式。本项目是赛诺菲与南京医药在医药行业数字化供应链协同领域的一次重要的创新与探索。

本项目与传统 EDI 模式有所不同，是使用双方现有的接口和平台，做标准化配置，实现数据自动推送和传输，即在最小化投入下获得最大化产出。对于赛诺菲而言，过去的各种数据直连传输项目都是与第三方合作，此次是真正意义上与下游客户系统对接，该标准接口也可后续用于与其他多家客户做相类似的数据对接。本项目在后续推广过程中，客户可以自由选择需要对接的数据，例如产品主数据、订单信息、配送信息、发票信息、签收信息等，根据客户系统的情况和客户的意愿加以选择。

供应链管理是一个价值链增值的管理过程。合理高效地进行供应链管理对于提高供应链的价值增值水平有着举足轻重的作用。围绕智慧供应链不断进行创新是赛诺菲与南京医药未来发展的主要动力，也是医药行业数字化转型的关键。双方将不断探索智慧供应链创新运营模式，并根据业务不同阶段提供相应的信息化支撑，以技术引领创新，以创新驱动发展。同时，顺应"互联网+医疗健康"发展趋势，积极推动具有供应链协同效应的公共型平台建设，完善供应链服务体系，在医药供应链创新领域走出特色发展之路。

B.23
医药冷链物流的供应链运作模式探索

浙江英特物流有限公司

摘　要： 英特集团围绕冷链物流能力提升、应用数字化管控开展冷链一体化配送网络搭建、冷链信息化管理平台建设、冷链质量可控管理等工作，有效深化冷链配送网络覆盖，提高冷链资源利用效率，健全人才培养模式，在"可追溯、不断链、降成本、提服务"等方面，实现医药冷链物流的全面高质量发展。

关键词： 医药冷链物流　一体化管理　英特物流

一　医药冷链物流发展存在的不足

近年来，我国医药冷链物流市场发展迅速，医药冷库、冷藏车等主要冷链资源规模不断增长，多数企业愈发重视医药冷链物流能力建设。但同时，冷链物流行业也存在一定短板与不足，一是医药冷链运输网络覆盖不完善，二是冷链物流运营成本较高，三是冷链"断链"风险管控不足，四是医药冷链物流专业人才缺乏，五是企业冷链标准化建设有待提升。

2021年12月，国务院办公厅印发《"十四五"冷链物流发展规划》，对医药冷链物流提出完善医药产品冷链物流设施网络、提升医药产品冷链物流应急保障水平等要求。英特集团结合自身实际，对于冷链建设制订了相应的发展计划，并逐步用于指导企业整体供应链运作管理。

二 英特医药冷链物流运作模式

浙江英特物流有限公司是英特集团旗下全资子公司，承担集团物流统筹运作职能。公司始终以建设高质量药械供应链作为使命，并以优质冷链物流服务作为核心竞争力之一，开展相关能力建设工作。公司建立一体化冷链配送网络，充分发挥全省六大物流中心运力优势，优化配送模式，提升服务质量；打造冷链信息管理平台，打通端到端订单数据，通过数字化、智能化管理健全冷链追溯体系；强化冷链质量管控，积极开展制度建设，围绕保温容器使用管理、验证管理等实际问题，积极提升运作能力。在"可追溯、不断链、降成本、提服务"等方面，实现医药冷链物流的全面高质量发展。

（一）冷链一体化配送网络

冷链运输一体化作为英特物流运输一体化规划的先行试点项目，立足于降本增效与资源最优化配置，开展干支线运输、不断链配送、多温共配探索等多项工作，不断提升服务水平。

1.冷链配送网络建设

英特物流基于六大物流中心仓储分布，变革全省直配运输模式，设定各物流中心100~150公里冷链配送半径，构建"干线—城配"冷链运输配送体系。整合全省冷链配送订单，统筹调度各物流中心冷藏车资源，将主要运力投入属地区域城配，大幅缩短冷藏车辆平均行驶路程，将运输时间最大化应用于终端客户的配送服务，在运输车辆数量不变的情况下，保证浙江全省各地市平均每周一次配送频次。

2.冷链配送不断链管理

冷链配送断链及超温风险存在于仓储与运输衔接端，英特物流在干线运输端积极探索仓库车辆门对门衔接形式，应用缓冲区设计、对接门封、车辆双门帘等多种方式，结合快速装卸流程，保障全过程温控环境；在城配"最后一百米"端，与温控设备厂家共同研发卸货温控罩、便捷冷包等保温

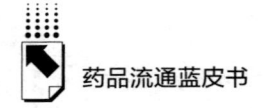

容器，从快速、便捷的角度出发实现院内"最后一百米"的温控接力，确保冷链药品全程不断链。同时，借助全链条的温控数据采集模块，对运输过程实施监管，为不断链配送提供追溯支持。

3. 冷链运输成本管控探索

医药冷链运输成本居高不下，一方面在于企业需严格遵守温控与追溯要求，保障药品流通过程质量可控；另一方面也受制于冷链需求较零散，运输资源利用率不高。英特物流从质量合规与成本管控的角度出发，基于药品属性与配送信息，合理整合冷链药品和其他温度区间药品，实现多温区集成运输。部署多温区冷藏车，根据信息系统客户分类模块、车辆装载分析模块、车辆调度模块共同形成推荐结果，分配车辆各温区容积与货品，优化配送路线，在不增加成本和不影响效率的前提下大幅提升冷藏车满载率，从而有效管控冷链运输成本。

（二）冷链信息化管理平台

英特物流充分发挥物流综合管理平台（OMS）、运输管理系统（TMS）、仓储管理系统（WMS）作用，并通过GPS车辆管理系统、电子围栏技术、温湿度监控系统等多种医药物流信息技术应用，打造智慧物流，提升英特物流的综合服务能力。

1. 物流信息管理系统

英特物流信息管理系统是集物流综合管理平台、仓储管理系统、运输管理系统于一体的独立管理系统。物流信息管理系统能够同时解决WMS、TMS以及TPL第三方业务的流程操作，并架设物流信息管理系统对外平台，实现上下游客户的数据交互，形成一套专业的医药物流信息管理系统（见图1）。

（1）物流综合管理平台

OMS系统是物流业务核心系统，支持整个公司的日常业务运作，通过高效的信息接口对接内外部客户，实现不同企业、不同系统之间的信息传递，大大提高供应链上下游之间的信息透明度。

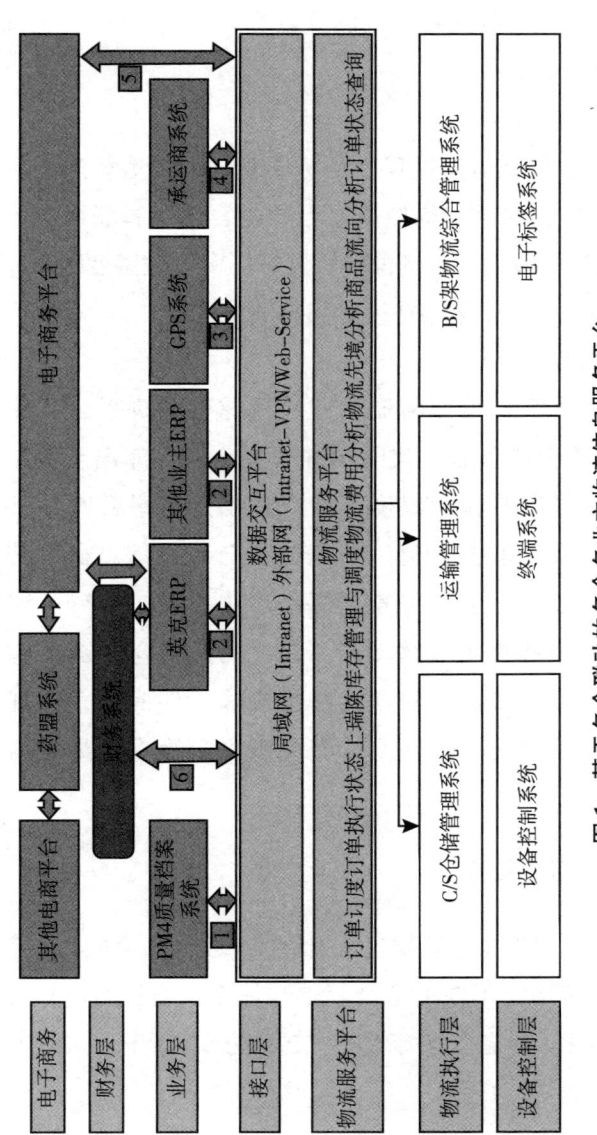

图 1 基于多仓联动的多仓多业主物流信息服务平台

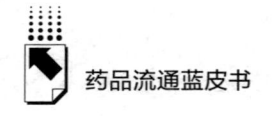

(2) 仓储管理系统

WMS 根据国家 GSP 管理要求构建标准化作业流程，实现企业供应链物流仓储的现代化管理。英特物流将物流设备与 WMS 高度结合，实现了整个仓储流程自动化、信息化管控。

(3) 运输管理系统

英特物流积极探索物流运输过程中的透明管理，打造智慧物流运输平台，平台整合运输订单数据及车辆监控平台数据，运用物联网技术，结合GIS 地图，实时管控运单节点、车辆位置轨迹，集中监控温度数据，提供基于可视化的运营分析，为运输策略持续优化提供支持。

2.冷链平台数据追溯支持

为提升冷链服务水平，英特物流构建冷链综合管理平台，使用基于IoT 技术的智能温湿度监控设备，实时精准采集冷库在库温度、冷藏车在途温度、GPS 数据、保温箱在途温度等数字化信息。平台对全程温湿度数据进行科学分析、实时监控，通过数据趋势分析、信息交互传递、异常采集记录等功能，建立一套"事前预警—事中报警—事后可溯"的冷链管控机制。同时，系统中集成移动端 App，支持多仓冷链订单协同转运，有效解决冷链物流多段监控数据无法集成输出的问题，实现冷链过程数据信息一体化、可视化，提升冷链服务水平，为冷链物流高质量发展保驾护航。

(三) 冷链质量可控管理

新冠肺炎疫情发生以来，冷链物流承担着保障疫苗安全配送和食品稳定供应的艰巨任务。英特物流不断完善全程追溯体系，通过冷链标准制度建立、多仓间质量一体化、设备管控等手段实现医药冷链物流质量管控，以保障冷链物流服务质量安全、有效。

1.冷链标准建设

英特物流在 2012 年、2021 年积极参与起草全国物流标准化技术委员会提出并归口的国家标准《药品冷链物流运作规范》（标准号为 GB/T

28842-2021）。

验证管理是冷链标准建设的重要一环。英特物流通过多年培养，打造了一支经验丰富且专业的冷链验证队伍，同时公司搭建人工环境实验室，可模拟有温度波动的实际天气。在极冷、极热时间段冷链验证团队对冷库、冷藏车、保温箱等进行各项验证，将验证结果及时输出形成制度文件，保障冷链药品从入库直至送达客户手中全程按照冷链验证结果操作，每个环节都有验证结果对应的制度流程，以此引领规范操作。每辆冷藏车辆均放有冷藏车作业验证指导书，每个保温箱贴有保温箱配送手册，指导操作人员根据验证结果进行准确操作。

2. 冷链质量管控

英特物流在药品冷链管理中遵循 3T 原则（Time, Temperature, Tolerance），通过完善冷链药品操作质量管理、冷链药品运输质量管理等，将质量管理制度化，结合对操作人员的反复实操培训与考核，使药品质量在全过程得到控制，确保冷链药品的质量安全。

随着多个物流中心的建设与整合，多仓质量管控成为英特物流的重要课题，2022 年，英特物流重点推进冷链一体化管理，统一保温容器、温控车辆温度监测系统，冷链设施设备统一管控。全省各仓建立质量管理人才库，共享专业团队，凸显各仓质量管理优势，开展地域性质量管理对标，培养优秀人才。提高统一质量应急保障能力，保障紧急状态下冷链药品运输通畅和物流过程质量安全。

3. 冷链设备精益管理

在冷链设备方面，英特物流开展一系列精益管控。基于保温箱赋码与台账管理，通过信息化手段促进冷链物流保温箱运输全流程管控，涵盖货品出库与箱号关联、保温箱使用记录与回收记录可追溯、不同保温箱验证时效结果可视化输出至操作环节，完成重点监管冷链保温箱管理流程。除保温箱外，公司将管理模式推广至温度计、冰排、其他保温容器等冷链设备，通过信息平台统一管控，确保操作流程合规、使用过程可溯。

三 英特物流医药冷链物流建设成效

英特物流多年来持续投入冷链资源，致力于提升医药冷链物流运作能力，通过运输、信息、质量等多板块协同提升，取得一定建设成效。

（一）冷链配送服务优化

实现浙江省市级医院、社区、村镇卫生医疗站点冷链配送全覆盖，配送效率不断提升，物流中心属地城区 4 小时内送达，浙江省内其他地区次日送达；紧急冷链订单快速响应、即时配送。相比冷链配送网络建设初期，省内冷链平均配送时效加快了 2.5 小时。

（二）冷链追溯管理加强

实现 24 小时实时不间断数据采集与监控。冷链平台对温度数据、运输信息进行集成，客户签收末端一键输出全过程温度数据，实时监控配送路径和轨迹，实现冷链配送过程可视，数据可追溯比例达 99.9%以上。

（三）冷链资源利用率提高

在冷链一体化配送不断推进的基础上，统筹六大物流中心冷链资源，优化全省冷链配送线路，合理分配冷链资源，发挥最优效益，形成干支协同、属地覆盖的全省冷链配送网络；根据配送药品属性和客户需求建立装载模型，探索多温共配模式；联合研发可折叠、便捷型保温容器，优化车辆与容器搭配模式。在同口径下，冷藏车辆平均装载率较项目初期提升 6 个百分点。

（四）多仓一体化管理提升

英特持续构建"一网覆盖全省"的管理体系，推动六大物流中心多仓协同，实现全省物流资源科学高效整合，并通过质量安全体系一体化、仓储作业一体化、运输配送一体化、信息建设一体化、财务管理一体化，进一步提升公司一体化管理水平。

（五）员工专业素养提升

公司以"英特物流工匠工作室"为平台，开展职业培训，培养专项技能型、复合技能型及知识技能型等多方位人才。近年来，公司员工多次获得省市级技能大赛荣誉，专业素养不断提升。

四 医药供应链运作模式规划展望

英特物流从医药冷链物流出发，经过多年探索与建设，对于医药供应链整体运作的拓展进行了一定总结与展望。围绕数字化、智能化发展，聚焦可控运输配送体系建设、智能调度应用场景探索、设备生命周期管理与共享、绿色低碳医药供应链建设等方面，进一步推动建设高质量药械供应链。

B.24 雪域之巅打通西藏药品流通"最后一公里"

史云龙*

摘　要： 随着商务部《关于"十四五"时期促进药品流通行业高质量发展的指导意见》等国家相关政策的颁布，药品流通行业不断向数字化、智能化、集约化、国际化的方向发展。同时医药卫生体制改革不断深化，药品流通行业加快转型升级步伐，加强医药供应链协同发展，创新药品零售与服务模式，进一步完善城乡药品流通网络。本文介绍了"国药西藏医药有限公司"着力加强完善西藏医药物流体系建设、解决雪域高原"最后一公里"药品配送问题的做法和经验。

关键词： 医药电商　零售布局　西藏

国药西藏医药有限公司（以下简称"国药西藏"）的基础布局见图1。

一　药品仓储布局

根据西藏地广人稀、交通不便、配送半径长、覆盖难度大的特点，国药西藏以责任担当、企业担当、社会发展为己任，完成前后藏的实体仓库布局，并先后取得 GSP 资质。国药西藏分别设立拉萨总库及日喀则中转库，

---

* 史云龙，国药西藏医药有限公司总经理、西藏药学会理事会副秘书长。

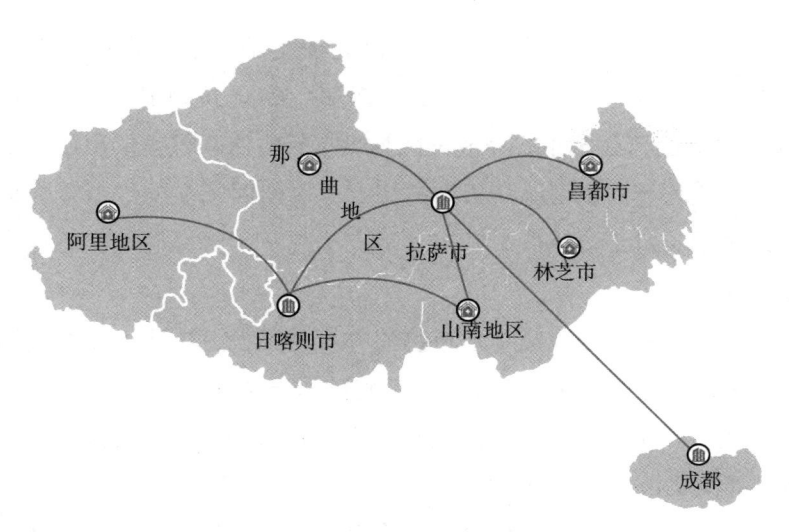

图 1 国药西藏基础布局

是目前区内唯一设立中转库的药品流通企业。拉萨总库占地 20 亩，于 2013 年建成，并在 2019~2022 年持续改造扩建（含阴凉库、常温库、冷藏库、冷冻库、第一类及第二类精神药品库、医用毒性药品库等），辐射前藏地区 5 地市（拉萨市、昌都市、林芝市、那曲地区、山南地区）；日喀则中转库占地 40 亩，于 2000 年建成，并在 2021~2022 年进行改造，辐射后藏地区 2 地市（日喀则市、阿里地区）。

二 医药物流布局

2018 年 11 月 14 日，中央全面深化改革委员会第五次会议审议通过《国家组织药品集中采购试点方案》，明确了国家组织、联盟采购、平台操作的总体思路。2019 年 12 月 10 日，国家医保局印发《关于做好当前药品价格管理工作的意见》（医保发〔2019〕67 号）。随着国家集中带量采购开始，西藏要求一般产品 72 小时内配送到医疗机构，这对于西藏 122 万平方公里面积的配送任务将是极大的挑战。国药西藏 2019 年开始持续布局投入建立一支 7×24 小时适应高原环境、敬业精神强、专业过硬的药品运

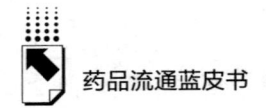

输团队，也是目前唯一覆盖全区的药品物流运输团队。依托两大实体仓库，结合本地县乡一体化的药品配送政策，实现快速到位、精准服务。2020年5月，国药西藏正式完成全区县级自有物流全覆盖。由于西藏医疗资源配置极不均衡，根据医疗机构的特点，国药西藏在配送覆盖方面采用了优先级体系，对于边境口岸城市、重点医院、军队医院等实行专车、专人定点配送服务。

2020年，国药西藏完成7地市物流办事处建设，拉萨主线物流团队负责7地市配送，办事处支线物流团队负责配送至医疗机构，确保了72小时配送时效性。2021年，开始试点拉萨市内医疗机构专车物流配送、标准卸货码放、帮助医院进行验收入库以及对医院仓库进行重新分类上架，有效地提升医院库房收货及管理流程效率，并提升院内服务标准。2022年，公司正式对7地市全部医疗机构进行标准化服务升级并向县级医疗机构逐步辐射，由此形成了良性循环，增加了下游医疗机构对药品流通企业的黏性，并强化了合作意愿。

三 药品零售布局

2014年9月，商务部、国家发改委、财政部、人社部、卫生计生委、食药监总局等6部门发布了《关于落实2014年度医改重点任务提升药品流通服务水平和效率工作的通知》，提出积极推进药品零售企业分级管理，鼓励零售药店发展和连锁经营，切实提升药品流通服务水平和效率，推动"医疗、医保、医药"联动改革等。西藏自治区县乡一体化政策仍然难以解决"最后一公里"配送的问题，县乡用药面临用药不方便以及零售价格高等问题，国药西藏立足本地、着眼未来，率先开展覆盖全区的零售网点建设。国药西藏下属紫丹玛大药房是目前区内最大连锁药店，2022年96家药店分布在西藏全区，保证了区内农牧民用药方便、快捷、平价。紫丹玛大药房2017年发展方向以县域覆盖为主，2020年开始向全区7地市辐射，其中最偏远布点冈仁波齐塔钦海拔4600米，为最高海拔药店，也是该区域唯一药店。同时，所设网点承担集采药品的落实使用。国药西藏完成全西藏地区的零售药店覆盖，使成本有效降低、效率极大提高，因此有效解决了"最后一公里"配送困难的问题。

四　医药电商布局

西藏地区的物流在全国物流运输中费用最高、运输最难、情况最复杂，物流运输费用居高不下，并且OTC价格相对封闭不透明。为此，2016年，国药西藏成立成都办事处，对接上游品种资源，进而及时有效地对接生产厂家；2020年10月，公司正式启动B2B电商"紫丹玛药易购"，只覆盖西藏自治区内，国药西藏上游品种资源实现全区药品价格线上统一，并且成都客服团队及时对接客户，解决区内服务半径问题，依托自建物流团队在分摊自有物流成本的同时降低终端物流成本，让更优惠、多选择的药品辐射到县乡。

在国家集采政策不断深化落地的同时，"紫丹玛药易购"利用电商平台优势有效地弥补基层用药服务短板、丰富药品品种，并利用国药西藏物流体系建设优势，让广大农牧民群众体验到优质便捷的用药安全服务。

五　医药冷链布局

西藏区内服务半径长，各地区温差及昼夜温差大，一天四季的特点，导致冷链储存及运输是整个高原物流体系建设当中的重点和难点。国药西藏于2021年扩建了全新冷库2~8℃三个库区，建设高标准冷库及物流设施，对常规配送车辆有针对性地进行改装，其中穿插使用冷链箱在线监控等技术手段，有效地解决了全藏区冷链配送难的问题。部分偏远地区每年11月前要进行相关产品的冬季储备，国药西藏通过加速恒温车改造，彻底解决全年各地区冷链运输问题。

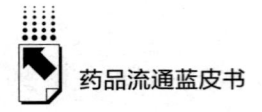

2021年7月13日，西藏自治区药品监督管理局、西藏自治区市场监督管理局、西藏自治区卫生健康委员会联合印发《西藏自治区疫苗储存、运输和配送管理办法（试行）》。为响应与配合政府管理，国药西藏还建设了可调疫苗库最低温度为-40℃储存空间并增加相关配送车辆，以保障全区疫苗冷链储存运输的安全。

"互联网+药品流通"篇
"Internet+Pharmaceutical Distribution" Reports

B.25 2021年中国药品流通企业数字化转型情况调查分析

中国医药商业协会生态健康与数智化分会

摘　要： 为了解中国药品流通行业数字化转型的现状和成果，生态健康与数智化分会课题组通过企业访谈和调查问卷等形式收集2021年企业数字化转型情况，深入了解企业在数字化转型过程中与外部数字化平台合作情况、数字化转型基本思路、数字化技术选择、数字化转型挑战和成果、数字化转型成功案例和重点投入方向等方面的情况，结合行业专家建议加以分析，形成本调查分析报告。

关键词： 药品流通　数字化转型　数字化技术　技术创新

一　调查的基本情况

2021年，中央网络安全和信息化委员会印发《"十四五"国家信息化规

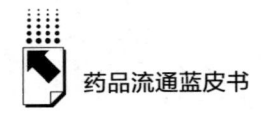

划》，部署了"构建产业数字化转型发展体系"重大任务，明确了数字化转型的发展方向和主要任务，为未来五年我国数字化转型发展提供了有力指导。中国药品流通企业结合行业数字化发展和自身实际情况开启数字化转型之路。2022年初，中国医药商业协会完成了对126家药品流通企业关于2021年企业数字化转型情况的有效问卷调查和重点访问。

在126家被访企业中，有101家企业主营业务中包含批发业务，59家企业主营业务中包含零售业务，41家企业主营业务中包含第三方物流业务，57家企业的主营业务中包含电子商务业务，37家企业的主营业务中包含单体零售药店业务，另有22家企业的主营业务中包含医药信息服务业务。在业务经营区域范围方面，29.35%的企业为全国范围经营，23.02%的企业为多个省区经营，38.10%的企业为省内经营，7.94%的企业为市内经营，1.59%的企业为县区内经营。

本次调查主要针对目前药品流通企业数字化转型做了详细数据采样，包括企业在数字化转型过程中与外部数字化平台合作情况、数字化转型基本思路、数字化技术选择、数字化转型成果和挑战等。同时，继续关注企业在数字化转型过程中的成功案例、未来三年数字化转型的重点投入方向和希望政府及相关单位给予的支持。

本次调查数据收集汇总后，中国医药商业协会生态健康与数智化分会与多位业内信息化专家一起，对回收的有效调查问卷进行了编码、统计分析和研讨，最终撰写完成本分析报告。

二 调查数据分析

（一）企业数字化"链接"情况

为了更好地摸清药品流通企业数字化转型现状，本次调查围绕药品流通企业数字化"链接"情况，从企业在数字化转型过程中"上云上平台"主要涉及的基础设施资源链接、数字化产品技术链接、第三方业务平台链接等几个方面进行调查。

1. 企业"上云上平台"情况

60.32%的被访企业已经开始使用公有云，并且开始把核心信息系统放在公有云上，这个数据比2020年提升了57.75%，除去企业样本差异的影响，可以明显看出企业已经开始加速上云。许多企业认识到"上云"已经不再是对未来的畅想，而是迫在眉睫的要务，这是企业数字化转型非常重要的思想转变。从调查中可以看出，除极个别有能力的特大型企业应用上级集团公有云基础设施，其他都选择了第三方的公有云。云厂商主要包括阿里云、腾讯云、华为云、天翼云、电信云、京东云等，有3家企业选择了国外的亚马逊云，充分说明企业在选择基础设施服务商方面更倾向于国内的成熟服务商。

特别值得关注的是，在大型企业逐步认可公有云平台带来价值的同时，更多的中小企业已经开始将自己的信息系统云化，已有将近50%的企业开始使用SaaS云产品，大多集中在创新应用上，比如OA系统、财务系统、CRM系统、电商系统、会员视频系统等，其中有将近10%的企业已经将自己的核心ERP系统云化。

2. 企业和第三方业务平台的链接情况

本次调查还分别针对药品批发和零售企业在政府药品集采平台、B2B电商平台、B2C电商平台、O2O电商平台、药品追溯平台上的应用链接情况进行了调查。从结果看，批发企业绝大多数已经和各省集采平台进行系统集成。部分批发企业已经与如药京采、药师帮、广荣在线、荣药在线等第三方B2B平台上进行合作，超过20%的含批发业务的企业有自建的B2B电商平台，如国药控股自建的"国药药零通B2B平台"，华润医药商业自建的"润药商城"，华东医药自建的"华东医药商务网"等。含零售业务的企业链接的第三方B2C平台，主要有天猫商城、京东商城、拼多多、药房网、饿了么中心仓、美团中心仓等；链接的O2O平台，主要有美团、饿了么、京东药急送、京东到家等。从调查结果可以看出，含零售业务的企业开始自建B2C和O2O商城，进行私域流量的精细化运营。在126家被访企业中，除了个别零售连锁企业没有进行药品追溯工作外，超过95%的企业都已经使用阿里"码上放心"系统进行药品追溯信息的上传。

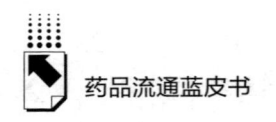

（二）企业数字化转型战略目标

企业变革，战略为先。企业在进行数字化转型时，首先要解决的是未来发展路径问题，从推动和实现企业可持续发展的角度，结合行业政策法规、行业特点和业务模式找到核心竞争优势，基于业务构想设计企业的数字化愿景和发展战略。从业务模式创新、数字化系统建设、专业化人才引进等各个方面进行顶层设计，动态跟踪数字化进程。本次主要从企业数字化战略制定、数字化转型资金投入情况等方面进行了调查。

1. 企业数字化战略制定

在126家被访企业中，信息化战略明确的有61家，占比48.41%；较为明确的有42家，占比33.33%；不明确的有23家，占比18.26%。从中可以看出，超过八成的企业明确了要进行企业数字化转型并有较清晰的信息化战略，规模越大的企业比例越高，说明企业已经将数字化战略与企业总体发展战略密切结合，积极进行数字化转型。

2. 企业数字化转型资金投入

从数字化转型的资金投入上看，企业用于数字化转型资金投入1000万元以上的有19家，占比15.08%，值得关注的是有12家资金投入在3000万元以上（见表1）。从样本数据上可以推断，大型企业在数字化转型中已经开始投入重金，这些投入将在今后几年的企业发展中体现出来，中小型企业数字化转型投入则变化不大。

表1 2021年企业数字化转型资金投入统计

单位：家，%

选项	企业数量	比例
3000万元以上	12	9.52
1000万~3000万元	7	5.56
500万~1000万元	13	10.32
200万~500万元	24	19.05

续表

选项	企业数量	比例
50万~200万元	27	21.43
50万元以下	31	24.60
无投入	12	9.52

（三）企业数字化转型情况

药品流通企业的数字化转型将带动药品全产业链的智能化升级，实现效率变革、动力变革与质量变革。本次从企业数字化转型的基本原则、建设目标、数字化转型的切入点和进度、当前企业数字化转型的重点任务等方面展开调查，了解企业数字化转型的开展情况。

在被访企业中，超过76.98%的企业已经开始了数字化转型（2020年为75.0%），23.02%的企业还在观望中。在开展数字化转型企业中，87.30%的企业选择以"业务引领，技术支撑"作为基本原则，32.54%的企业以信息系统优化作为切入点，32.54%的企业以创新业务发展作为切入点，而以业务场景优化、组织架构变革、数字化人才培养为切入点的企业依次占16.67%、11.11%和5.56%。

在企业数字化转型的主要目标调查中，超过60%的选项有"以客户为中心构建全方位客户体验""业务协同推动企业内部数字化协作""以数据驱动形成全价值链数据赋能""提升资源最优配置水平，构建企业竞争新优势""夯实数字化能力，推动企业平台化变革"；在当前的大环境下，药品流通企业已充分认识到在企业经营中客户体验的价值，数字化系统也正往以客户为中心进行建设；同样业务协同也是当前企业重要的选择方向，尤其是大型集团化企业正逐步把集团化、批零一体化、共享库存、共享财务、多组织协同的数字化系统建设作为新时期的IT战略（见表2）。

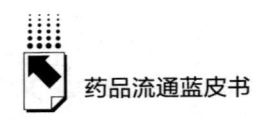

表2 被访企业数字化转型目标优先级统计

单位：家，%

项（多选）	企业数量	比例
以客户为中心构建全方位客户体验	104	82.54
业务协同推动企业内部数字化协作	94	74.60
以数据驱动形成全价值链数据赋能	85	67.46
提升资源最优配置水平，构建企业竞争新优势	82	65.08
夯实数字化能力，推动企业平台化变革	76	60.32
建立跨机构的数字化协作平台实现多机构业务协作	57	45.24
强化人机协同重塑智能化业务模式	54	42.86
建立自主演进模型，实现企业持续发展	33	26.19

在2021年数字化转型主要任务的调查中，79.37%的企业把推进业务优化创新作为第一重点工作，后续依次为提升企业新型能力、明确企业发展战略、打造数据治理体系、构建系统解决方案和培训数字化人才团队。

（四）企业数字化技术的应用

企业的数字化要求从组织、流程、数据和技术上进行变革，而数字化技术是这场变革的关键要素。企业数字化转型离不开云计算、大数据、物联网、移动化、人工智能等数字化技术。

本次调查分别从企业对数字化技术关注度、数字化技术需求、数字化技术框架选择和数字化中台建设等方面调查了企业对数字化技术的应用情况。

1. 企业数字化技术关注度

在126家被访企业中，80.95%的企业关注大数据，68.25%的企业关注信息安全；关注云计算、人工智能、物联网、移动化的企业分别占46.83%、45.24%、45.24%和41.27%，关注区块链技术和低代码技术的企业在逐渐减少，分别占17.46%和22.22%（见表3）。近几年的调查中，大数据一直是企业关注的热点，企业希望通过大数据技术建立行之有效的数据治理机制，助力企业决策；对区块链等技术的关注度较低，其与药品流通行业的应用场景融合仍需进一步探索。

表3 被访企业数字化技术关注度统计

单位：家，%

选项（多选）	企业数量	比例
大数据	102	80.95
信息安全	86	68.25
云计算	59	46.83
人工智能	57	45.24
物联网	57	45.24
移动化	52	41.27
低代码	28	22.22
区块链	22	17.46
其他	2	1.59

在数字化技术框架选择上，42.06%的企业选择传统一体化架构，32.33%的企业选择微服务架构，15.88%的企业选择SOA架构，9.73%的企业选择云原生等其他架构，说明在数字化技术框架方面传统一体化架构仍占主流，微服务架构正逐步被企业应用。

2. 企业"数字化中台"建设

在"数字化中台"建设方面，23.81%的企业已经开始建设，51.59%的企业正在考虑建设，24.60%的企业不考虑建设，说明大多数企业开始或已经考虑建设企业数字化中台。企业在建设数字化中台时也遇到很多困难，数据显示，几乎所有的被访企业都有困难，其中排在前两项的是资金投入大和技术人才缺口大，分别占比52.38%和48.41%，具体见表4。

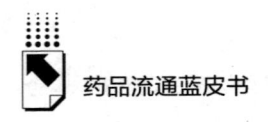

表4 被访企业数字化中台建设困难点统计

单位：家，%

选项（多选）	企业数量	比例
资金投入大	66	52.38
技术人才缺口大	61	48.41
建设周期长	47	37.30
服务器等基础设施成本高	37	29.37
技术选择困难	33	26.19
业务支撑不明显	28	22.22
建设厂商选择困难	21	16.67
其他困难	34	26.98

数据中台是数据价值化的加工厂，是未来企业的标准配置，但从现有调查数据反馈来看，企业对"数字化中台"的认知度尚需增强，建设力度仍需加大，而资金和技术则是企业在建设"数字化中台"时遇到的最大阻力。

（五）数字化转型的挑战和取得的成果

1. 企业数字化转型面临的主要挑战

药品流通从行业性质来看有明显的服务属性，其数字化转型依赖于数字技术重塑其企业文化、管理逻辑、业务流程、信息系统、人才结构、供应链体系，通过数字化技术优化企业资源配置和运营效率，降低企业运营成本。

本次调查对企业数字化转型过程中面临的挑战进行了调查。从数据来看，126家被访企业中占比超过50%的挑战有管理思想、财务资金、业务流程、信息技术和人力资源，分别占66.67%、61.90%、61.11%、57.94%和53.97%（见表5）；可见，企业在数字化转型过程中需要重点关注上述五个方面的转型。

表5　数字化转型过程中面临的挑战

单位：家，%

选项（多选）	企业数量	比例
管理思想	84	66.67
财务资金	78	61.90
业务流程	77	61.11
信息技术	73	57.94
人力资源	68	53.97
供应链管理	37	29.37
上下游服务	20	15.87
企业文化	19	15.08
不清楚	13	10.32

2. 当前企业数字化转型取得的成果

从本次调查看，企业在数字化转型实践中已经取得部分成果，65.08%的企业建设互联互通和共享的信息化系统，43.65%的企业同上下游企业实现部分数字化共享模式，30.16%的企业认为企业服务和数字化支撑上给客户带来更好的体验，16.67%的企业建立专门的数字化转型部门，尤其是大型企业从集团层面成立了数字科技公司，全力支持集团内企业的数字化转型。

企业数字化转型取得显著成果的案例如下。

（1）国药质量数字化管理平台将质量管理成果更具集约性和展示性，实现质量控制的职责下沉以及内部控制的智慧监管，使质量管理变得简单和高效，提升全员质量意识，帮助公司巩固行业地位，实现质量品牌价值。实现业务运作状态的准确掌握、异常和预警的及时捕捉、运作费用的透明可控，对供应链运作效率的整体提升具有重大意义。

（2）上海医药互联网医院建设及供应链延伸服务主动承接上海社区综改项目，推进社区处方延伸配送，同步扩展至长三角一体化城市，持续创新迭代"互联网+"供应链延伸服务。

（3）润药商城作为华润医药商业集团自有的B2B平台，以服务零售药店、基层医疗机构、商业公司为主，是一个整合能力强、协同效率高的互联

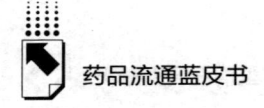

网平台。打通上下游实现工业企业与终端客户直接对话，缩短了供应链长度，保证了药品的稳定供应，也解决了在新冠肺炎疫情防控的特殊时期线下业务开展受限的难题。

（4）九州通医药集团股份有限公司通过建立标准化、智能化的财务共享服务云平台，快速推动财务管理数字化转型，值得行业借鉴。

（5）重药控股股份有限公司将数字化技术与新兴业务融合，搭建"医+药"服务平台，并与重庆市卫健委共同申报"基于区块链的处方流转价值链试点应用"项目，入选国家区块链创新应用试点范围。

（六）未来三年企业在数字化转型方面的重点投入

据调查，未来三年企业希望在大数据应用、云产品和服务落地、数字化中台建设、数字化生态系统建设、数字化人才培养等方面进行重点投入，这些投入更多的是对未来发展的布局。

1. 大数据应用

大数据应用在本次调查中的关注度达到80.95%，充分说明了企业对大数据技术应用的期望。企业希望通过大数据的管理，让数据真正发挥作用，提升核心竞争力，通过数据驱动业务、决策业务，实现企业流程和管理的智能化。在实际调查中，有很多大数据应用给企业带来明显的服务效率和体验提升，例如，渠道采购计划的自动生成、通过大数据实现会员自动化营销等。

2. 云产品和服务落地

在本次调查中，公有云产品和服务已经被超过六成的企业应用。未来三年，企业希望可以建设和应用基于云的基础架构，广泛应用云原生的产品及服务，经过单体服务的经验积累，进而转向微服务应用，打造稳健、高效、敏捷的应用服务体系，快速反应，提升各种服务体验。

3. 数字化生态系统建设

在本次调查和访谈过程中，很多企业尤其是大型集团化企业已经开始考虑建设企业数字化生态系统，希望以业务需求和业务场景精准描述为源头，用上下结合的工作方法，打造跨部门、跨领域协同的场景联动，推进数字化场景应用建设，包括智慧供应链、智慧物流、智慧零售及智慧运营，并通过企业互联网架构技术应用，将后台资源进行抽象包装整合，转化为前台可重用共享的核心能力，实现纵向各级打通、横向业务协同，支撑弹性伸缩的共享服务、业务集中管理的数字化智能服务生态。

4. 数字化人才培养

企业数字化转型，除了数据和技术还需要流程和组织变革，需要管理者管理思想的转变，重在激发"人"的数字化转变。在本次调查中，一些企业开始重视数字化转型过程中人的作用，关注企业数字化过程中专业化人才培养，希望可以通过和大专院校、研究机构共同培养专注行业的数字化人才，也希望政府部门或相关机构组织行业专家对企业数字化转型人才进行定向培养，以加快企业数字化转型进程。

（七）企业希望未来获得政府部门或相关机构的支持

1. 政策和资金

在126家被访企业中，七成左右的企业希望政府部门或行业机构能够在企业数字化转型时给予明确的政策导向和资金扶持，希望相关机构或者行业协会可以成立数字化转型支持专项基金，用于企业数字化转型过程中新技术研发和引进、新产品和新模式的推广和应用。

2. 行业标准化

希望政府部门或行业机构相关的信息部门与企业信息部门加强沟通，以实现药品耗材等商品主数据统一和标准化，并向社会开放信息资料；制定各类集采平台和医院HIS系统接口标准，搭建标准化的对接平台，减轻企业在数字化系统建设时系统集成负担；尽快制定企业证照和药品检验报告的电子化传递标准，提升质量管理效率。

3. 行业生态共享平台

希望政府部门牵头建设行业的业务生态共享平台，打通药企、患者、医院、研究院和药监局之间的信息，建立大数据平台，采取统一的标准进行质

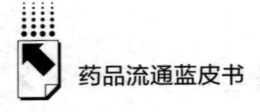

量监控，使医院临床信息系统和药企信息系统能够有效地进行数据互通和共享，提高药品流通效率，实现数字化资源互通、互享。

4. 搭建交流平台

希望由政府部门或者相关组织为企业搭建数字化转型经验交流平台，组织药品流通企业内部、医药企业与互联网企业之间定期或者不定期进行数字化建设经验分享等交流活动。

5. 税额缴纳优惠

希望税务部门可以分类制定税收优惠政策，通过对药品流通相关高科技企业认定，在增值税、所得税等方面出台税额缴纳返还优惠政策。

三 结论

（一）企业数字化系统加速"云化"

随着云计算和云服务技术的成熟，越来越多的企业开始认识到"上云"可以为企业降低业务不确定性并实现可持续发展目标，本次调查也可以看出，成熟的公有云技术设施、PaaS 组件、SaaS 应用越来越被企业接受并应用在核心业务过程中，企业数字化系统正在加速"云化"。企业上云可以提升 IT 资源分配效率、减少数字化研发费用，实现提质增效降本，实现企业内部运营智能化和智慧化，还能使企业与上下游、异业联盟的链接更加顺畅，链接更多的合作者形成共生的生态系统，为企业的经营管理决策提供有效的支撑。

（二）企业数字化转型面临诸多挑战

企业在数字化转型过程中，需要从业务流程、产品创新、服务体系、运营管理等各个方面重构企业核心竞争能力。但随着企业数字化转型的逐渐深入，各项深层次的问题逐渐浮现。第一，部分企业战略缺位，找不到转型方向，无法根据企业自身特点来寻找未来竞争的商业模式，比如药品批发企业如何推进上下游服务，零售企业如何在新零售环境中打造全渠道营销和服务体系。第二，企业管理者未能形成有效的数字化转型共识，企业缺乏明确的转型方法和路径，业务发展和转型路径脱离。第三，数字化能力建设困难，传统IT架构及组织难以支撑日趋复杂的数字化技术应用，系统流程和管理制度传统，数字化系统底座不牢，对原有系统的修补无法解决问题。第四，数字化转型需要大量的资金支持和人才支持，而药品流通行业毛利率低，真正能拿出大量资金的企业比较少，而数字化投资见效慢、周期长，转型资金和人才缺乏严重制约着企业数字化转型的进程。

（三）企业数字化转型已取得显著成果

虽然药品流通企业在数字化转型过程中面临诸多挑战，但是不少企业已经用实际行动开始了自己的数字化转型，部分企业已经取得了一些关键性的成果，并且这些成果已经开始为提升企业收入和增强核心竞争力发挥作用。

（四）企业数字化转型必须人才先行

在以数字化和智能化为目标的企业转型过程中，数字化人才起着决定性作用。企业数字化转型过程需要一支过硬的数字化人才队伍作支撑，首先，领导者必须具备数字化思维，树立数字化理念，主动站在数字化发展的最前沿；其次，管理者应善于运用数字化思维开展工作；最后，数字化技术人员需要协助企业引入和应用数字化技术，搭建好数字化系统和生态，让IT更高效。

企业要重视现有组织中人才挖掘和培养，加大数字化专业技术人才和管理人才的引入，以强大的人才队伍支撑数字化转型之路走得快速、稳健。

政府部门需要为企业建立可持续的人才培养制度，为专业化人才的培养创造制度上的条件，比如，设置专业的数字化转型课程和考试、设置专门的基金或者出台政策，对此类专业人才制订培养和引进计划。

（五）企业数字化转型需要政策引导、技术和资金支持

"十四五"时期，药品流通行业将不断加快数字化转型的进程，企业需要大量的专业技术人员、技术研发等投入，系统建设成本较高，尤其是行业先行者在信息化创新时需要投入大量的人力、物力和财力，希望政府部门和相关单位能从政策、技术和资金上给予大力支持。

B.26 智能化助力药品流通服务升级

中国医药商业协会生态健康与数智化分会 *

摘　要： 随着企业数字化转型的深入，行业智能化水平不断提升。本文结合药品流通行业发展趋势和企业智能化实际应用场景，选择流通模式创新、流通服务效率和流通决策方式三个方面描述了智能化在药品流通服务升级中的作用，建议药品流通全产业链企业参与者、政府监管部门、行业协会共同努力，更多运用科技赋能，积极探索药品流通智能化服务升级新方向。

关键词： 药品流通　智能化服务　模式创新

随着医改不断深化和"两票制"及"带量采购"等政策的深入推进，药品流通行业转型升级步伐加快，集约化程度持续提高，呈现出长期向好的态势。同时，药品流通企业正通过不断加强供应链协同发展和创新药品服务模式提升自身竞争力。在药品流通企业转型升级的进程中，行业智能化水平也在逐步提高，各种智能化技术被应用到药品流通的各个业务场景和服务环节，不断加快药品流通服务模式创新、提升服务效率和改变决策方式，助力药品流通服务整体升级。

一　智能化加快药品流通服务模式创新

2019年9月29日，国家发改委联合多部门印发的《促进健康产业高质

---

* 执笔人：程玉伟，北京英克信息科技有限公司方案中心总监，中国科学院大学MBA企业导师。

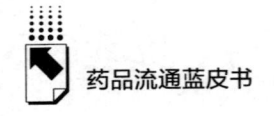

量发展行动纲要（2019—2022年）》中指出，要在药品流通企业、医疗机构、电子商务企业之间建立合作平台，在药品流通过程中应用云计算、大数据、移动互联网、物联网等智能化信息技术，简化流通层次，优化流通网络，提高供求信息对称度和透明度。随后，福建、江西、内蒙古等多个省份都发布了相应的指导意见，鼓励企业积极探索药品流通创新服务模式。

（一）互联网处方服务初见成效

根据《中华人民共和国药品管理法》规定，患者在购买处方药品时必须凭医师开具的处方才可调配、购买和使用，药品零售企业须按照国家对处方药管理的规定，处方药必须由执业药师审核处方后才可销售。但执业药师队伍发展不平衡、不充分已成为药品零售行业发展的瓶颈。2021年底，我国执业药师已达到每万人口4.5人。互联网处方服务模式通过实时在线的互联网音视频、人脸识别技术，将执业药师集中在一个独立的处方服务中心，通过远程方式实现"一对多"的用药指导。

近年来，得益于智能化在整个药品流通行业的大力应用，互联网处方服务初见成效。在整个服务过程中，执业药师通过人脸识别和指纹技术进行登录，通过音视频实时在线和患者沟通并审核处方，并在电子处方上加盖电子签名和电子印章，审核结果与零售POS系统实时交互，同时将音视频和电子处方实时保存在服务器上，将审核过程和审核结果开放给监管部门，整个服务过程可视、可控、可监管，保障了处方服务的合法、合规和高效率。互联网处方服务模式也使执业药师得到合理调配，大大提升了门店的药学服务水平。

（二）医药电商拓宽药品流通渠道

医药电商是药品流通环节中重要的业态模式，它借助互联网等智能化技术将线下售药延伸到线上，同时连接药品生产企业、医疗机构、零售药店和患者。我国医药电商主要有B2B、B2C、O2O三种模式。B2B模式链接药品生产企业和销售终端，B2C模式则直接面对最终消费者，O2O模式是指用户在线上下单并支付、商品通过线下门店配送到患者手中。

为了保障大众的用药安全，长期以来，药监部门只允许医药企业开展互联网信息服务，不准进行网上药品零售，尤其对处方药管理更是严格。2005年10月25日，国家食品药品监督管理总局发布了《互联网药品交易服务审批暂行规定》，打开了医药电商模式的大门。后续各大电商平台相继上线了以B2C和O2O模式为主的电商业务，部分企业也以药品供应链服务为切入点开展B2B平台业务。

2021年4月15日，国务院办公厅印发的《关于服务"六稳""六保"进一步做好"放管服"改革有关工作的意见》，提出在确保电子处方来源真实可靠的前提下，允许网络销售除国家实行特殊管理的药品以外的处方药。网售处方药的逐步放开，是国家政策层面上对"互联网+药品流通"的有力支撑，也是智能化助力药品流通服务升级重要体现。医药电商通过对智能化供应链系统的管理，在符合GSP规章的基础上，依托于互联网上的数据进行分析并进一步优化精准服务，使产品更贴合市场和用户需求。

二 智能化提升药品流通服务效率

中国医药行业整个产业链中有医药工业、药品流通和医疗服务三大细分行业。药品流通服务体系从计划经济时代的逐级调配到如今市场经济下的多元化服务体系，在《中华人民共和国药品管理法》和《药品经营质量管理规范》等法律规章框架下，形成了规范的管理制度和管理流程。随着行业智能化水平的提升，药品流通服务根据市场需求不断优化服务功能，物流智能化、上下游的智能协同全面开展，大大提升了药品流通服务效率。

（一）智能物流提高医药物流服务效率

近年来，国家一直鼓励企业开展物流智能化改造，推广应用物流机器

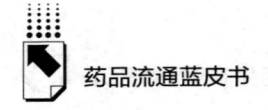

人、智能仓储、自动分拣等新型技术装备；统筹推进现代流通体系硬件和软件建设。智能化医药物流已成为国家促进内循环的抓手和提高药品流通效率的关键环节。

智能化立体库、自动化流水线、仓储机器人等设备和设施的智能化应用普及，把仓库作业人员从低端劳动中解放出来，大大提升了仓储和作业效率；通过智能化系统实现人与车、货、仓的互联互通互动，通过物联网和AI技术将车辆、药品、仓库智能化，并与人沟通联动，实现更高效的互动，使物流服务更加动态、透明；通过物联网和电子围栏技术记录运输车辆在不同时间段经过每个中转站和配送对象的行走路线和停留时间，不断优化配送路线和配送时间，提升服务效率。通过数据驱动、自动化，实现上下游客户订单需求和自身库存药品的匹配，实现精准的物流调度数据预测，合理消化临近效期的药品，解决配货的安全性、差错率和及时性等问题，使药品能够及时、有效、安全送到客户手中。

（二）智能协同提升上下游服务效率

在医改政策的不断推动下，药品流通企业的盈利空间逐渐被压缩，企业也逐渐意识到不能仅依靠药品差价盈利，需要联动上下游客户才能实现健康可持续发展。药品流通企业开始从单纯的经销商向物流服务和信息服务商转型，通过智能化协同和上下游建立更透明、敏捷的供应链体系，从商品交易向商品交易服务转变，让客户享受更重要的信息服务，并给自身带来效益，提升上下游的服务效率。

为了更好地服务上游供应商和生产企业，药品流通企业通过智能化系统提供全方位的智能服务解决方案，包括向上游供应商开放业务系统，让供应商可以随时查看自身产品的销售和库存情况，帮助上游供应商或者医药工业企业进行销售和市场策略调整，助力其进行生产规模和研发流程的优化。同时，向上游供应商提供线上订单跟踪和对账服务，提供统一的流向和药品追溯服务，提供商品信息首营和企业证照交换服务，提供送货预约服务，大大提升了药品流通企业服务效率。

为了更好地服务下游客户，药品流通企业通过智能化系统链接下游医疗机构、药店和第三终端、第四终端等渠道。一方面，企业通过全渠道订单管理平台自动获取客户订单，自动完成订单处理分配，通过医疗机构供应链服务系统，直接将药品集中配送到医院的科室、消毒供应室等，实现医疗机构药品中心库的"零库存"管理；另一方面，为药店和第三、第四终端客户提供一键采购、一键入库等服务，大大减轻了下游客户的工作量，提高了药品流通服务效率。

三 智能化改变药品流通决策方式

药品流通企业的决策方式分为靠管理者的经验定性决策和依靠数据做定量辅助决策。目前，大多数企业通过管理经验来进行定性的决策，部分大中型企业引入智能化决策支持报表进行定量的决策，但传统报表只能反映历史的信息，企业还需要有经验的决策者根据这些历史信息进行定性决策。随着数字化时代的到来，越来越多的企业业务数据、物联网数据和行业大数据通过各种方式被企业获取并逐渐被模型化，在各个业务环节指导企业的运营，通过数据的对比分析推演出更优的方案。

（一）全场景下的智能化仓储辅助决策

仓储决策一直是供应链物流管理体系中的最基本决策。随着药品流通企业集中度提高，线上线下全渠道营销场景逐步形成，各个业务场景对库存调度服务要求越来越高，合理的物流中心布局和药品库存的配置对整个履约交付效率尤为重要，智能化仓储辅助决策不仅提高了履约效率，也大大降低了企业的物流成本。

智能化仓储辅助决策系统结合物流中心本身的物流规划、区域客户的历史交易数据和当前库存情况、物流资源、物流成本模型等建立智能化模型，经过历史数据和当前数据不断的训练和校正，智能化地辅助决策药品的出入库时间、出入库物流中心和数量，降低物流运营成本，提高服务效率。

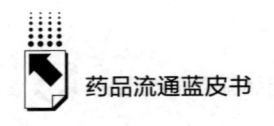

（二）大数据下的会员自动化营销

后疫情时期，传统药品零售企业开始借助移动互联网、云计算和大数据等技术，以更有效且低成本方式，挖掘前期积累的会员流量，希望通过对会员的精细化运营挖掘新的消费需求，带来销售增量。把传统的线下门店吸引客流的促销活动方式转换成大数据下的智能营销。

企业开始将长期积累的会员进行全面清洗、合并，根据会员静态数据、营销数据和行为数据等信息进行标签化，及时掌握客户的最新动态，洞察客情。针对不同类型的会员进行分级分类，在不同的业务场景下制定不同的营销策略，经营过程中让系统智能化决策，实现为会员提供精准的服务。比如，新会员注册时系统会用积分或卡券等奖励策略来引导大家在线上完善信息；针对不同注册时长的会员，通过短信或者微信完成营销任务推送和触达；针对不同的环节制定不同的药学服务内容；自动识别患者用药周期并进行复购提醒等。在大数据的帮助下，从以前人工决策逐渐向数据决策转变。

四 科技赋能，探索药品流通智能化服务升级新方向

随着我国药品流通领域市场规模持续扩大、药品流通行业的集中度不断提高，药品流通渠道逐步出现扁平化。与此同时，行业发展痛点依然不容忽视，如行业集中度仍有待提高、区域供求关系不平衡、企业数字化水平需不断提升等问题。解决行业痛点、推进药品流通变革，需要药品流通全产业链企业参与者、政府监管部门、行业协会共同努力。运用科技赋能，探索药品流通智能化服务升级新方向并提供可行性方案。

B.27 通过自研B2C中台系统解决连锁药房开展电商业务的发展瓶颈

上海医药嘉定大药房连锁有限公司

摘　要： 上海医药嘉定大药房连锁有限公司围绕传统连锁药房和医药电商的发展特点及质量管理的要求，自研医药电商B2C中台系统，该中台系统包括7个子系统，既满足连锁药房质量管理体系要求，又符合电商平台的规则；既符合传统连锁药房服务的规范，又适应了高效的电商服务流程，有效降低人工运营成本、优化管理能级，使该公司电商业务持续保持年销售额超2亿元水平，与线下零售金额持平，为药品零售企业发展医药B2C业务起到了良好的示范作用。

关键词： 医药电商　B2C中台系统　订单管理系统

一　企业概况及B2C业务发展历程

上海医药嘉定大药房连锁有限公司（以下简称"嘉定大药房"）成立于2004年，是上药嘉定（上海）医药有限公司的全资子公司。上药嘉定（上海）医药有限公司始建于1956年，是上药控股有限公司的控股公司。

嘉定大药房下辖44家门店，其中医保定点药房27家，有效满足了嘉定城乡参保居民的购药需求；4家医院健康服务站点及中药饮片代煎中心，以多元化的特色，服务于嘉定区内二级医院；1家智慧药房，入驻各大第三方平台，B2C模式承接各互联网平台的订单，满足全国各地消费者的购药需

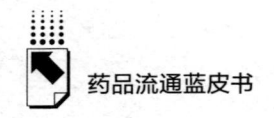

求。自2014年起，连锁销售规模突破2.2亿元，连续多年荣登全国药品零售连锁"百强企业"名单。

公司在数字信息赋能传统行业的大背景下，积极探索"互联网+"业务，于2009年取得互联网信息和交易证书，成立全国第14家网上药房，2010年起正式开始B2C业务，与上海道拓医药科技股份有限公司（以下简称"道拓"）合作自建B2C商城——"药到病除网"，获得客户与医药行业的一致好评。为适应智能移动端新零售的发展趋势，从2015年开始公司继续携手道拓，深挖潜力，着手研发App和微信端，以拓展药品O2O业务。

多年来，B2C业务一直是嘉定大药房数字化转型的主要目标。公司以业务需求为导向，以客户满意度为核心，自研B2C中台系统，经过多年技术的累积与迭代，克服各种瓶颈，在符合《药品经营质量管理规范》的基础上，满足了大部分B2C业务需求，基本实现B2C业务整体运作协同。

二 项目启动背景

2012年以前，医药电商模式主要采用自建B2C商城模式，以企业官网为基础，搭建线上商城系统，通过线上线下自行推广的方式将订单引流至网站管理后台，电商人员根据后台获取到的订单信息进行配货发货，并进行ERP系统登记销售等流程。这类模式流量获取途径单一且拓展效率低下，对于传统药房的运营者来说线下引流成本过高、线上获取流量门槛高，如何建网站？如何优化搜索引擎的流量？如何站外推广？这些问题都是让连锁药房望而却步的痛点。2012年2月，天猫平台开通医药馆，成为电商平台线上销售药品的先行者。随后京东、拼多多、美团的医药馆陆续上线，国内排名靠前的几大互联网电商正式向医药行业注入流量，医药电商获取流量门槛高的痛点被有效缓解。如今医药B2C市场已逼近千亿元规模，其中60%的市场被天猫医药馆、京东医药馆自营店等"先行者"斩获，而许多深耕医药行业数十年的传统大型连锁药房却未能将线下经营全面转化至线上，占领足够多的线上市场份额。

嘉定大药房作为一家区域性国有连锁药房，在2009年捕捉到医药电商可能的发展机遇，于2012年确立"产品为核，技术为基"的B2C经营管理思路；此后的10年中，坚持自主研发B2C中台系统，保持技术不断创新，持续开发、扩展模块，开发适应平台的各种新模式、新技术，极大地降低运营成本、提高运营效率，维持行业领先地位。

三 医药B2C发展难点

（一）多平台订单接入

医药B2C订单主要来自天猫、京东、拼多多、美团等第三方平台，各平台均有自己的订单处理后台。为解决多平台订单接入导致的订单处理效率低下且难以共享的问题，企业一般会考虑引入订单管理系统（OMS），实现将各平台订单统一接入同一系统集中处理。虽然第三方平台会提供"网店管家""管家婆"等OMS的选择，但都缺乏专业性，针对药品订单的处理存在质量缺位等问题。很多连锁药房由于没有更优的选择，不得不使用这类系统来确保B2C业务管理工作的开展，效率较低，且无法满足药品发货规范性等行业特性需求，只能投入更多人力成本。

（二）多物流方案选择

物流成本在医药B2C行业的运营成本中占比较大，按地区和重量评估费用后选择合适的物流公司是控制成本的重要一环。一方面，企业都会选择多家物流进行合作，但是靠人工比对评估费用耗时耗力；另一方面，第三方平台都有自己的物流体系，如菜鸟物流、京东物流、极兔物流等，为满足部分客户特殊要求，有时还需专门选择顺丰物流或货到付款等。而每家物流公司提供的打印面单不同，相应的接入口也大相径庭，更增加了物流系统选择的难度。

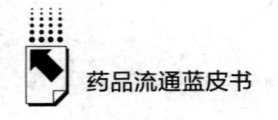

（三）电商仓储管理

医药电商仓储管理具有产品种类繁多、药品规格复杂、批号管理严谨、仓位分区细致、监管制度严格等特点。同时，具有一日多次进货、24小时内及时发货等特性，其工作强度远超传统线下药房。

另外，交易过程中产生的订单取消、退货、缺货等问题，也会增加仓库退货验收、拆单发货、分仓配货等拣货压力，电商仓储管理难度很大。

（四）精准供应

根据平台规则，电商订单具有24小时内出库的特性。基于该特性，电商企业需要精准把控热销品的备货量，而电商销量高的商品量级通常远大于线下传统门店热销品，如遇重大运营活动等情况日销量将会出现较大波动，所以缺货和滞销是常态。缺货会导致平台处罚、顾客满意度下降、差评增多、平台权重下降；而滞销又会导致资金周转不力、采购决策困难、占用存储空间、商品报损风险；故精准供应难度远大于传统线下门店，对智能化、数字化的管理有刚性需求。

（五）ERP接入

药品零售管理有严谨的要求，每笔销售和处方药的管理均要求在ERP系统中准确及时地体现。当B2C订单增多时，通过ERP系统进行人工销账时可能出现差错、低效等各类问题。为确保数据的准确、及时，多系统间的数据实时对接至关重要。

（六）财务核对

B2C电商存在营销活动多、活动方案复杂、组合销售常见、平台扣点、线上支付扣点、线上积分、花呗支付、客诉处理、物流破损、平台规则处罚、回款不及时、应收账款核对难等各种情况，导致财务核对极为复杂，销售利润更是难以计算,财务人员需要足够准确、详尽的各类统计、分析报表来支撑统计、核销、结算等工作的开展。

四 B2C中台系统介绍

该公司自研B2C中台系统,包含以下七个子系统:订单管理子系统、电商仓储管理子系统、物流管理子系统、财务对账管理子系统、数据管理子系统、采购管理子系统、会员管理子系统。

(一)订单管理子系统

将天猫、京东、拼多多等三方平台的订单统一接入订单管理子系统集中处理,实时获取订单状态后同步至三方平台及顾客端(见图1)。系统提供各种条件的查询和提醒功能,处理订单时无须在意订单的平台来源。通过该系统的使用,打单环节实现10000单(单套机·天)的基本效率值,拣货环节实现1200单(人·天)的基本效率值,复核环节实现1200单(人·天)的基本效率值。

图1 订单管理子系统实时同步订单状态

(二)仓储管理子系统

仓储管理子系统的建立需要符合电商特点,进销存与ERP全面对接,确保入库商品的数量和批号、效期、价格等元素一致。仓储管理中的仓位设置,需要考虑到热销品的拣货路线距离。系统需要实时查询出入库记录。订单出库时,需要做到快速、准确核对到批号。该系统对在库商品的周转有智能化的分析能力,将库存周转天数有效控制在21天左右。

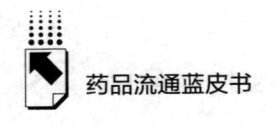

（三）物流管理子系统

对接菜鸟物流、顺丰物流、京东物流等系统，根据订单需求和发货地区等，由物流管理子系统选择合适的物流，打印不同的发货单，提高了打单的效率，每年还可节省运费超过30万元。

（四）财务对账管理子系统

系统比对平台支付回款的每一笔订单，用合理的方式分解到订单中的每一件产品，同时比对每一笔物流费用、每一笔问题订单，将每一笔订单的营销费、平台扣点、处罚金额、物流费均记录到财务对账子系统中，再结合商品的进价计算出每笔订单的利润，极大地提高了财务对账效率，很好地辅助项目负责人经营决策。

（五）数据管理子系统

数据管理子系统不仅能提供各个环节的数据，而且能对数据进行智能化的分析。对产品的分析，包括品类分析、流量和转化率分析、套餐价格分析；对运营人员的分析，包括工作量、工作质量、工作业绩、工作效率的分析；对物流的分析，包括物流时长、物流价格、破损订单等分析；对平台的分析，包括平台用户人群、客单价、疾病种类等分析；对客服的分析，包括客服询盘转化率、服务响应时间、评价回复质量等分析；对仓储的分析，包括库存周转、热销品备货周期、供应商反应速度等分析；对活动的分析，包括活动的效果复盘、活动后财务分析等。电商的管理离不开数据管理，强大的数据分析能力是运营成功的关键，也是决策的依据。

（六）采购管理子系统

对于来货及时的产品，系统根据缺货订单计算出采购数量，可以做到当天下单、入库；对于来货不及时的产品，根据产品来货周期和销售增长趋势计算出未来一定周期的需求数量，做出精准的备货预测，在库存消耗至零时及时补到货，同时又避免备货次数太频繁而增加工作量。这一系统，使各平台订单的每日缺货率控制在1%~2%。

（七）会员管理子系统

电商的会员管理与线下会员不同，第三方平台在考核各个店铺老会员复购率的同时不允许商户通过对外导流的方式进行会员管理，甚至部分三方平台不允许直接获取用户信息。因此，电商企业需要用新型的会员管理子系统来维护会员。会员管理子系统包括会员信息获取、会员智能标签管理、会员复购分析、RFM分级管理、会员依从性分析、企业微信工具等功能，保障了平台老顾客的复购率达到43%。

五 创新成效和亮点

（一）创新意义

医药电商B2C模式是未来药品新零售的最重要形式之一，传统连锁受制于互联网技术与医药行业结合的难点，往往会在竞争中落后于跨界进入的互联网企业。本项目通过十年以上的自主技术创新之路——解决了发展过程中遇到的多项痛点，为传统药品零售连锁企业开展电商业务探索出一条可行的道路。当前医药电商企业超过1000家，在行业领先的前20强中有11家为自主研发，其中6家为跨界进入的互联网企业。而嘉定大药房从2012年医药电商天猫医药馆开通以来，坚持十年开发，效果卓越。自主研发B2C中台也是电商业务成功经营的重要因素。

（二）实施节点

在十年的项目实施过程中，有以下重要的节点：一是面临复杂混乱的发货场景，做出了自主研发的决策；二是做出了用物流单号捆绑到订单以便出库和跟踪的独特解决方案；三是为智慧药房建立了规模较大的电商专用仓库，并符合GSP相关要求；四是与阿里技术团队合作，开展对处方药订单

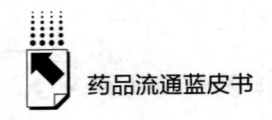

的电子处方系统对接方案的探索和测试；五是对采购备货系统进行了智能化的改造，一举突破了传统的采购模式；六是建立了基于线上的会员管理系统，结合大数据、数字化标签、平台的规则和企业微信的功能，使顾客的复购率大大提高，从原来的32%提升到43%。

（三）创新成效

基于B2C中台系统的保障，嘉定大药房电商年销售额过亿元，这对于一家区域性国有连锁药房来说是十分突出的成绩。公司以业绩稳定为持久的口碑，运营上不以价格战为主要手段，而是以运营效率为主要优势。嘉定大药房在运营人员、仓储物流、客服人员、团队人数等方面与行业同水平店铺相比具备一定优势。另外，由于采购的数字化、智能化，库存周转达到良好的水平，节省了资金成本。

目前，嘉定大药房拥有会员400余万人，CRM系统中维护的会员数占比32.5%，约130万人，其中上海地区会员占到45%以上，年购买次数超过5次的忠实会员比例为8.6%。

公司B2C中台系统的成功探索，吸引了很多企业的关注，数十家电商企业相继参观学习，对此系统的使用意愿较高。同时，药品监管部门也对该电商模式做了多次调研，指导并认可此模式的可行性和创新性，其药品追溯准确性及便捷性也优于线下销售模式。

（四）创新亮点

嘉定大药房电商B2C中台是在没有任何参考对象的情况下，靠团队长达十年的持续探索和不断创新建成的，在医药行业具有首创性。

本系统具有良好的适配性，与ERP、O2O平台、其他外部平台对接均很方便，对于连锁药房开展新零售业务有很大的帮助。

本系统中的CRM模块可以将连锁药房线下的会员管理进行接入，管理起来更高效。

本系统始终坚持规范和效率相结合，更适用于医药行业，符合 GSP 监管要求，具有易用性、便捷性、可追溯性等优势。

（五）创新可推广性

本系统已经入驻天猫医药馆、京东医药馆技术服务商，用户有需求时技术团队可以在一天内帮助接入各平台店铺，用户即可进行使用。

目前，嘉定大药房 B2C 中台系统已经是医药行业较为专业的中台系统，有近 20 家医药电商企业得到授权，正在使用本系统。

六　未来拓展计划

随着新媒体技术的蓬勃发展，"短视频药学科普""医生直播"等信息传播方式逐渐走向社会。在此背景下，本系统将开发一套基于 CRM 子系统和企业微信工具的用户精准推送的内容服务系统，通过时下热门短视频软件为用户提供专业化的疾病科普内容服务，从而提升用户的满意度和忠诚度。

由于 O2O、同城配送等新零售业态的推出和逐步被用户认可，B2C 中台也将会向多平台、多业态的方向发展。美团、饿了么、京东到家等各个电商平台将成为传统线下零售的强劲对手，但也是对 B2C 电商的有益补充。

区域篇
Reports of Regions

B.28
2021年广东省及粤港澳大湾区药品流通业发展分析报告

深圳市医药商业协会　华景咨询（深圳）有限公司

摘　要： 本文介绍了广东省2019～2021年药品流通直报企业数据统计情况，从市场规模、企业主体、产品品类结构、从业人员等多角度呈现广东省药品流通业全国市场领先的发展现状；分析了香港药品流通业概况。剖析了粤港澳大湾区未来药品流通行业在加强跨境融合、布局供应链金融、挖掘新型商业服务场景与加快发展现代医药物流等方面的发展机遇和重点。

关键词： 药品流通　医药市场　粤港澳大湾区

一　概况

珠江三角洲地区是中国药品流通业发展很重要的区域，与长江三角洲地区、环渤海经济区相比,具有"规模大、增长稳、业态多、中西融合深、国际化程度高、多监管模式并存、基层市场强、生活消费与医疗用药双驱动、改革开放力度大"等九大特征。

二 广东省药品流通业发展概况

随着医药卫生体制改革不断深化,药品流通行业加快转型升级步伐,加强医药供应链协同发展,创新药品零售与服务模式,行业销售总额稳中有升,集约化程度继续提高,显现出长期向好的态势。

(一)广东省销售规模和增速在全国领先

统计显示,2021年全国七大类医药商品销售总额26064亿元,广东省药品流通市场销售总额稳步增长,七大类医药商品销售总额2720亿元,同比增长6.3%,增速比上年加快0.3个百分点(见图1),广东省销售总额占全国总销售额的10.4%。

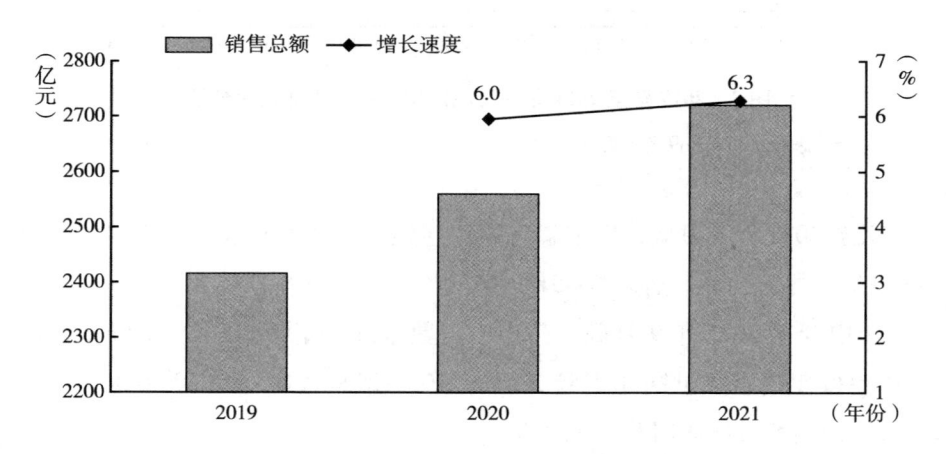

图1 2019~2021年广东省七大类医药商品销售趋势

资料来源:商务部药品流通管理系统。

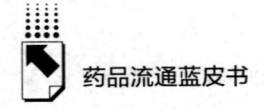

2021年广东省生产总值124370亿元，同比增长8.0%。药品流通市场销售总额占广东省生产总值的比重为2.2%，行业增长速度略低于生产总值的增长速度。

（二）广东省药品流通行业的集中度上升

截至2021年9月底，广东省共有批发企业1475家、药品零售连锁企业505家。2019年至2021年9月底，批发企业数量减少了19家，下降1.3%，零售连锁企业数量增加了62家，上升14.0%（见图2）。

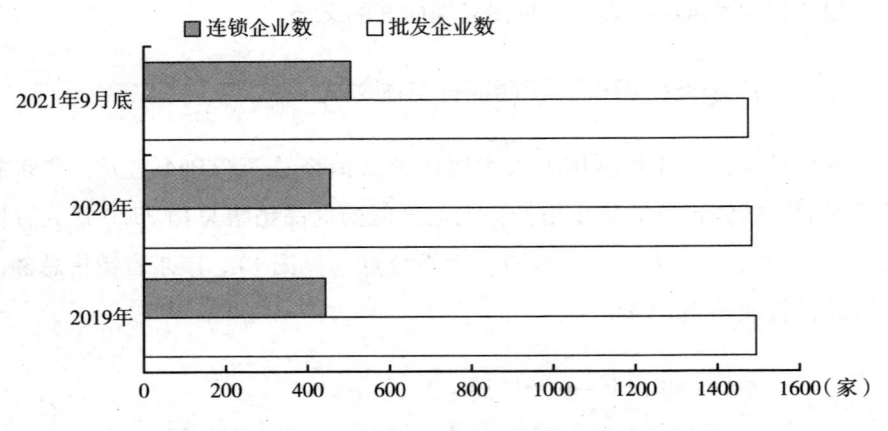

图2 2019年至2021年9月底广东省药品流通企业数量

资料来源：国家药品监督管理局。

截至2021年9月底，广东省有零售连锁门店22839家、零售单体药店32300家，零售药店门店总数55139家。

2019年至2021年9月底，药店门店数量减少了1420家，下降2.5%，其中2020年门店数量同比下降5.1%，2021年9月底与2020年相比增长2.7%，门店数量增速回升（见图3）。

2019年至2021年9月底，广东省单体药店数量减少2984家，下降8.5%；连锁药店数量上升1564家，增长7.4%；药店连锁率从37.6%增长到41.4%，零售药店的连锁率进一步提升（见图4）。

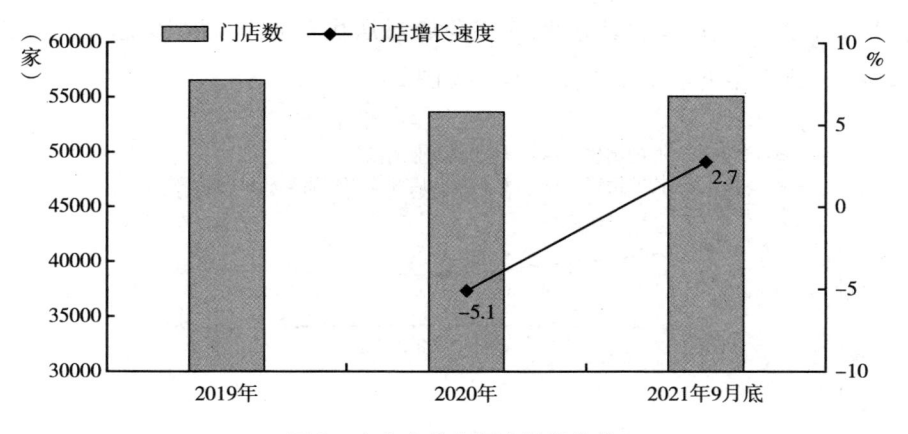

图 3 广东省药店门店增长趋势

资料来源：国家药品监督管理局。

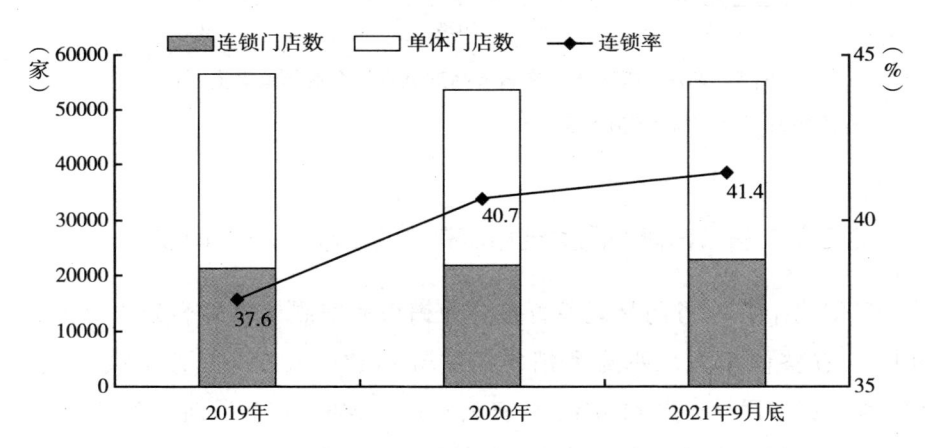

图 4 广东省单体门店数、连锁门店数和连锁率

资料来源：国家药品监督管理局。

2021年，广东省药品流通直报企业销售额按照销售渠道统计，对生产企业销售额33亿元，占销售总额的1.2%，与上年持平；对批发企业销售额911亿元，占销售总额的33.5%，比上年降低0.8个百分点；对终端销售额1776亿元，占销售总额的65.3%，比上年上升0.8个百分点。

其中，终端销售中，医疗机构销售额1166亿元，占比42.9%，比上年上升1个百分点；零售药店和零售药店对居民的销售额610亿元，占比22.4%，比上年下降0.2个百分点（见图5）。

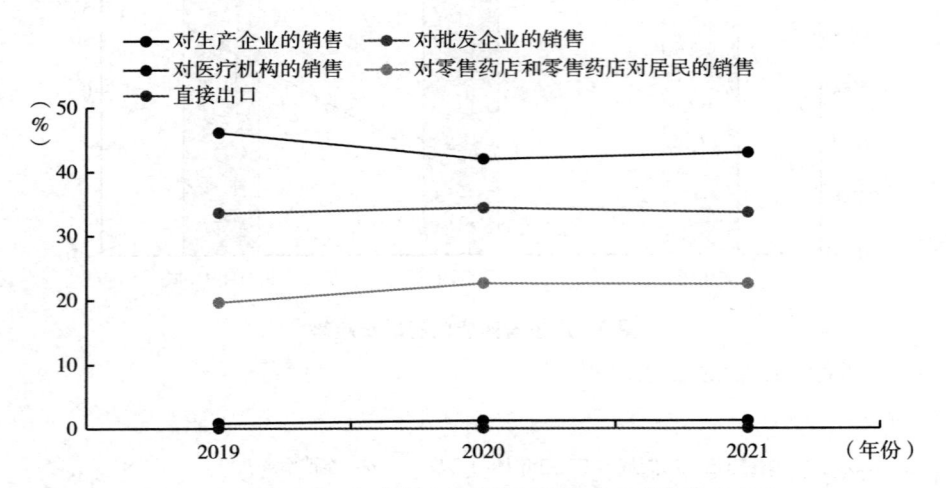

图5 2019~2021年广东省药品流通直报企业销售渠道占比

资料来源：商务部药品流通管理系统。

（三）广东省销售的品类结构具有"两个领先、一个优势"

2021年，广东省药品流通直报企业销售额按照销售品类分为七大类，从广东省整体来看，西药类销售居主导地位，占65.1%，中成药类占14.1%，医疗器材类占14.4%，中药材类占3.5%，其余类别（含化学试剂类、玻璃仪器类及其他类，下同）占2.9%（见图6）。

商务部《2021年药品流通行业运行统计分析报告》显示，全国销售西药类占71.1%，中成药类占14.4%，医疗器材类占7.8%，中药材类占2.2%，其余类别占4.5%。广东省西药类销售占比与全国水平相比低6个百分点，中成药类占比比全国水平低0.3个百分点，医疗器材类占比高于全国水平6.6个百分点。

西药类销售额广东省居首位。从细分市场来看，2021年，全国西药类药品流通市场销售规模18535亿元，其中广东省实现销售额1770亿元，占

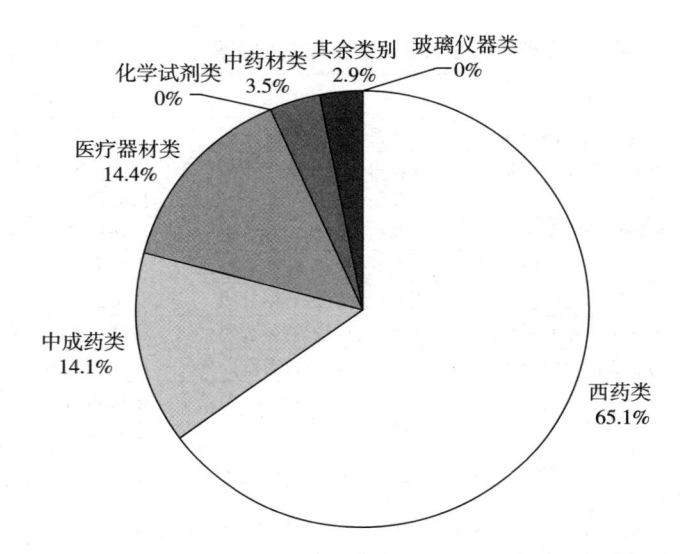

图6 2021年广东省药品流通直报企业品类结构

资料来源：商务部药品流通管理系统。

全国总销售额的9.6%。

中成药市场广东省排名第一。2021年全国中成药销售规模为3747亿元，其中广东省实现销售额384亿元，占全国总销售额的10.2%；广东省同时领衔中药材市场。2021年全国中药材类销售规模为576亿元，其中广东省实现销售额94亿元，占全国总销售额的16.3%。

广东省医疗器材销售优势明显。2021年全国医疗器材类销售规模为2037亿元，其中广东省实现销售额393亿元，占全国总销售额的19.3%；受集中带量采购工作常态化、制度化影响，广东省高值医用耗材集中采购小步快跑。

（四）广东省药品流通行业的头部企业由央企、本土企业组成

2021年广东省药品流通直报批发企业主营业务收入前10位排序见表1。

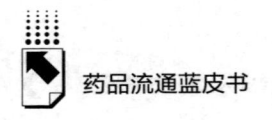

表1 2021年广东省药品流通直报批发企业主营业务收入前10位排序

序号	2019年	2020年	2021年
1	广州医药股份有限公司	广州医药股份有限公司	广州医药股份有限公司
2	深圳市海王生物工程股份有限公司	深圳市海王生物工程股份有限公司	深圳市海王生物工程股份有限公司
3	国药控股广州有限公司	国药控股广州有限公司	国药控股广州有限公司
4	广东九州通医药有限公司	广东九州通医药有限公司	广东九州通医药有限公司
5	创美药业股份有限公司	创美药业股份有限公司	创美药业股份有限公司
6	广州采芝林药业有限公司	康泽药业股份有限公司	康泽药业股份有限公司
7	康泽药业股份有限公司	广州采芝林药业有限公司	广州采芝林药业有限公司
8	华润东莞医药有限公司	康德乐合丹（深圳）医药有限公司	康德乐合丹（深圳）医药有限公司
9	康德乐合丹（深圳）医药有限公司	华润东莞医药有限公司	华润东莞医药有限公司
10	深圳中联广深医药（集团）股份有限公司	深圳中联广深医药（集团）股份有限公司	深圳中联广深医药（集团）股份有限公司

资料来源：商务部药品流通管理系统。

2021年广东省药品流通直报零售企业主营业务收入前8位排序见表2。

表2 2021年广东省药品流通直报零售企业主营业务收入前8位排序

序号	2019年	2020年	2021年
1	大参林医药集团股份有限公司	大参林医药集团股份有限公司	大参林医药集团股份有限公司
2	广州健民医药连锁有限公司	广州健民医药连锁有限公司	广州健民医药连锁有限公司
3	康泽药业连锁有限公司	康泽药业连锁有限公司	康泽药业连锁有限公司
4	深圳市南北药行连锁有限公司	深圳市南北药行连锁有限公司	深圳市南北药行连锁有限公司
5	中山市中智大药房连锁有限公司	中山市中智大药房连锁有限公司	广州医药大药房有限公司
6	深圳市麦德信药房管理有限公司	广州医药大药房有限公司	中山市中智大药房连锁有限公司
7	深圳市万泽医药连锁有限公司	深圳市麦德信药房管理有限公司	深圳市麦德信药房管理有限公司
8	—	深圳市万泽医药连锁有限公司	

资料来源：商务部药品流通管理系统。

（五）广东省药品流通行业从业人员规模

2019~2021年，广东省药品流通直报企业从业人员数量增加10684人，增长19.0%，其中2020年同比增速为9.8%，2021年同比增速为8.4%，2021年增速下滑（见图7）。

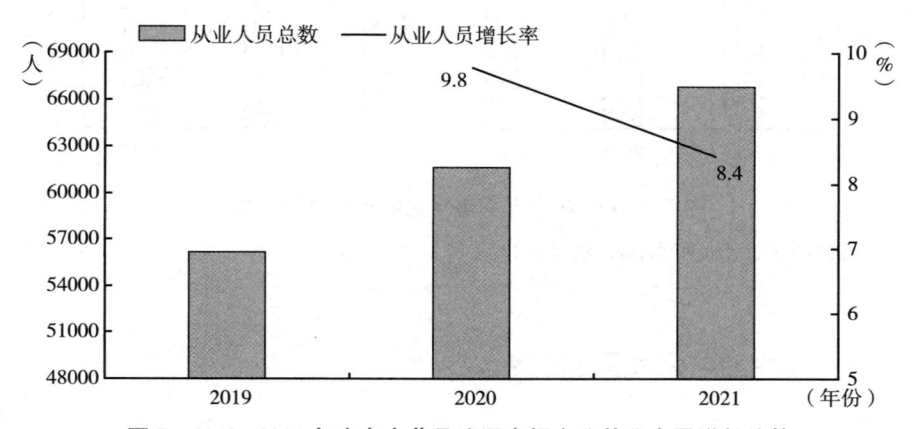

图7　2019~2021年广东省药品流通直报企业从业人员增长趋势

资料来源：商务部药品流通管理系统。

2019~2021年，广东省药品流通直报企业药学技术人员增长5405人，增长20.8%，药学技术人员占从业人员比例从46.2%增长到46.9%。

三　香港特别行政区药品流通业概况

（一）销售规模与增速均下滑明显

香港特别行政区零售业总销货价值逐步下滑，下滑速度加快。

2020年，香港地区零售业总销货价值21782亿元（根据2022年5月25日前20个交易日人民币汇率计算所得，1美元=6.67元人民币），同比下降24.3%，下降速度进一步加快13.2个百分点（见图8）。

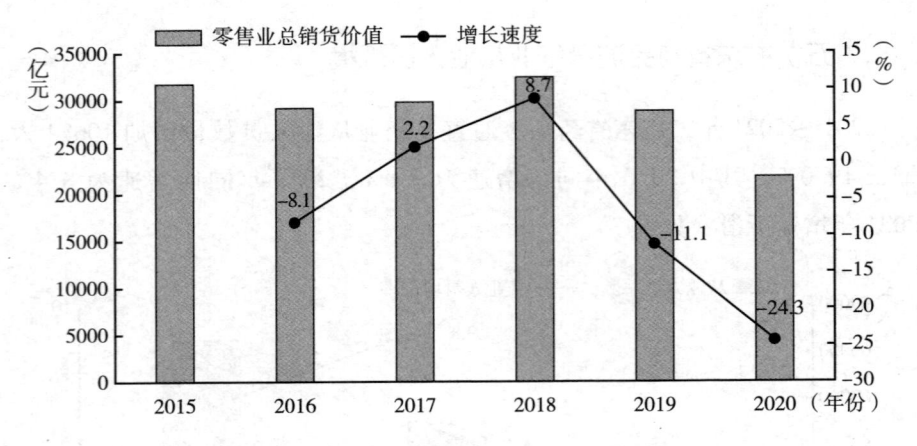

图 8 2015~2020 年香港地区零售业总销货趋势

资料来源：香港特别行政区政府统计处官网。

（二）中药与化妆品地位突出

香港特别行政区在公开的数据统计中，有"中药"和"药物及化妆品"两个药品流通销售品类。

以零售价值指数为指标，将 2014 年 10 月至 2015 年 9 月期内的平均每月指数为 100 作为基期，中药的零售价值指数 2020 年为 71.1，同比下降 26.2%，下降速度比 2019 年加快 17.3 个百分点。

药物及化妆品的零售价值指数 2020 年为 51.6，同比下降 50%，下降速度比 2019 年加快 36.9 个百分点（见图 9）。

（三）药品流通从业企业数量上升

截至 2022 年 5 月 30 日，香港药剂业及毒药管理局授权的持牌批发商 880 家，与 2020 年相比上升 12.0%，增速比 2020 年上升 9.9 个百分点。授权的药房（含毒药销售商）590 家，与 2020 年相比下降 3.3%，下降速度比 2020 年放慢 2.7 个百分点（见图 10）。

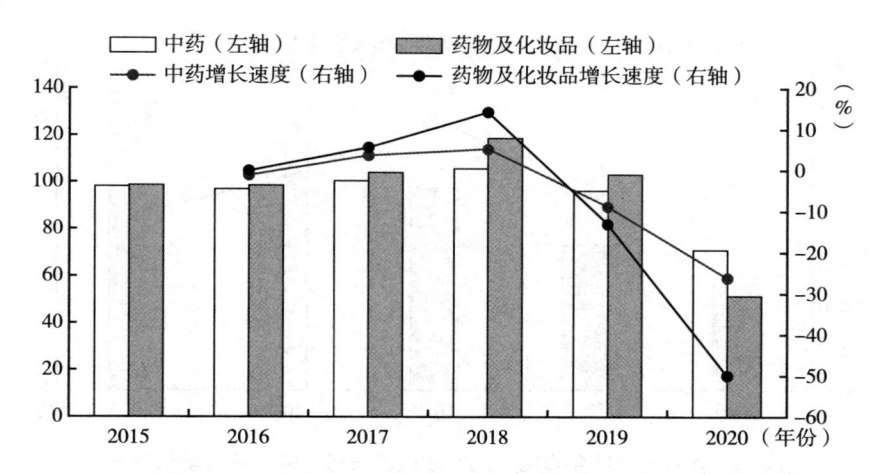

图9　2015~2020年香港地区中药、药物及化妆品零售价值指数趋势

资料来源：香港特别行政区政府统计处官网。

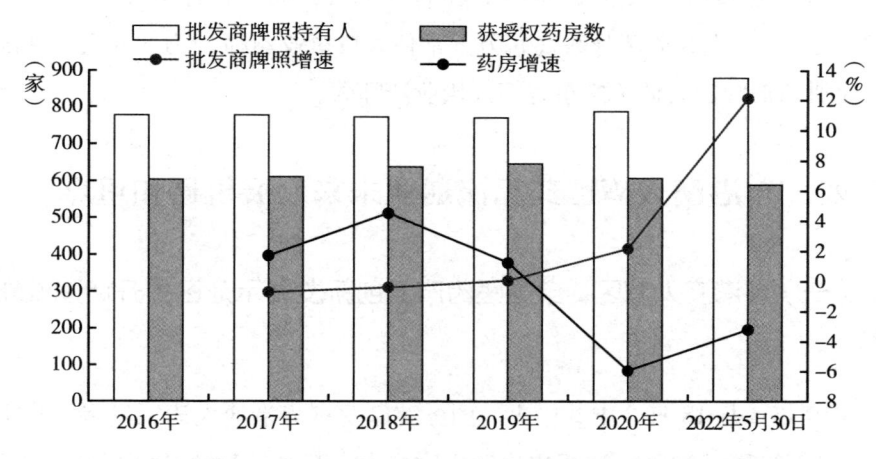

图10　2016年至2022年5月30日批发商数量和零售药房数量

资料来源：香港药剂业及毒物管理局官网。

（四）专业人员比例略低于广东

香港注册药剂师每年保持较为稳定的增长，2020年香港注册药剂师3097人，同比增长3.2%（见图11）。

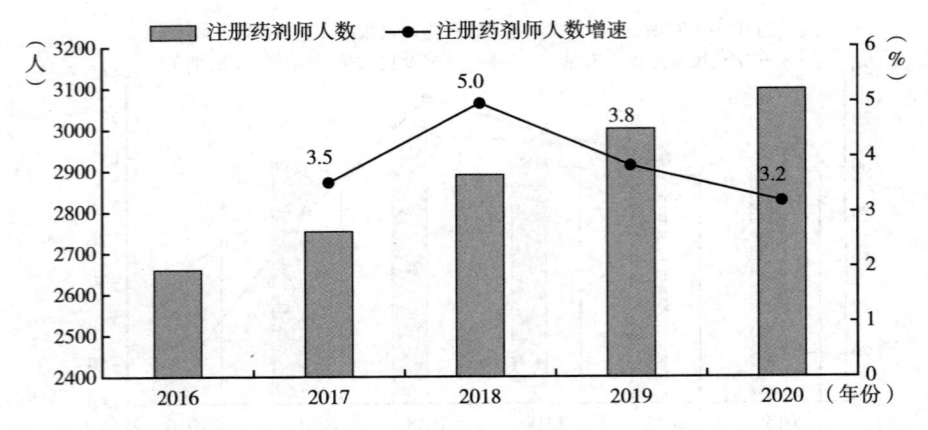

图 11　2016~2020 年香港特别行政区注册药剂师人数和增长速度

资料来源：香港药剂业及毒物管理局官网。

2020 年香港每万人注册药剂师数为 4.1 人，同期广东省执业药师数 70279 人，每万人执业药师数（每万人常住人口执业药师）为 5.6 人，香港万人注册药剂师数略低于广东省万人执业药师数。

四　粤港澳大湾区药品流通业未来发展机遇和重点

（一）粤港澳大湾区"全国医药产业创新发展示范区"开启建设新征程

2019 年 2 月 18 日，中共中央、国务院印发《粤港澳大湾区发展规划纲要》（以下简称《纲要》）提出推动生物技术、新材料等发展壮大为新支柱产业，在蛋白类等生物医药、高端医学诊疗设备、基因检测等重点领域培育一批重大产业项目，推动粤港澳大湾区成为全国医药产业创新发展示范区。

2020 年 11 月 25 日，八部门联合发布《粤港澳大湾区药品医疗器械监管创新发展工作方案》指定医疗机构使用临床急需且已在港澳上市药品的审批权限由国家药监局转移至广东省人民政府。

广东省药品监管局与港澳药品监管部门联合建立了"以规则相互衔接

为重点,以标准融合互通为手段"的互联互通新模式;2021年8月,"港澳药械通"政策完成了在香港大学深圳医院的试点工作,并逐步在大湾区内地9市实施;广东省逐步简化港澳已上市外用中成药在内地注册审批流程,进一步加速外用中成药在内地上市进程,推动中药产业在粤港澳大湾区高质量发展。

2021年4月13日,粤港澳大湾区医药健康综合试验区揭牌,进一步构建大坦沙国际健康岛、广州国际医药港、珠江南岸沿江产业带,以及现代中医药、"互联网+"医疗、医药健康等组团的"一岛一港一带多组团"的空间格局,引领大湾区乃至全国医药健康产业发展。

2022年5月16日,中山市首批药品进口通关,标志着中山市药品进口口岸正式启用,使中山生物医药产业以更低成本、更高效率直接参与国际药品大流通、大循环。

2021年2月20日,深圳市正式审议通过《关于加快推动医疗服务跨境衔接的若干措施》(以下简称《措施》)。《措施》共列11项清单,聚焦当前粤港澳大湾区跨境医疗服务的"堵点",围绕加强跨境医疗服务衔接、进一步提升跨境优质医疗卫生资源的便捷流动水平等方面提出了具体举措。

(二)粤港澳大湾区药品流通业供应链竞争力亟待提高

未来随着药品流通行业集中度不断提升,中小型药品流通企业将直面优胜劣汰的新挑战,"大吃小"的兼并重组以及跨区域、跨所有制的集团整合将推动行业格局进一步加速重构。

1. 挖掘数字化、综合化商业服务场景新机遇

在新的行业竞争环境中,"数字化、综合化"蕴藏新的机遇。面对医院急诊用药、住院用药、手术用药、检查诊断用药等多种用药场景,药品流通企业可开发延伸新型的智慧型供应链管理服务,打造多货主、多供应商全程可追溯系统,通过加强数据分析,合理规划医院库存管理,提升配送质量及时效,着重解决医院品规及供应商多、库存管理难,备货多、耗材追溯难度大等难题,强化企业与医院之间的数字化纽带。

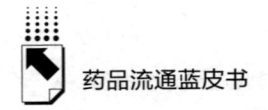

珠江三角洲地区与香港地区的药品流通企业与城市流通服务融为一体，但是融入城市流通服务的方式及发挥的作用不一致。批发企业融入城市医疗资源调整和分级诊疗体系建设；药品零售连锁企业结合城市一刻钟便民生活圈、新建社区的服务网点建设有效融入以多业态集聚形成的社区服务商圈，实现药品流通对基层的有效覆盖，提升人民群众用药的可及性、便利性。鼓励零售企业特色化发展，做精做专，满足多层次健康消费市场需求。

2. 加大供应链金融布局力度

布局供应链金融，能够为医药供应链的发展提供坚实支撑，多家药品流通企业已经积极开展相应探索。国药控股通过成立融资租赁公司、电子供应链金融平台等方式，为上下游客户提供综合金融服务；上海医药提出"十四五"期间从区域协同、研发、SPD等业务角度出发，强化金融保理、结算等金融服务，为医药产业链提供全周期式管理服务；华润河南医药与中信等银行合作探索自办自贴和电子商业承兑汇票的供应链金融模式，给予供应商相应商票贴现或商票转银票授信额度，华润河南医药再以1年期电子商业承兑汇票的方式支付相应货款，这种模式有效缓解了上游供应商及流通企业的资金压力，同时也为华润河南医药的商业渠道提供了新的拓展空间，双赢优势凸显。

3. 加快发展现代医药物流

珠江三角洲地区药品流通企业的物流建设仍有较大发展空间。政策鼓励第三方医药物流及药品冷链物流规范、健康发展，按现代化标准推动建设一批高标准、强集约和产品信息可追溯的现代中药材物流基地，建设一批符合中药材现代化物流体系标准的初加工仓储物流中心。头部企业纷纷加大发展现代医药物流投入，以新型智能化、自动化物流技术和智能装备为推进区域物流一体化赋能，积极探索省内外分仓建设和运营机制，构建便捷、高效、安全的现代医药物流体系。

B.29
2021年成渝双城经济圈药品流通行业发展分析报告

四川省医药商业协会　重庆市医药行业协会*

摘　要： 本文概述了川渝区域经济发展、卫生资源及药品流通行业的经营规模，介绍了医药企业借助"成渝双城经济圈"政策和平台融合发展，反映在医改深入和集采常态化下，药品流通行业四个业态加快体制改革、转型升级、提质增效，着力提升企业在供应链系统的价值和核心竞争力；在行业集中度加快提高的趋势下，中心城市和乡镇基层两个市场、头部企业和中小企业的经营定位及发展趋势。

关键词： 药品流通　成渝双城　医药电商

2021年是"十四五"开局之年，是中国经济构建"双循环"新发展格局的起步之年，药品流通行业改革进取、开拓务实，以优异成绩谱写新时期篇章。面对复杂多变的疫情防控形势，承担政府医药储备保供任务的国有企业以及四川省、重庆市药品流通企业闻令而动、冲锋在前、不负使命，充分体现了责任与担当。在中国构建新发展格局背景下，乘成渝双城经济圈开启势头而上，川渝药品流通行业正迈入高质量发展的新征程。

---

* 执笔人：陈琳，高级经济师，原任太极集团四川德阳大中药业董事长兼总经理，现任四川省医药商业协会副秘书长，主要研究方向为药品流通行业的运行状态。

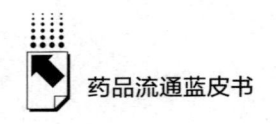

一 川渝区域经济和卫生资源概况[①]

（一）经济发展与人口

1. 国内生产总值

2021年，川渝两地区实现国内生产总值81744.8亿元，占全国1143670亿元的7.2%。其中，四川省实现地区生产总值（GDP）53850.8亿元，比上年增长8.2%，占川渝地区合计的65.9%。重庆市实现地区生产总值27894.0亿元，比上年增长8.3%，占川渝地区合计的34.1%。

2. 人口概况

2021年，川渝两地人口总数为11584万人，占全国人口总数141260万人的8.2%。其中：四川省人口总数8372万人，占两地区合计数的72.3%。重庆市人口总数3212万人，占两地区合计数的27.7%。

3. 社会消费品零售总额

2021年，川渝两地合计社会消费品零售总额38101亿元，占全国同期社会消费品零售总额440823亿元的8.6%，增速均高于全国同比12.5%的增长率。其中：四川省实现社会消费品零售总额24133亿元，同比增长15.9%，增速排位从第一季度的全国第18位提升到全年的第7位。重庆市实现社会消费品零售总额13968亿元，同比增长18.5%，在全国城市消费排位迅速提升至上海、北京之后的第3位。

4. 经济区发展格局

2021年，四川省五大经济区经济结构：成都经济区生产总值同比增长8.5%，占全省比重达到61.1%；川南经济区的发展势头强劲，经济增长达到8.6%，比全省平均水平高0.4个百分点，占全省比重达到16.3%；川东北经济区的经济增长达到7.6%，占全省比重达到15.3%；攀西经济区建设

[①] 数据来源于四川省统计局、重庆市统计局。

和发展在加快推进，经济增长7.6%，占全省比重为5.6%；川西北生态示范区旨在打造国家生态文明建设示范区、高原特色农牧民基地和国家重要清洁能源基地。

重庆市的"一区两群"发展格局：以大都市区为龙头，通过圈层格局和轴带联动，带动渝东北、渝东南地区带状城镇群的发展，同时结合大巴山区、武陵山区的生态涵养与保护，落实渝东北、渝东南地区"面上保护、点上开发"的要求。全年主城都市区实现地区生产总值21455.64亿元，同比增长8.0%；渝东北三峡库区城镇群实现地区生产总值4895.15亿元，同比增长9.1%；渝东南武陵山区城镇群实现地区生产总值1543.19亿元，同比增长7.6%。

（二）卫生资源与相关动态[①]

2021年，川渝两地卫生系统在巩固和加强疫情防控战线的同时统筹恢复和提升卫生医疗机构服务总量，与上年比卫生各项服务指标显著回升。从总诊疗量、医药费用等方面看，县级及以上尤其是市级医院普遍增长；线上医疗需求加大。从卫生医疗和医药供应的高度相关性可见，卫生增量必定是带动药品供求增量的动因，从而促进了医院销售额的增加。

1. 四川省卫生相关方面

2020年，四川省卫生总费用4041.94亿元，占同期GDP的比重为8.3%。与2020年全国卫生总费用占GDP百分比为7.1%相比，高于全国平均水平。

同2020年比，医疗服务量方面：2021年总诊疗人次增长6.6%，其中，医院增长16.7%，基层医疗卫生机构下降0.4%，其他医疗机构增长8.9%；入院人数增长6.1%，其中医院增长9.0%，基层医疗卫生机构下降1.7%，其他医疗机构增长5.3%。

基层卫生服务方面：全省县级医院诊疗人次比上年增加712.61万人次，入院与上年相比增加13.25万人次；全省乡镇卫生院诊疗人次与上年相比减少

[①] 数据来源于国家卫生健康委员会、四川省卫生健康委员会、重庆市卫生健康委员会网站。

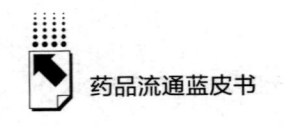

318.32万人次，全省村卫生室诊疗人次与上年相比减少678.87万人次。

医药费用方面：医院次均门诊费用同比增长2.9%，医院人均住院费用同比增长1.9%；基层医疗卫生机构：全省社区卫生服务中心次均门诊费用同比上涨9.6%，人均住院费用同比下降10.2%；全省乡镇卫生院次均门诊费用同比上涨9.0%，人均住院费用同比上涨1.4%。

2. 重庆市卫生相关方面

2021年，重庆市医疗卫生机构总费用1194.02亿元，同比增长17.7%，占全市GDP的4.3%，略低于全国平均水平。

同2020年相比，医疗服务量方面：门诊服务量增加，全市医疗卫生机构总诊疗人次19363.28万人次，同比增长13.4%。其中，医院占比43.50%，同比增长14.6%；基层医疗卫生机构占比52.5%，同比增长12.4%。

全市医疗机构次均门诊费用同比增长10.8%。其中，医院次均门诊费用同比增长3.1%，基层医疗卫生机构这一比率为73.4%。

全市医疗卫生机构药占比31.9%，较上年降低1.54个百分点。医院、基层医疗卫生机构、专业公共卫生机构的药占比分别为30.1%、44.1%、23.4%。

二 药品流通行业发展概况

随着医药卫生体制改革不断深化，药品流通行业加快转型升级步伐，加强医药供应链协同发展，优化提质增效，创新服务模式，集约化程度继续提高，行业销售额稳中有升，显现出长期向好的态势。

（一）销售总额[①]

2021年，川渝两地药品流通企业商品销售总额2080亿元，同比增长

---

① 资料来源于商务部药品流通行业管理系统。

8.4%。其中，四川省销售1190亿元，占57.2%；重庆市销售890亿元，占42.8%。两地合计占全国药品流通行业销售总额的8.0%。

（二）企业数量①

截至2021年9月底，川渝两地药品经营企业的总数量为67672家，占全国企业总数的11.2%。两地批发企业1644家，占全国批发企业总数的12.3%。两地零售连锁总部企业617家，下辖门店49855家，占全国连锁企业门店数的14.9%。两地单体零售药店15556家，占全国单体零售药店的6.2%。两地零售连锁率为76.2%，高于全国平均水平。

四川省药品经营企业的总数量为49255家，其中批发企业923家，零售连锁总部企业511家，下辖门店41504家，单体零售药店6317家。重庆市药品经营企业的总数量为18417家，其中批发企业721家，零售连锁总部企业106家，下辖门店8351家，单体零售药店9239家。

（三）企业经营规模排序

根据四川省医药商业协会对典型企业的调查，2021年成渝地区药品流通行业批发和零售企业前15位分别如下。

批发企业：重药控股股份有限公司、国药控股四川医药股份有限公司、四川科伦医药贸易集团有限公司、重庆桐君阁股份有限公司、国药集团西南医药有限公司、四川合纵药易购医药股份有限公司、重庆九州通医药有限公司、上药控股四川有限公司、四川金仁医药集团有限公司、四川贝尔康医药有限公司、四川本草堂药业有限公司、四川嘉事蓉锦医药有限公司、上药康德乐（重庆）医药有限公司、国药控股重庆有限公司、绵阳天诚药业集团有限公司。

零售企业：重庆和平药房连锁有限责任公司、高济医药（四川）有限公司、成都泉源堂大药房连锁股份有限公司、重庆市万和药房连锁有限

---

① 资料来源于国家药品监督管理局2021年三季度统计公报。

公司、重庆鑫斛药房连锁有限公司、四川一心堂医药连锁有限公司、四川海王星辰健康药房连锁有限公司、四川杏林医药连锁有限责任公司、四川太极大药房连锁有限公司、成都科伦大药房连锁有限公司、四川贝尔康大药房连锁有限公司、成都百信药业零售连锁有限公司、四川德仁堂药业连锁有限公司、四川圣杰药业连锁有限公司、四川遂宁市全泰堂药品连锁有限公司。

三 药品流通行业运行特点

（一）药品批发企业

1. 体制改革，乘势而上，"十四五"引领企业转型升级

2021年，药品流通行业直面变革与挑战，川渝两地医药流通领军企业在大变局下锐意进取，开创了新局面。大型药品流通企业通过深入挖掘配送网络规模优势，积极承接带量采购产品的市场份额，不断创新经营理念与服务模式，取得新的突破和佳绩，带动了川渝药品流通行业快速发展，促进行业集约化转型，行业集中度进一步提高。

根据四川省医药商业协会对典型企业的调查，医疗机构业务量加速恢复与增长，从销售渠道上看医院终端销售额全面增长，增幅在10%左右，分销业态销售额也呈现增长态势，城市重点医院销售占比在45%~55%。

国药控股四川医药股份公司把"十四五"战略规划作为指引未来五年发展的方针，围绕企业发展目标着力构建医疗直销、零售直销、零售诊疗、器械业务四大发展平台，不断加强现代物流、信息技术、营销服务三大优势支撑。公司亦布局网络下沉，夯实省内各市县的基层市场，目前覆盖全省95%以上的等级医院、6000家的基层卫生医疗机构。公司注重提升集约化运营能力，关注产品结构比重的调整优化，加速对接上游业务资源，强化带量采购品种的承接能力和市场份额，配送总量显著增加。2021年，公司营业收入同比增长19.50%，净利润同比增长13.57%。

重药控股股份有限公司以优化产业结构和加快创新升级为主线，积极培育发展新动能，打造发展新优势。公司加快医药全产业链优化升级，加速细分业务发展，增强供应链延伸服务能力，立足重庆总部市场，大力推进全国网络布局战略目标的落地，实现全国27个省（区、市）的布局。2021年，公司营业收入625.21亿元，同比增长38.26%；归母净利润10.05亿元，同比增长13.69%。

国药集团通过资产重组入主太极集团，此次战略重组是国药集团实施改革方案打造"央地联动"的新典范，也是落实太极"易"行动以及"融合、重塑、提高"三大经营管理目标的关键环节。

2. 战略同进、共谋发展，工商融合再创新局面

历经"两票制"、国家医保谈判、集采常态化等医药市场深刻变化后，工商企业认识到合则两利、合则共赢。加强以工商项目合作为契机整合渠道优势，推动工商合作的资源互补和深度融合。

2021年，重药集团、国控四川公司、四川科伦医贸、四川本草堂药业、四川嘉事蓉锦等流通企业纷纷召开重点企业项目战略合作会，与默沙东、拜耳、阿斯利康、广州白云山等知名医药企业合作，就医院准入政策、产品优势、合作模式等项目进行深入研讨和交流。

重庆桐君阁股份有限公司在2021年经营布局上着力提升药品流通企业在产业链中的核心价值和品牌影响力，赢得医药供应链协同发展好时机。如启动优势品种+优势连锁的"双优计划"，邀请上游工业推出各家特色品牌产品，加大新产品引进力度，邀请重庆38个区县47家零售连锁优势企业，实现优势连锁成就优势品牌的营销理念。同时，还开展"诊所1+N计划"全员营销活动，全力开发新的销售增长点，大力推进区县市场销售。

3. 网络下沉、平台互动，深耕农村基层医疗市场

"两票制"和"集采"的实施促进了药品流通行业整合，大型药品流通企业竞争优势进一步凸显。

党和国家高度重视建立公平、可及、能持续的乡村医疗卫生体系。筑牢农民群众健康的"第一道防线"，加大推进"医疗、医保、医药"协同保障

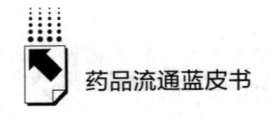

服务体制是其中的重要环节，大型药品流通企业义不容辞地承担这份社会责任，积极探索新时期下保障"最后一公里"服务的有效形式。

重药集团、国药控股四川、国药太极等处于成渝中心城市的大型药品流通企业，把下沉基层市场作为深化商业网络布局的重要部署，发挥其上游资源优势，延伸销售配送至基层医疗机构。四川本草堂药业、四川全泰堂等区域企业，探索以资产投入为纽带建立分拨中心，赋能县域核心客户，协力解决乡镇基层的配送服务等问题。四川九州通举行"拓县域、千县行"活动，聚焦上游厂家丰富的产品资源及优惠政策，专项投放批零一体的县域商业及优质县域零售连锁企业，稳步推进终端"万店联盟"的基层市场业务拓展。

长期植根于基层市场的四川省广大中小企业群体，形成购销互动、合作联营的联盟平台。平台提供2021年相关数据显示：下属共有135家企业，分布在全省18个市州，覆盖130个县区，服务基层医疗机构4160个，服务基层药店10660个，体现出庞大的基层销售网络、高效的配送速度，实现"最后一公里"的服务。受疫情和医疗相关政策等因素影响，基层医疗机构的业务量呈现滞涨。2021年，平台总计实现直销138亿元，同比下降7.5%，费用同比增长23.3%，利润同比下降25%，且伴随资金回笼缓慢导致资金流转困难。在药品流通市场大变革新时期，它们积极探索，提升企业在基层市场的定位和价值，在全国医药市场上独树特色。

（二）医药物流企业

1. 抓战略投入、多技术集成，打造现代医药智慧物流新标杆

四川科伦医贸公司是集药品批发、医院销售、药品配送及零售连锁于一体的西南地区大型药品流通企业，特别通过"直属子公司为主、核心合作商业为补充"的网络辐射，已实现对四川省95%的二甲以上医院的覆盖。2021年实现销售收入143亿元，比上年增长8%。同年，公司投资超6亿元在成都市新都区木兰新区建设的现代物流中心正式启用，拥有14.3万平方米常温库及阴凉库、3500平方米冷藏冷冻库，全面应用多种自动化物流设备与技术，可满足6万SKU拆零、84万件货品存储等运作。四川科伦医贸

公司打造了我国西南地区乃至全国现代化医药物流的标杆项目。

2. 全程数字化、升级信息化，建设物流平台协同高效运行

2021年，重药集团医药物流与信息化建设成效显著。公司供应链物联网平台围绕"标准化、平台化、一体化"的原则，进一步推进物流运行全程数字化、信息化建设。公司持续推进企业ERP系统、物流分仓WMS系统上线，为仓储物流信息化管控提供支撑，实现集团化统一管理、系统化流程管控。公司为与医疗机构合作，开展电子处方流转服务的技术升级，完成了专家咨询平台系统建设并投入运营等。集团"医药供应链物联网平台"荣获重庆市经济和信息化委员会颁发的"2020年重庆市物联网十大应用案例"奖项，这是政府部门对重药集团医药物流数字化提升传统业务的高度认可。

（三）药品零售企业

1. 提高集中度，构建新业态，零售连锁品牌专业优势凸显

2021年，虽然受疫情防控、集采、"互联网+"医药、处方外流以及社会消费需求增长等叠加因素影响，药品零售业销售继续呈现平稳增长态势。医保、集采等政策，进一步明确将医保定点零售药店逐步纳入药品集中采购管理，既为零售市场提供广阔的经营空间，也要求药店具备承接外流处方的能力。零售企业差异化竞争加大，整合趋势下，零售行业涌现多种并购方式，行业集中度提高，零售连锁头部企业凭借品牌和实力优势乘势而上，川渝两地的零售连锁化率快速提高，达到76.2%，高于全国平均水平。

中华老字号品牌的四川德仁堂是跨地区经营的大型药品连锁企业，其核心竞争力是中医药服务专业化。通过数十年持续的传承经营，德仁堂已拥有一大批川内名医及其师承弟子稳定的医生合作队伍，又与成都中医药大学等院校形成战略合作关系，打造"中医门诊、连锁药店"的大健康发展模式。

四川全泰堂药品连锁公司积极创新营销模式。一是与品牌企业强强联合，提升零售连锁的规模和质量，发扬传统中医文化优势，精心打造集中医诊治、养生、慢病管理等为一体，个性化、专业化、特色化的国医馆；二是壮大医药产业链，投资升级中药饮片生产规模，与成都中医药大学在新品研

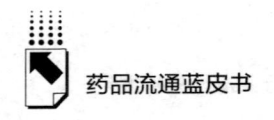

发上深度合作，现已开发 30 余种"川派特色饮片和养生精品"优质品牌产品。

2. 守正创新、多措并举，提升零售核心竞争力

重药控股公司积极履行社会职责，更贴心地服务于社会公众。公司旗下 40 多家药房已纳入医保谈判药品"双通道"定点零售药店，对上百种国家医保谈判药品实施与医疗机构相同的医保支付保障，实现对国家集采相关药品的平价销售，让群众在身边药房就能买到大幅降价后的集采中标药品，极大地增强了患者用药的便利性和医保支付的可及性。

桐君阁连锁公司发挥百年老店优势，传承精华、守正创新，打造"院边、商圈、社区药房"三位一体连锁企业，加强直营和加盟一体化运营，在重庆市打造布点最广、布局最合理、业务最专业的药房网点。

（四）医药电商企业

新冠肺炎疫情的发生催生了"互联网+"医药的"第四终端"电商的崛起。随着国家相继出台支持互联网医疗健康发展的政策、支付方式创新以及大型互联网平台对医药领域的介入，零售药店发展已从线下零售业务迅速扩展至线上 B2C 业务和 O2O 业务，线上线下联动发展，为医药电商提供了广阔的发展空间。

成都泉源堂大药房连锁公司是四川省医药电商的领头羊和开路者。以"线上+线下"一体化运营模式，扩展线上流量，提升线下销量，目前网络已遍及国内 15 座城市，在中国领先的电商平台上共运营 45 家 B2C 线上药房，还成立了逾 200 名专业人员的规模化医学服务团队。数据显示，泉源堂 2018~2020 年全渠道零售药房业务收入年复合增长率为 47.8%。在营收持续增长的同时，也积极扩张线下零售药房网络。据统计，泉源堂线下零售药房从 2018 年初的 24 个持续增长至目前的 471 个。面临愈发激烈的资金、营销、分销、客户资源等市场全面竞争，泉源堂积极与资本结合，募集资金用于提高自身技术开发能力，在国内一、二线城市开设新零售药房以及向三、四线城市药店提供赋能服务来拓展市场。

四川合纵药易购医药股份公司于2021年1月27日正式登陆深交所创业板，2021年实现营业收入34.01亿元。公司电子商务平台累计注册用户数达9.4万家，年平均周活跃用户数1.37万家，同比增长24.5%；电子商务业务收入从2020年的12.12亿元增长至2021年的14.95亿元，增长率为23.35%。药易购作为国内医药电商第一股，组建以"互联网+人工智能+大数据"为核心的医药健康数智化技术中心，以"技术赋能+运营赋能+产品赋能+资本赋能"的多维驱动模式赋能商业合作伙伴，建立医药行业智能决策引擎，夯实B端覆盖和服务能力，营造多元化销售和开放协同的发展。

四 成渝地区医药协同发展趋势与展望

2021年，为贯彻落实中共中央、国务院关于《成渝地区双城经济圈建设规划纲要》部署，川渝药品流通行业开启携手共进、融合发展新阶段。2021年9月，成都市医疗保障局、成都市经济和信息化局、市投资促进局以及重庆高新区管委会等8个政府部门共同主办召开了以"探索三医未来，守望健康幸福"为主题的成渝地区双城经济圈医药健康产业高质量发展研讨会。大会成果丰硕，发布3大成果、签约4大类项目，签署医保合作备忘录等项目。同月以"坚持双核引领，构建新发展格局"为主题的成渝地区双城经济圈新发展机遇对接会暨项目签约仪式在重庆举行，发布投资机会清单38条，投资金额达120亿元。重药集团、国药太极集团深入四川成都、绵阳、南充等地调研，与当地政府深化企地交流合作，表示要充分借助两地健康全产业链优势，加快产业协同、找好发展定位，做好战略规划。

商务部发布《关于"十四五"时期促进药品流通行业高质量发展的指导意见》，制定了"十四五"期间药品流通行业的总体发展目标，提出着力破除药品流通体制机制障碍，提升药品供应保障服务能力、流通效率和质量安全。意见明确提出，支持药品流通企业跨地区、跨所有制兼并重组，培育

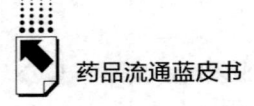

大型现代药品流通骨干企业。可以预见,加快建设全国统一大市场,将更有力地促进药品流通行业快速整合,促使行业集中度进一步提高。

在宏观经济受疫情影响的压力下,医药行业未来也面临外部环境不稳定、不确定因素,企业发展机遇与挑战并存。未来,药品流通行业仍将保持持续稳定向好态势。川渝地区是中国西部人口集中、资源丰富、经济发展强劲的地区,在建设全国统一大市场的格局中占有重要的地位,也是药品流通行业和大健康产业发展的高地,两地药品流通企业要携手并肩,砥砺奋进,共同发力,在成渝地区双城经济圈建设各项优惠政策的加持下,坚持专精新特,坚持多元发展,优化供应链,为打造新时期的川渝发展新格局谱写新篇章。

国 际 篇
International Reports

B.30
国际医药流通市场动向分析报告

程俊佩*

摘　要： 国际医药流通市场因各国各地区医疗体制不同而有不同的服务焦点。但是对各区域医药流通相关的协会、企业、研究机构、咨询公司、媒体等组织发布的信息的收集和分析，让我们看到全球医药流通产业共同关注的一些问题和实践。本文通过对重点领域相关信息的呈现，来感知国际医药流通市场的动向。

关键词： 国际医药流通　ESG/可持续发展　医药分销商　区块链　数字化药房

一　ESG/可持续发展成为全球医药流通关注的管理维度

ESG［环境（Environment）、社会（Social）和治理（Governance）的缩

---

* 程俊佩，中国医药商业协会副会长，荷兰奈耶诺德大学工商管理硕士，EC 基金的执行合伙人。

写]是通常用于描述可持续发展的投资背景术语。ESG 中的 E 指的是对环境负责的标准,例如,废物、温室气体排放和能源使用,S 是对社会负责的投资标准,例如,人权、多样性、公平和包容性以及人力资本管理,而 G 是治理方面,指如何在一个组织里面整合和管理社会和环境标准。

可持续性作为一种商业方法,是通过一个组织的生态、社会和经济影响来评估其创造长期社会价值的能力。正如贝莱德投资管理公司首席执行官拉里·芬克（Latty Fink）在他的 2022 年 CEO 致辞中所写,可持续发展的公司"必须为其所有利益相关者创造价值并受到其重视,以便为股东创造长期价值"。

对主流企业、投资者、客户和政府组织而言,ESG 变得越来越重要。随着时间的推移,投资者和客户已经将环境/社会数据纳入参与决策的众多因素。这个群体也是透明度和行动力提升的总体趋势的主要驱动力。

安永咨询有关 ESG 的全球报告框架参考如表 1 所示①。

表 1　ESG 的全球报告框架

框架	具体内容
全球报告倡议（GRI）	GRI 是报告经济、环境和社会影响的全球领先标准;全球 250 家最大的公司中有 93% 使用 GRI 标准报告它们的可持续发展绩效
可持续性会计准则董事会（SASB）	SASB 框架包含因行业而异的可持续发展标准,使投资者和公司对同产业的企业进行一一比较
气候相关财务披露工作组（TCFD）	TCFD 框架提供具有一致性的气候相关财务风险披露,供公司用于向投资者、贷方、保险公司和其他利益相关者提供信息时使用。它考虑了与气候变化相关的物理、责任和过渡风险,以及什么构成了跨行业的有效财务披露
碳披露项目（CDP）	CDP 是全球最大的自我报告气候变化、水和林业影响的信息收集项目
联合国可持续发展目标（UNSDGs）	UNSDGs 是联合国制定的一套全球目标,作为"人类和地球和平与繁荣的共同蓝图"。许多公司将其可持续发展报告与这些目标保持一致
世界经济论坛利益相关者资本主义指标	世界经济论坛国际商业理事会发布了一个新的报告框架,旨在创建一个向唯一的、连贯的全球 ESG 报告系统。该框架整合了现有的框架,包括 SASB、GRI 和 TCFD

---

① IFPW CEO Roundtable, ESG Overview, 2022 年 3 月 2 日。

欧洲医疗保健分销商协会（GIRP）[①]在2022年2月发表了一份名为《绿色交易：GIRP在可持续和绿色的全方位服务医药分销商的立场》的报告[②]。

GIRP成员共同关注气候变化以及药品可能对环境造成的不良影响。GIRP积极支持欧盟委员会为欧洲绿色协议制定的战略及其各种举措，以及为实现其目标而做出的决议。意识到气候变化带来的横向和多方面的挑战，并意识到它们在药品供应链中的核心地位，GIRP成员致力于加强参与卫生产品分销的所有利益相关者之间的联系，以满足患者的需求，同时通过采用更环保、更高效的配送方式，有意识地努力减少整体碳足迹。

全方位服务的医疗保健分销商已经实施的一些最佳实践包括如下方面。①高效再生和减少废物；②增加使用可持续能源；③减少能源消耗；④更绿色运输。

由全方位服务的医疗保健分销商倡导的另一项保障药品供应链内高效分销的措施是有效的分销方案，是将药品制造商的产品捆绑，即每次交付时更好地汇集产品。反过来，这一项仅属于全方位服务的医疗保健分销商可提供的功能，为减少碳排放做出了巨大贡献。

二 医药分销商的价值定位

医药分销企业的价值似乎是不同的医药流通市场都需要不断论证的话题。

GIRP在2019年发表了《2019欧洲大选之GIRP宣言》的立场文件。GIRP呼吁欧盟机构和政策制定者解决确保GIRP成员能够正确履行其对患

[①] GIRP代表了33个欧洲国家的750家国家级全方位服务医药分销商，以及国际和泛欧洲医疗保健产业分销企业。
[②] GIRP position paper, "European Green Deal GIRP position on sustainable and green full-service healthcare distribution", 2022年5月。

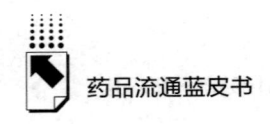

者责任的关键问题。

1. 认可健康产业分销商的角色和功能

GIRP 呼吁欧盟机构和政策制定者认识到医疗保健分销商作为医疗保健中的重要环节所提供的关键公共服务的角色和职能，因为它们确保在整个欧洲提供安全、快速、持续、具有成本效率和独立于制造商的医药产品。医疗保健分销商提供重要的公共服务，从而使其与其他类型的批发商和分销商截然不同。它们根据公共服务义务（PSO）提供此服务。它们还为几乎整个药品市场提供预先融资，并确保医疗保健系统的现金流。

2. 确保医疗健康体系的可持续性

GIRP 呼吁欧盟机构和政策制定者采取措施，支持医疗保健分销产业的财务可行性，这是医疗保健系统整体可持续性的关键因素，例如将可持续薪酬应用到医疗保健分销产业[①]。医药流通产业需保证向药房和其他医疗机构及时供应药品，如果药品得不到及时、足够的补偿将不再是可持续系统。而医药流通领域为医疗体系提供高标准的安全、质量和服务是不可或缺的。

3. 确保监管成本不会削弱医疗保健分销部门

GIRP 呼吁欧盟机构和政策制定者确保新的立法和监管措施在实施过程中得到持续的经济影响评估。虽然医疗保健分销商的薪酬在国家层面受到监管，但欧盟机构和政策制定者应确保合规成本透明化，以便在不同的国家医疗保健分销商薪酬体系下都得到适当覆盖。医疗保健分销行业是受监管最严格的行业之一，在过去几年中一直受到一系列新的立法和监管措施的约束。GIRP 成员认识到需要有一个安全、可靠的供应链，但这些质量标准的改进不能免费提供。遵守关于药品、医疗器械、兽医产品、化妆品、食品、电子设备和所有供应给药房的产品的相关法规是该行业最重要的成本驱动因素之一。政府和支付方政策需要紧急解决监管成本问题，并反映如何涵盖通过影

[①] https://www1.health.gov.au/internet/main/publishing.nsf/Content/community-service-obligation-funding-pool，澳大利亚在 2006 年 7 月签订的第四次社区药房协议引入社区服务义务（CSO）融资池，作为医药分销商为药房提供全部药房福利管理（PBM）产品带来的额外成本的弥补。

响评估获得的新监管成本估算。在许多国家，医疗保健分销部门的受监管薪酬计划不能再吸收投资成本以保持合规性。

4. 激励医疗保健分销数字化

GIRP 呼吁欧盟机构和政策制定者疏通、促进和激励数字化，以改善医疗保健及分销。共享数据的能力将成为这一过程中的一个重要因素。应就如何共享健康数据建立符合道德规范的治理体系，并且必须激励医疗保健利益相关者进行创新以实现最大利益。同时医疗保健分销商可以为医疗保健生态系统的数字化做出贡献。医疗保健分销商及其供应链中的物流、存储、运输和通信服务已经实现了高标准的数字化，并投资于更有效的数字流程和数据管理，以履行其快速和持续供应以满足客户和患者的具体需求。

5. 提高安全性和可靠性并消除供应链中的不公平现象

GIRP 呼吁对医疗保健分销商的许可制度进行全面修订。

医疗保健经销商需要获得被称为"批发经销商授权"或"许可证"的经营许可。有证据表明，许可证过多，导致良好分销规范（GDP）检查机构过度紧张，并过度依赖医疗保健分销商，这些分销商在遵守竞争法的同时，在小型运营商的义务较少和管理费用较低的情况下难以运送全系列药品。

6. 提高药物供应并帮助减少短缺

在公共服务义务（PSO）被载入国家立法的情况下，我们呼吁政策制定者确保它们得到适当执行。在存在 PSO 供应权的情况下，如没有得到执行，会导致短缺和供应问题。许多国家/地区的医疗保健分销商必须按照所谓的公共服务义务中规定的某些法律规定的标准进行经营。

GIRP 的这份立场报告，从某种程度上展示了医药流通企业在保证服务质量和获得相应补偿这个已经凸显的世界性难题。GIRP 提到的医药批发企业类 PSO 组织的参考实践，便是澳大利亚在 2006 年导入的 CSO 补偿融资池。

日本厚生劳动省（MHLW）拟在 2021 年夏天发布的新制药行业展望（Pharma Industry Vision 2021）中阐明药品批发商所扮演的重要角色[1]。日本

---

[1] Pharma Japan，https：//pj.jiho.jp/article/244821，2021 年 7 月 16 日。

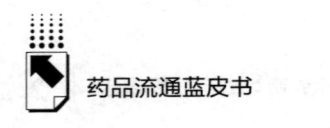

厚生劳动省部长坦诚，医药批发商不仅完成医药产品供应链交付，也促成药品价格的形成。同时，医药批发商的融资功能也将在这个产业愿景中得到陈述。厚生劳动省这样做的目的，是让制药企业和购买者明白医药批发商需要什么环境才可以生存下去，同时也会在上下游交易中促进价格谈判。

三 区块链赋能医药健康领域

区块链在医疗流通领域运用的最佳实践案例，非Pharmaledger莫属。

1. Pharmaledger概述

由医药流通服务商永裕（Zuellig Pharma）牵头，联手制药企业、医院、大学、患者组织和技术公司等29个组织，探索用区块链技术建立一个全新、高效的生态系统。

Pharmaledger是基于区块链的平台，承载了供应链参考用户案例、临床试验和健康数据，也拥有可持续性以及法律、法规和数据保密合规性的治理功能。Pharmaledger项目始于2020年1月，计划于2022年12月全面完成。项目预算2200万欧元，聚焦供应链、临床试验和健康数据。Pharmaledger项目通过区块链技术，武装患者，提升数字信任，赋能医药追溯和数据私密性，同时推动形成医药健康产业新的协同文化。

Pharmaledger的推动方式，是由理念接近、有协同意愿的合作伙伴一起工作，再融入患者、医疗机构、立法者、其他创新药企业，以及其他第三方机构。除了29家合作企业及机构，项目组织还有一个9位成员组成的外部专家咨询委员会，以及一个6位成员组成的伦理委员会。

2. Pharmaledger的愿景

Pharmaledger旨在通过可信任的数字生态系统加速创新和价值创造。主要有如下几个。

①开放源代码软件和协同理念的应用和扩充能力；②用可信任的信息以及身份和数据的控制为患者授权和隐私保护（自主权）；③通过具备互操作性的解决方案保证利益关联方健康数据的分享；④解决生态问题的开放创新

平台；⑤通过自动化和去中介化提高医疗服务体系的效率；⑥通过监测假药提升患者的健康安全性。

3. 价值链-用户案例视角

Pharmaledger 的价值链设计从药物研发的临床试验开始，到个性化用药结束：临床试验电子招募→签署电子同意书→临床物料供应→产成品的追溯→产品电子档案→防伪→医疗器械物联网和个性化药物。

经过两年多的研发和实践，Pharmaledger 已经可以提供成功的参考案例。

（1）eZTracker 电子追溯系统

eZTracker 是永裕公司用区块链技术为上游全球性制药企业提供安全通路的追溯系统。

主要功能有①产品验证；②产品电子档案；③冷链监控；④销售渠道切换；⑤患者关爱；⑥自动补货。

eZTracker 与默沙东制药从 2020 年开始合作，首先为 Gardasil-9 九价 HPV 疫苗提供追溯服务。2021 年开始支持默沙东和诊所系统对接，完成追溯和自动补货，启动全球系列化功能，实现从工厂到患者的全程跟踪。2022 年的重点是实现全球互操作的规模化。具体包括启动多云区块链网络与默沙东的节点融合，开发默沙东和永裕的协调协议。同时计划将自动补货延伸到香港的非序列化产品，为韩国市场销售的 Garasil-4 四价 HPV 疫苗提供冷链监控服务。

（2）ePI 电子产品说明书

产品说明书成为多维度服务信息。可以无缝完成监管合规性，又可以做到不同文本及时确认和应用，可用于原研药、仿制药以及医疗器械等不同产品，实现以患者为中心的赋能服务，解决数据安全性和所有权。系统开发的编码、接口和协议都采用行业标准。

现在 ePI 服务已经在 20 多个市场试点，覆盖面还在继续扩大。

（3）上线的应用综述

默沙东、高德美、诺和诺德和妮欧希亚作为永裕的合作伙伴，都已经在不同功能上合作应用了区块链技术，从产品验证、诊所对接、冷链跟踪、转渠道跟踪、自动补货等供应链和对患者服务等维度得到了高效和安全性的验证。

Pharmaledger项目团队认为，在供应链韧性度提升、流程资金优化、患者安全和关爱，以及数字化能力提升等方面，区块链可以提供更大的价值。

四 数字化药房进入舞台中央

根据麦肯锡的研究报告《药房的新时代—家庭药房》①，4600亿美元零售药房的客户期待药房可以镜面其他零售购物体验：全渠道、便利、送药到家是核心。虽然不同客户原型的兴趣存在显著差异，并且可以按各种因素（例如，医疗状况的复杂性、数字体验偏好和与商店的距离）进行细分，但我们的药房市场研究表明，在整个范围内有两种关键的患者原型经验，为这两个群体提供合适的体验将使药店为更广泛的客户做好准备。

一个以便利为重点的原型患者开始尝试新的、数字优先的药房进入者，以促进家庭药房体验，尤其是在反思新冠肺炎疫情危机时。另一种类型的客户——患有多种慢性病的客户——正在家庭和数字化中寻求更大接触的临床支持模型，并希望得到值得信赖的药剂师为其指导管理多种药物。这些发展给现有药房带来了压力。同时，这些系统性变化为整个价值链的利益相关者提供了新的关注领域，让参与者有机会快速行动。

新冠肺炎疫情带来的居家等药品的需求和技术驱动的服务创新助力家庭药房的发展；宅族人口的增长（包括智障、残障）以及保险公司把保险支付服务对象从有设施的医院、养老机构、护理机构、医生办公室和诊所转移到家庭的意愿，又加速了居家服务对象人数的增加。

资本对技术驱动的、为居家人群服务的数字药房的追捧则是数字药房成

---

① Pharmacy's new era-in the home，https：//www.mckinsey.com/industries/healthcare-systems-and-services/our-insights/pharmacys-new-era-in-the-home，2021年12月1日。

长的催化剂。美国 Drug Channels 研究院 2021 年 2 月一份研究报告显示，美国风投给 14 家领先的数字化药房的资金为 16.2 亿美元。其中两家已经上市①。

作为数字药房的先行者，这些药店的战略定位可以从五个维度去考量：规模（地理覆盖、实体药房的交付）、配送机制（快递/同日到、邮购、零售药店）、药品聚焦程度（全产品线、现金支付仿制药、Bx② 生活方式产品、Bx 特殊服务、OTC 和其他产品）、数字化能力（患者参与/用户体验、药房作为一种服务、价格透明度与省钱和互联网医疗的链接，依从度），商业化/合作伙伴/货币化（DTC、医疗机构、药房、药厂、保险/雇主）。

从细分维度看，数字药店的战略选择大致有六大类。

①"全品类"服务战略：全品类的数字药房。广泛的 Bx+Gx 产品，雇主或者现金支付，快递或者邮购，如 Capsule 和 Amazon。

②"DTC 直达消费者"战略：聚焦几个"生活方式"大类，然后拓展到有限的仿制药品牌，交付外包，两天送达，如 Roman，hims & hers，30Mad。

③"轻特药"战略：通过 2%的体积额覆盖 50%的销售额。轻特药产品线包括生殖类，以医生为中心的进入市场模式，同日到达，如 Alto，Medley。

④"通常和惯用的颠覆式"战略：现金支付仿制药，价格低于"通常和惯用"合约价。产品线仿制药和有限的 Bx 产品，以现金支付为主，两天交付，如 Ro Pharmacy, Marc Cuban Cost Plus Drug Co.。

⑤"折扣卡"战略："惯常"的套利，GoodRx 已经在这个领域获得份额，Prime & Optum 努力在抢回市场。

⑥"镐和铲子"策略：为上面的药房提供基础设施。聚焦交付、Bx 和 Gx 品类，扩展到互联网医疗+实验室+诊断，如 TruePill & Scriptdrop。

Nephron 投资咨询公司研究发现，数字化药房的 NPS（net promoter

---

① The Promise and Limits of Digital Pharmacies，https://www.drugchannels.net/2021/02/the-promise-and-limits-of-digital.html，2021 年 2 月 16 日。

② Bx 在美国 FDA 的橙色书 Orange Book 里面属于数据不足以证明有相同生物效应的仿制药。

score，客户体验指标的金标准，评估客户忠诚度）要远远高于非数字化药房（见图1）。

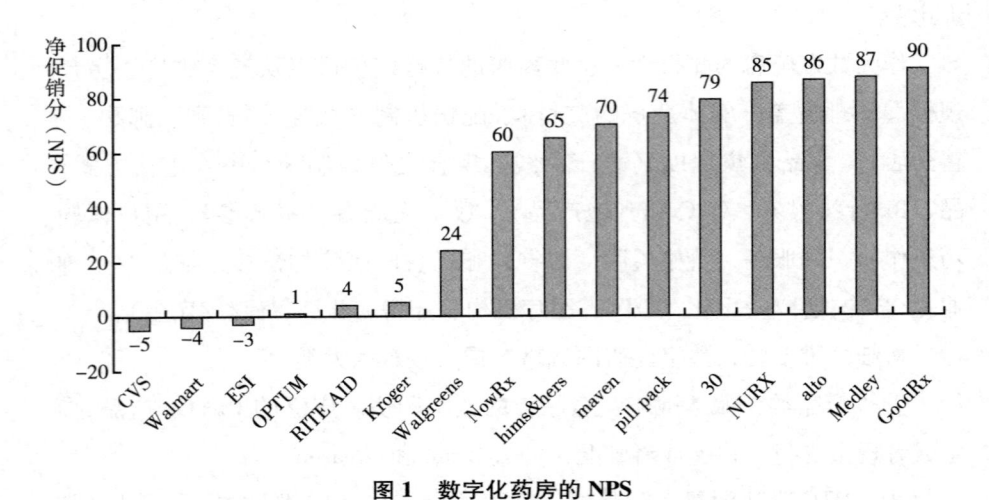

图1 数字化药房的NPS

药房	NPS
CVS	-5
Walmart	-4
ESI	-3
OPTUM	1
RITE AID	4
Kroger	5
Walgreens	24
NowRx	60
hims&hers	65
maven	70
pill pack	74
30	79
NURX	85
alto	86
Medley	87
GoodRx	90

资料来源：Nephron Research，IFPW CEO Roundtable，2022年3月。

数字化药房最大的颠覆作用在于结合了处方和配药。但是这种模式对更加广泛的处方药市场并没有完全的适用性[1]。用户需要专业的临床服务才得以解决完整的健康问题。从观察来看，数字药房最大的影响在于使行业竞争者改进业务模式和服务用户方式，促进药房服务升级。而保险公司则是可以跨越传统药房和数字药房，使用户和保险公司实现双赢。

五 药房服务管理组织[2]

药房服务管理组织（PSAO，Pharmacy Services Administrative Organizations）是美国医药保健分销商联盟（HDA）重点关注的新商业服务模式。PSAO代

---

[1] The Promise and Limits of Digital Pharmacies，https：//www.drugchannels.net/2021/02/the-promise-and-limits-of-digital.html，2021年2月16日。

[2] https：//www.hda.org/issues/psaos。

表独立的社区药房与医疗保险公司和药房福利管理（PBM）进行互动。由于社区药店在美国整体零售药店市场中约占35%的份额，因此，PSAOs发挥着关键作用，以帮助维持这些业务。

美国近22000家独立社区药房中的大多数自愿将一些行政服务外包给PSAO，为这些小企业主和医疗保健提供者提供支持，使他们能够在药房柜台花费更多时间，并最终用于患者关爱。PSAO的核心功能是与一组独立药房签订合同，通常每月收取可承受的费用（约200美元，这是PSAO的唯一收入来源）。这样做可以扩大独立药店与第三方付款人和PBM的声音，并提高管理效率，使这些小企业能够更好地利用其有限的资源。

PSAO是分销商支持其药房客户的众多方式之一。认识到独立药房在与药房福利经理谈判时处于劣势，一些批发分销商开发了PSAO服务作为其增值服务的一部分。当分销商提供PSAO服务时，PSAO是一个独立的法人实体，独立运作，以防止PSAO服务影响分销方（反之亦然）。但是，需要注意的是，并非所有的PSAO都与批发分销商有联系，也不是所有的批发分销商都提供PSAO服务（见表2）。

表2 PSAO提供服务

PSAO提供的服务	PSAO不提供的服务
管理与保险人和PBM的关系，包括回答有关索赔、合约、赔付和保险公司/PBM的审计 确保药房客户有关保险审计的响应和申诉了解他们的权力和责任 支持合规管理和资格认证 代表PSAO成员药房对第三方支付方就单笔付款汇总索赔；支付则直接分发到PASO的成员 管理和分析药房发付款和药品处方数据，确认未收到的索赔或者索赔是否正确支付	控制赔付率 设置最高可支付成本率 确定药品目录偶然患者覆盖 扣留任何比例的药房赔付金额 增加直接或非直接赔付（DIR）收费，或者保留任何部分的DIR*或者处方费 接受所有合约条件 创立网络或者保险计划结构等

注：事实上PSAO提供工具来改善患者疗效，这样相应会减少药房的DIRs。

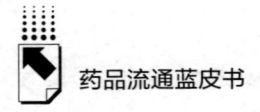

了解PSAO服务的关键是了解与PSAO签订合同是不是自愿的。PSAO服务不会影响药物定价或影响患者为药物支付的费用。由于PSAO是以行政管理为重点的服务提供商，因此，它们可不遵守与其他医疗保健供应链实体相同的报告或许可标准。当地的独立药剂师是他们社区中最容易获得和信任的医疗保健专业人员。支持、管理和发展这些业务涉及多项全职工作，而PSAO为药剂师提供增值服务，帮助他们来改善客户的健康。

六 结语

过去的一年多时间里，全世界面临抗击新冠肺炎疫情的考验。国际医药批发企业在疫苗的供应链保障服务、解决药品和医疗产品的短缺方面都做出了巨大的贡献。即使商业环境如此艰难，我们依然看到不断涌现的服务模式创新和运营技术创新。疫情加速了批发企业订单电子化，创新药物的持续诞生给批发企业向上延伸服务创造了机会。AI和区块链的发展为欧美两大市场正在推进的《伪造药品法令》《药品供应链安全法案》提供了更加高效地实施的可能性。而不断向下的价格压力则是全球医药供应链健康发展的最大挑战，抑或是最大的创新动力。

B.31
全球药品市场和疫情对分销供应影响的分析和展望

邵文斌*

摘　要： 全球新冠肺炎疫情波及药品生产、分销和服务体系，疫情的发生对不同市场的药品用量和药品支出产生较大影响，对药品供应链也产生长期影响，数字化应用发生巨大变化。本文通过分析解读全球药品数据，结合 IQVIA 研究院的访谈，同时总结和归纳第三方研究资料，为在疫情以及其他改变行业的应急事件影响下中国医药供应和分销的短期应对和长远战略提供思路。

关键词： 药品市场　药品分销供应　医药供应链

一　疫情对当前全球用药的影响回顾

新型冠状病毒肺炎（COVID-19）影响了全球药品用量和支出。在全球药品支出方面，疫情的影响被 COVID-19 相关疫苗和疗法的增量支出抵消：到 2026 年，全球 COVID-19 疫苗支出预计将达到 2510 亿美元；COVID-19 疗法支出将达到 580 亿美元，而非 COVID-19 相关的支出将减少 1750 亿美

---

* 邵文斌，现任艾昆纬大中华区商务解决方案总经理、副总裁，从事战略管理咨询、市场研究、宏观政策研究 20 多年，在医疗卫生、药品器械市场和供应链等领域拥有丰富企业咨询、商务发展经验以及政策倡导实践。

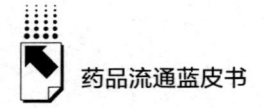

元[①]。预计2026年，COVID-19将使全球药品总支出净增超1330亿美元。

2022~2026年，全球药品市场将以3%~6%的年复合增长率增长，到2026年全球药品支出预计将达到近1.8万亿美元（包括新冠肺炎疫苗支出）。在发达国家市场，专利到期、仿制药和生物类似物将抵消部分支出增长。预计美国未来五年药品支出年复合增长率（CAGR）为0~3%，低于过去五年3.5%的CAGR，药品支出增长的推动因素主要是受保护的品牌药用量增加。日本药品价格调整由两年一次转为一年一次，2021年实施了首次"非年度"降价，受此政策影响，日本未来药品支出将持平或略微下降。预计欧盟四国加英国未来五年药品支出CAGR为3%~6%，支出累计上涨510亿美元（不包括COVID-19疫苗和疗法的支出）。新兴市场未来五年药品支出CAGR为5%~8%，略高于发达国家市场的2%~5%。

全球疫情对包括中国在内的一些新兴医药市场的药品支出造成了巨大的影响。中国药品支出增长率从2019年的8%骤降至2020年的-3%，2021年疫情基本得到控制后实现强势反弹。中国药品市场的增长仍是新兴医药市场增长的最大贡献者，其增长的主要驱动力是创新药物。巴西、印度、俄罗斯紧随中国之后，预计到2026年其药品支出CAGR都将超过7.5%。自疫情暴发，沙特阿拉伯、菲律宾、印度尼西亚的药品支出发生了巨大变化，不过在2021年均已有所反弹，预计未来五年药品支出CAGR将继续维持在中低个位数（见图1）。

中国的药品支出已从2011年的680亿美元增至2021年的1690亿美元，2020年受新冠肺炎疫情（按恒定美元计算）影响为1580亿美元。过去五年，药品支出增长的贡献主力是原研品牌药，原研品牌药支出以13.1%的CAGR增长，2021年支出占比达28%，五年前这一数字为20%。未来，中国将加快国家医保药品目录（NRDL）调整频率，加速推进更多的原研新药纳入医保，从而实现更高水平的支出。

[①] IQVIA Institute. The Global Use of Medicines 2022：Outlook to 2026.

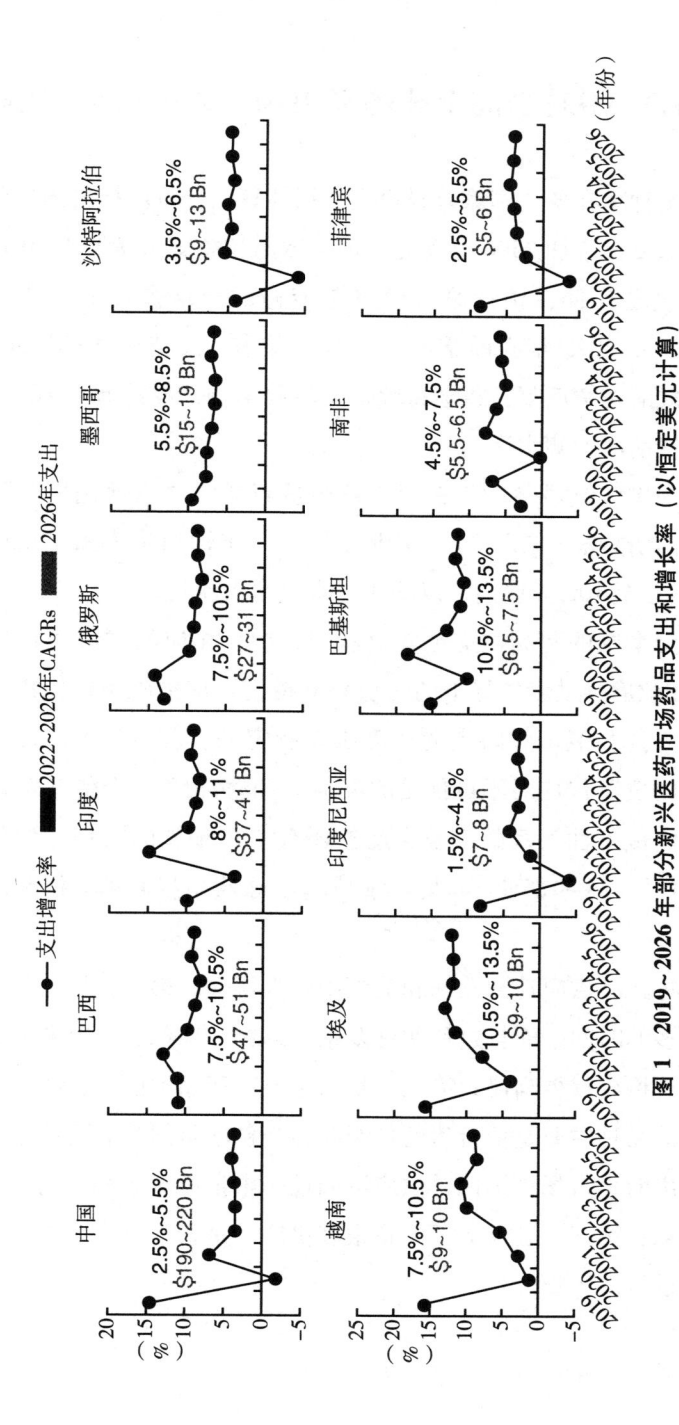

图 1 2019~2026 年部分新兴医药市场药品支出和增长率（以恒定美元计算）

注：由于空间所限，第一行各国坐标轴的纵轴刻度自下而上依次为-5、0、5、10、15、20，单位为%，如图中中国坐标轴所示。第二行情况同上。

资料来源：IQVIA Market Prognosis，2021 年 9 月；IQVIA Institute，2021 年 11 月。

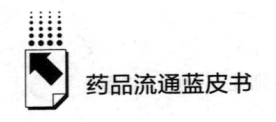

一 COVID-19对当前全球药品市场带来的长期影响

目前，疫苗接种率在各个国家差异很大。据估算，分阶段推出的疫苗和加强针将导致全球支出增加2500亿美元，使全球药品总支出净增1330亿美元。基于目前的疫苗产能，预计第一轮疫苗接种的全球覆盖率最快可在2022年底达到70%，2023年底前基本实现全球覆盖。疫苗接种进展缓慢、新型变异毒株造成的疫情反复，将会持续带来不利影响，导致非COVID-19相关支出低于疫情前的预测水平。

疫情所带来的供应链风险，正在促使各国重新考虑"本地化生产"和"药品安全库存"的战略（见图2）。G7[①]领导人宣布计划将未来疫苗的开发/批准时间表缩短至100天以内，以防止未来疫情大流行。

各国都在根据本国的药品供应链安全状况，制订相应的"应急计划"。Stockpiling成为在政府推动和领导下的一项公共措施，该措施不仅用以应对商业需求，更是从公共卫生和防灾的角度出发制定的。应急的Stockpiling，包括"通用紧急物资"以应对不可预见的灾难，"疫病相关物资储备"以应对类似流感和其他传染性疾病的暴发，此外还有"可预见的其他导致供应链中断的恶性事件"。这些都使Stockpiling成为全球药品流通供应链新的关注点。

相比之下，将药品供应迁回欧洲和美国则要难得多。第一，设立新的生产基地将花费更多的时间，而且过程非常复杂；第二，生产、原料和劳动力成本将使药品的价格变得更高昂；第三，目前主要特药品种已经在欧美国家生产，外包生产的品种主要是低价值的仿制药，当初就是因为需要低成本生产才将供应链迁出欧美市场；第四，供应链回迁集中生产对原料采购、生产工艺提出新的要求；第五，环保的压力将很多供应链重新本土化变成一项需长期论证和严控过程的工作。

---

① G7成员国包括美国、英国、法国、德国、日本、意大利和加拿大。

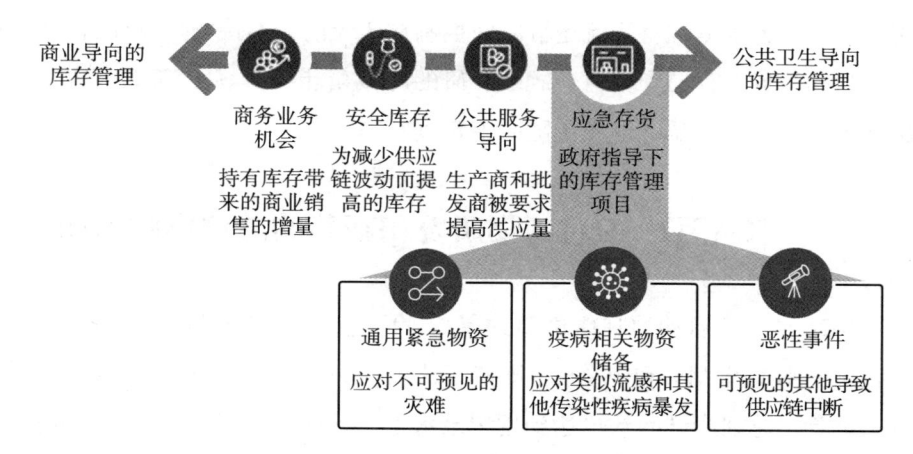

全球药品市场和疫情对分销供应影响的分析和展望

图 2　不同囤货的定义和目的示意

资料来源：IQVIA 健康研究院。

在"经济压力"、"医疗系统脆弱性"、"患者存量"、"准入机制"、"药品对医生服务的限制"和"数字化成熟度"这几个重要观察维度上，发达国家在经济压力、医疗资源、医生对药品处方限制、预算等方面有着更大的制约因素，因此疫情对各国的影响程度和范围存在不同的挑战。

自疫情发生以来，各国市场的数字化应用都在发生巨大的变化，体现在消费者健康品类的患者诊疗、电商销售比例、数字化推广平台等各方面。Telemedicine 线上诊疗的比重较以往有了大幅的提高，比如英国的线上诊疗比例在 2021 年第一季度达到 52%。Telemedicine 为支付方的成本节约提供了一个新的途径，比如英国正在努力将 Telemedicine 发展成为永久的"医生和患者"的交互渠道，而欧洲的其他国家以及美国在新冠肺炎疫情政策中都有考虑将 Telemedicine 纳入永久的诊疗和药物配送体系。这一发展趋势无疑获得支付方的欢迎，这将是支付方在"成本效率"管理上卓有成效的政策举措。

疫苗供应为供应链创新带来了很多机会，尤其是厂商推动的供应链改革，在未来疫苗的供应链中将长期改变现有的供应链体系。比如，辉瑞启用了自己的冷藏箱，在生产线上将产品封装后由运输车辆运至机场，交给由 DHL/UPS/FedEx 运营的货柜箱，在飞机运抵目的地后货物存储在临时的医

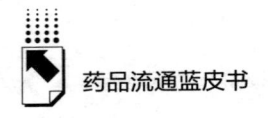

用冷柜中。整个流程将物流运输时间控制在3天内，不接触批发商直接完成了产品的运输、存储和交付。辉瑞自研的冷藏箱能保持零下70度、24小时温度检测、GPS定位，以便于随时追踪其状态。

二 COVID-19对药物研发和新药的总体影响有限

2021年，已启动的临床试验约有5500个，在数量上与2020年和2019年相比分别上升14%和19%[①]。即使不计入与COVID-19疫苗和疗法有关的临床试验，总临床试验数也达到创纪录水平。远程、虚拟或去中心化试验数量持续增长，确保了COVID-19期间研究的连续性，大大加速了COVID-19疫苗和疗法的开发，以更快惠及患者。

就治疗领域而言，2021年肿瘤领域启动的临床试验数达到历史高点，比2015年增长70%，主要集中在罕见肿瘤，约占肿瘤临床试验总数的2/3。过去十年，纳入生物标志物的肿瘤试验稳步增长，占肿瘤试验的3/4以上，标志着肿瘤治疗逐渐进入"精准医学时代"。其他领域的试验启动量在2020年经历下滑后于2021年实现反弹，免疫、皮肤、代谢、神经、胃肠道等领域的试验数量超过疫情前2019年的水平。2020年初至今，共启动了1200多项企业申办的COVID-19相关试验。截至2022年1月底，33种疫苗已获批上市，另有136种正处于研发中。

2021年，临床开发生产力（即成功率、临床试验复杂性和试验持续时间的综合指标）下降到历史低点。尽管临床试验复杂性连续两年下降，但试验成功率的下滑程度更为突出，所有治疗领域的综合成功率仅为5.0%，为近十年来的最低水平（过去十年的平均值为13.1%），原因可能包括：疗效和安全性标准提高造成临床开发风险升高；新冠肺炎疫情导致更多的产品开发暂停。不同疾病试验的综合成功率差异很大，其中传染病试验的综合成功率最高，为19%；其次为罕见肿瘤的16%；不包括罕见肿瘤的肿瘤试验

---

① IQVIA Institute. Global Trends in R&D 2022：Overview through 2021.

综合成功率则最低，仅为1%。

在新药批准和上市方面，2021年全球有84个新活性物质（NAS）上市，创历史新高。美国批准的NAS达72种之多，领先于其他国家，其中44种（超过60%）被美国FDA授予"首创新药"，超过一半的药物（40种）获得FDA孤儿药资格认定，用于治疗罕见病。得益于中国出台的一系列新药加速审批政策，中国2021年上市29种NAS，过去5年共上市175种NAS，相比2012~2016年的NAS数量急剧上升。

新兴生物制药公司（EBP）成为全球医药创新的中坚力量，2021年在研产品大约有4700种，占研发总管线的65%，高于2016年的50%和2001年的33%。不同国家或地区的EBP在全球医药创新方面的相对贡献有所不同：总部设在中国的EBP贡献了17%的份额，高于5年前的6%；相比之下，来自欧洲和美国的EBP公司分别占20%和46%，相比5年前份额有所下滑。在不同国家和地区，根据公司类型划分的产品管线结构表明，相比传统制药企业，EBP往往掌握更强的创新研发能力。例如，美国和中国EBP产品分别占该国研发管线的62%和83%。

三 不可忽视的ESG对医药行业的影响

ESG是Environment（环境）、Social（社会）和Governance（治理）的缩写，是衡量一个企业可持续性和道德水平的评估框架。针对千禧一代员工的研究发现，如果他们的公司没有强有力的企业社会责任政策，64%的千禧一代不会接受工作，83%的人会更忠于为社会和环境问题做出贡献的公司（而美国平均水平为70%）。ESG相关投资基金，正在成为核心类型的投资策略。因此，从董事会到投资者再到员工，各个层面都在讨论ESG，政府、监管机构和公司都被鼓励考虑这些问题。而制药企业和生命科学领域的发展和投资，也正在受到ESG评估框架内对环境污染、可循环包装、药品可及、改善贫困、提供健康服务、产品安全等领域的影响。

药品可及的角度，在欧洲，19个被调研国家中只有8个国家做到新产品快速准入上市，且保险覆盖到中低收入人群；上市产品中约49%的创新产品不可及，还有更多的产品没有被医药企业放到低收入国家的准入计划中①（见图3）。

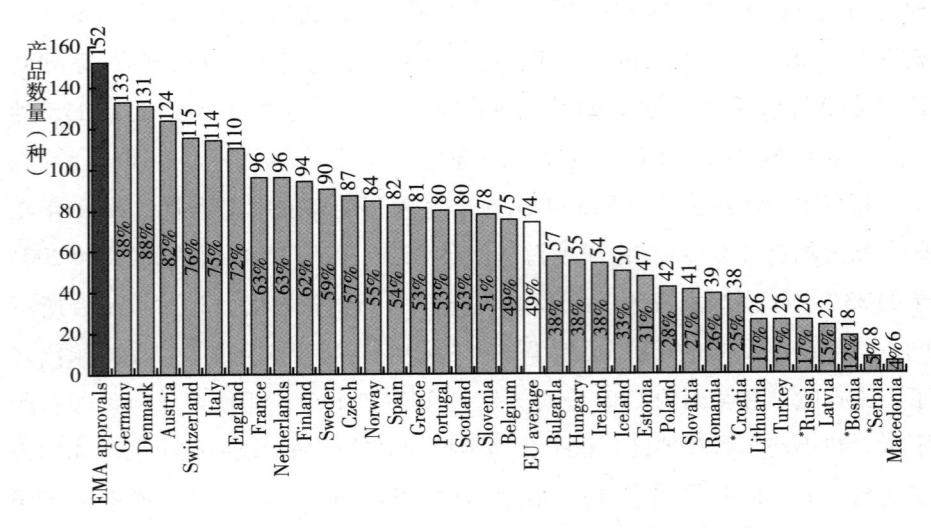

```
产品数量（种）
EMA approvals 152
Germany 133 88%
Denmark 131 88%
Austria 124 82%
Switzerland 115 76%
Italy 114 75%
England 110 72%
France 96 63%
Netherlands 96 63%
Finland 94 62%
Sweden 90 59%
Czech 87 57%
Norway 84 55%
Spain 82 54%
Greece 81 53%
Portugal 80 53%
Scotland 80 53%
Slovenia 78 51%
Belgium 75 49%
EU average 74 49%
Bulgaria 57 38%
Hungary 55 38%
Ireland 54 38%
Iceland 50 33%
Estonia 47 31%
Poland 42 28%
Slovakia 41 27%
Romania 39 26%
*Croatia 38 25%
Lithuania 26 17%
Turkey 26 17%
*Russia 26 17%
Latvia 23 15%
*Bosnia 18 12%
*Serbia 8 5%
Macedonia 6 4%
```

图3 欧洲市场2016~2019年批准上市的药品在各国可及数量对比

资料来源：The Patient W. A. I. T. indicator 2020；The rate of avaitability。

此外，各国都升级了出口产品的管制要求，确保本国产品的供应保障，并鼓励优先使用本国产品，避免对其他国家的进口依赖。比如，英国政府正在制订计划，使英国进口的关键商品（包括药品和个人防护用品）多样化，以减少该国对中国供应的依赖。相应地，美国、印度和欧盟都有相应的鼓励政策，促使优先使用本国药品。

四 疫情防控常态化背景下患者、消费者的行为对医药供应的影响

疫情期间，消费者和患者在互联网及线上购物的频次和体验增加，很多

---

① The Patient W. A. I. T. indicator 2020.

习惯也正在被改变，比如，应用各种电子监测设备、可穿戴设备，通过社交媒体寻求各种医护知识，或是通过线上诊疗和社交媒体来做健康决策。消费者对健康的关注和管理，正从传统的"被动式接受"转变成"主动的自我管理"。

互联网和移动医疗让原本需要 4 年时间改变的习惯，在 9 个月就实现了：比如，IQVIA 报告 Get Ahead of Consumer Health Trends Across the Globe 显示，67% 的人在线获取对某些健康问题和症状的知识；59% 的受访者会服用 OTC 产品来治疗一些急性健康症状。因此，大众对于新设备、自我诊疗监测、移动技术和健康程序及 OTC 药品和医美产品有着非常大的需求。

另一个趋势是网上购药渠道的兴起。总体上，线上购药的比例在 5%～10%，比如德国的线上购药比例已经达到 19%，而法国只有 2%。从增速上看，线上渠道的发展速度是惊人的，德国达 9%（MAT 2021 年 3 月），而同期法国的线上增速高达 47%。这个趋势所带来的未来发展也值得研究，线上和线下药店的合作和差异化发展形成了网上药店、线上平台药店（更多合作加盟），或是加入线下药店合作的线上服务平台，以及线上线下的联盟药店。

五 疫情期间的特药管理对特药供应的启示

医院、药房和其他供应商在疫情期间由于治疗服务中断、药品供应链和医疗资源紧张，整个服务链经受了很大的挑战和考验。相对而言，特药的供应在疫情期间受到的影响相对较小，或者恢复很快，除了特药对患者而言是刚性需求外，特药分销商在服务上的调整也值得总结。疫情期间的美国特药供应商调研[1]显示：特药分销商始终如一地为其供应商客户提供卓越的服务，并确保订单在药品供应链中的每个接触点按时、完整和妥善处理。2020年，专业分销商实现了 99.9% 的订单填充率，平均在收到订单后 1.6 天完成交付。专业分销商在访谈中报告了其采取的行动，如下。

---

[1] Specialty Pharmaceutical Distribution facts, Figures and Trends 2021, HDA Research Foundation, 2021 survey, based on 2020 specialty distributor data.

①建立内部跨职能COVID-19工作组，每日开会协调疫情应对方案；②每周与医院系统保持沟通，便于共享信息和协调行动；③建立工作小组，为紧急使用授权需求做好准备；④与政府机构，包括联邦紧急事务管理局、林业发展局和疾病预防控制中心，保持时时联系和沟通；⑤使用新的数据源（包括实时COVID-19检测数据）来预测下一个峰值将发生的位置，并利用这些信息调整需求规划和分配模型；⑥使用分配工具确保供应与需求高峰发生地的保持一致；⑦操作交付程序确保工人的安全，同时确保交付安全可靠；⑧保持冷链连续性。

值得注意的是，与传统的药品供应链相比，特药品种的供应链在2020年受到的干扰较小，制造商对特药品种的库存缓冲较大，加上产品需求波动性较低，新诊断的患者数量较少，致使某些药物的需求低于疫情大流行初期的历史水平。

六 疫情后支付方的变化对医药供应的影响

健康保险提供商（支付方）和保险计划发起人在美国医疗保健价值链中发挥着重要作用，包括专业药品市场。支付方的保险计划必须满足以下几点：遵守联邦和州法规，管理成本，满足受益人的需求并提供积极的健康结果。健康保险覆盖水平的变化、支付方整合和垂直整合趋势以及管理特殊药物的支付方策略对特药的需求和护理服务都有影响，所有这些都对药品供应链产生影响。近年来，支付方的整合是一种持续的趋势，由于COVID-19大流行，这一趋势比前几年要慢，但是支付方和药房的垂直整合在管理特药支出方面更成功，因为它们拥有药房和医疗福利的管理权，并且可以更好地设计协调这种管理的计划和网络，尤其是在疫情发生的这两年。

在诸多影响因素中，保险支付方鼓励扩大远程医疗的使用，改变输液的护理地点，免除治疗COVID-19的事先授权要求和自付费用，以及允许90天供应部分药物。2020年4月，远程医疗服务在门诊就诊和门诊护理中的使用率是2020年2月的78倍，到2021年2月稳定保持在COVID-19之前水平的约38倍①。无论是保险支付方还是受访雇主,大部分人在接受访问中都表示,远程医疗将是在 COVID-19 流行后医疗健康护理的重要事项。展望未来,这项措施将使患者更容易就诊,并可能提高对推荐治疗的依从性。

七 全球药品市场分销供应趋势和对中国医药分销供应的启示

随着疫苗接种以及全球公共卫生的协同,疫情终将趋于稳定,但是其对医药供应链及中国医药分销供应的影响仍然存在,且有很多经验可以总结。归纳以下几个启示供参考。

①与各国地方政府共同讨论研究有效的"库存系统"来应对下一个危机;②供应链技术革新需要有更多抓手,需持续投资(比如冷链解决方案);③考虑多个分拨中心,考虑供应链的柔性以应对生产和供应的突发情况;④为更多中小型公司设计和提供解决方案,而不只针对大公司;⑤投入更多数字化解决方案,以应对更多有健康管理需求的消费者和患者;⑥投资"最后一公里"的解决方案,来迎合更为高效、便利的服务,而不仅仅是物流配送;⑦在发展战略中考虑 ESG 和政治环境的影响,或在海外业务拓展中重视相关方面的沟通;⑧寻求更多跨界的战略合作伙伴,在数字化、线上线下服务等领域延展业务。

---

① O. Bestsennyy, et al., Telehealth: A quarter-trillion-dollar post-COVID-19 reality? McKinsey & Company, updated July 9, 2021, https://www.mckinsey.com/industries/healthcare-systems-and-services/our-insights/telehealth-a-quarter-trillion-dollar-post-covid-19-reality.

附 录
Appendix

B.32
2021年药品流通行业相关数据

表1 2016~2021年药品流通行业销售统计

单位：亿元

年份	2016	2017	2018	2019	2020	2021
销售额	18393	20016	21586	23667	24149	26064

表2 2021年药品流通行业区域总销售排序

单位：万元，%

序号	地区	销售总额	西药类销售占比	中成药类销售占比	中药材类销售占比
	全国合计	260639395	71.11	14.38	2.21
1	广东省	27203675	65.06	14.11	3.46
2	北京市	19913591	65.03	18.83	3.14
3	上海市	19769807	72.55	10.68	3.94
4	江苏省	19441558	78.76	13.10	1.31
5	浙江省	17905033	74.81	14.48	3.48

续表

序号	地区	销售总额	西药类销售占比	中成药类销售占比	中药材类销售占比
6	山东省	15554686	74.26	10.11	1.56
7	河南省	14848979	72.58	11.37	1.55
8	安徽省	12204123	73.23	16.34	0.15
9	四川省	11901462	76.14	15.59	2.11
10	湖北省	11144772	68.09	7.75	0.98
11	云南省	10135785	63.09	10.48	1.33
12	湖南省	10027630	73.92	14.98	2.62
13	重庆市	8901364	68.41	16.47	2.66
14	河北省	7606724	70.50	13.92	2.66
15	天津市	5371580	66.63	20.17	0.63
16	辽宁省	5357262	83.23	11.68	0.74
17	山西省	5173176	69.13	13.36	1.03
18	福建省	5097386	76.32	9.66	2.09
19	广西壮族自治区	4960895	74.66	13.48	2.44
20	陕西省	4733215	75.83	12.79	1.14
21	江西省	4410529	66.70	21.65	2.42
22	贵州省	3314108	55.92	21.65	1.55
23	吉林省	3120205	72.92	22.72	1.82
24	黑龙江省	2728388	63.30	32.12	1.29
25	海南省	2471790	77.43	16.34	0.42
26	新疆维吾尔自治区	2361258	76.05	20.00	0.15
27	甘肃省	1657511	52.82	32.25	5.44
28	宁夏回族自治区	1347521	77.22	10.60	4.12
29	内蒙古自治区	1145304	85.88	8.29	0.39
30	西藏自治区	491116	9.75	90.03	0.01
31	青海省	338961	66.54	15.20	7.27

资料来源：商务部药品流通管理系统。

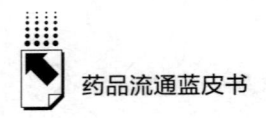

表3 2021年药品流通行业区域企业数量统计

单位：家

序号	区域	企业数量 企业总数	其中:批发企业数	其中:零售企业数
1	北京	5136	217	4919
2	天津	4969	129	4840
3	河北	31508	604	30904
4	山西	15064	335	14729
5	内蒙古	16362	214	16148
6	辽宁	25979	376	25603
7	吉林	15938	550	15388
8	黑龙江	22973	521	22452
9	上海	4481	152	4329
10	江苏	32478	380	32098
11	浙江	22359	569	21790
12	安徽	20725	428	20297
13	福建	11911	246	11665
14	江西	13890	497	13393
15	山东	46447	590	45857
16	河南	34459	482	33977
17	湖北	20896	694	20202
18	湖南	23065	461	22604
19	广东	57119	1475	55644
20	广西	23187	350	22837
21	海南	5583	337	5246
22	重庆	18417	721	17696
23	四川	49255	923	48332
24	贵州	17560	234	17326
25	云南	22616	563	22053
26	西藏	770	39	731
27	陕西	16668	450	16218
28	甘肃	8149	368	7781
29	青海	2058	86	1972
30	宁夏	5525	112	5413
31	新疆	9190	197	8993
32	新疆兵团	1801	50	1751
	合计	606538	13350	593188

资料来源：国家药品监督管理局；2021年数据为截至2021年9月底各省（区、市）药品经营企业情况。

表4 2021年药品流通行业区域零售企业门店数量统计

单位：家，%

序号	区域	企业数 零售企业总数	其中:连锁企业数	门店数 门店总数	2020年门店总数	门店增长	其中:单体门店数	其中:连锁门店数
1	北京	4919	110	4809	5030	-4.39	2308	2501
2	天津	4840	53	4787	4663	2.66	3257	1530
3	河北	30904	424	30480	28086	8.52	12379	18101
4	山西	14729	106	14623	13729	6.51	8600	6023
5	内蒙古	16148	164	15984	14891	7.34	7154	8830
6	辽宁	25603	307	25296	24059	5.14	10743	14553
7	吉林	15388	303	15085	14596	3.35	8670	6415
8	黑龙江	22452	286	22166	21293	4.10	10934	11232
9	上海	4329	53	4276	4076	4.91	339	3937
10	江苏	32098	308	31790	30293	4.94	14523	17267
11	浙江	21790	298	21492	21206	1.35	9561	11931
12	安徽	20297	272	20025	20119	-0.47	8735	11290
13	福建	11665	122	11543	10958	5.34	6575	4968
14	江西	13393	101	13292	12704	4.63	7340	5952
15	山东	45857	895	44962	41017	9.62	11922	33040
16	河南	33977	412	33565	32352	3.75	15951	17614
17	湖北	20202	216	19986	15647	27.73	8735	11251
18	湖南	22604	154	22450	21924	2.40	6654	15796
19	广东	55644	505	55139	53672	2.73	32300	22839
20	广西	22837	234	22603	19818	14.05	6860	15743
21	海南	5246	30	5216	4974	4.87	1380	3836
22	重庆	17696	106	17590	17088	2.94	9239	8351
23	四川	48332	511	47821	46278	3.33	6317	41504
24	贵州	17326	117	17209	15356	12.07	11061	6148
25	云南	22053	123	21930	21181	3.54	9788	12142
26	西藏	731	15	716	583	22.81	558	158
27	陕西	16218	102	16116	14392	11.98	9767	6349
28	甘肃	7781	83	7698	7273	5.84	4812	2886
29	青海	1972	34	1938	1965	-1.37	637	1301
30	宁夏	5413	60	5353	4499	18.98	1782	3571
31	新疆	8993	98	8895	8656	2.76	1741	7154
32	新疆兵团	1751	56	1695	1514	11.96	588	1107
	合计	593188	6658	586530	553892	5.89	251210	335320

资料来源：国家药品监督管理局；2021年数据为截至2021年9月底各省（区、市）药品经营企业情况。

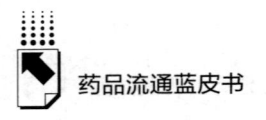

表5 2021年主营业务收入前100位的药品批发企业排序

单位：万元

序号	企业名称	主营业务收入
1	中国医药集团有限公司	53901215
2	上海医药集团股份有限公司	19072578
3	华润医药商业集团有限公司	16637933
4	九州通医药集团股份有限公司	12235934
5	中国医药-重庆医药联合体	9858830
6	广州医药股份有限公司	4687146
7	南京医药股份有限公司	4496411
8	深圳市海王生物工程股份有限公司	4105358
9	华东医药股份有限公司	3456330
10	浙江英特集团股份有限公司	2662816
11	嘉事堂药业股份有限公司	2562562
12	云南省医药有限公司	2413500
13	安徽华源医药集团股份有限公司	2226635
14	瑞康医药集团股份有限公司	2105972
15	鹭燕医药股份有限公司	1750823
16	广西柳州医药股份有限公司	1708692
17	江西南华医药有限公司	1481728
18	四川科伦医药贸易集团有限公司	1433262
19	中国北京同仁堂(集团)有限责任公司	1194959
20	陕西医药控股集团派昂医药有限责任公司	945677
21	哈药集团医药有限公司	927986
22	罗氏(上海)医药贸易有限公司	880287
23	江西汇仁医药贸易有限公司	851364
24	湖北人福医药集团有限公司	801968
25	重庆桐君阁股份有限公司	727834
26	江苏康缘医药商业有限公司	707022
27	青岛百洋医药股份有限公司	702957
28	江苏省医药有限公司	659735
29	礼来贸易有限公司	653579
30	石药集团河北中诚医药有限公司	652427
31	修正药业集团营销有限公司	452923
32	天津中新药业集团股份有限公司医药公司	451564

续表

序号	企业名称	主营业务收入
33	天津医药集团太平医药有限公司	451247
34	江苏先声药业有限公司	443366
35	浙江省医药工业有限公司	434508
36	昆药集团医药商业有限公司	422598
37	创美药业股份有限公司	376306
38	浙江震元股份有限公司	359943
39	齐鲁医疗投资管理有限公司	356932
40	默克雪兰诺（北京）医药经营有限公司	339004
41	四川合纵药易购医药股份有限公司	336186
42	云南东骏药业有限公司	328600
43	江西五洲医药营销有限公司	310309
44	东北制药集团供销有限公司	304158
45	山东罗欣医药现代物流有限公司	297676
46	海尔施生物医药股份有限公司	286576
47	上海康健进出口有限公司	279397
48	厦门片仔癀宏仁医药有限公司	275672
49	吉林万通药业集团药品经销有限公司	273821
50	福建省医药集团有限责任公司	270674
51	贵州康心药业有限公司	267969
52	上海海吉雅医药有限公司	261743
53	浙江来益医药有限公司	254713
54	泰州医药集团有限公司	247721
55	北京双鹤药业经营有限责任公司	240532
56	西藏神威药业有限公司	236908
57	康泽药业股份有限公司	231850
58	四川金仁医药集团有限公司	229961
59	葵花药业集团医药有限公司	225134
60	湖南达嘉维康医药有限公司	223282
61	山东新华医药贸易有限公司	221945
62	广州采芝林药业有限公司	206833
63	四川本草堂药业有限公司	200165
64	四川贝尔康医药有限公司	196076
65	浙江华通医药集团有限公司	193127
66	贵州科开医药有限公司	187810
67	山西亚宝医药经销有限公司	186502

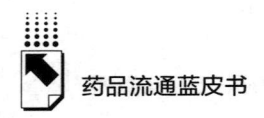

续表

序号	企业名称	主营业务收入
68	必康百川医药(河南)有限公司	182057
69	必康润祥医药河北有限公司	176685
70	片仔癀(漳州)医药有限公司	174461
71	云南云红药业有限公司	172857
72	浙江恩泽医药有限公司	171787
73	辽宁汇明医药有限公司	157323
74	海南德仁药业有限公司	157003
75	兰州强生医药集团有限公司	149391
76	浙江英诺珐医药有限公司	143714
77	海南天祥药业有限公司	139532
78	云南医药工业销售有限公司	138701
79	葵花药业集团(海南)医药科技有限公司	135062
80	海南恒康盈医药有限公司	133616
81	昆明滇虹药业销售有限公司	132015
82	上海龙威医药有限公司	131719
83	海南新天元药业有限公司	130595
84	河南德尔康药业有限公司	127546
85	商丘市新先锋药业有限公司	126266
86	江苏澳洋医药物流有限公司	125577
87	江苏华为医药物流有限公司	122339
88	兰州佛慈西城药业集团有限责任公司	121813
89	浙江瑞海医药有限公司	119575
90	常熟市建发医药有限公司	115818
91	淄博众生医药有限公司	114818
92	西安藻露堂药业集团有限责任公司	113716
93	红惠医药有限公司	112764
94	张家口市华佗医药经营有限公司	112739
95	上海荣恒医药有限公司	108841
96	重药控股湖南博瑞药业有限公司	105723
97	威海市天福医药有限公司	105253
98	浙江珍诚医药科技有限公司	102028
99	深圳中联广深医药(集团)股份有限公司	101031
100	海南晴川健康科技有限公司	100199
	合计	171729815

资料来源：商务部药品流通管理系统。

表6　2021年销售总额前100位的药品零售企业排序

单位：万元

序号	企业名称	销售总额
1	国药控股国大药房有限公司	2415644
2	大参林医药集团股份有限公司	1748526
3	老百姓大药房连锁股份有限公司	1581829
4	益丰大药房连锁股份有限公司	1569285
5	一心堂药业集团股份有限公司	1334956
6	中国北京同仁堂（集团）有限责任公司	831327
7	上海华氏大药房有限公司	505455
8	漱玉平民大药房连锁股份有限公司	501455
9	云南健之佳健康连锁店股份有限公司	500000
10	甘肃众友健康医药股份有限公司	484529
11	河南张仲景大药房股份有限公司	369922
12	柳州桂中大药房连锁有限责任公司	303602
13	瑞人堂医药集团股份有限公司	259910
14	重庆和平药房连锁有限责任公司	259564
15	广州健民医药连锁有限公司	232412
16	甘肃德生堂医药科技集团有限公司	229719
17	江西黄庆仁栈华氏大药房有限公司	216733
18	河北华佗药房医药连锁有限公司	193483
19	上药云健康益药药业（上海）有限公司	189733
20	好药师大药房连锁有限公司	188676
21	吉林大药房药业股份有限公司	182892
22	天济大药房连锁有限公司	175739
23	临沂市仁和堂医药（连锁）有限公司	171050
24	深圳市南北药行连锁有限公司	163045
25	贵州一树药业股份有限公司	159142
26	山东燕喜堂医药连锁有限公司	158368
27	成都泉源堂大药房连锁股份有限公司	150338
28	南京医药国药有限公司	132116
29	重庆市万和药房连锁有限公司	129685
30	哈尔滨人民同泰医药连锁有限公司	124395
31	湖南千金大药房连锁有限公司	122847
32	贵州一品药业连锁有限公司	117263

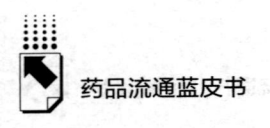

续表

序号	企业名称	销售总额
33	山东立健药店连锁有限公司	115114
34	江苏润天医药连锁药房有限公司	111692
35	浙江英特怡年药房连锁有限公司	110054
36	浙江震元医药连锁有限公司	107788
37	重庆鑫斛药房连锁有限公司	106769
38	江西洪兴大药房连锁有限公司	102142
39	上海第一医药股份有限公司	99600
40	武汉马应龙大药房连锁股份有限公司	88796
41	杭州海王星辰健康药房有限公司	87669
42	广州医药大药房有限公司	84230
43	江苏康济大药房连锁有限公司	79615
44	四川杏林医药连锁有限责任公司	77980
45	湖南达嘉维康医药产业股份有限公司	74007
46	华润苏州礼安医药连锁总店有限公司	72950
47	中山市中智大药房连锁有限公司	72934
48	湖南怀仁大健康产业发展有限公司	70345
49	河北神威大药房连锁有限公司	68512
50	仁和药房网(北京)医药科技有限公司	68176
51	深圳市麦德信药房管理有限公司	66758
52	上海得一大药房连锁有限公司	64072
53	杭州九洲大药房连锁有限公司	63775
54	陕西众信医药超市连锁股份有限公司	61231
55	杭州华东大药房连锁有限公司	60835
56	安徽丰原大药房连锁有限公司	54997
57	廊坊市百和一笑堂医药零售连锁有限公司	54658
58	青岛德信行惠友大药房有限公司	53948
59	杭州胡庆余堂国药号有限公司	52859
60	江苏大众医药连锁有限公司	48855
61	浙江华通医药连锁有限公司	47200
62	山西荣华大药房连锁有限公司	46150
63	无锡汇华强盛医药连锁有限公司	45779
64	云南白药大药房有限公司	44575
65	四川圣杰药业有限公司	42932
66	康泽药业连锁有限公司	42083
67	湖北用心人大药房连锁有限公司	41798

续表

序号	企业名称	销售总额
68	广西一心医药集团有限责任公司	41525
69	武汉东明药房连锁有限公司	41154
70	苏州雷允上国药连锁总店有限公司	40257
71	常州人寿天医药连锁有限公司	39563
72	四川遂宁市全泰堂药业有限公司	39365
73	黑龙江泰华医药集团有限公司	39285
74	上海医药嘉定大药房连锁有限公司	38073
75	海宁市老百姓大药房有限责任公司	36487
76	宁波彩虹大药房有限公司	35816
77	青岛丰硕堂医药连锁有限公司第二十二大药房	35682
78	上海养和堂药业连锁经营有限公司	33731
79	四川省巴中怡和药业连锁有限责任公司	29668
80	青岛百洋健康药房连锁有限公司	29660
81	宜宾天天康大药房零售连锁有限责任公司	29281
82	绵阳科伦大药房连锁有限公司	28417
83	黑龙江华辰大药房连锁有限公司	27300
84	上海余天成药业连锁有限公司	26488
85	四川省荣县泰康大药房连锁药业有限公司	25560
86	四川正和祥健康药房连锁有限公司	25409
87	开封市百氏康医药连锁有限公司	24966
88	云南省玉溪医药有限责任公司	24071
89	山西仁和大药房连锁有限公司	23861
90	济宁新华鲁抗大药房有限公司	22024
91	宁夏德立信老百姓医药有限责任公司	21628
92	江西省萍乡市昌盛大药房连锁有限公司	20337
93	广西梧州百姓大药房连锁有限公司	20014
94	易心堂大药房连锁股份有限公司	19187
95	嘉兴市万寿堂医药连锁股份有限公司	19184
96	义乌市三溪堂国药馆连锁有限公司	18670
97	山东德信堂医药连锁有限公司	18398
98	宜宾市康健堂大药房零售连锁有限公司	18326
99	青岛国风大药房连锁有限公司	17003
100	上海药房连锁有限公司	16991
合计		19121899

资料来源：商务部药品流通管理系统。

Abstract

The year of 2021 was the opening year of implementing the national "14th Five-Year" Development Plan. Since the outbreak, the pharmaceutical distribution industry had guaranteed the supply of epidemic prevention and control supplies, timely and effectively. Unveiling and promoting a series of medical reform policies such as normalization of volume-based procurement of pharmaceuticals, reformation of medical insurance payout approach and "double-channels" for pharmaceuticals in Medicare negotiation, plus flourishing information and digital technologies speeded up the pace of change of pharmaceutical distribution industry. Some national and regional pharmaceutical distribution enterprises accelerated the step of reorganization and acquisition, and they gave great impetus to applications such as digitization and intellectualization so as to innovate business and service patterns, endeavoring to build a new pattern of pharmaceutical distribution and development.

The year of 2022 is an important year of implementing the "14th Five-Year" Development Plan. According to *Guideline on Promoting High-quality Development of Pharmaceutical Distribution Industry* issued by Ministry of Commerce, the pharmaceutical distribution industry will step in the key stage for high-quality development. This report thought that facing on the new circumstance and new requirements, the industry needed to speed up building a modern pharmaceutical distribution system with innovation-orientation, science and technology energized, urban and rural areas covered, layout balanced, coordinated development and safety and convenience; to integrate middle and small-sized enterprises as well as individual pharmacies by approaches such as mergers and acquisitions, reorganization and chain stores so as to advance a further elevation of industry concentration and rate of retail chain and enhance the security capability of pharmaceutical supply, and with digitization, intellectualization, intensification and internationalization as the developing direction, promote the integration of online and offline and energize synergetic development of upstream and downstream; provide diversified services and satisfy the health need of population; transiting to digital medicine and health service providers; abide by the baseline of compliance management and advance the high-quality development of industry.

Keywords: Pharmaceutical Distribution; High-quality Development; Innovation-orientation; Engergization with Science and Technology; Digitalized Service Providers of Health and Pharmaceuticals

Contents

I General Reports

B.1 Statistical Analysis Report of Operation of Pharmaceutical
Distribution Industry in 2021
*Department of Market Operation and Consumption
Promotion, Ministry of Commerce* / 001

Abstract: In 2021, the sales volume of the medicine circulation industry in China increased steadily, the growth rate gradually returned to the level before COVID-19 in 2020, the growth rate of the retail market decreased, the pace of innovative development of the industry increased, and the pharmaceutical e-commerce gradually became mature. 2022 is an important year for the implementation of the "14th Five-year Plan". The industrial scale will steadily become bigger and the concentration ratio of the industry will be further increased.

Keywords: Pharmaceutical Logistics Market; Pharmaceutical Wholesaler; Retail Market; Pharmaceutical Logistics; Pharmaceutical E-commerce

Contents

B.2 Evolution of Last Ten Years and Outlook of Development Trend of Pharmaceutical Distribution Industry

Research Group of China Association of Pharmaceutical Commerce / 014

Abstract: This article deeply introduced the development achievements of pharmaceutical distribution industry in last ten years in various aspects such as basic structure, development pattern, competitive situation, growth pattern and development path of it, and took a outlook on the development trend of industry via analyzing the business environment in the period of "14th Five-year Plan". During the "14th Five-year Plan" period, the pharmaceutical distribution industry entered into a new stage of high-quality development, predicting that the industry sales would maintain steady growth, the operation quality benefit would be further improved, and the development of large-scale digital and comprehensive pharmaceutical distribution enterprises, specialized and diversified pharmaceutical retail chain enterprises, and pharmaceutical supply chain service enterprises in the characteristics of intellectualization, specialization and platformization would be further accelerated.

Keywords: Pharmaceutical Distribution; Supply Chain Service; Digital Transformation

II Policy Reports

B.3 Plan Study on Informatization of Smart Pharmaceutical Supervision in New Stage of Development

Chen Feng, Liu Yang / 030

Abstract: This study further defined the construction concept of smart pharmaceutical supervision, summarized the main achievements of smart pharmaceutical supervision by stages, analyzed the development situation of smart pharmaceutical supervision under the new development stage, and proposed the planning idea and work initiatives of future information construction of smart pharmaceutical supervision from the perspective of information construction of smart pharmaceutical supervision. With supporting pharmaceutical safety and high-quality development as a goal, it will implement the reformation requirements of "streamline administration and delegate power, improve regulation, and upgrade services", promote the digital management of pharmaceuticals in the whole life cycle, improve the pharmaceutical informatization traceability system, and enhance the public's engagement in pharmaceutical safety.

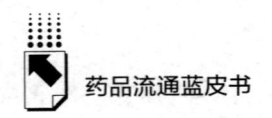

Keywords: Smart Pharmaceutical Supervision; Informatization; Pharmaceutical Regulatory Capability; Government Service Capability

B.4 Exploration on Orientation and Path of High Quality Development of Pharmaceutical Distribution Industry During the "14th Five-Year Plan" Period *Wen Zaixing* / 037

Abstract: Theming on high-quality development is the main melody throughout the development of pharmaceutical distribution industry and is an inevitable requirement that the industry can maintain sustainable and healthy development. This paper analyzed and explored the main orientation, quantitative indicators and development path of high-quality development of pharmaceutical distribution industry, summarizing that it shall continuously raise industry concentration, insisting on innovation-orientation, priority to efficiency, speeding up transformation of digitization and intellectualization, orienting on demand and improving the level of capacity, so as to strive on fostering on new growth points, cope with more stinging market competition and better satisfy the health needs of the masses.

Keywords: Pharmaceutical Distribution Industry; High-quality Development; Industry Concentration

B.5 Impact of Centralized Procurement of Pharmaceuticals on Pharmaceutical Supply in Public Hospitals

Zhu Hengpeng, Kang Rui / 044

Abstract: This paper presented the developing history and practical overview of the system of centralized procurement of pharmaceuticals in our country and further explored dual impacts of centralized procurement of pharmaceuticals on pharmaceutical supply in public hospitals, and then conducted an analysis on positive impacts and potential risks from centralized procurement. Finally, it raised related suggestions on centralized procurement of pharmaceuticals in our country as per arrangement and summarization of centralized procurement of pharmaceuticals.

Keywords: Centralized Procurement of Pharmaceuticals; Public Hospital; Separated Management Between Pharmaceutical and Pharmacy; Prescription Behavior

B.6 Policy Trend of Pharmaceutical Supervision in China During the "14th Five-Year Plan" Period –Learning Experience of *Plan of National Pharmaceutical Safety and Promotion of High-quality Development in "14th Five-Year Plan"*

Tang Minhao / 054

Abstract: This paper conducted an analysis from aspects of overall situation of development, baseline of regulatory security and strategic target, etc., selectively analyzed missions from three aspects raised in supporting industry upgrading and development by Plan of National Pharmaceutical Safety and Promotion of High-quality Development in "14th Five-Year Plan", proposed planning requirements for pharmaceutical safety management system and capacity from many aspects such as pharmaceutical safety management system, technical support for supervision, professional talent team, smart supervision and innovation and capacity of emergency system, while analyzing requirements raised in deepening reformation of pharmaceutical evaluation and approval, promoting innovation and development of traditional Chinese pharmaceutical heritage and advancing pharmaceutical administration to approach advanced international level.

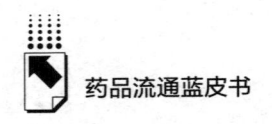

Keywords: Pharmaceutical Safety; Pharmaceutical Supervision; High-quality Development; Governance System; Governance Capacity

B.7 Study on Co-payment Mechanism of Basic Medical Insurance and Commercial Insurance for New Pharmaceuticals-Taking Huimin Insurance as An Example

Joint Research Group Between Commercial Insurance and Pharmaceutical distribution Branch of China Association of Pharmaceutical Commerce and Tianjin University / 065

Abstract: In recent years, in order to enhance accessibility and affordability of medication for the masses, our country vigorously promotes the development of commercial health insurance. The Huimin Insurance is produced under such a background, and grows rapidly in the whole country, which does not only fill the gap of the marginal zone between basic medical insurance and commercial insurance, but also provides a new idea for co-payment of basic medical insurance and commercial insurance for new pharmaceuticals. In order to complete the co-payment mechanism between basic medical insurance and commercial insurance of new pharmaceuticals in China, this study analyzed participants of Huimin insurance and insurance clause, etc., and further focused on the status quo of security and weakness of new pharmaceuticals covered by Humin insurance, and proposed perfect suggestion for development of new pharmaceuticals covered by Humin insurance in combination with experiences of development of international non-public medical insurance, e. g., completing adjustment mechanism of table of content of specific pharmaceuticals, guiding innovative design for insurance companies to table of content of specific pharmaceuticals, and defining the supplementary function of Huimin insurance in security system of pharmaceuticals for rare diseases.

Keywords: New Pharmaceuticals; Basic Medical Insurance; Commercial Health Insurance; Huimin Insurance

B.8 Status Quo and Suggestions on Development Countermeasures for Distribution Pattern of New Pharmaceuticals

Joint Research Group of New Pharmaceutical distribution Branch of Commercial Insurance and Pharmaceutical distribution Branch of China Association of Pharmaceutical Commerce, International Medical Business School of China Pharmaceutical University and Key Laboratory of Pharmaceutical Regulatory Innovation and Evaluation of National Medical Products Administration / 078

Abstract: This paper firstly introduced the development profile and specificity of distribution of new pharmaceuticals in our country on the macro view, analyzed the barrier against new pharmaceutical distribution in our country respectively from two end-consumer markets of hospitals and retail pharmacies, and proposed countermeasures and suggestions on how to optimize the development of distribution pattern of new pharmaceuticals in our country by analyzing the pharmaceutical distribution pattern in USA.

Keywords: New Pharmaceuticals; Distribution Pattern; Innovation in Payment

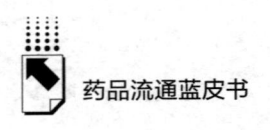

Ⅲ Distribution Reports

B.9 Analysis of Operation of Listed Companies in Pharmaceutical
Distribution Industry in 2021   *Li Wenming* / 089

Abstract: The data of listed companies are important indicators reflecting industry development. This paper analyzed corresponding income growth, profitability, expense control, capital operation and strategy implementation from annual reports in 2021 of 28 listed companies in the pharmaceutical distribution industry, revealed operation situations of listed companies in the pharmaceutical distribution industry in China in 2021 and looked forward the new trend of future development of the industry. In 2022, the pharmaceutical distribution industry will continuously adjust commodity structure, operating strategy and business pattern with the impact of three themes of deepening medical innovation, construction of Healthy China and epidemic prevention and control, and accelerate completion of transformation and update.

Keywords: Listed Company; Pharmaceutical Distribution; Operating Capacity

B.10 Status Quo of Development of Pharmaceutical Distribution
in County Territories and Suggestions on Countermeasures
Guan Hui / 103

Abstract: With constantly deepening of "reformation of medical insurance system, health system and pharmaceutical distribution", "two-vote system", zero-difference sale and policy on volume-based centralized procurement of pharmaceuticals, etc., have a profound impact on business pattern of pharmaceutical distribution. Constantly advancing medical service community, family doctor system and hierarchical medical system realized the first diagnosis of patients in primary level, and the county market will be a new blue ocean. This paper provided countermeasure and suggestion via analysis of status quo of pharmaceutical distribution market in county territories and logistics, hoping to promote pharmaceutical distribution enterprises to seize the opportunity, speed up the layout of pharmaceutical distribution network in the county territories and explore to innovate logistics pattern of pharmaceuticals in the county territory and diversified development path of pharmaceutical distribution of pharmaceuticals in the county territory so as to satisfy the needs of development of pharmaceuticals in county territories.

Keywords: Two-vote System; Pharmaceutical Distribution in County Territory; Logistics; Medical Reform in County Territory

B.11 Market Situation and Outlook of Blood Products in China
Pang Guangli, Zhu Mengzhao and Lv Bo / 112

Abstract: The blood product market in China is still in the developing stage, with large gap comparing with the European and American developed country, and human albumins and blood coagulation factor VIII are still the main market driving forces. The market for immune globulin (IVIG) has huge room for growth to be developed and is expected to grow to a key driving force for the industrial scale of blood products in China. The market for traditional specific immunoglobulins is gradually shrunk, and more new products for treatment of rare diseases are expected to be further developed.

Keywords: Blood Product in China; Market Outlook; Immunoglobulin

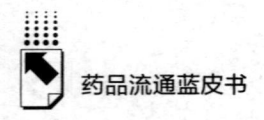

B.12 Mechanism Study on Cost Sharing of High-value Pharmaceuticals From the Perspective of Targeted Poverty Alleviation with Medical Insurance

Joint Research Group Between Commercial Insurance and Pharmaceutical distribution Branch of China Association of Pharmaceutical Commerce and Ji'nan University / 125

Abstract: In 2021, the poverty alleviation work in our country achieved a decisive victory, the whole population coverage had been basically realized for medical security of the poor, but with the change of disease spectrum, incidence rates of serious diseases such as malignant tumors and rare diseases rapidly increased, the medical expenses for such diseases were expensive, resulting in that phenomena of poverty due to and from disease still happened occasionally. Basing on the current status quo of poverty alleviation with medical insurance in our country, this study analyzed the deficiency in poverty alleviation with medical insurance in our country; taking high-value pharmaceuticals as an example and mirroring domestic pilot regions and international experiences, this study proposed the sharing framework and realization approach of expenses related to high-value pharmaceuticals in our country, improved the use security of high-value pharmaceuticals and enhanced targeted poverty alleviation achievement through medical insurance.

Keywords: Poverty Alleviation with Medical Insurance; High-value Pharmaceutical; Cost Sharing

B.13 Establishment of Healthy Ecosystem Integrated Service Platform of "Guoyaoyaolingtong"

Distribution Center Ltd of Sinopharm Group / 135

Abstract: With continuously deepening of national medical reform policy and continuously enlargement of volume-based procurement scale of pharmaceuticals, the pharmaceutical and device (for household) sector in public hospitals will be transferred to the market outside the hospital. Meanwhile, Provisions for Supervision and Management of Online Pharmaceutical Sales (Exposure Draft) issued by National Medical Products Administration proposed the provisions for sales of prescription pharmaceuticals on the network platform. If this provision is implemented, the retail market and network platform will be impacted, especially the offline physical pharmacies will be more intensely impacted. The Sinopharm Group relying on the source of itself established big healthy ecosystem integrated service platform with characteristic of Sinopharm Group with B2B as an entry point- Guoyaoyaolingtong, to fit the forthcoming industry changes, better service patients, energizes end retail customers and provides services for pharmaceutical manufacturing enterprises.

Keywords: Pharmaceutical E-commerce; Guoyaoyaolingtong; Healthy Ecosystem

B.14 Model-exploration and Practice of Pharmaceutical Distribution Management of Compact Medical Service Community in County Territories

Yunnan Pharmaceutical Co., Ltd / 142

Abstract: Smart management platform for primary medical care, "Dianyibao", is an informatization platform for pharmaceutical distribution management of compact medical service community in county territories developed by Yunnan Pharmaceutical Co., Ltd, with main functions covering management of pharmaceutical supply chain, management of warehousing, sales and storage of pharmaceuticals in primary health care institutions and medical insurance settlement, etc. It realized integrated management of pharmaceuticals in medical service community and clinical medication traceability as well as the opening up of supervisory platform of pharmaceutical distribution and settlement platform for medical insurance, so as to realize seamless connection of supervision and whole co-movement of business process. With an informatization approach, it implements and carries out unified management of pharmaceuticals in medical service community and management requirements for "source available and distribution traceable" of pharmaceuticals in primary health care institutions, guarantees the accuracy and compliance of Medicare payments, effectively promotes the update of primary health care, and boosts rational pharmaceutical use and tiered diagnosis and treatment policies promoted and implemented by medical service communities in county territories.

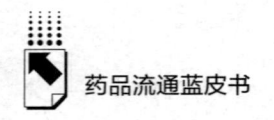

Keywords: Medical Service Community; Collaboration of Procurement and Supply; Medicare Payment; Management of Warehousing Sales and Storage; Yunnan

Ⅳ Reports of China Pharmaceutical Store

B.15 Development Report for China Pharmaceutical Retail Market in 2021

China Association of Pharmaceutical Commerce / 150

Abstract: This presented the overall size, business operation, store structure and layout, marketing structure of product and personnel allocation in China pharmaceutical retail market in 2021 with detailed data, generalized key features of running of pharmaceutical retail market and predicted its future development trend. In the future, pharmaceutical retail enterprises will actively fit changes of policy, accelerate digital transformation, keep trying model innovation, enlarge market size and raise brand competitiveness so as to realize the development of high quality.

Keywords: Pharmaceutical Retail Enterprise; Market Size; Digitization

B.16 Development Report for Community Pharmacies in China
Operating Pharmaceuticals for Special Diseases in 2021

China Association of Pharmaceutical Commerce / 172

Abstract: This paper presented the status quo, operation characteristics of pharmacies for pharmaceuticals for special diseases and the impact of publicizing and implementation of standards for pharmacies for pharmaceuticals for special disease on the industry by analyzing region distribution, corresponding type of business district, operating area, allocation of pharmacy technicians and category data of community pharmacies in China operating pharmaceuticals for special diseases in China (abbreviated as "pharmacies for pharmaceuticals for special disease") and pharmacies meeting standards for pharmacies for pharmaceuticals for special disease in China. Meanwhile, with continuously concerning innovation mode and development trend of pharmacies for pharmaceuticals for special disease in China, it provides ideas and paths for promoting high-quality development of pharmacies for pharmaceuticals for special disease.

Keywords: Pharmacies for Pharmaceuticals for Special Disease; Pharmaceutical Services; Innovation Mode; Two-channels

B.17 Status Quo and Trend Analysis of Development of
Prescription Pharmaceutical Retail in China

Boston Consulting Group / 185

Abstract: In recent years and under the background of near health care reform, great changes including normalization of volume-based procurement, deepening reform of interaction of medical insurance system, health system and pharmaceutical distribution and new rise of retail entities accelerates the development of retail of prescription pharmaceuticals. The current policy framework has approached to completeness, driving steady rising of sales of prescription pharmaceuticals, new pharmaceuticals and special pharmaceuticals in entity pharmacies, while online sales flourish, and the operation pattern of retail pharmacy gradually transits towards services of the whole chain. This paper analyzed the current development profile of prescription pharmaceutical retail in China, and pointed out weaknesses of prescription pharmaceutical retails in consumer acceptability, chronic disease management, establishment of pharmacist capacity and patient guidance, etc., and raised suggestions to solve these weaknesses with measures such as promoting ecosystem partnerships and digital engergization.

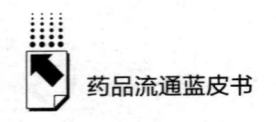

Keywords: Prescription Pharmaceutical; Retail Pharmacy; Digital Engergization

B.18 Exploration and Practice of Management Mode of "Patient Oriented" Pharmaceutical Treatment for Chronic Diseases

Dashenlin Co., Ltd / 198

Abstract: Dashenlin has begun to reference the MTM service mode of USA since in 2020, and it actively explored community management mode of "patient-oriented" for chronic diseases, and carried out one-to-one management service of pharmaceutical treatment via MTM pharmacists so as to improve the professional service pattern.

Keywords: Management of Chronic Diseases; Pharmacies; MTM Service

B.19 Completing Establishment of the Last One Kilometre of Pharmaceutical Delivery and Pharmaceutical Service in Villages

Ruan Hongxian / 207

Abstract: In order for conveniently and rapidly buying comfortable pharmaceuticals by the masses in remote areas, Yixintang Pharmaceutical Group strives to complete the establishment of the last one Kilometre of pharmaceutical delivery, and no matter with distance afar and mountains high and difficult conditions, Yixintang still stick to open pharmacies to villages and towns. This group guarantees the pharmaceutical supply as well as quality and safety of pharmaceuticals through complete management mechanism, modern information technology, constantly innovative operation pattern and warm professional services.

Keywords: Pharmacy in Villages and Towns; Professional Services; Yixintang

V Pharmaceutical Supply Chain Reports

B.20 Analysis Report for Logistics Development of China Pharmaceutical Supply Chain in 2021

Pharmaceutical Supply Chain Branch of China Association of Pharmaceutical Commerce / 214

Abstract: This paper globally analyzed the macro-environment for developing China Pharmaceutical Supply Chain, state of market of pharmaceutical logistics, as well as storage, transportation resource, logistics informatization and technology application of 1117 sample pharmaceutical logistics enterprises, and evaluation on classification and grading of service capability of pharmaceutical logistics of logistics enterprises related to pharmaceuticals, and basing on analyzing and summerizing the overal development characteristics of logistics of pharmaceutical supply chain in 2021 in combination with development and change of industry policy, technology and service mode, predicted the future development trend of logistics of pharmaceutical supply chain

Keywords: Logistics of Supply Chain; Pharmaceutical Logistics; Transportation Related to Pharmaceuticals

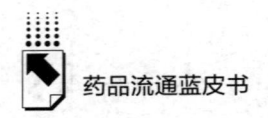

B.21 High-quality Development of Pharmaceutical Logistics and Exploration of Supervision Policies

Research Group of Research on Development and Supervision pf Modern Pharmaceutical Logistics / 229

Abstract: Pharmaceutical logistics is an important component of national security system of pharmaceutical supply and is an important link in the pharmaceutical supply chain. By presenting development history and evolution of supervision policy, this paper analyzed the pattern and status quo of pharmaceutical logistics in China and raised related suggestions for supervision policies of logistics subject of pharmaceuticals of the third party, entrusted transportation subject related to pharmaceuticals and delivery subject of C-end, so as to expect to promote building a great market of pharmaceutical logistics, realize high-quality development of pharmaceutical logistics, and guarantee the safety, efficacy and availability of pharmaceuticals.

Keywords: Pharmaceutical Logistics; Classified Supervision; Unified Large Market

B.22 Innovation and Exploration of Digital Supply Chain Integration Project between Sanofi and ChinaHealthCare

Ma Yuntao, Liao Liwen, Yang Cheng, Wang Linghong and Ke Nika / 238

Abstract: With function reconstruction and interface development of four main systems including SCP collaboration platform for supply chain (ChinaHealthCare), ERP system (ChinaHealthCare), storage and logistics system (ChinaHealthCare) and Wecom system (Sanofi), the digital supply chain integration project cooperated between Sanofi and ChinaHealthCare realized data mapping, order information coordination and shipping information coordination of both parties, eliminated information barriers among enterprises, raised collaborative efficiency of business processes among enterprises, and helped enterprises to reduce costs and increase benefits; meanwhile, this project was also an important innovation and exploration between both parties in the territory of digital supply chain in the field of pharmaceutical industry.

Keywords: Sanofi; ChinaHealthCare; Digital Supply Chain; Coordination of Supply Chain; Reducing Costs and Increasing Benefits

B.23 Exploration of Operation Mode of Supply Chain of Logistics of Pharmaceutical Cold Chain *INT'L Group / 248*

Abstract: INT'L Group utilized digital control to carry out works such as building cold chain integrated distribution network, building cold chain information management platform as well as quality control management of cold chain, focusing on enhancement of logistics capability of cold chain, so as to effectively deepen coverage of cold chain distribution network, increase the use efficiency of cold chain resources, complete talent training, and realize the overall high-quality development of logistics of pharmaceutical cold chain with respect to "traceability, continuous chain, reducing cost and raising service quality".

Keywords: Logistics of Pharmaceutical Cold Chain; Integrated Management; INT'L Logistics

B.24 Breaking Through "The Last One Kilometre" of Pharmaceutical Distribution in Xizang at Top of Land of Snow *Shi Yunlong / 256*

Abstract: With issuing of related national policies such as *Guideline on Promoting High-quality Development of Pharmaceutical distribution Industry Issued by*

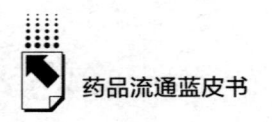

Ministry of Commerce, the pharmaceutical distribution industry is developing along with the direction of digitization, intelligence, intensification and internationalization. In the same time, the medical system reform is changing, the pharmaceutical distribution industry speeds up the pace of transformation and upgrading, enhances the coordinated development of pharmaceutical supply chain as well as retail mode and service mode of new pharmaceuticals, and further complete the pharmaceutical distribution network in urban and rural areas. This paper introduced the approaches and experiences that Xizang Pharmaceutical Co. LTD of Sinopharm Group strived to enhance and complete the construction of medical logistics system in Xizang and solve the pharmaceutical distribution at "the last one kilometre" on the snow-covered plateau.

Keywords: Medical E-commerce; Retail Layout; Xizang

Ⅵ "Internet+Pharmaceutical Distribution" Reports

B.25 Investigation and Analysis of Digital Transformation of China Pharmaceutical Distribution Enterprises in 2021

Ecological Health and Digitization and Intellectualization Branch of China Association of Pharmaceutical Commerce / 261

Abstract: In order to understand the status quo and achievements of digital transformation in pharmaceutical distribution industry in China, the research group of Ecological Health and Digitization and Intellectualization Branch collected the digital transformation of enterprises in 2021 via enterprise interview and questionnaire, etc., looked into the cooperation between enterprises and external digital platforms during their digital transformation, basic thoughts of digital transformation, selection of digital technology, challenge and achievements of digital transformation, successful cases and key input orientations of digital transformation, etc., and generated the investigation and analysis report by analysis in combination with suggestions of industry experts.

Keywords: Pharmaceutical Distribution; Digital Transformation; Digital Technology; Technology Innovation

B.26 Intelligence Helps Update of Pharmaceutical Distribution Service *Ecological Health and Digitization and Intellectualization Branch of China Association of Pharmaceutical Commerce* / 275

Abstract: With deepening digital transformation of enterprises, intellectualization level of industry is raising. This paper described the role of intelligence in update of pharmaceutical distribution service in combination with development trend of pharmaceutical distribution industry and actual application scenarios of enterprise intelligence and from three aspects of innovation of distribution pattern, efficiency of distribution service and distribution decision. Meanwhile, it suggested that enterprise participants, government supervision department and industry association in the whole industry chain of pharmaceutical distribution should make joint efforts, energize with more science and technology, and actively explore new orientations for update of intelligence services of pharmaceutical distribution.

Keywords: Pharmaceutical Distribution; Intelligence Service; Mode Innovation

B.27 Solving Bottleneck of Development of E-commerce Business in Chain Pharmacies by Self-developing B2C Middle Platform System *Shanghai Jiading Large Pharmacy Chain Co., Ltd* / 281

Abstract: The Shanghai Jiading Large Pharmacy Chain Co., Ltd developed B2C middle platform system following development characteristics of traditional chain pharmacy and medical E-commerce and requirements of quality management. This middle platform system includes 7 subsystems which meet the quality management system of chain pharmacies while are in compliance with rules of e-commerce platform; comply with standards of traditional chain pharmacy services while fitting E-commerce service process of high efficiency, which effectively reduces labor operating cost and optimizes management level, keeps the annual sales of E-commerce business continuously more than 0.2 billion RMB, equivalent to retail amount of entity pharmacies, and plays a good demonstration role for pharmaceutical retail enterprises developing pharmaceutical B2C business.

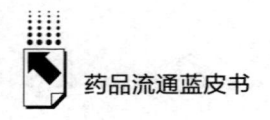

Keywords: Medical E-commerce; B2C Middle Platform System; Order Management System (OMS)

Ⅶ Reports of Regions

B.28 Development Analysis Report of Pharmaceutical Distribution Industry in Guangdong Province and Guangdong-Hong Kong-Macao Greater Bay Area in 2021

Shenzhen Pharmaceutical Business Association and Huoking Consulting (Shenzhen) Co., Ltd / 290

Abstract: This paper introduced data statistics of direct reporting enterprises for pharmaceutical distribution in Guangdong Province from 2019 to 2021, presented the leading developing status quo in the national market of pharmaceutical distribution industry in Guangdong Province from various aspects including market size, enterprise dominant, category structure of products and employees, and analyzed the pharmaceutical distribution profile in Hong Kong, as well as the development chances and priorities of future pharmaceutical distribution in aspects including enhancing cross-border integration, deploying supply chain finance, exploring new business service scenarios and speeding up development of modern medical logistics.

Keywords: pharmaceutical Distribution; Pharmaceutical Market; Guangdong-Hong Kong-Macao Greater Bay Area

Contents

B.29 Development Analysis Report of Pharmaceutical Distribution
Industry in Chengdu-Chongqing Economic Zone in 2021
*Sichuan Association of Pharmaceutical Commerce and
Chongqing Pharmaceutical Profession Association* / 303

Abstract: This paper summarized the economic development of Sichuan and Chongqing region, and scale of operation of health resources and pharmaceutical distribution, and introduced that pharmaceutical enterprises conducted integrative development in virtue of policies and platforms of " Chengdu-Chongqing Economic Zone", which reflecting that under deepening medical reform and normalization of centralized purchasing, four types of business in the pharmaceutical distribution industry accelerate structural reform, transformation and upgrading, and strive to improve the value and core competitiveness of enterprises in the supply chain system; under the trend of accelerating improvement of industry concentration, it introduced two markets in central cities and towns and townships, and management position and development trend of head companies and small and medium-sized enterprises.

Keywords: Pharmaceutical Distribution; Chengdu-Chongqing; Integrative Development

VIII International Reports

B.30 Analysis Report of Market Trend of International
Pharmaceutical Distribution   *Cheng Junpei* / 315

Abstract: The international pharmaceutical distribution market focuses on different services due to different medical systems in different regions of different countries. But some problems and practices of common concern by pharmaceutical distribution industries all over the world can be seen by collection and analysis of information issued by organizations such as association, enterprise, research institute, consulting company and media. This paper perceived the trend of international pharmaceutical distribution market by presenting information related to partial key fields in Europe and America.

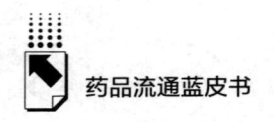

Keywords: International Pharmaceutical Distribution; ESG/Sustainable Development; Value of Pharmaceutical Distributor; Blockchain; Digitized Pharmacy

B.31 Analysis and Outlook of Global Pharmaceutical Market and Impact of Epidemics on Distribution Supply *Shao Wenbin* / 327

Abstract: The global outbreak affected the manufacturing, distribution and service system of pharmaceuticals, the occurrence of epidemic had a great effect on pharmaceutical dosage and expense of different market as well as a long-term impact on pharmaceutical supply chain, and the digital application changed greatly. This paper provided ideas on short-term response and long-term strategy of China pharmaceutical supply and distribution under impact of outbreak and other emergency events changing industries by analysis and understanding global pharmaceutical data with interview on IQVIA research institute, while summarizing and generalizing research data of the third party.

Keywords: Pharmaceutical Market; Pharmaceutical Supply and Distribution; Pharmaceutical Supply Chain

社会科学文献出版社

皮 书
智库成果出版与传播平台

❖ 皮书定义 ❖

皮书是对中国与世界发展状况和热点问题进行年度监测，以专业的角度、专家的视野和实证研究方法，针对某一领域或区域现状与发展态势展开分析和预测，具备前沿性、原创性、实证性、连续性、时效性等特点的公开出版物，由一系列权威研究报告组成。

❖ 皮书作者 ❖

皮书系列报告作者以国内外一流研究机构、知名高校等重点智库的研究人员为主，多为相关领域一流专家学者，他们的观点代表了当下学界对中国与世界的现实和未来最高水平的解读与分析。截至2021年底，皮书研创机构逾千家，报告作者累计超过10万人。

❖ 皮书荣誉 ❖

皮书作为中国社会科学院基础理论研究与应用对策研究融合发展的代表性成果，不仅是哲学社会科学工作者服务中国特色社会主义现代化建设的重要成果，更是助力中国特色新型智库建设、构建中国特色哲学社会科学"三大体系"的重要平台。皮书系列先后被列入"十二五""十三五""十四五"时期国家重点出版物出版专项规划项目；2013~2022年，重点皮书列入中国社会科学院国家哲学社会科学创新工程项目。

皮书网

（网址：www.pishu.cn）

发布皮书研创资讯，传播皮书精彩内容
引领皮书出版潮流，打造皮书服务平台

栏目设置

◆ **关于皮书**
何谓皮书、皮书分类、皮书大事记、
皮书荣誉、皮书出版第一人、皮书编辑部

◆ **最新资讯**
通知公告、新闻动态、媒体聚焦、
网站专题、视频直播、下载专区

◆ **皮书研创**
皮书规范、皮书选题、皮书出版、
皮书研究、研创团队

◆ **皮书评奖评价**
指标体系、皮书评价、皮书评奖

◆ **皮书研究院理事会**
理事会章程、理事单位、个人理事、高级
研究员、理事会秘书处、入会指南

所获荣誉

◆ 2008年、2011年、2014年，皮书网均在全国新闻出版业网站荣誉评选中获得"最具商业价值网站"称号；

◆ 2012年，获得"出版业网站百强"称号。

网库合一

2014年，皮书网与皮书数据库端口合一，实现资源共享，搭建智库成果融合创新平台。

皮书网　　"皮书说"微信公众号　　皮书微博

权威报告·连续出版·独家资源

皮书数据库
ANNUAL REPORT(YEARBOOK) DATABASE

分析解读当下中国发展变迁的高端智库平台

所获荣誉

- 2020年，入选全国新闻出版深度融合发展创新案例
- 2019年，入选国家新闻出版署数字出版精品遴选推荐计划
- 2016年，入选"十三五"国家重点电子出版物出版规划骨干工程
- 2013年，荣获"中国出版政府奖·网络出版物奖"提名奖
- 连续多年荣获中国数字出版博览会"数字出版·优秀品牌"奖

皮书数据库　　"社科数托邦"微信公众号

成为会员

登录网址www.pishu.com.cn访问皮书数据库网站或下载皮书数据库APP，通过手机号码验证或邮箱验证即可成为皮书数据库会员。

会员福利

- 已注册用户购书后可免费获赠100元皮书数据库充值卡。刮开充值卡涂层获取充值密码，登录并进入"会员中心"—"在线充值"—"充值卡充值"，充值成功即可购买和查看数据库内容。
- 会员福利最终解释权归社会科学文献出版社所有。

数据库服务热线：400-008-6695
数据库服务QQ：2475522410
数据库服务邮箱：database@ssap.cn
图书销售热线：010-59367070/7028
图书服务QQ：1265056568
图书服务邮箱：duzhe@ssap.cn

社会科学文献出版社　皮书系列
SOCIAL SCIENCES ACADEMIC PRESS (CHINA)

卡号：261963539121
密码：

S 基本子库
SUB DATABASE

中国社会发展数据库（下设 12 个专题子库）

紧扣人口、政治、外交、法律、教育、医疗卫生、资源环境等 12 个社会发展领域的前沿和热点，全面整合专业著作、智库报告、学术资讯、调研数据等类型资源，帮助用户追踪中国社会发展动态、研究社会发展战略与政策、了解社会热点问题、分析社会发展趋势。

中国经济发展数据库（下设 12 专题子库）

内容涵盖宏观经济、产业经济、工业经济、农业经济、财政金融、房地产经济、城市经济、商业贸易等 12 个重点经济领域，为把握经济运行态势、洞察经济发展规律、研判经济发展趋势、进行经济调控决策提供参考和依据。

中国行业发展数据库（下设 17 个专题子库）

以中国国民经济行业分类为依据，覆盖金融业、旅游业、交通运输业、能源矿产业、制造业等 100 多个行业，跟踪分析国民经济相关行业市场运行状况和政策导向，汇集行业发展前沿资讯，为投资、从业及各种经济决策提供理论支撑和实践指导。

中国区域发展数据库（下设 4 个专题子库）

对中国特定区域内的经济、社会、文化等领域现状与发展情况进行深度分析和预测，涉及省级行政区、城市群、城市、农村等不同维度，研究层级至县及县以下行政区，为学者研究地方经济社会宏观态势、经验模式、发展案例提供支撑，为地方政府决策提供参考。

中国文化传媒数据库（下设 18 个专题子库）

内容覆盖文化产业、新闻传播、电影娱乐、文学艺术、群众文化、图书情报等 18 个重点研究领域，聚焦文化传媒领域发展前沿、热点话题、行业实践，服务用户的教学科研、文化投资、企业规划等需要。

世界经济与国际关系数据库（下设 6 个专题子库）

整合世界经济、国际政治、世界文化与科技、全球性问题、国际组织与国际法、区域研究 6 大领域研究成果，对世界经济形势、国际形势进行连续性深度分析，对年度热点问题进行专题解读，为研判全球发展趋势提供事实和数据支持。

法律声明

"皮书系列"(含蓝皮书、绿皮书、黄皮书)之品牌由社会科学文献出版社最早使用并持续至今,现已被中国图书行业所熟知。"皮书系列"的相关商标已在国家商标管理部门商标局注册,包括但不限于LOGO( )、皮书、Pishu、经济蓝皮书、社会蓝皮书等。"皮书系列"图书的注册商标专用权及封面设计、版式设计的著作权均为社会科学文献出版社所有。未经社会科学文献出版社书面授权许可,任何使用与"皮书系列"图书注册商标、封面设计、版式设计相同或者近似的文字、图形或其组合的行为均系侵权行为。

经作者授权,本书的专有出版权及信息网络传播权等为社会科学文献出版社享有。未经社会科学文献出版社书面授权许可,任何就本书内容的复制、发行或以数字形式进行网络传播的行为均系侵权行为。

社会科学文献出版社将通过法律途径追究上述侵权行为的法律责任,维护自身合法权益。

欢迎社会各界人士对侵犯社会科学文献出版社上述权利的侵权行为进行举报。电话:010-59367121,电子邮箱:fawubu@ssap.cn。

社会科学文献出版社